루터의 신학적 미학: 재평가

루터의 신학적 미학: 재평가

발 행 일 ㅣ 2024.09.27.

발 행 인 ㅣ 이정기

편 집 인 ㅣ 황대우

저　　자 ㅣ 마크 마테스

역　　자 ㅣ 이신열

발 행 처 ㅣ 고신대학교 출판부
　　　　　　고신대학교 개혁주의학술원
　　　　　　kirs@kosin.ac.kr / www.kirs.kr
　　　　　　부산시 영도구 와치로 194　051) 990-2267

판　　권 ㅣ 고신대 개혁주의학술원

제　　목 ㅣ 루터의 신학적 미학: 재평가

총　　판 ㅣ 솔라피데출판유통 / 031)992-8691

나의 아버지 도널드 애설버트 마테스(Donald Athalbert Mattes)를 기리며
나를 믿음으로 양육하신 내 어머니 베티 조앤 나이퀴스트 마테스
(Betty Joan Nyquist Mattes)의 영예를 위해 헌정한다.

마크 마테스(Mark Mattes)의 최근 저서를 번역한 이신열 교수의 『루터의
신학적 미학』의 출판을 환영하고 축하합니다. 저는 이 책 번역본을 받고 두
가지 점에서 놀라움을 금치 못했습니다. 첫째는 이 책이 루터의 미학적 신학에
관한 최초의 역서라는 점입니다. 루터에 대한 다양한 논,저술이 있고, 이 세상
에서 가장 많은 책이 저술된 이는 루터, 칼빈, 아브라함 링컨 순이라고 하는데,
루터에 관한 저술은 실로 엄청나다고 할 수 있습니다. 종교개혁 400주년이
되는 20세기 초를 흔히 '루터 르네상스'라고 부르는데, 루터의 미학론을 취급
한 연구를 들어 본 일이 없습니다. 한국에서 루터에 대한 첫 저술은 1908년
출판된 제임스 게일의 『누터 ㄱㅣ교긔략』인데, 그 이후 한국에서도 루터에
대한 연구는 방대합니다. 그러나 루터의 미학에 대한 논문이나 저서는 들어본
적이 없습니다. 루터와 음악, 루터와 독일 문화 등에 대해서는 연구된 바 있으
나 루터연구에 있어서 미학적 접근에 관한 연구가 한국에 소개되기는 이번이
처음이라고 생각됩니다. 루터의 아름다움(美)에 대한 주제 자체가 흥미를 불러
일으킵니다. 미학이라고 하면 단순히 예술의 영역으로만 여기기 쉽지만 이
책 목차가 보여주듯이 루터 신학의 전반 특히 철학, 역사, 성경주석, 창조신학,
성화와 성상 등 여러 분야에 걸쳐 우리를 새로운 세계로 인도합니다. 이런
점에서 이 책은 소중한 저작이고 한국교회를 위한 특별한 선물이라고 생각합니

다.

두 번째는 이 책 원고를 살펴보면서 역자인 이신열 교수님의 섬세하고도 선명한 번역에 놀라지 않을 수 없었습니다. 이 책은 중세와 그 이후 시기의 역사, 철학, 신학, 문화와 예술 등 다양한 분야를 망라하고 있고, 취급하는 주제 또한 다양하기 때문에 용이한 번역이 아니었을 것입니다. 그러나 이신열 교수님은 세심한 주의를 기울여서 이 책을 번역했고, 특히 기술적(記述的) 묘미를 살려 번역하였기에 매우 훌륭한 번역이라고 생각합니다. 분주한 중에서도 이 양서를 번역하여 한국의 독자들을 숨겨져 있던 미지의 세계로 인도해 주신 에게 역자에게 깊은 감사를 드립니다. 이 책이야말로 한국교회를 위한 특별한 선물이라고 생각합니다.

이상규
(전 고신대학교 교수, 현 백석대학교 석좌교수)

마크 마테스의 이 책이 나온 후 많은 신학자들은 그가 '놀라운 책을 썼다'고 격찬했습니다. 모든 신학 잡지들의 신간 논평 코너는 저자를 향한 칭찬으로 도배가 되었습니다. 그것은 마테스가 루터 신학의 핵심을 아름다움이라는 차원에서 풀어내며 새로운 빛을 던졌기 때문입니다. 그는 루터의 신학을 온전히 이해하려면 아름다움이라는 주제가 필수적이라는 놀라운 주장을 펼칩니다. 독자들에게 루터의 신학 속에 있는 미를 이해시키면서, 그것이 가진 우주적, 역사적, 사회적 의미의 폭을 확장하게 만듭니다.

이 책을 읽는 독자들은 미의 관점을 새롭게 만든 루터를 만납니다. 루터가 살았던 중세 후기 시대에 아름다움은 교회와 신학에서 중요한 주제였습니다. 하나님과 피조물의 관계를 미학적으로 이해했기 때문입니다. 그 핵심은 하나님은 진실하고 선하고 아름다우신 분이며, 그가 만드신 모든 피조물에 이 세 가지 특성이 스며들어 있다는 것입니다. 중세 신학자들은 하나님의 진·선·미를 공유하고 있는 피조물과 인간은 현재의 낮은 단계에서 장래 완벽한 수준을 목표로 나아간다고 생각했습니다. 그러나 종교개혁이 일어나고 갑자기 이 중심 주제가 개신교에서 일거에 사라졌습니다. 개신교 신학에서 아름다움이라는 주제는 과소평가되고 무시되어져 왔습니다. 종교개혁 후 500년 동안 어느 누구도 루터가 풍부하게 발달된 미학을 가지고 있다고 상상조차 하지 못했습니다. 그런데 마테스는 루터가 철학과 음악과 그림을 사용한 것에서 깊이 있는 미적 이론을 소유한 것을 보여줍니다. 그 다음에 저자는 루터가 아름다움의 본질을 어디에 두는가를 다룹니다. 여기서 루터가 중세 관념과 다른 관점의 미학을 가진 인물이란 사실을 드러냅니다. 마테스는 루터 신학에서 미학적 성찰의 원천을 십자가에 달리신 그리스도에게 둡니다. 그분은 인간의 죄의 추함을 흡수하여 의롭다 칭하므로 구원의 아름다움을 기념하게 하신 분입니다. 루터는 그리스도 안에서 모든 것을 아름답게 만드는 '복음의 아름다움'에 시선을 집중시켰습니다. 마테스는 루터의 칭의론을 아름다움과 분리해서 다룰 때 온전히 이해할 수 없다고 말합니다. 루터 신학의 중심으로 아름다움을 내세운 저자의 독창적 통찰력에 무한한 갈채를 보내며 독자들에게 이 책을 적극적으로 추천합니다.

김진하
(백석대학교 기독교학부장, 교회사)

추
천
사

    인류 역사에 지대한 영향을 미친 마틴 루터의 생애와 사상은 많은 연구자의 관심을 받았고 그만큼 그에 관한 이차문헌은 수없이 많다. 그렇기에 무언가 새로운 관점이나 해석이 나오면 그로 인한 신선한 기쁨은 상당하다. 게다가 대표적인 루터 전문가에 의한 충실한 연구라면 책을 읽는 만족감은 배가하고, 감사한 마음조차 절로 든다. 이 책이 그런 책이다.

    신학 전반에서뿐만 아니라 루터 연구에서도 '아름다움'은 크게 주목받지 못한 주제였다. 특히 종교개혁이라는 고되고 거대한 운동을 이끈 개혁자로서의 거칠고 투박한 이미지로 인해 루터와 '아름다움'을 연상하기 힘들어서인지, 루터 연구에서 '아름다움'이라는 주제는 거의 다루어지지 않았다. 저자는 이러한 선입견을 깨고 루터의 또 다른 이미지를 보여준다. 그리고 루터의 신학적 미학을 정립할 수 있음을 다양한 내용으로 뒷받침하며 설득력 있게 제시한다. 이는 핵심적으로 하나님의 성품, 원 창조, 새 창조, 죄인의 구원을 위해 인간이 되어 고난 받으신 예수 그리스도의 존재와 삶, 죄인이 의롭게 됨, 그리고 복음에 내포된 아름다움을 더 잘, 올바로 깨닫고 경험하도록 도와준다. 이 아름다움을 통해 신학에 대한 통찰력이 심화하고, 세상을 보는 눈이 달라지고, 하나님의 신비 안으로 더 깊이 들어갈 수 있게 된다.

    루터 연구에서 음악, 시각적 이미지, 수사학적 스타일 등에 관한 개별적인 연구는 있었으나 신학적 미학, 미의 신학 또는 미학이라는 포괄적 제목 아래 총체적인 그림을 제시한 연구는 아직 없었다. 저자는 1장에서부터 9장까지 아름다움에 대한 성경적 개념, 루터의 철학 사용, 선(善)에 대한 루터의 견해, 루터의 초기와 후기의 생애에서 발견되는 아름다움에 대한 견해, 루터의 음악에 대한 사랑과 시각적 이미지에 대한 평가, 루터와 새로운 신학, 특히 십자가의 기묘한 아름다움, 그리고 현대 아름다움의 신학을 위한 루터의 미적 신학을 다룬다. 예술에 민감한 21세기에 이 책은 루터 연구뿐만 아니라 미의 신학을 더욱 풍성하게 만들었고, 이 신학적 주제에 더 주목할 필요가 있음을 분명히 보여주었다는 점에서도 큰 공헌을 했다.

김선영
(실천신학대학원대학교 역사신학교수, 한국루터학회 부회장)

　고신대 이신열 교수님의 역서 출판을 진심으로 축하드립니다. 본서를 읽다 보면 루터의 신학적 미학의 핵심을 발견하게 됩니다. "복음의 아름다움을 묵상하라!" 아름다움의 신학적 의미에 대해 진지하게 탐구하고 있는 본서는 16세기 유럽 프로테스탄트 종교개혁의 포문을 열었던 루터의 신학을 이전과는 다른 새로운 차원에서 음미하게 합니다. 하나님을 신뢰하고 오직 예수 그리스도 안에서 부여된 아름다움, 오직 믿음의 눈으로만 파악할 수 있는 복음의 아름다움의 세계로 우리를 초대합니다. 하나님 말씀을 통하여 칭의의 복음을 재발견했던 루터는 우리를 주변 세계와 고립된 협소한 믿음의 인식의 지평이 아니라, 하나님께서 창조하신 세계 속에서 생명력이 충만한 아름다움을 만끽할 수 있는 믿음의 세계로 인도합니다. 하나님 앞에서(coram deo) 아름다움의 진정한 밝기를 반영하는 것은 인간의 노력이 아니라, 아름다움으로서 믿음을 형성하고, 실제로 믿음을 "장식"하는 "색"이신 그리스도이십니다. 이신열 교수님이 심혈을 기울여 번역한 본서를 통하여 진정한 복음의 아름다움을 음미하는 새로운 길을 찾게 될 것입니다. 성령의 역사를 통하여 하나님 말씀의 진정한 의미를 깨닫게 되는 아름다운 복음의 파노라마가 새롭게 펼쳐질 것을 확신하며 이 책을 개신교 전통의 모든 기독교인들에게 적극적으로 추천합니다.

조용석

(안양대학교 HK연구교수, 『16세기 유럽 프로테스탄트 종교개혁』 저자)

　오늘날과 같은 상대주의와 포스트모더니즘이 지배하는 시대에는 아름다움
에 대해 정의하기가 쉽지 않습니다. 이런 상황에도 불구하고 인터넷을 통한
각종 미디어들은 아름다움에 점점 더 몰두하는 시대를 선도하고 있는데 이런
상황에서 미학의 중요성은 점점 더 커져 가고 있습니다. 이탈리아의 중세 미학
연구의 대가 움베르트 에코(Umberto Eco)의 이름을 굳이 거론하지 않더라도
미학은 많은 사람들의 관심과 흥미를 불러 일으킬만한 학문적 주제 가운데
하나로 자리 잡았다고 볼 수 있습니다.

　그러나 신학적으로 볼 때 기독교회에서 아름다움은 크게 주목받지 못했던
주제 가운데 하나입니다. 아름다움이 인생을 죄악에서 구원하는 것이 아니라
믿음으로 말미암아 구원받는다는 교회의 가르침이 상대적으로 신학적 주제들
이 지닌 아름다움이라는 측면에 대하여 관심을 가질 모티브를 충분히 제공하지
못했던 것이 아닌가 하는 생각이 드는 대목입니다. 이와 달리 개신교회의 예배
에서 애송되는 상당수의 찬송가 가사에는 아름다움이라는 주제가 많이 등장합
니다.

　이런 상황에서 탁월한 루터교 '신학자' 마크 마테스(Mark C. Mattes)가
루터의 신학적 주제들에 나타난 아름다움에 대해서 분석하고 그 함의를 고찰한
단행본을 발간한 것은 개신교 신학의 지평을 크게 확장하는 효과를 자아낼

것입니다.

　그런데 그는 루터에게 종교개혁의 미학적 신학자라는 타이틀을 부여하지 않습니다. 루터는 모든 학문 가운데 철학을 가장 혐오했는데 그가 철학과 깊은 연관을 지닌 미학 자체를 추구했다고 보기에는 어려움이 있습니다. 마테스는 아름다움이라는 주제와 관련된 루터의 여러 저술을 자세하게 검토하면서 루터 학문의 새로운 지평을 열었다는 정당한 평가를 받을 수 있습니다. 그는 루터의 아름다움에 대한 담론을 신학적으로 설명하는데 그치지 않고, 현대 사회의 아름다움에 어떤 영향력을 행사하고 있는가도 보여줍니다. 이런 점에서 그는 16세기 독일 종교개혁자의 신학에 나타난 아름다움에 대한 우리의 생각을 자극하고 흥미를 유발하는 재평가를 성공적으로 시도한 것으로 보입니다.

　마테스는 루터가 아름다움이라는 주제에 대해 직접적으로 글을 작성하여 미학에 집중하는 듯한 인상을 남긴 적은 없지만, 주로 주석서에서 루터가 이 문제에 대해 많은 것을 주장했다고 말합니다. 그는 탄탄한 역사적 연구 결과를 바탕으로 루터의 십자가 신학을 아름다움의 측면에서 고찰합니다. 예를 들면, 루터가 그리스도의 복음에 얼마나 예리하게 초점을 맞추고 있으며 그 복음이 구원과 관련된 객관적 정보를 제공할 뿐 아니라 이를 받아들이는 자에게 주관적 깨달음을 제공하고 그의 마음에 변화를 불러일으키는 놀라운 능력을 지니고 있다는 점을 여러 각도에서 분석하고 연구했습니다. 그는 루터가 아름다움을 신학적 본질로서 간주하기를 거부했다는 일반적인 오해와는 달리, 아름다움의 개념이 실제로는 오직 믿음으로만 은혜로 의롭게 된다는 루터의 칭의 이해에서 역설적으로 중요한 위치를 차지하는 주제임을 밝히고 있습니다. 루터가 음악을 긍정하면서 아름다움에 대한 인간의 표현으로서 시각적 이미지와 음악에 나타난 루터의 아름다움 이해에 나타난 신학적 함의에 대해서 고찰합니다.

마테스는 초기 루터와 후기 루터의 사상에서 아름다움이 어떻게 발전했는지 자세히 설명한 후, 이것이 예배와 세속 세계의 맥락에서 음악과 시각적 이미지에 대한 접근 방식에 어떤 영향을 미쳤는지 살피고 있습니다. 이런 연구를 통해서 그는 루터에게 십자가는 하나님의 아름다움을 세상으로 굴절시키는 렌즈였다고 설명합니다. 루터는 로마 가톨릭의 영광의 신학과는 달리 십자가에 달리신 그리스도 안에서 믿는 자에게 구원이 주어진다는 십자가의 신학을 통하여 그리스도는 아름다우시며, 신자들은 예배에서 행해지는 설교와 성례를 통해서 하나님께서 그의 백성에게 자비를 베푸시는 방식 가운데서 이 '복음의 아름다움'을 표현할 수 있었습니다.

이 책은 루터가 아름다움을 신학적으로 이해하는데 중요한 역할을 담당한 지렛대로서 예수 그리스도의 충만함과 이에 나타난 아름다움에 대하여 새로운 인식의 지평을 열어줄 것입니다. 특히 마테스가 그려내는 루터의 아름다움 이해에는 그리스도와 그의 십자가를 통해 삶과 세상을 바라볼 수 있는 기독론적 안목을 제공하는 루터의 통찰력이 담겨져 있습니다. 이 책은 이런 맥락에서 그의 아름다움에 대한 신학적 이해가 어떠했는가를 궁금해 하는 모든 분들께 훌륭한 입문서와 안내서로 자리매김하게 될 것을 확신하는 바입니다.

2024년 8월 30일
부산 영도 연구실에서

목
차

감사의 글

글을 쓸 때에는 많은 즐거움이 있지만, 가장 중요한 것은 글쓰기를 통해 학자 공동체에 형성된 친교이다. 글쓰기는 고독하지만 결코 고립되지 않는다. 그 대신, 이 책에는 어떤 결함이 있더라도 폴 로렘(Paul Rorem), 로버트 콜브(Robert Kolb), 오스왈드 바이어(Oswald Bayer) 및 스티브 폴슨(Steve Paulson)의 폭넓은 논평을 통해 큰 유익을 받았다. 나는 앞서 언급한 친구들이 영어권에서 자신의 작업에 대한 참고 자료로 찾은 루터란 계간지(Lutheran Quarterly)가 존재하고 이를 통해 얻은 친교에 감사하고 빚을 지고 있다. 나는 이 학자들이 제시한 많은 제안에 빚진 것에 대해 감사드린다.

이 작업은 덜 국제적이지만 중요한 지원 시스템으로부터도 도움을 받았다. 전문적으로 말하면 20년 넘게 내 집이었던 그랜드 뷰 대학교(Grand View University)에 있는 동료이며 친구들이다. 특히 이 책의 페이지를 가장 먼저 읽고 관대하고 자세하게 논평해 준 켄 선뎃 존스(Ken Sundet Jones)에게 감사드린다. 마찬가지로 비평과 지원을 해준 존 라이텐(John Lyden)과 캐서린 폴만 더피(Kathryn Pohlmann Duffy)에게도 감사드린다. 그랜드 뷰(Grand View) 사서인 셰리 로버츠(Sheri Roberts)와 카라 스톤(Cara Stone)은 수많은 도서관 상호 대출 자원을 제공하는 데 도움을 주었다. 가장 중요한 것은, 이 책을 마무리할 수 있도록 2015년 가을에 나에게 안식년을 허락해 준 그랜드 뷰 이사회에 감사드린다. 특히, 로스 와스트베트(Ross Wastvedt) 학장은 안식년 지원 절차를 도와주었다. 프린스턴 신학교(Princeton Seminary)에서 마크 딕슨(Mark Dixon)은 루터의 창세기 강의와 비교한 리라의 성경 주석(Lyra's biblical commentaries)의 니콜라스(Nicholas)의 사본을 찾는 데 도움을 주었다. 마일스 홉굿(Miles Hopgood)도 마찬가지로 몇 가지 중요한 참고문헌을 검색하는 데 도움이 되었다. 또한 존 플레스(John Pless), 올리버 올슨(Oliver Olson), 러스 래키(Russ Lackey), 케빈 맥클레인(Kevin McClain), 로저 버데트(Roger Burdette) 및 메리 제인 해미그(Mary Jane Haemig)는 집필 과정을 통해 격려와 정신적인 지원을 제공했다. 이 프로젝트를 마치기 위해 시간을 내어 인내심을 갖고 기다려준 아내 캐롤(Carol)과 아이들 조셉(Joseph), 피터(Peter), 엠마(Emma)에게 감사드린다. 마지막으로, 편집 과정과 출판을 통해 이 원고를 지도해준 베이커 아카데믹(Baker Academic)의 편집자 데이브 넬슨(Dave Nelson)과 팀 웨스트(Tim West)에게 감사드린다.

이 장(chapters) 중 다수는 원래 다양한 환경에서 구두로 발표되었으며, 이 작업을 공유하도록 초대한 연구소들에 감사의 말을 전하고 싶다. 2장은 원래 2012년 8월 헬싱키(Helsinki)에서 열린 제12차 세계 루터대회에서 전체연설로 발표된 '루터의 철학 활용'을 수정한 것이다. 3장의 '루터에게 있어서 선'의 내용은 2014년 10월에 발표됐다. 캘리포니아주 코로나 델 마르(Corona del Mar)에 있는 정통 루터교 교회가 후원하는 '말씀과 함께하는 주말' 컨퍼런스 중. 이번 행사에 나를 초대해주신 마크 앤더슨(Mark Anderson) 목사님께 감사드린다. 4장의 "초기 루터의 아름다움"에 관한 글은 2014년 4월 미주리 주 세인트 루이스(St. Louis, Missouri)에 있는 콘코디아

대학교(Concordia University)에서 열린 북미 루터 연구 포럼의 실무 그룹에서 발표되었다. 6장의 "루터의 음악에 대한 신학과 미학"은 2015년 10월 일리노이주 리버 포레스트에 있는 콘코디아 대학교(Concordia University)에서 열린 비 메설리(Vi Messerli) 강의의 기조 프레젠테이션(keynote presentation)이었다. 마지막으로 4장과 5장의 요약된 견해로 아름다움에 관한 초기 및 성숙한 루터의 견해는 2016년 콘코디아 신학대학원(Concordia Theological Seminary), 웨인(Ft. Wayne), 인디아나(Indiana) 그리고 북미의 루터 포럼의 신앙고백 심포지엄에서 발표되었다. 웨인(Ft. Wayne)의 강의에 초대해준 데이비드 스케어(David Scaer)와 세인트 폴(St. Paul)에서 발표할 수 있도록 초대해준 웨인과 메리 제인 해미그(Mary Jane Haemig)에게 감사드린다.

2장, "루터의 철학 활용"은 원래 루터 연감(Lutherjahrbuch 80(2013), 110-41)에 실렸었다. 그래서 허가를 받아 여기에 사용되었다. 포트리스 출판사(Fortress Press)와 콘코디아 출판사(Concordia Publishing House)는 루터(Luther)의 저작물 55권(Philadelphia: Fortress; St. Louis: Concordia, 1955-86)을 길게 인용할 수 있도록 기꺼이 허락해 주었다.

약어표

ACW
Ancient Christian Writers

ANF
The Ante-Nicene Fathers. Edited by Alexander Roberts and James Donaldson. 1885–87. 10 vols. Reprint, Peabody, MA: Hendrickson, 1994.

AUSS
Andrews University Seminary Studies

BC
The Book of Concord. Edited by Robert Kolb and Timothy J. Wengert. Minneapolis: Fortress, 2000. Passages are cited by page and margin number.

BSELK
Die Bekenntnisschriften der Evangelisch-Lutherischen Kirche. Edited by Irene Dingel et al. Göttingen: Vandenhoeck & Ruprecht, 2014. Passages are cited by page and margin number.

CH
Church History

Colloq
  Colloquium

CTQ
  Concordia Theological Quarterly
  CurTM Currents in Theology and Mission

JMEMS
  Journal of Medieval and Early Modern Studies

KD
  Kerygma und Dogma

LBW
  Lutheran Book of Worship. Minneapolis: Augsburg, 1978.

LCL
  Loeb Classical Library

LQ
  Lutheran Quarterly

LW
  Luther's Works (American edition). Edited by Jaroslav Pelikan and Helmut T. Lehmann. 55 vols. Philadelphia: Fortress; St. Louis: Concordia, 1955–86. New series, vols. 56–82. St. Louis: Concordia, 2009–.

MQ
  Musical Quarterly

NPNF¹
  A Select Library of Nicene and Post-Nicene Fathers of the Christian Church. 1st series. Edited by Philip Schaff. 14 vols. New

York: Christian Literature, 1886–89. Reprint, Peabody, MA: Hendrickson, 1994.

NZSTh

Neue Zeitschrift für systematische Theologie und Religionsphilosophie

PL

Patrologia Latina. Edited by Jacques-Paul Migne. 217 vols. Paris, 1844–64.

SRR

Seminary Ridge Review

ST

Studia Theologica

WA

D. Martin Luthers Werke: Kritische Gesamtausgabe; Schriften. 73 vols. Weimar: H. Böhlau, 1883–2009. Passages are cited according to volume, page, and line.

WA BR

D. Martin Luthers Werke: Kritische Gesamtausgabe; Briefwechsel. 18 vols. Weimar: H. Böhlau, 1930–85.

WA DB

D. Martin Luthers Werke: Kritische Gesamtausgabe; Bibel. 12 vols. Weimar: H. Böhlau, 1906–61.

WA TR

D. Martin Luthers Werke: Kritische Gesamtausgabe; Tischreden. 6 vols. Weimar: H. Böhlau, 1912–21.

01

—

서 론

현대 루터 연구에서 루터가 음악에 대한 올바른 인식과 다른 개혁자들의 성상파괴적 저항에 맞서 성상과 시각 예술을 옹호한 내용을 다루는 기사와 책이 꾸준히 나왔다. 마찬가지로, 예배와 전례에 대한 루터의 견해에 관한 수많은 연구가 있었다. 그러나 루터의 아름다움에 대한 주제는 거의 조사되지 않았다.[1] 이 연구는 루터에게 중요했지만 우리가 예상하지 못했던 주제에 대한 새로운 지평을 다루고자 한다. 결국, 하나님과 그토록 많이 씨름한 사상가가, "숨겨진(hidden)" 혹은 "감추어진(absconded)" 하나님과 계시된(revealed) 하나님을 구별하고, "십자가의 신학(theology of the cross)"과 "영광(glory)"의 신학을 구별한 사상가는 아름다움의 신학에 대해서는 어떠한 기여를 했는가? 아름다움은 종교개혁자의 영성과 거의 조화를 이루지 못하는 평온함을 전달한다. 종교개혁자는 하나님과의 만성적인 갈등으로 자주 특징을 이루는데, 그는 실제로 그것을 하나님의 추구(tentatio)로 이해했다. 모든 주요 개혁가 중에서, 루터는 아름다움에 대한 중요성을 발견할 가능성이 가장 적은 것으로 보인다. 실제로, 언뜻 보기에는(prima facie) 우리는 루터를 아름다움의 적으로 생각할 수도 있다. 결국, 중세 가톨릭 체계는 은혜가 이러한 양성

---

[1] 중요한 예외는 Miikka Anttila, "Die Ästhetik Luthers," *KD* 58 (2012), 244-55.

(cultivation)을 시작했다면 믿음, 소망, 사랑의 습관을 조성하는 지복 직관(beatific visio)에서 아름다움 자체와의 결합을 보상으로 보는 경향이 있었다. 공덕의 렌즈를 통해 은혜를 해석하는 전통에 도전하고 폐지하려는 그의 노력에서 루터는 아름다움에 대한 큰 적(the great foe of beauty)처럼 보인다. 이 연구는 그렇지 않다는 것을 지적하고자 한다. 여러 측면에서, 루터가 이해한 복음은 죄인들이 아름다움에 접근할 수 있는 지평을 열어 주고, 너무 아름다워서 절망적이고 회개하는 죄인들이 갈망할 정도로 아름다운 메시지를 전한다. 탕자의 비유에 나오는 기다리시는 아버지 같은 하나님(눅 15:11~32) 혹은 간음 중에 잡힌 여인을 변호할 때 예수님과 함께 계시는 하나님(요 8:2~11)이 정확하게 죄인들을 아름다움 그 자체로 확인할 수 있는 그 분이시다. 왜냐하면 예수 그리스도를 통해 주어지는 완전하고 값없는 용서만큼 그것이 주는 새 생명만큼 경이롭고 즐거운 것은 없기 때문이다. 본 연구의 목적은 종교개혁가 중에 "실존주의적" 깊이뿐 아니라 우주적이며 종말론적인 폭을 가진 한 사람인 루터에 대한 다른 이미지를 제시하는 것이다.[2]

그 목표를 달성하는 한에 있어서, 그것은 오직 믿음을 통해 오직 은혜에 의한 칭의 교리에 대한 종교개혁자의 통찰을 "실존주의적" 해석에만 제한하기를 거부하는 새로운 루터 연구 덕분이다. 루터를 실존주의자로 규정하는 것은 시대착오적이기 때문에 나는 "실존주의자"라는 말을 인용부호로 넣는다.[3] 그

---

[2] 분명히 이 접근법은 Oswald Bayer의 연구 덕분이다. Bayer, *Lutheran Way*, trans. Jeffrey Silcock and Mark Mattes (Grand Rapids: Eerdmans, 2007)을 참조하라.

[3] Søren Kierkegaard(1813-55)는 G. W. F. Hegel(1770-1831)과 다른 이상주의자들의 전체주의적 경향에 대한 대응으로 실존주의를 발전시켰다. 모든 실존주의 안에, 키에르케고르처럼 신인이신 예수 그리스도의 비합리적인 무의미에 직면하여 있거나, 장 폴 사르트르와 같은 무신론적 실존주의자처럼, 비합리적인 역설에 대한 믿음의 도약에 근거하거나 삶에서 의미를 찾아내는 것은 개인이다. 그러나 키에르케고르가 무의미에 맞서 삶을 긍정하는 신앙을 바라보는 관점은 루터가 비난하는 율법 앞에서 약속을 믿는 것과는 다른 맥락이다. 키에르케고르의 이론에서

꼬리표 뒤의 의도는 루터의 신학이 고도로 경험적이지만 진리의 기준이 되는 경험이 없다는 점을 인정하는 것이다. 루터의 핵심이기도 한, 믿음만을 통한 오직 은혜에 의한 칭의는 우리가 창조를 어떻게 이해해야 하는지(창조는 결국 인간의 가치나 공로와는 별개로 존재하기 때문에), 그리고 종말론, 즉 하나님이 어떻게 새로운 창조를 가져 오시는가도 관련이 있다. 점점 더 루터 학자들은 실존주의적 용어로 해석된 칭의 교리에 대한 가르침이 종교개혁자의 견해를 축소시키는 루터에 대한 "희박한(thin)" 설명에 불만을 품고 있다. 그 대신에, 그들은 교리가 사회적 차원을 어떻게 표현하는지 보여주는 "도가 지나친(thick)" 설명으로4 하나님의 말씀이 구체화되어 성례나 설교를 통해 집행되거나 "세 가지 상황"(교회, 가정, 시민 정부)을5 전면에 내세웠다. 말씀의 구체화인 이러한 후자의 가르침은 신앙의 핵심이 현저하게 미학적이며, 감각을 일깨우고, 수용력을 열고, 경이로움을 불러일으키고, 감사를 불러일으키는 것임을 인정하기 때문에 우리 연구에 있어서 의미가 풍부하다. 그러한 신앙의 미학적 핵심은 황홀한 기쁨뿐만 아니라 삶이 몹시 불공평해 보일 때 하나님에 대한 불평이나 비난, 예를 들어 시편의 탄식에서 볼 수 있는 것, 심지어 하나님이

처럼 루터에게는 종교 중립적이고 세속적인 공간은 존재하지 않는다. 루터의 세계는 세속적이지 않다. 공적 영역의 세 영지(three estates)는 비록 숨겨진 방식이긴 하지만 하나님이 일하시는 통로이다. 예수 그리스도 안에서 하나님이 인간이 되신 역설도 전적으로 비합리적인 것이 아니다: 그 내적 논리는 "우리를 위하여, 우리의 구원을 위하여" 전개되는 것이기 때문이다.

4 명백히, 나는 클리포드 거츠(Clifford Geertz)의 "두꺼운", "얇은" 묘사의 설명의 범주를 빠르고 느슨하게 사용하고 있다. 왜냐하면 거츠에게 두꺼운이라는 묘사는 모든 설명에 해석이 수반된다는 것을 인정하고 있기 때문이다; 그 자체로 중립적인 객관성은 존재하지 않는다. 그러나 여기서 필자가 사용하는 방식과 Geertz의 방식은 적절한 해석이 축소주의적이지 않다는 점에서 유사하다. Geertz, *The Interpretation of Cultures* (New York: Basic Books, 1973), 5-6, 9-10. 참조하라.

5 Oswald Bayer, *Martin Luther's Theology: A Contemporary Interpretation*, trans. Thomas Trapp (Grand Rapids: Eerdmans, 2008), 120-53을 보라.

우리를 적대하시는 것 같을 때. 영적인 공격이나 시험(*Anfechtung*)에 민감한 예배에서 표현된다. 후자는 기도, 묵상, 추구(oratio, meditatio, tentatio)라는 루터의 세 가지 영성의 불가피한 결과이다.6 현재의 루터 연구는 축소주의적(reductionistic)일 수 없다는 사실에 맞춰져 있다. 칭의는 신앙의 모든 조항에 적용되며, 마찬가지로 중요하게는 일상생활에도 적용된다는 점을 인정해야 한다. 또한 루터를 중세 후기의 상황 안에서 위치시키려고 노력한다.7 루터는 기본적으로 현대 시대의 선구자는 아니었지만 진리를 추구하는 중세 사상가였다. 그의 작업은 의도했든 의도하지 않았든 간에 결과를 통해 미래를 가차 없이 변화시켰다. 그러나 그것은 수도원의 신비로운 경건함, 그가 대학에서 배운 논리에 대한 유명론적(nominalist) 접근 방식, 일차적 자료(primary sources)로 돌아가라는 인본주의의 요구, 가르치고, 기도하고, 연구함으로써8 성경을 깊이 연구했다. 그는 이 모든 문제와 다른 문제들을 복음주의 신앙에 일치하게 재작업 하였다.

한 마디로, 우리가 루터에게서 아름다움에 대해 배우는 것은 하나님의 낯선 사역(진노)은 참으로 무섭고 아름답지 않지만, 하나님의 적절한 사역(자비)은 참으로 가장 아름답다는 것이다. 그리고 믿는 모든 사람에게 예수 그리스도를 선물9과 성례로 부여하는 올바른 사역은 신자를 거듭나게 하여 그들의 감각이

---

6 Bayer, *Martin Luther's Theology*, 30–36을 참조하라.

7 이 점에서 나는 핀란드 학자 Miikka E. Anttila에게 빚을 지고 있다. Anttila, *Luther's Theology of Music: Spiritual Beauty and Pleasure* (Berlin: de Gruyter, 2013)을 보라. 명백히 안틸라와 나는 법적 칭의(forensic justification)에 대해 같은 생각을 가지고 있지는 않지만, 그의 연구는 다른 어떤 것보다도 루터의 아름다움에 대한 접근 방식을 연구하는 데 도움이 되었고, 나는 이에 대해 감사하게 생각한다.

8 Berndt Hamm, *The Early Luther: Stages in a Reformation Reorientation*, trans. Martin J. Lohrmann (Grand Rapids: Eerdmans, 2014), 8을 참조하라.

9 루터의 선물 개념에서 교환의 비호혜성(nonreciprocity)을 보여주는 훌륭한 글은 Berndt

새롭게 되고 하나님께서 만드신 세상의 아름다움을 더 잘 인식하고 경험하게 한다. 죄인들에 의해 황폐해졌기 때문에, 예수 그리스도는 "고운 것도 없고 풍채도 없었지만"(사 53:2 KJV), 죄인들이 그에게 각인시키는 추함은 하나님께서 그 죄인들을 그분의 눈에 아름답게 다시 만드시는 기초가 된다. 하나님은 죄인들을 매력적으로 여기지 않으시고, 오히려 복음에서는 하나님께서 예수님 때문에 이런 죄인들을 매력적이고 아름답게 만들어 주시는 것이다. "순진한 기쁨(innocent delight)"10으로서 음악은 본질적으로 이러한 기쁨을 가리킨다. 하나님의 말씀 자체가 이미 구현되어 있기 때문에 성상(icons)이나 시각적 이미지는 예배에 허용되는 보조 도구가 될 수 있다. 어떤 경우에도 우상 숭배는 눈의 문제가 아니라 마음의 문제이다. 그러므로 루터에게는 복음을 통해 창조 세계가 순진한 기쁨의 장소, 즐길 수 있는 장소가 될 수 있다. 오스왈드 바이어 (Oswald Bayer)는 루터의 설교 중 하나를 다음과 같이 설명한다.

인간 존재의 배은망덕한 본성은 과감하고 뚜렷하고 구체적으로 다각적인 반복으로 묘사된다. 우리가 눈과 귀를 열면 꽃도 우리에게 말을 할 것이고, 우리의 소유물과 돈도 말을 할 것이다. 우리에게 이르되, "하나님을 기뻐하고 먹고 마시며 나를 사용하고 나와 함께 네 이웃을 섬기라." 그러나 그 대신에 오는 것은 배은망덕과 탐심이다. "이와 같이 우리가 염려와 탐심으로 자기의 즐거움을 망하게 하여 우리 주 하나님을 욕되게 하나이다." "염려와 탐심"은 우리 때문이 아니라 하나님의 오래

Hamm, "Martin Luther's Revolutionary Theology of Pure Gift without Reciprocation," *LQ* 29 (2015), 125-61.을 참조하라.

10 WA 30/2:696.8는 다음에서 번역되었다; Robin Leaver, *Luther's Liturgical Music: Principles and Implications* (Grand Rapids: Eerdmans, 2007), 86

참으시는 성품과 인내, "그분의 심오한 선하심" 때문에 온전히 진행되지 않습니다. "우리는 고작 새 한 마리의 노래하는 소리, 암퇘지의 꿀꿀거리는 소리를 들을 만한 자격이 없습니다."[11]

만약 인간이 하나님의 관대함에 적응한다면, 그들은 창조물을 있는 그대로 순수하게 즐길 수 있고, 그 즐거움을 통해 도움이 필요한 다른 사람들을 섬길 수 있는 힘을 얻을 수 있다. 아름다움은 루터의 우선순위 중 첫 번째가 아닐 수도 있지만, 그것은 중요하며, 이는 루터에 대한 새로운 관점에 대한 접근을 제공한다. 이는 많은 학자들이 매우 훌륭하게 설명했던 이전 세대가 주장했던 "실존적" 깊이에 대한 균형추 또는 균형으로서 우주적, 역사적, 사회적 폭을 제공한다. 아름다움은 그리스도 안에 사는 사람들이 세상을 인식하는 한 가지 방법이다. 신자들은 그리스도와 함께 죽을 뿐 아니라 그리스도와 함께 부활하는 일도 겪는다(롬 6:1-11). 아름다움을 감상하는 것은 죄인들이 하나님의 창조가 선하다는 것, 그들이 이 세상에 안주할 수 있다는 것, 세상이나 생명이 단지 일차적인 임무일 뿐만 아니라 특히 선물이라는 것을 확인시켜 주는 한 가지 방법이다. 이제 신자들만이 아름다움을 감상하는 것은 분명 아니다. 그러나 장기적으로 볼 때 불신자들의 아름다움에 대한 인식이 구원으로 이어지는지는 확실하지 않다. 오히려 하나님의 선하심을 존중하지 않는 것이 정죄인 것과 마찬가지로 아름다움을 인식하지 못하는 것도 정죄이다.

루터는 미학적 감성의 전환기에 살았는데, 유럽인들은 아름다움을 지성화하려던 어거스틴(Augustine, 354~430)의 전통에서 점점 외면하고 오히려

---

11 Bayer, *Martin Luther's Theology*, 109-10. 루터의 설교에 대해서는 WA 46:494.

아름다움을 감각 너머로 상승하는 방식으로 바라보게 되었다. 감각 경험 자체는 감정을 기쁘게 하고, 마음은 그러한 감정을 감사하게 인정하는 것이다. 루터 자신도 이러한 추세에 기여했다. 마찬가지로 루터는 자신의 미학을 형성한 독일 인본주의자들과 중요한 신념을 공유했다. 공무원(civil servants) 교육에 관심이 있었던 초기 이탈리아 르네상스 인문학자들은 중세의 학습 모델(the trivium and the quadrivium, 3학 그리고 4학)이 신하(courtiers)와 외교관을 준비하는 데 부적절하다고 인식했다. 대안으로 그들은 설득력 있는 지도자를 양성하기 위해 우아한 글쓰기(ars dictaminis), 라틴어 문법, 고전 그리스어에 중점을 두었다.[12] 이러한 환경은 북유럽에 영향을 미쳤고 에라스무스(Erasmus)가 신약성경의 비평적 판(1516)을 개발하는 맥락을 제공했다. 이는 루터의 신약성서 번역(1521)에 결정적인 움직임이 되었다.

초기 루터는 자신의 작품을 로렌조 발라(Lorenzo Valla)와 조반니 피코 델라 미란돌라(Giovanni Pico della Mirandola)[13] 같은 사람들과 연관시키는 것을 좋아했다. 르네상스 인본주의(Renaissance humanism)는 언어적 기술과 본문 비평을 익히고 스콜라학파 방법을 비판함으로써 형식적인 라틴어 수사법과 문체의 우아함을 강조하는데, 이는 루터의 논문, 신앙 문학, 편지 및 그의 성경 번역 등의 접근에 영향을 미쳤다. 인본주의자들은 독자들에게 감정적이고 윤리적인 반응을 불러일으키기 위해 그들의 글에 학식과 장식을 정확하게 사용했다. 중세의 전임자들과 마찬가지로 르네상스 인문주의자들도 아름다움을 예술 자체와 연관시키지 않고 대신 고대 또는 고전 모델에 아름다

---

12 Paul Oskar Kristeller, *Renaissance Thought II: Papers on Humanism and the Arts* (New York: Harper & Row, 1965), 4-5.

13 Erika Rummel, *Biblical Humanism and Scholasticism in the Age of Erasmus* (Leiden: Brill, 2008), 4.

움에 대한 견해를 두었다는 점은 주목할 만하다.[14]

그러나 그를 적절하게 위치시키기 위해서는 루터와 이전 중세주의 사이의 연속성과 불연속성을 이해하는 것이 중요하다. 토마스 아퀴나스(Thomas Aquinas, 1225~74)는 아름다움의 기준으로 비례, 명확성, 완전성을 포함하는 아름다움에 대한 전통을 제시했다. 앞으로 살펴보겠지만, 복음에 대한 루터의 이해는 그 전통을 크게 변화시켰다. 마찬가지로, 어떤 의미에서 이 세 가지 기준은 하나님의 창조성에 미치지 못한다. 하나님의 창조성은 이 세 가지 기준조차도 온전히 평가할 수 없는 훨씬 더 놀랍고 즐거운 것이다.

루터 자신의 위대한 예술적 업적은 그의 아름다운 찬송보다 구약과 신약을 모두 독일어로 번역한 것이다.[15] 그의 번역은 독일어에 심오하고 지속적인 영향을 미쳤다. 많은 방언과 대조되는 표준어를 제공할 뿐만 아니라 오늘날 독일어를 상상하는 것이 불가능할 문구의 전환도 있다. 그러한 언어적 예술성을 통해 루터는 개신교 교회뿐만 아니라 로마 가톨릭 교회에서도 거의 500년 동안 독일 영성을 형성해 왔다. 이러한 성취는 독일뿐만 아니라 전 세계의 개신교 음악가, 예술가, 시인, 건축가에게 영향을 미쳤으며, 자칭 루터교인뿐만 아니라 로마 가톨릭교인, 개혁파, 심지어 상당히 세속적인 사람들에게도 영향을 미쳤다. 최소한 그러한 목록에는 하인리히 슈츠(Heinrich Schütz, 1585-1672), 요한 세바스티안 바흐(Johann Sebastian Bach, 1685-1750), 펠릭스 멘델스존(Felix Mendelssohn, 1809-47), F. 멜리우스 크리스티안슨(F. Melius Christianson, 1871-1955), 휴고 디스틀러(Hugo Distler, 1908-42)와 같은 음악가가 포함된다. 하인츠 베르너 짐머만(Heinz Werner

---

14 Kristeller, *Renaissance Thought II*, 186.
15 Birgit Stolt, "Luther's Translation of the Bible," *LQ* 27 (2014), 373-400을 참조하라.

Zimmermann, 1930년 출생),16 화가 알브레히트 뒤러(Albrecht Dürer, 1471~1528)와 그의 제자 한스 발딩(Hans Balding, 1484~1545), 루카스 크라나흐(Lucas Cranach the Elder, 1472~1553), 프란츠 팀머만(Franz Timmermann, 1515~40) 뿐만 아니라, 루터의 복음 이해와 일상 삶에 대한 감사에 뿌리를 둔 개혁주의 화가들도 있다. 여기에는 렘브란트 반 레인 (Rembrandt van Rijn, 1606-69) 및 빈센트 반 고흐(Vincent van Gogh, 1853-90)가 있다. 당연히 포함할 다른 예술가로는 카스파 다비드 프리드리히 (Caspar David Friedrich, 1774~1840), 율리우스 슈노르 폰 카롤스펠트 (Julius Schnorr von Carolsfeld, 1764~1841), 조각가 베르텔 토르발센 (Bertel Thorvaldsen, 1770~1846) 및 폴 그랜런드(Paul Granlund, 1925~2003)가 있다.17 루터의 신앙에 대한 접근 방식에 영향을 받은 찬송가 작가는 폴 게르하르트(Paul Gerhardt, 1607~76), 토마스 한센 킹고 (Thomas Hansen Kingo, 1634~1703), N. F. S. 그룬트비(N. F. S. Grundtvig, 1783~1872)가 있으며, 토마스 만(Thomas Mann, 1875~1955), 콘라드 리히터(Conrad Richter, 1890~1968), 올레 에드바르 드 뢰바그(Ole Edvard Rølvaag, 1876~1931) 및 존 업다이크(John Updike, 1932~2009)가 포함된다. 그러한 목록은 크게 확대될 수 있다.

---

16 루터가 개신교인들 사이에서 음악을 중요시한 영향에 대해서는 J. Andreas Loewe, "Why Do Lutherans Sing? Lutherans, Music, and the Gospel in the First Century of the Reformation," *CH* 82 (2013), 69-89; 그리고 Paul Helmer, "The Catholic Luther and Worship Music," in The *Global Luther: A Theologian for Modern Times,* ed. Christine Helmer (Minneapolis: Fortress, 2009), 151-72.을 참조하라.

17 자세한 논의는 Werner Hofmann, ed., *Luther und die Folgen für die Kunst* (Munich: Prestel, 1983). 을 참조하라.

▌성경에 기초함

여러 면에서, 아름다움에 대한 루터의 접근 방식은 성경 주석이다. 이사야는 이렇게 기록하고 있다. "네 눈은 왕의 아름다움을 볼 것이다; / 그들은 멀리 펼쳐진 땅을 볼 것이다"(사 33:17). 신자들의 믿음은 하나님의 아름다움에 의해 고무된다:

> 내가 여호와께 한 가지 일을 청하였나니
>> 나는 그것을 추구할 것이다:
> 내가 여호와의 집에 거하게 하옵소서
>> 내 평생 동안,
> 여호와의 아름다움을 바라보게 하시며,
>> 그리고 그의 성전에서 만나뵙게 하옵소서.
> (시 27:4)

복음은 비율(어거스틴에게 매우 중요한) 또는 빛(위-디오니시우스에게 아름다움의 기초[5세기 말에서 6세기 초]) 또는 완전성(어거스틴과 위-디오니시우스의 견해를 채택한 아퀴나스에게도 중요한)과 같은 문제 내에서 아름다움을 포괄하려는 경향을 넘어서는 아름다움에 대한 입장을 제시한다. 그 대신에, 성경적 속죄관에서는 고운 모양도 없고 풍채도 없는 종과 무력함과 어리석음의 화신인 것처럼 보이는 십자가에서 아름다움을 찾을 수 있다. 이 진리는 타락한 인간의 미학으로는 명백히 드러나지 않지만, 하나님께서 주시는 궁극적인 아름다움이 주는 아름다움이다. 마찬가지로 비율의 문제는 질서와 무질서의 문제이기도 하며 따라서 진정한 추함의 문제이다. 이는 하나님께서 세상을 어떻게 다스리시는가에 대한 대적의 올바른 인식을 방해하는 것 외에 다른 것이 아니므로, 모든 사람이 피할 수 없는 종말론적 전쟁의 일부이다.[18] "모든 것이 합력하여 선을 이룬다"(롬 8:28)는 말씀은 현재 그러한 우주적 전쟁의 결과와 관련이 없는 믿음으로 걷고 있는 사람들에 대한 약속이다. 대적의 공격에 직면한 신자들은 그리스도를 통하여 선함뿐만 아니라 아름다움도 주장한다. 그것은 그들의 타고난 권리(birthright)일 뿐만 아니라 그들의 유업(inheritance)이다.

선(good)으로서 창조는 아름답다. "에덴(Eden)"은 "즐거움"의 동산이다. 하나님의 언약 백성에게, 아름다움의 개념은 풍요로움 또는 "축복", 즉 하나님께서 그의 백성에게 양식(sustenance)과 풍요와 안전을 제공하실 것이라는 확신으로 확장된다. 마찬가지로 새 창조(계시록 21~22장에서 새 예루살렘으로 표현되었다)는 아름답고 위로와 조화와 성취의 장소이다. 실제로 구약에서 아름다움은 종종 선함, 특히 하나님의 풍성함의 선함 속에 포함되어 있다. 반역과 우상 숭배로 인하여 유다가 시련을 겪은 후에 종국(dénouement)으로서 즐겁고 풍요로운 동산이라는 주제를 반영하면서, 예레미야는 다음과 같이 썼다.

> 여호와께서 야곱을 속량하셨음이라
> 그리고 그에게 매우 강한 손에서 그를 구속하셨다.
> 그들이 와서 시온의 높은 곳에서 크게 노래하리니

---

18 이 통찰력에 대해 나는 Robert Kolb에게 빚을 지고 있다.

그리고 그들은 여호와의 선하심으로 인해 빛날 것이다.

곡식과 포도주와 기름을 두고

어린 양 떼와 소 떼를 다스리며;

그들의 삶은 물 댄 동산 같을 것이며,

그들은 더 이상 쇠약해지지 않을 것이다.

그리고 젊은 여자들이 춤을 추며 기뻐할 것이다.

젊은이들과 노인들이 즐거울 것이다.

나는 그들의 슬픔을 기쁨으로 바꾸겠다.

내가 그들을 위로하고 그들의 슬픔을 기쁘게 하리라.

(렘 31:11-13)

종말론적 약속으로서의 풍요나 축복에 대한 선지자의 인식에 대하여 메아리 치며, 다른 성경 저자들도 창조의 경이로움과 위대함에 대해 침묵하지 않는다 (창 1~2장, 욥 38~39장, 시 8편).[19]

당연히, 성경 전체에 묘사된 이스라엘의 반역과 형벌의 순환은 아름답지는 않지만, 하나님이 그의 백성에게 신실하시다는 사실은 아름답다. 이것이 복음의 핵심에 아름다움이 위치하게 하는 진리이다. 이 진리는 호세아(Hosea)가 창녀(harlot)와 결혼하여 그에게서 아름다움을 찾으라는 명령에서 전형적으로 나타난다. 그러므로 성경에서 우리는 고대 그리스인과 로마인들의 허를 찌르는

---

[19] 경이로움과 신비의 장소로서의 창조에 대한 루터의 견해는 다음을 참조하라. Charles Arand, "God's World of Daily Wonders," in *Dona Gratis Donata: Essays in Honor of Norman Nagel on the Occasion of His Ninetieth Birthday*, ed. Jon Vieker, Bart Day, and Albert Collver III (Manchester, MO: The Nagel Festschrift Committee, 2015), 197–215.

아름다움에 대한 견해를 가지고 있다. 아름다움은 사랑의 파생물이며 그 반대는 아니다. 하나님께서 언약 백성을 대하실 때, 좋은 것이 좋은 것으로 매력적인 것이 아니라, 추악한 자가 하나님의 사랑의 아름다운 옷으로 덮여지는 것이다. 같은 것이 그러한 포용이라는 점에서, 추악하고 왜곡되고 죄 많은 사람들에게 새로운 생명, 새로운 정체성이 부여된다. 그러한 관점에서 볼 때, 하나님께서는 그의 백성의 추악한 우상 숭배와 불의에도 불구하고 그들에게 신실하시겠다고 약속하셨다.[20] 우리는 하나님께서 선언하시는 호세아 11장 8~9절에서 그 연민의 정(pathos)을 듣는다:

> 오 에브라임아, 내가 어떻게 너를 포기할 수 있겠느냐?
> 이스라엘아, 내가 어떻게 너를 넘겨줄 수 있겠느냐?
> 어떻게 하면 너를 아드마처럼 만들 수 있는가?
> 내가 어떻게 너를 스보임처럼 대할 수 있겠는가?
> 내 마음이 내 안에서 주춤하도다.
> 내 동정심은 따뜻하고 부드러워진다.
> 나는 나의 타오르는 분노를 집행하지 않을 것이다.
> 내가 다시는 에브라임을 멸하지 아니하리라.
> 나는 하나님이요 사람이 아니니라.
> 너희 가운데 계신 거룩하신 분,
> 그리고 나는 진노하지 않을 것이다.

---

20 Anttila, "Die Ästhetik Luthers," 245을 참조하라.

복음의 아름다움은 "모든 것을 참으며, 모든 것을 믿으며, 모든 것을 바라며, 모든 것을 견디는"(고전 13:7) 사랑의 충실성에서 발견된다. 이것이 고통 받는 종의 매력의 기초이다. 그가 바로 죄인들의 손에 의해 낭비되고 추하게 되었다는 사실에도 불구하고 죄인들을 구원하는 소명에 충실하신 것은 아름답다.

모세(출애굽기 3장), 이사야(이사야 6장), 에스겔(겔 1장)에 대한 하나님의 현현(theophanies)은 아름다운 것이 아니라, 그 대신에 변모(마가복음 9:2~13)나 부활하시고 영광을 받으신 예수님과 요한의 만남(계 1:9~20)처럼 불가사의하게 압도적인 것이다. 다시 말하지만, 그러한 문제는 버크적 혹은 칸트적인 의미(Burkean or Kantian sense)에서 "숭고한" 것이 아니다. 왜냐하면 보는 사람은 결코 하나님을 대항할 수 없기 때문이다. 하나님을 보고도 살 수 있는 사람이 없지만, 그를 보는 사람은 하나님 앞에서 순전한 은혜를 통해 살아 있다.(출 33:20). 그러나 성경은 아름다움을 증거한다. 예를 들어 솔로몬의 사랑의 시와 심지어 히브리어의 형식적 구조(즉, 성경 전체에서 발견되는 평행법과 교차법)에서도 아름다움을 증거한다. 마찬가지로 성경은 언약궤 만들기(출애굽기 25:10~22), 성막의 설비와 비품(출애굽기 25~27장), 성전(출애굽기 25~27장)을 논할 때, 훌륭한 장인정신의 중요성을 강조한다. 성전(대하 4장), 제사장의 의복(출 28장) 등. 그러한 기구는 하나님께서 항상 특별하고 구체적인 수단을 통해서만 일하시며, 인간에게 믿음을 굳건하게 하고 그리스도를 붙잡거나 붙잡을 수 있는 유형의 무언가를 제공하신다는 루터의 확신을 강화한다.

▎ 책의 개요

앞서 언급한 바와 같이, 아름다움에 대한 루터의 견해는 성경, 특히 그가 청년 시절에 수도원에서 정기적으로 기도했고, 마음속으로 알고 있던 시편에 깊은 빚을 지고 있다. 그러나 중세에 발전한 아름다움의 신학은 고대 그리스인, 특히 플라톤의 아름다움에 대한 철학적 관점에서도 깊은 영향을 받았다. 토마스 아퀴나스가 정의한 아름다움의 세 가지 기준, 즉 비율, 빛 또는 색상, 그리고 완전성 또는 완벽함은 플라톤의 사고에 뿌리를 두고 있다. 아우구스티누스와 아레오파고스의 위-디오니시우스와 함께 아퀴나스는 이러한 주제를 재작업하여, 그들은 그의 신학의 표준 부분이 되었다.

중세 후기 유명론자들과 신비주의자들은 그 자체로의 아름다움과 같은 주제에 관심이 없었다. 분명히 신앙에 대한 이 두 가지 접근 방식은 루터에게 깊은 영향을 미쳤다. 그의 대학 교수들은 그에게 유명론적 논리의 엄격한 방법을 훈련시켰고, 수사 루터는 그의 멘토인 요한 폰 슈타우피츠(Johann von Staupitz, 1460~1524)와 대화를 나누었다. 요하네스 타울러(Johannes Tauler, 약 1300~1361)와 같은 신비주의자와 익명의 저자의 독일 신학(*Theologia Germanica*)에 대해 깊은 감사를 표하고 철저하게 연구했다. 아름다움이 주요 논의 주제가 아니더라도 루터의 환경에서 욕망이라는 주제는 중세 시대와 크게 다르지 않았다. 신학자들은 하나님께서 인간의 마음의 질서를 바꾸려는 열망을 통해 일하시는데 인간의 마음을 현세적이고 세상적인 일이 아닌 영원하고 신성한 문제에 관심을 집중시키신다고 믿었기 때문이다. 죄는 이러한 올바른 질서를 삭제시키고, 사람들이 일시적인 것을 즐기고 그들이 행동해야 하는 방식과 정반대로 영원을 이용하게 한다.

그 다음, 2장에서는 루터의 철학사용을 검토한다. 중세 사상가들이 채택한 아름다움에 대한 성경적 개념은 철학에 의해 형성되었으므로 루터가 철학에 어떻게 접근했는지 그리고 그가 철학에서 발견한 신학의 가치를 식별하는 것이 중요하다. 앞으로 살펴보겠지만 루터의 접근 방식은 절충주의적이라고 부르는 것이 가장 좋다. 즉, 비록 그는 오컴주의자 또는 "유명론자(terminist)" 학파에 속한다고 주장했지만. 그의 첫 번째 충성(loyalty)은 철학 학파에 대한 것이 아니었다. 루터는 자발적 행위로서 그리스도와 별개로 또는 외부에 있는 신의 뜻에 대한 그의 견해를 나타내는 논리(logic)에서 가정(suppositions)이론을 사용하는 것과 같은 중요한 방식으로 유명론에 빚을 지고 있는 반면에, 이 학파의 어떤 하수인(lackey)도 아니었다. 대신, 율법과 복음은 같은 하나님의 말씀이 아니라 하나는 기대나 요구를 전달하고 다른 하나는 약속을 전달하는 서로 다른 두 말씀이라는 것을 발견한 이후, 그 종교개혁자는 율법과 복음의 구별에 비추어 철학적 도구와 관점을 평가했다. 확실히 하나님의 "적절한 작업"에 대해 임의적인 것은 없다; 그것은 바로 남성과 여성의 신앙을 창조하고 육성하기 위해 존재한다. 하지만 루터가 실재론자가 아니었을 때, 그는 계층 구조에 대한 플라톤적 신성으로의 상승의[21] 가정을 버리고 매일 신자의 그리스도와 함께 죽음과 살아남에 대한 참여에 대한 견해를 확언했다. 따라서 루터의 신학은 존재자들(beings)과 존재(Being) 사이와 선한 일과 선하신 분 사이의 관계를 가장 잘 설명하는 것으로 간주되었던 "존재 유비(analogy of being)"를 약화시킨다. 영원한 복음이 아니라 영원한 법칙만을 알고 있던 플라톤은 "옛 존재"에 대한 그러한 죽음을 결코 이해하지 못할 것이다. 하지만, 마찬가지로 그리스도 안에 있는 새 생명은 단지 개인으로서의 그리스도인을 그리스도를

---

[21] 자세한 내용은 2장의 "유명론과 실재론"을 참조하라.

소유한 사람들의 집단에 속한다는 명목상으로만 지칭하는 것이 아니다. 어떤 의미에서는 새로운 존재의 현실, 새로운 존재의 기초, 그리스도인의 깨끗한 마음은 그리스도 자신이시며, 그리스도인들을 통해 그들의 존재, 정체성, "형태"를 새롭게 한다. 철학이 신학으로 하여금 어떻게 이루어져야 하는지에 대한 조건을 설정하지 않는다면, 그것은 여전히 중세 사상가들이 표현한 것처럼 용어에 대한 논리적 일관성과 엄격함을 제공하는 데 도움을 주면서, 궁극적으로 신앙의 문법(the grammar of faith) 안에 자리 잡고 있는 신학의 종인 "시녀(handmaid)"로서의 지위를 여전히 유지한다.

2장과 마찬가지로 3장 역시 독자가 루터의 마음을 이해할 수 있도록 준비시켜 준다. 루터의 선(goodness)에 대한 견해를 다루면서 아름다움에 대한 견해를 연구한다. 중세 다양한 학파의 사상가들은 아름다움을 선함과 연관시키는 경향이 있었다. 왜냐하면, 일부에게는 이러한 선함과 아름다움은 그와 같이 존재하는 구조를 묘사하는데 "초월적"이기 때문이다. 초월에는 하나됨, 선함, 존재와 진실이 포함된다. 많은 중세 사상가들에게 아름다움이 이 목록에 추가되었다. 왜냐하면 아름다움은 초월적인 것은 아닐지라도 그것은 여전히 선함과 밀접하게 연관되어 있기 때문이다. 일반적으로 중세 사상가들에게 선함은 모든 현실을 묘사하는 것이었다. 선함 자체로서 하나님에 참여하는 것이다. 그러나 이 진실의 중력의 힘은 계층 구조의 최상위에서 더 많이 발견되었다. 자급자족하고 일시적이지 않으며, 모든 나그네(viatores)의 궁극적인 욕구 또는 목표이며, 궁극적인 선이신 하나님을 향한 여정을 떠나는 순례자이다.

선함에 대한 루터의 접근 방식은 이러한 플라톤식 여정에서 출발한다. 놀랍게도 취하거나 받을 만한 자격도 없는 사람에게 하나님의 은총으로 선함이 죄인들에게 주어진다. 그는 죄인들이 단순히 하나님의 긍휼을 받는 것이 아니라 하나님 앞에서 지위를 얻으려는 자신의 시도를 뒷받침하기 때문에 여정 자체가 왜곡을 강화한다고 폭로한다. 그러므로 루터는 옛 아담이나 이브(은혜는 기껏해야 보충적이라고 생각하는 사람들)를 고통스럽게 죽이는 하나님의 낯선 사역을 발견한다. 그래서 하나님의 자비에 전적으로 의존하는 새로운 존재가 등장한다. 하나님의 진정한 아름다움은 성례전적으로 구체화된 약속의 말씀, 세례, 성만찬, 사죄, 설교에서 수여되는 "옷을 입은"이라는 단어에서 발견될 수 있다. 아름다움은 형이상학을 통해서가 아니라 예수 그리스도를 통해서 확인된다. 역설적으로 적어도 죄인들의 눈에는 고운 모양도 없고 풍채도 없는 분이시지만, 하나님의 택하신 종으로 보여진다.

　역사신학의 에세이로서 이 책의 핵심은 4장과 5장에서 발견할 수 있다. 거기에서 루터의 초기와 후기의 생애에서 아름다움에 대한 루터의 구체적인 견해를 다루고 있다. 아름다움에 대한 루터의 견해에는 그의 일생을 통해 뚜렷한 일관성이 있다. 한 차원에서는 아퀴나스가 표현한 세 가지 기준을 포함하여 하나님 앞에서 인간의 존재는 해체되고, 또 다른 차원에서는 세상 앞에서 인간 존재는 유지된다. 루터는 생애 처음부터 평생에 걸쳐 루터는 하나님이 무(無)에서 창조하신다고 주장했다. 하나님께서 거듭남을 통해 신자들 안에서 시작하시는 새 창조까지도 죄와 죽음의 무(無)에서 새로운 인류를 재창조하시는 하나님께 달려 있다. 그러므로 언제 어디서나 하나님께 의존한다는 사실을 인정하기를 거부하는 사람들, 자신들이 어떤 영역이나 독립성을 주장할 수 있다고 생각하는 이들은 자비에 대한 대가로 하나님께 바칠 수 있는 것은 아무것도 없을 것이다. 그들은 자신이 하나님께 드릴 것이 아무것도 없기 때문에 그들로 스스로 절망하게 하시고, 인간이 하나님을 대할 때 유일하게 의미 있는 자세는 믿음뿐이라는 것을 확증하시기 위해, 하나님의 낯선 사역(alien work)을 경험하게 될 것이다.

이러한 견해는 루터를 "범칼주의(pancalism)"라고 알려진 입장과 충돌하게 만들 것이다. 모든 것(all things, pan-)이 어느 정도 아름답다는 의미(그리스어로 kalos)—많은 중세 사상가들이 주장했다. 우리는 루터의 초기에는 그가 범칼주의였다는 힌트를 찾을 수 있다. 그러나 그가 성숙해짐에 따라 관점이 점점 더 변했다. 그것은 인간이 하나님께 드릴 것이 있고 그럴 수 있다는 개념을 돕고 조장하지만 그러나 그것은 환상에 지나지 않는다. 그것은 사람들을 때리고 요구로 짓밟는 잔인함을 낳는다. 그러나 하나님의 숨겨져 있거나 낯선 사역은 그리스도를 붙잡음으로써 새 생명을 얻게 하는 용서의 말씀을 죄인에게 주어진 하나님의 은총으로서 죄인들이 오직 그리스도 안에서 발견되는 하나님의 자비를 바라보고 그리스도 안에서만 세워지는 하나님의 선하심과 아름다움을 발견할 수 있도록 하며 그 가정(supposition)에 명확히 도전하는 것이다. 그래서 범칼주의는 행위를 통해 그들 자신을 정당화하는 옛 존재에 대한 기초인 지렛대로서 배제되는 반면에, 그리스도 안에 있는 새 존재는 창조를 하나님의 선물로 누리고 실제로 모든 부분에서 그것 안에 만들어진 아름다움을 높이 평가한다. 물론, 그리스도 자신은 그를 위해 그들이 하나님께 받아들여지는 죄 많은 남자들과 여자들을 책임지기 때문에 아름답다. 사실 죄인들은 예배에서 이 아름다운 메시지를 충분히 얻을 수 없다. 그래서 복음 선포를 갈망하는 것이지 단지 율법에 대한 기대만이 아니다. 다시 말하지만, 아름다움은 중세 교회에서 차용한 플라톤의 유산처럼 형이상학적 기초 위에 확립된 것이 아니라, 죄인들을 의롭게 여기시고 그들에게 하나님의 자비를 확신시켜 주시는 그리스도에 기초하여 확립된다. 이 속죄의 말은 또한 재생되고, 모든 창조물에 드러나는 경이로움과 신비를 이해하는 옛 존재와 함께 새로운 존재를 낳는다.

우리 특히 루터가 아담의 창조에 대한 묘사에 있어서 비례, 색상 또는 선명도, 완전성 또는 완벽함을 어떻게 생각하는지를 아는 창조의 아름다움(creation beauty)과 하나님의 사랑이 매력적으로 느끼는 아름다움으로 발견되지 않지만 대신에 새 생명을 주는 사랑(regenerative love)은 매력적인 대상으로서 새로운 존재를 창조하는 복음의 아름다움(gospel beauty)과 구별할 수 있다. 다시 말하지만, 이 새로운 존재는 세상을 기쁨이나 순진한 즐거움의 환경으로 경험할 수 있다.

6장과 7장에서는 루터의 음악에 대한 사랑과 시각적 이미지에 대한 평가에서 루터의 아름다움에 대한 관점을 알 수 있다는 것을 보여준다. 루터는 음악이 어거스틴과 그 이전의 플라톤처럼 수학과 유사한 '과학'이었기 때문이 아니라, 인간의 기분과 감정을 바꾸고, 모임을 형성하고 기쁨을 표현하고, 음악을 발전시키는 예술이었기 때문에 음악을 감상하는 시대에 속했다. 그것은 고대 후기부터 음악을 연주하는 것은 실제로 화성과 리듬의 수학을 연구하는 것보다 낮은 수준으로 간주되었다. 루터는 우주적 접근 방식의 가치를 보았기 때문에 이러한 초기 음악 전통에 전적으로 반대하지는 않았다. 즉, 천구 자체가 원형 패턴을 횡단하며 하모니를 만들어낸다는 것이다. 하지만 전반적으로 음악과 관련하여 그는 감정과 지성을 비교하지 않았다. 실제로 그는 단어뿐만 아니라 음표까지도 의미와 진실을 전달한다고 느꼈다. 그리스도인들에게는 그리스도 자신이 인생을 의미하는 정선율(定旋律, *cantus firmus*) 또는 멜로디이다.

시각적 이미지에 관한 루터의 글에서 우리는 종교 개혁가가 성상들(icons)을 어떻게 인식했는지 알 수 있다. 그리고 신앙에 대한 시각적 묘사는 중세 후기 경건주의 관점에서는 오용될 위험이 있었다. 루터의 관심은 성경이 금지하는 명령에 대한 것이 아니었다. "새겨진 형상"과 그러한 형상이 우상들

(idols)이 될 것인지에 대한 것이다. 루터에게 참된 예배나 우상숭배가 일어나는 곳은 눈이 아니라 마음이다. 이미지나 사진은 가치가 있을 뿐만 아니라 문맹자들을 교육하고 신앙을 전파하는 일뿐만 아니라 그 이상 중요한 것은 인간이 필연적으로 이미지를 만드는 사물이라는 점을 고려하면 하나님께서 물, 빵, 포도주, 설교된 구두 말씀 등 성스러운 형태로 자비를 베푸신다는 것을 손으로 만질 수 있게 구체적으로 상기시켜 준다. 아이콘은 확실히 은혜를 중재하지는 않지만 모든 것과 연속체에 있다. 오직 약속 안에서만 가려졌던 하나님의 자비가 드러나고 죄인들을 위해 열려진다. 따라서 루터는 개신교인들이 일반적으로 비난하는 단어와 이미지 사이의 엄격한 이분법을 지지하지 않는다. 루터에게는 어떤 "덮개"나 "포장지"를 별개로 가진 어떤 하나님도 없다. 그 포장지는 하나님이 창조하신 물질적 현실 속에서 자신을 가리고 있거나 교회에서 성례전적으로 자신을 주시는 하나님이다.

마지막으로 8장과 9장에서 나는 역사적 신학을 넘어서 루터의 아름다움에 대한 관점이 현대 신학에 미치는 영향을 끌어내려고 한다. 마지막으로 신학적 미학에 대한 가장 중요한 모험은 수십 년에 걸친 한스 우르스 폰 발타자르(Hans Urs von Balthasar)와 변증가 데이비드 벤틀리 하트(David Bentley Hart)의 방대한 작품이다. 두 사상가의 작품은 앙리 드 뤼박(Henri de Lubac, 1896~1991)이 주도한 새로운 신학(*Nouvelle théologie*)에 기초를 두고 있다. 두 사상가 모두 세속적인 인류가 세상에 드러나는 아름다움에서부터 근원적인 아름다움 그 자체에 이르기까지 추론하도록 돕기 위해 존재 유비를 복구한다. 존재 유비는 하나님과 세상 사이의 중요한 유사성 가운데서 "더욱 큰 차이점"[22]을 존중한다. 따라서 하나님의 부정신학적인 차원을 존중하면서 하나님과 피조물 사이의 실제 유사성에 대해 이야기할 수 있다. 하트(Hart)는 포스트모더니즘의 사상가들에 의해 확인된 겉으로는 모순되고 폭력적인 권력 투쟁이 궁극적으로 자신의 자리나 평화를, 형이상학적으로 아름다움 그 자체로 해석되는, 무한대에서 찾는다는 것을 보여주기 위해 존재의 유비를 사용한다. 마찬가지로 폰 발타자르(von Balthasar)는 자신을 넘어 신성을 가리키는 광채를 부여하는 어떤 형태 또는 다른 형태로 형성되어 궁극적인 의미와 중요성을 부여하는 것으로 식별한다. 두 사상가는 확실하게 세상에 대한 세속주의의 "마법풀기(disenchatment)"에 도전한다.23 그러한 각성은 인간이 자신의 목적을 위해 그것을 어떻게 이용하는 것 외에는 물질적 현실에서 더 깊은 의미를 보지 못한다.

　루터의 생각은 결코 마법을 풀거나 세속적인 관점에 기여하지 않는다. 참으로, 그의 사고는 보다 정확하게 충분히 진리와 선함과 아름다움에 참여하는 일련의 상승하는 영적 영역으로서의 현실에 층으로 놓는(layers) 현실주의적 접근 방식을 약화시킨다. 그 대신에, 루터에게 예수 그리스도는 생명, 특히 진리, 선함, 아름다움이 가장 잘 이해될 수 있는 지주(fulcrum)이다. 그리스도를 통해 세워진 여정(itinerary)은 영원으로 올라가는 사다리의 가장 낮은 단계로서 창조를 보지 않는다. 오히려 사다리라는 비유는 전혀 적절하지 않을지라도 그것은 아래로 내려가는 계단이다. 그리스도의 겸손과 죽음, 그리고 나중에는 부활과 승천 때문에(빌 2장), 우리에게는 아래로 내려오는 계단이 있는데, 그 계단은 그리스도께서 오만하고 자기만족에 빠진 죄인들을 구출하여 사랑과

---

22 Eberhard Jüngel, *God as the Mystery of the World: On the Foundation of the Theology of the Crucified One in the Dispute between Theism and Atheism*, trans. Darrell L. Guder (Grand Rapids: Eerdmans, 1983), 288.

23 Max Weber, *Essays in Sociology*, trans. and ed. H. H. Gerth (London: Routledge, 2009), 139을 참조하라.

봉사로 살아가도록 믿음에 다시 초점을 맞추시기 위해 내려오신 것이다. 감각을 넘어 지성으로 그리고 영혼에서 신성으로 이끄는 플라톤주의의 여정이 없이도 매혹적인 세계를 가질 수 있다. 루터는 유비(anology)를 전적으로 배제하지 않는다. 그러나 유비는 소급하여(ex post facto) 가장 잘 확립된다. 그리스도의 부활의 빛을 통하여 그러한 유비는 자연과 인간 모두에서 명백해졌다. 그렇지 않으면 우리는 십자가 신학(the theology of the cross)에 의해 형성된 미학(aesthetics) 대신에 영광의 신학을 촉진하는 미학을 발전시키기 쉽다. 십자가는 죄인들이 공로를 통해 천국에 올라가기 위하여 추진하는 것과 반대로 십자가 나무에서 우리의 죄를 육체적으로 흡수하신, 구원자이신 그리스도를 통해 정의된다는 점에서 이상한 아름다움(strange beauty)을 제공한다. 그러므로 하나님 안에 진정한 참여는 세례를 통해 그리스도 안에서 죽고 부활하는 것으로 구성되어 있으며 아름다움이나 선함을 모방적으로 구현하는 정도가 아니다.

마지막으로 9장에서 루터는 우리에게 완벽함이 아니라 자유의 미학의 윤곽을 제시한다. 그것은 그리스도께서 추함과 아름다움을 흡수하신 복음의 아름다움이다. 죄의 더러움을 짊어지고 결코 찾을 수 없는 지평을 여는 것, 창조의 아름다움을 감상하고 인간을 창조의 선물로 회복시키는 것 곧 하나님께서 이 좋은 땅을 의도하신 낙원이다. 그러므로 복음에서는 하나님은 창조와 구원이라는 그의 은사의 선하심에 기초하여 아름답다고 자인될 수 있다(can be acknowledged). 아름다움에 대한 세속적인 견해는 부적절한 것으로 나타났다. 왜냐하면 그들은 사람들이 겪는 현실의 경이로움과 신비를 설명하지 못하기 때문이다. 삶과 세상에 대한 더 넓은 목적을 분별하는 고된 시간을 가지는 현대 미학과는 대조적으로, 복음의 아름다움은 신자들이 세상에서 집처럼 편안함을 느낄 수 있도록 허락한다. 복음이 전해질 때마다 창조에 대한 편안함이 반복된다.

아마도 총회 소속이 어떠하든지 간에 미국 루터교의 가장 보배로운 찬송은 "아름다운 구세주"이다. 희망하건데, 이번 연구가 왜 그 찬송이 그토록 사랑받는 것이 당연하다는 알려줄 것이다. 구세주요 주님이신 부활하신 예수 그리스도와 아름다움을 연관시키는 것이 오직 믿음을 통한 오직 은혜에 의한 칭의 교리 안에 부호화된(encoded) 루터교 정체성의 일부이자 한 조각(parcel)이다. 다음 연구는 그 진리의 신학적, 영적 의미를 이끌어내고자 한다.

02
—
루터의 철학 사용

루터가 철학이 신학에 어떤 긍정적인 기여를 하지 못했다고 믿었다는 것을 가정하는 사람은 누구나 루터의 전집(corpus)을 다루는데 실패한 것이다. 의심의 여지없이, 루터는 철학과 신학 사이의 해결될 수 없는 긴장이 존재하며, 특히 후자는 (철학은 아무것도 알지 못하는) 복음을 약속(*promissio*)으로서의 신앙을 온전히 표현해야 할 의무가 있다는 점을 지적한다. 그러나 먼저 루터가 철학, 특히 논리학이 신학의 "새로운 언어"(*nova lingua*)의 문법을 적절히 따라 심단논법을 사용하여 교리적 명확성을 확립하는 데 도움이 되는 도구라는 점에는 의심의 여지가 없다.1 그와 같은 것으로서, 논리학은 이단을 막고 참된

---

1 하지만 우리는 다음 사항에 유의해야 한다.

루터가 그토록 높이 평가하고 삼위일체론에서 자부심을 가졌던 문법 연구조차도 특정 편견과 당대의 언어 관습을 반영하기 때문에 신학이 무비판적으로 따를 수 있는 것이 아니다. "신"과 "인간", "창조자"와 "피조물"이라는 단어와 같은 주요 신학 용어가 사용되는 방식은 신학에 재앙을 초래한다. 죄의 세계, 옛 세계에도 고유한 "오래된 언어"가 있다.... 이런 의미에서 옛 세상과 그 옛 언어를 새 것으로 만드시는 "성령"은 "자신의 문법을 가지고 있다"(WA 39/2:104.24). 실제로 "문법은 모든 분야에서 작동하지만, 주제가 문법과 철학의 규칙으로 이해할 수 있는 것보다 더 클 때는 반드시 남겨져야 한다"(WA 39/2:104.24-26). 문법은 "피조물과 창조자 사이, 유한한 것과 무한한 것 사이, 시간의 시작과 영원 사이에는 아무런 관계가 없다"는 "철학적 주장"을 확인하고 강화한다. 반면에 우리는 관계뿐만 아니라, (심지어) 유한한 것과 무한한 것의 결합을 주장한다."(WA 39/2:1 12.15-19). (Oswald Bayer, *Theology the Lutheran Way*, trans. Jeff Silock and Mark Mattes (Grand Rapids: Eerdmans, 2007), 81)

루터는 특히 그의 기독론에서 논리적 추론을 사용했다. WA 10/1, 1:151.12-20(LW 75:260)의 히브리서 1장 또는 WA 28:92.29-36, 37:44.10-14의 그리스도의 신성에 대한 그의 논평을 보라. 또한 Sigebert Backer, *The Foolishness of God: The Place of Reason in the Theology of Martin Luther* (Milwaukee: Northwestern, 2009), 82-87.

교리를 명확히 하는 데 도움이 된다.[2]

둘째, 그러나 루터는 생애 아주 초기에 논리학의 형식주의뿐만 아니라 플라톤적 사고의 본질(아리스토텔레스의 그것과 대립되는 입장)도 사용할 수 있었는데, 그 이유는 "아포파티시즘(apophaticism)"이 하나님의 감추어진 신비를 더 잘 존중하고 십자가의 신학(*theologia crucis*)과 더 잘 양립할 수 있다고 보았기 때문이다.[3] 루터는 "부정의 신학"(*via negativa*)을 확장하면서, 십자가 신학은 하나님과 우리의 행위에 대해 겉과 속을 구별할 수 있게 해준다고 주장했는데, 우리의 행위는 공로로 보이고 하나님의 행위는 악으로 보이지만 사실은 정반대라는 것을 알게 되었기 때문이다. 앞으로 특히 루터 신학의 전반적인 궤적인 새로운 신학(*Nouvelle théologie*)을 분석하는 8장에서 살펴보겠지만, 루터 신학의 전반적인 궤적은 플라톤의 철학, 특히 인간이 더 높은 곳으로 올라갈 수 있는 잠재력을 가지고 있으며 따라서 스스로를 완성할 수 있는 존재론적 위계를 가정한 플라톤의 철학과 상당히 다른 면이 있다. 보다 일반적으로, 종교개혁자에게 형이상학적 개념을 포함한 철학적 개념은 신학에서 유용하게 사용되기 전에 먼저 "씻겨져야(bathed)" 한다.[4]

---

2 "이성은 중심에 의해 형성하고 경계로 둘러싸인 영역에서 경계로부터의 공격이 중심을 침식할 위협이 있을 때 믿음의 대상을 이해하는 데 사용된다. 또는 중심의 확실성이 흔들릴 때 신학적 작업이 시작된다."(Christine Helmer, The *Trinity and Martin Luther: A Study on the Relationship between Genre, Language and the Trinity in Luther's Works (1523-1546)*. Mainz: von Zabern, 1999], 3).

3 Knut Alfsvåg는 루터를 더 넓은 플라톤-아우구스티누스-신비주의적 아포파적 전통 안에 위치시키는 Apophaticism을 신의 모든 필수 술어를 체계적으로 거부하고 다시 그 거부들을 거부하면서 존재와 비존재의 개념을 포함한 모든 긍정적 개념을 넘어서는 영역에 신의 현존을 위치시키는 길로 정의한다. Alfsvåg, *What No Mind Has Conceived: On the Significance of Christologica Apophaticism* (Leuven: Peeters, 2010), 1.

4 Sammelis Juntunen, "Luther and Metaphysics", in *Union with Christ: The New Finnish Interpretation of Luther*, ed. Carl Braaten and Robert Jenson (Grand Rapids: Eerdmans. 1998), 134. "Si tamen vultis uti vocabulis istis, prius quaeso illa

셋째, 명목론과 실재론의 다양한 학파와 관련하여 루터는 두 학파의 사상을 차용하기도 하고 거부하기도 하는 다소 절충적인 모습을 보였기 때문에 그를 이러한 범주에 묶어두기가 어렵다. 철학과 신학을 "두 영역"[5]이라는 관점에서 관련시키는 전체적인 형태는 다음과 같다. (1) 현세적인 문제와 연계된 철학과 (2) 영원한 문제와 연계된 신학, 그리고 하나님 뜻의 불가해성에 대한 그의 견해는[6] 유명론에 빚진 것처럼 보인다. 그러나 신학에서 루터는 특히 신자와 그리스도의 연합에 찬사를 보낼 때 현실주의와 비슷하지만 확실히 같지는 않은 참여적 접근 방식을 사용하는 것을 반대하지 않는다. 루터가 이렇게 말했을 때 신자들은 그리스도와 "한 덩이"이거나 그리스도와 "결합"되었거나, 그리스

bene purgate, füret sie mal zum Bade"(WA 39/1:229. 16-19): "그럼에도 불구하고 이 용어들이 사용되기를 원한다면, 먼저 잘 씻고 목욕을 하라!"

5 루터는 보통 철학은 현세적인 것을 다루고 신학은 영원한 것을 다루는 것으로 구분하지만(LW 13:199, WA S1:243.10-18), 때로는 "현재"(철학)와 "미래"(신학)로 구분하기도 한다(LW 25:361, WA 56:371.30). Bayer는 철학과 신학의 관계를 "일반적으로 인류와 특히 그리스도인"과 평행한 관계로 설정하는 데 도움이 된다. 루터가 지식과 확실성을 구분한 것은 그의 신앙고백(1528년)에서 볼 수 있는 "거룩함"과 "구원"의 구분과 같은 맥락이다. 이 구분은 철학과 신학의 관계에 대한 그의 정의에서 매우 중요한 역할을 한다. 하나님은 세 가지 질서 안에서 자신의 창조를 명령하신다. 모든 인간 삶의 기본 질서는 "하나님의 말씀과 계명에 근거"하기 때문에 거룩하다. 그러나 그 어떤 질서도 구원의 길은 아니다. 이 모든 것을 넘어서는 길은 오직 하나, 예수 그리스도를 믿는 신앙의 길뿐이다. 거룩해지는 것과 구원받는 것은 완전히 다른 두 가지이기 때문이다. 오직 그리스도를 통해서만 구원받는다. 그러나 우리는 이 믿음뿐 아니라 이러한 신성한 제도와 질서를 통해 거룩해진다. 경건하지 않은 사람들도 거룩한 것을 많이 가질 수 있지만, 그런 이유로 내면적으로 구원받은 것은 아니다. (*Theology the Lutheran Way*, 75; Bayer는 LW 37:365 (WA 26:50S.16-21)을 언급한다.)

6 루터는 Erasmus에 반대하는 글을 쓴다.
나는 의로우신 하나님께서 그분께서 친히 역사하시는 자기 백성의 죽음을 개탄하시는 것이 아니라, 그분께서 자기 백성에게서 발견하시고 그들로부터 제거하기를 원하시는 죽음을 개탄하신다고 말한다. 하나님은 죄와 죽음이 제거되고 우리가 구원받을 수 있도록 끝까지 역사를 전파하셨다. "그분은 말씀을 보내시어 그들을 고치셨다"(시 107:20). 그러나 위엄 속에 감추어진 하나님은 죽음을 슬퍼하지도 아니하시고 없애지도 아니하시고 생명과 사망과 모든 것을 역사하시며, 말씀으로 스스로 한계를 정하지 아니하시고 만물 위에 자신을 자유롭게 하셨다.(*The Bondage of the Will* [1525], trans. J. I. Packer and O. R. Johnston [New York: Revell, 1957], 170.(WA 18:685.18—24))

도의 "형상"이나 하나님의 "형상"을 갖고 있으며 자신을 이웃에게 "그리스도"
로 준다고 말할 때,7 그것은 "그리스도인"이 단지 그리스도와 일치하고 그리스
도처럼 행동하는 사람들의 집합에 주어진 이름인 것처럼 그러한 말은 단지
명목적인 것에 그치지 않는다. 그 대신, 그리스도인의 새로운 존재는 사실
그리스도 자신이며, 세례와 사죄의 기관을 통해 신자가 매일 죽고 부활함으로
써 그분께 참여할 수 있도록 허락하시는 분이다. 용서를 전가시키는 사죄의
말씀은 동시에 새로운 존재를 낳는다. 따라서 어떤 의미에서도 신자들이 그리
스도 안에 참여하는 것은 하나님 앞에서 완전함을 향한 잠재력을 개발할 수
있는 능력을 수반하지 않는다. 그 대신 영혼의 책임을 그리스도의 의와 교환하
는 말씀을 통해 영혼이 그리스도께 굳건히 고정되는 것이다. 이생에서의 진보
는 신자들을 항상 세례의 물로 되돌려 놓는다. 내세에서의 발전은 전적으로
신자들을 충만하게 인도하시는 하나님의 선하신 손에 달려 있다.

루터의 훈련은 유명론적 논리에 있었지만, 그의 영성은 영혼을 신부로, 그리
스도를 신랑으로 보는 신비주의에 깊은 빚을 지고 있었다. 루터는 신자와 그리
스도와의 연합8에 대한 이미지를 존중하는 경향이 있다. 루터는 복음의 빛
안에서 두 전통을 재구성한다. 왜냐하면 루터는 유명론이 가르치는 것처럼,
하나님은 그의 존재에 있어서 영원한 율법과 동등하거나 동일하거나 축소될
수 없기 때문에, 자신의 고유한 사역에서 하나님은 자비롭고 사랑스러운 분이
라는 것을 발견했다. 마찬가지로, 그리스도와의 연합은 경건에 대한 보상이
아니라 믿음으로 받는 선물이다. 루터의 절충주의는 일관성이 없는 것이 아니

---

7 그리스도계 "굳어진"은 LW 26:168(WA 40/1:285.24), "한 덩어리"는 LW 24:226(WA
   45:667.32-668.3), "내 이웃에게 그리스도"는 LW 31:367(WA 7:35.3S)를 참조하라.
8 Patricia Wilson-Kastner, "On Partaking of the Divine Nature": Luther's Dependence
   on Augustine," *AUSS 22* (1984), 123.

다. 왜냐하면 그의 철학 평가 기준은 주로 철학이 봉사해야 할 복음을 명확히 하고 발전시키는 것이기 때문이다. 루터의 신학적 존재론은 참여와 관계성을 대립시키는 것이 아니다. 대신, 신의 은총(관계)은 새로운 존재(참여)를 부여한 다.

넷째, 루터가 보기에 철학은 현세적 영역의 실천적 문제에 적용될 때, 인간의 번영에 긍정적으로 기여할 수 있다고 본다. 법이 세상 앞에서(*coram mundo*) 인간의 행위를 인도하는 데는 가치가 있지만 하나님 앞에서(*coram deo*) 자기를 정당화하는 방법에 대해서는 발언권이 없는 것처럼, 철학은 율법과 함께 작동하여 사람들이 공동선을 위한 보다 생산적인 방법을 결정하도록 돕는다.

마지막으로 철학에는 경고 딱지(label)가 붙어야 할 필요가 있다. 철학은 중립적인 영역이 아니라 옛 아담의 목적에 의해 악용될 수 있다. 철학이 신학을 잠식하려 한다면 루터는 이에 대해 명확한 경계를 설정한다.9 철학이 신학을 침해하기로 결정한다면 그는 부활하신 그리스도를 장사지내는 데 철학이 오용되는 것을 허용하지 않을 것이다.10 실제로 이 부활하신 그리스도께서는 "하나님처럼 되려는 타고난 야망"(*ambitio divinitatis*)11에 따라 인도되는 모든

---

9 확실히 신학은 철학의 규칙을 침범하지만, 반대로 철학 자체가 신학의 규칙을 더 자주 침범한다.("Disputation concerning the Passage: 'The Word Was Made Flesh,'"[1539], 논문 15, LW 38:240 [WA 39/2:4.22-27]).

10 "Disputation concerning the Passage: 'The Word Was Made Flesh,'" in LW 38:248 (WA 39/2:13.15).

11 루터는 George Spalatin에게 보낸 편지(1530년 6월 30일)에서 "런던에서 강해져서 나를 대신하여 필립[멜랑흐톤]에게 하나님처럼 되지 말고 마귀가 낙원에서 우리 안에 심어 놓은 하나님처럼 되고자 하는 타고난 야망과 싸우라고 계속 훈계해 주시오(창 3:51)"라고 썼다. 이 [야망]은 우리에게 아무런 도움이 되지 않는다. 그것은 아담을 낙원에서 쫓아냈고, 그것만으로도 우리를 쫓아내고 우리에게서 평화를 몰아낸다. 요약하면, 우리는 신이 아니라 사람이 되어야 한다. 그렇지 않으면 영원한 불안과 고통이 우리의 보상이 될 것이다. (LW 49-337 [WA BR 5:415.41-46]).

이론가들을 하나님 앞에서(*coram deo*) 매우 수동적으로 만들었다. 철학적인 사유를 포함하여 모든 생각이 새로우신(*novum*) 그리스도께 포로로 잡혀야 한다. 그렇게 함으로써 철학(*philosophia*)은 신학을 위한 "여주인이 아니라 하녀와 여종, 가장 아름다운 조력자"로서 봉사할 수 있다.12

▍ 중세 후기 대학에서 철학의 범위

중세 후기의 철학(*Philosophia*)은 분석적 추론과 삼단 논법을 통해 확립된 아리스토텔레스의 분석론 후서(*Posterior Analytics*)에 기초한 실증학문이었다. 여기에는 형이상학과 윤리학 같은 현대 철학에 존재하는 하위 분야가 포함되었지만, 자연과학을13 포함했기 때문에 현재 정의된 학문보다 더 넓었다. 학사 학위에서 가장 중요한 과목은 논리학이었다.14 석사 학위는 아리스토텔레

---

12 "Disputation concerning the Passage: 'The Word Was Made Flesh,'" LW 38:257(WA 39/2:24.24). 일반적으로 루터는 철학이 "신학의 종" 또는 "신앙의 종"이라는 견해를 대표한다. WA 39/2:24.20-26 및 WA 1:355.1-5 참조. 루터는 "신학은 황후가 되어야 한다. 철학과 다른 좋은 예술은 그녀의 종이 되어야 한다. 그것들은 통치하거나 다스리는 것이 아니다"(WA TR 5:616; trans. Becker, *Foolisjhness of God*, 85).

13 Graham White, *Luther as Nominalist: A study of the Logical Methods Used in Martin Luther's Disputations in the Light of Their Medieval Background*(Helsinki: Luther-Agricola Society, 1994), 86-88. White와 다른 사람들이 지적했듯이, 루터 시대의 철학은 데카르트와 홉스 이후처럼 인식론적 관심사가 아니라 의미론적, 존재론적 관심사에 의해 주도되었다.

14 논리학에 관한 주요 교과서는 13세기 페트루스 히스파누스(Petrus Hispanus)의 『논리학』이 었다. 그러나 신플라톤주의자 포르피리의 아리스토텔레스에 대한 주석("오래된 예술"[ars vetus])도 연구되었으며, 아리스토텔레스의 『분석론 전서』와 『분석론 후서』(*Prior Analytics and Posterior Analytics*), 오류를 다룬 그의 저작을 읽으면서 절정에 이르렀다. Martin Brecht, *Martin Luther: His Road to Reformation*,1483-1521, trans. James Schaaf (Minneapolis Fortress, 1993), 32-38.

스의 『변증론』(*Topics*)과 그의 자연 철학을 조사하면서 논리학 연구를 계속했다.[15] 마틴 브레히트(Martin Brecht)는 루터의 에르푸르트 철학 스승이었던 요도커스 트루트베터(Jodocus Trutvetter)와 바르톨로메우스 아놀드 폰 유징겐(Bartholomaeus Arnold von Usingen)이 새로운 길(*via moderna*)을 따르면서 "철학과 비교하여 계시와 성경의 우월한 권위를 의심하지 않았다"고 언급한다.[16] 그럼에도 불구하고, 모든 근대인(*moderni*)은 신학이 과학, 즉 논증을 통해 확립된 진리의 이론적 체계가 아니라는 점을 인정했다. 이성은 신학 내에서 작동할 수 있지만, 그 기본 공리들은 권위에 기초하여 받아들여졌다.[17]

중세 대학에서 모든 학문의 기초는 문법, 논리, 수사학으로 구성된 삼학(*trivium*)이었다. 스콜라학파의 경우 문법 연구에는 의미론적 분석과 논리적 분석이 포함되었다. 루터는 에르푸르트(Erfurt)에서 이러한 학문의 기초를 다졌다. 그러나 루터는 철학적 체계가 아니라 문화 프로그램으로 가장 잘 이해되는 인문주의의 영향도 받기도 했다.[18] 특히 북유럽에서 인문주의자들의 요구는 고전과 성경 본문의 근원으로 부터(*ad fontes*)였다. 스콜라주의와는 대조적으로, 인문주의자들은 주로 삼단 논리적 추론에 더 잘 맞는 분석가가 아니라 텍스트 내의 문제를 설명하는 사전 편찬자였다.

---

[15] 아리스토텔레스의 자연 철학에 관해서는 *On the Heavens, On Generation and Corruption, Meteorology, On the Soul, and Parva Natutalia* 등이 있다.

[16] Brecht, *Martin Luther*, 35.

[17] 실제로, 루터는 Trutvetter를 "믿음은 오직 성경에만 부여되어야 하고, 다른 모든 것은 비판적 판단을 통해 받아들여야 한다는 것을 처음으로 가르친 사람"으로 간주했는데, 이는 Brecht가 지적했듯이 일종의 철학과 신학의 공존을 가능하게 하는 "성경적 원리"의 선구적인 공식화였다(Brecht, *Martin Luther*, 35.).

[18] Alister E. McGrath, *Luther's Theology of the Cross* (Oxford: Blackwell, 1985), 40.

대학에서의 논리의 공개적 훈련은 명확성과 진실성을 확립하기 위한 스승과 응답자라는 두 사람 사이의 변증법인 학문적 논쟁에서 절정에 달했다.[19] "논쟁은 학업 일정의 정해진 시점에 공개적으로, 졸업 시험의 일부로, 그리고 제자와 스승 간에 사적으로 이루어지는 학업 생활의 규칙적인 부분이었다." 삼단논법을 광범위하게 사용했던 이러한 논쟁의 목적은 모두 가톨릭 신앙을 위협하는 이단들에 맞서 신학적 진리(진리의 의제나 근거는 아니지만)를 확립하거나 특정한 이해(loci)를 명확히 하는 것이었다. 종교 개혁 초기인 1522년부터 1533년까지 비텐베르크(Wittenberg)에서는 사실상 논쟁이 열리지 않았다. 그러나 루터가 신학부의 이 관행을 다시 부활시켰다. 논쟁에서 능숙한 대담자로 명성이 높았던 루터는 "1518년(하이델베르크)과 1519년(라이프치히)에 가장 중요한 돌파구를 마련한 것은 논쟁을 통해서였기 때문에"[20] 논쟁을 소중히 여겼을 가능성이 높다.

▎ 유명론과 실재론

---

[19] R. Scott Clark, "*Iustitia Imputata Christi: Alien or Proper to Luther's Doctrine of Justification*," CTQ 70 (2006), 297. 한 학술 논쟁에서 한 교수가 쓴 논문이 발표되었다. 논쟁이 진행되는 동안 상대방(반대자)은 논문을 공격하는 논거를 제시하고, 이러한 논거에 대해 답변하는 것은 주로 박사 과정 학생인 응답자(피답변자)의 책임이었다. 응답자의 임무는 논문에 대한 논증이 아니라 상대방의 반대 논증에서 잘못을 찾아내는 것이었다. 신학 교수진의 주된 소명이 성직자 양성이라는 점을 감안할 때, 현대적 의미에서 "비판적 사고"는 성공적인 목회 리더십에 필수적인 것으로 여겨졌음은 분명하다. 오늘날의 목회자 및 박사 후보생들에게도 이러한 공개 토론이 요구된다고 생각하면 상상을 초월한다. 또한 사회적 관행으로서의 논쟁은 신학적 진리를 확립하기 위한 시도에서 엄격하고 명확한 사고에 높은 가치를 두었음을 나타낸다.

[20] R. Scott Clark, "*Iustitia Imputata Christi: Alien or Proper to Luther's Doctrine of Justification*," CTQ 70 (2006), 297.

루터의 사상이 (그의 주장대로) 오컴(William of Ockham, 약 1287-1347)의 사상을 따르는 한, 루터 역시 신앙과 이성의 급진적인 분리(그리고 완전한 격리)뿐만 아니라 신앙과 이성의 종합도 거부하는 입장을 취한다. 루터에게 있어서 철학과 신학의 관계는 유명론자와 실재론자의 경우처럼 자연과 은혜의 관계에 의해 결정되지 않았다. 그 대신 율법과 복음의 구별에 따라 학문적 노력으로서의 신학을 포함하여, 철학을 이 세상에서 봉사하는 데 적합한 도구로 해석한다.[21] 루터에게, 아리스토텔레스의 철학을 관조적이라고 평가한 것과는 극명하게 대조적으로, 신학은 실제적이지 명상적인 훈련이 아닌 것이다. 오스왈드 바이어가 지적했듯이, 그는 일찍이 신학을 경험적 지혜(*sapientia experimentalis*)라고 정의했는데, 이는 지혜로서 과학을 포함하고, 이론과 실천을 통합하며, 체험적 또는 수용적 삶(*vita passiva*)에 근거한다는 의미이다. 다시 말하지만, 바이엘이 지적한 것처럼, 경험적 지혜는 아리스토텔레스의 관점에서 보면 모순이 될 것이다. 아리스토텔레스의 관점에서는 역사적이거나 경험적인 어떤 것도 지식의 기반이 될 수 없다.[22]

중세 독일 대학의 철학 주제는 주로 (전부는 아니지만) 아리스토텔레스의 작품에 집중되어 있었지만, 이 저작물들은 두 가지 상반되는 관점, 즉 실재론과

---

21 Ingolf Dalferth는 다음과 같이 적고 있다,
    이 차이는 신앙과 이성이라는 두 관점의 부가적인 조율에서 신앙의 관점 안에서 이성의 관점을 내적으로 재구성하는 것으로의 전환으로 설명할 수 있다. 과거에는 자연과 은총의 외적 대비였던 것이 이제는 율법(*lex*)과 복음(*evangelium*), 즉 하나님과 세계와 인간 존재에 대한 지식, 즉 그리스도 밖과 그리스도 안에서(*extra Christum and in Christo*) 신앙의 관점을 내적으로 구분하는 것으로 재구성된다. 이것은 순전히 신학적인 구분이다. 그러나 신학적 관점과 비신학적 관점이 아닌 두 가지 신학적 관점을 연관시킴으로써 신학적 관점은 보편화되고 철학적 관점과는 독립적으로 만들어진다. 신학은 엄밀히 말해 설명에 봉사하는 것으로 간주된다. 그리스도에 대한 믿음과 현실에 대한 비전. ... 따라서 그것은 현실의 총체를 해석하는 결정적인 기준이 되며, 하나님과 세계와 인간 존재에 대한 모든 신학적 사고가 기독론적으로 결정될 것을 요구한다. (*Theology and Philosophy* [Oxford: Blackwell 1988], 76)
22 Bayer, *Theology the Lutheran Way*, 28-29.

유명론의 렌즈를 통해 해석되었다. 이 학파들 사이의 철학적 논쟁의 핵심은 보편성의 본질에 관한 것이었다. 실재론자들은 보편은 특정 사물의 예시들과 별개로 존재하거나 샴포의 윌리엄(William of Champeaux, 1070-1121)에서 볼 수 있는 플라톤적 관점, 그러한 예시들에 의해 완전히 설명되지는 않았지만 그것들과 분리된 별개로 존재하지(토마스 아퀴나스에게서 볼 수 있는 아리스토텔레스적 견해) 않는다고 주장했다. 이와는 대조적으로, 로셀린(Roscelin, 1050-1125)과 같은 극단적인 유명론자들은 "백색(whiteness)"과 같은 일반적인 용어는 보편을 가리키는 것이 아니라 단순히 그것이 서술되는 특정 사항에 대한 다른 이름일 뿐이라고 주장했다. 오컴(Ockham)과 같은 유명론자들에게 존재하는 모든 것은 특정한 특성을 지닌 특정한 실체들이다. 앞서 언급한 바와 같이, 루터는 오컴주의(유명론자) 전통에서 교육을 받았다.23 그러나 그의 교사들은 보편성의 지위에 대한 접근 방식이 그들이 생각했던 것보다 더 절충적이었다. 논리와 의미론에 대한 루터의 스승인 트루트베터(Trutvtter)의 접근 방식은 유명론에 의해 형성되었지만, 형이상학에서는 피조물이 신에 참여한다는 이론을 가정했는데, 이는 객관적 현실로서의 보편의 지위에 대한 실재론적 입장에 더 가까웠다.24

---

23 Dennis Bielfeldt, "Clarity with Respect to Realism," *Disputationes* (blog), January 10, 2009, http:/disputationes.blogspot.com/2009/01/elarity-with-respect-to-realism.html 참조하라.

24 Juntunen는 다음과 같이 적고 있다:
　　루터의 스승 Jodocus Trutvetter와 Bartholomaus Usingen은 에르푸르트 대학의 교육을 새롭게 하고 정통 오컴주의 전통과 일치시키기를 원했지만, 사실 그들의 논리만 보면 오컴주의자였다. 자연철학에서 창조나 생물의 존재와 같은 주제를 다룰 때, 그들은 오컴주의의 기본 의도와 모순되는 방식으로 참여의 개념을 암시할 수 있었다. 그의 스승들이 가정(*suppositio*) 이론의 사용과 참여 개념의 존재론적 사용 사이의 모순에 많은 관심을 기울이지 않았다는 것은 다음과 같은 결론을 이끌어낸다. 루터가 피조물을 하나님에 대한 참여로 이해했을 수도 있다고 생각한다. 훌륭한 "유명론자"로서 그는 그렇게 하지 말았어야 했다. ("루터와 형이상학", 150)

루터는 자신을 "유명론자"(terminist, a nominalist)라고 불렀고, 오컴을 그의 스승(magister meus, 나의 스승)이라고 불렀다.25 그의 접근방식은 스승들과 유사하지만, 그의 접근 방식은 자신이 스스로를 평가하기보다 더 유동적일 가능성이 높다. 그가 자신을 현대적(*modernus*)이라고 부를 때는, 논쟁적 방법론에서 얻은 의미론적, 논리적 기술을 언급하는 것이다. 그러나 그는 또한 옛 길(*via antiqua*)보다 철학과 신학 사이의 불연속성을 더 강조한 새로운 길(*via moderna*)의 영향을 받았다. 루터의 판단에 따르면, 철학과 신학이 각자의 작업을 수행하려면 그 경계가 적절하게 존중되어야 하는 아주 다른 두 영역을 구성한다.26 폭넓게 해석하면, 그는 아리스토텔레스적 본질주의(인생에서 우리의 의무는 위계 체계에서 우리의 고정된 잠재력을 실현하는 것임)를 거부했지만, 그는 "자연"이라는 용어를 우리가 세상의 사물을 일반화하고 분류하는 가능성의 집합으로 생각했다.27 그러나 신학에서는, 그는 때때로 실재론자와 매우 유사한 용어나 적절한 언어로 생각할 수 있었다. 예를 들어, 루터가 그리스도를 신앙의 형식으로 간주할 때,28 신자들은 대상과 동일한

---

25 WA 38:160.3 참조; 또한 McGrath, *Luther's Theology of the Cross*, 36 참조.

26 Bruce Marshal은 신학은 철학과 달리 현실 전체를 다룬다는 점을 유용하게 설명한다:
신학과 철학은 각각 고유한 "영역"을 가지고 있으며, 어느 쪽도 다른 쪽의 담론에 내용을 제공하지 않으며, 참된 문장을 형성하기 위한 고유한 규칙을 가지고 있다. 그러나 이러한 구분은 신학이 인식론적 우선순위를 똑바로 유지해야 한다고 주장하는 방식으로 드러난다. 신학의 "영역"은 결국 전체가 되고, 신학은 철학의 영역을 정의함으로써, 즉 참된 문장을 형성하는 규칙이 적용될 수 있는 경계를 표시함으로써(즉, 성경과 신조가 자연스러운 의미로 받아들여지는 진리와 충돌하지 않는 한도 내에서) 철학을 그 자리에 올려놓는다. ("Faith and Reason Reconsidered: Aquinas and Luther on Deciding What Is True." *The Thomist 63* [1999], 46)

27 이 통찰은 2011년 8월 17일 Paul Hinlicky에게 이메일 서신에서 얻은 정보다.

28 LW 26:130(WA 40/1:229.22-32) 그리고 Tuomo Mannermaa, *Christ Present in Faith: Luther's View of Justification*, trans. Kirsi Stjerna (Minneapolis: Fortress, 2005), 57-58. "법정적인" 칭의를 옹호하는 사람들과 마너마 학파(Mannermaa school) 사이에 논란이 되고 있는 칭의에 있어서 하나님의 은혜와 하나님의 선물 사이의 관계에 대해 리스토 사리

형식을 공유한다. 신자들은 그들의 지식의 대상인 그리스도와 동일한 형식을 공유하고 있으며, 그리스도는 실재 그 자체이시며(원한다면) 보편적인 분이시며, 그리고 신자들은 "그리스도들(Christs)"로서 세상에서 그리스도가 예시되며, 그리스도에 참여하는 것으로 그들의 현실을 가진다.

옛 길(*via antiqua*)은 기독교 신앙과 아리스토텔레스 철학을 조화시키려고 노력했던 토마스 아퀴나스에게 귀를 기울였다. "그리스도 안에서 은혜와 자연이 결합되어 있음을 관찰하면서 아퀴나스는 하나님과 피조물 사이에 공통성이 존재하여 은혜가 자연을 완성하고 자연이 은혜의 매개체 역할을 한다고 주장했다. 그러나 이는 또한 후기 토마스주의자들에게 이성이 신학의 필수적인 출발점이며 철학과 신학이 완전히 얽혀 있다는 것을 의미한다."[29] 이와 대조적으로, 새로운 길(*via moderna*)은 "현실의 일관성과 창조주와 피조물 사이의 공유성

넨(Risto Saarinen)은 다음과 같이 주장한다: "하나님의 자비와 하나님의 선물이 함께 나타나는 것은 사실이지만, 하나님의 선물이 선물되기 위해서는 자비가 전제되어야 한다고 말할 필요가 있다..... 이는 매우 구체적이고 제한적인 의미에서 은사보다 호의가 개념적으로 우선시된다." 사리넨은 이어서 "법적 칭의 지지자들은 자비로운 호의의 우선성을 쉽게 긍정하지만, 수취인이면서 동시에 수혜자가 되는 역학 관계를 보지 못한다고 경고한다. 효과적인 칭의를 지지하는 사람들은 이러한 역동성을 이해하지만, 은혜와 선물의 개념 사이의 미세한 차이를 보지 못한다."("Finnish Lutheran Studies," in *Engaging Luthe: A (New) Theological Assessment*. ed. Olli Pekka Vainio [Eugene, OR: Cascade, 2010], 23-24). 그러나 사리넨의 모든 주장에 대해 나는 여기서 그의 입장이 나와 거의 다르지 않다고 생각한다("그리스도는 우리를 위한 것이므로 그리스도와 과학의 결혼에서 우리와 하나가 된다"; 마크 매티스, "루터 신학의 미래?", *LQ* 19 (2005: 446), 21-22쪽에서 설명한 내용 참조). 핀란드 학파에 대한 철저한 비판은 William W. Schumacher, *Who Do I Say That You Are? Anthropology and the Theology of* Theosis *in the Finnish School of Tuomo Mannermaa* (Eugene, OR: Wipf & Stock, 2010). Schumacher는 LW 13:71(WA 31/1:217.4-17)에 대한 논평에 대하여 이렇게 썼다,

[29] Rosalene Bradbury, *Cross Theology: The Classical Theologia Crucis and Karl Barth's Modern Theology of the Cross* (Eugene, OR: Wipf & Stock, 2010), 49. 루터와 아퀴나스의 관계에 대한 광범위한 논의는 Denis Janz, *Luther on Thomas Aquinas: The Angelic Doctor in the Thought of the Reformer* (Stuttgart: Steiner, 1989)를 참조하라.

(commonality)에 대한 질문을 열어 놓았다."[30] 새로운 길(*via moderna*)은 신앙을 실증 과학은 아니지만 별도의 진리 영역으로 간주하여 "동일한 증명 방법과 증거 기준의 적용을 받지 않는다."[31] 오컴주의에 따르면, 신학과 철학은 진리의 통일성으로 용해되지 않는다. 오컴이 다양한 학문 분야를 다스리는 '많은 왕'이 있다고 주장했을 때, 그는 "다수의 지배는 선하지 않으니; 하나[이성]가 지배자가 되게 하라"는 아리스토텔레스의 명제에 반대하는 것처럼 보인다"[32] 따라서 오컴은 신앙과 이성 사이의 세상에서 해결될 수 없는 갈등 가능성에 동의한다. 이러한 철학과 신학의 구분(신학의 분리는 아니지만)은 루터의 견해에 영향을 미쳤다. 더 나아가, 루터는 복음은 약속(*promise*)이며, 죄와 죽음의 허무(nothingness)에서 새 생명을 창조하는 말씀이며, 어떤 상황에 대한 지시도 아니고 설명도 아니다. 게다가 철학은 영원한 영역이 아니라 일시적인 영역에 속하는 것으로 자리매김 한다.[33]

---

[30] Bradbury, *Cross Theology*, 50.

[31] Bradbury, *Cross Theology*, 50.

[32] Bayer는 다음과 같이 썼다.
　루터는 이성의 유일하고 절대적인 지배에 동의하지 않았고, 루터가 에르푸르트 스승과 비엘의 *Collectorium*, 특히 과학 철학의 문제를 다룬 서문을 통해 알게 된 과학 철학자 윌리엄 오컴도 마찬가지였다. 오컴은 과학이 최고를 지배해야 한다는 아리스토텔레스의 생각에 회의적이었다. 아리스토텔레스의 『형이상학』 12권 말미에 왕은 한 명이 아니라 여러 명이라는 그의 말은 반어법으로 이해될 수밖에 없다.(*Theology the Lutheran Way*, 28-29.)

[33] 루터는 "복음서에서 무엇을 찾고 기대해야 하는지에 대한 간략한 지침"(LW 35:117: WA 101, 1:9.11-15)에서 다음과 같이 언급한다,
　복음은 왕이나 왕자에 관한 책을 쓸 때 그가 당대에 행하고 말하고 겪은 일을 이야기하는 것처럼 그리스도에 관한 담론이나 이야기일 뿐이며, 또 그래야 한다. 이러한 이야기는 다양한 방식으로 전달할 수 있다. 하나는 길게, 다른 하나는 간략하게 전달할 수 있다. 따라서 복음은 그리스도가 누구인지, 그가 무엇을 하고, 말하고, 고난을 당했는지를 이야기하는 연대기, 이야기, 내러티브에 지나지 않으며, 어떤 주제는 간략하게, 다른 주제는 더 자세히, 이런 식으로, 저런 식으로 설명하는 것일 뿐이어야 한다. 물론 무에서 유를 창조하는 창조적 말씀으로서의 복음은 "무에서 유는 없다"는 철학적 공리와 대조를 이룬다.

일반적으로 실재론자들은 자연과 은총 사이의 연속성을 긍정했는데, 은총은 죄의 상처를 치유하고 유한하고 피조된 존재를 무한하고 피조되지 않은 존재로 고양시킴으로써 자연을 완전하게 할 수 있다고 주장했다. 실재론자들에게는 다양한 현실의 단계를 통해 얻은 모든 지식의 종합을 삼위일체 생명을 실체화하는 것으로 확립하는 것이 가능했다. 대조적으로, 유명론자들은 그러한 단계의 유추적 투명성이 하나님의 지성이 아니라 하나님의 뜻에 고정되어 있는 하나님의 신성을 침해한다고 생각했다. 유명론자들은 불가해한 신의 뜻에 초점을 맞춘 반면, 실재론자들은 세상에 존재하는 다양한 질서의 단계에 각인된 신의 지성에 초점을 맞췄다. 실재론은 존재의 유비(*analogia entis*)가 창조되지 않은 신과 창조된 세계 사이의 큰 유사성 속에서도 여전히 더 큰 차이를 가정한다고 단언했다. 이와 대조적으로, 유명론은 존재의 유비가 아니라 무한과 유한이 두 실재라는 사실에서 명백하게 공유되는 개념으로서 "존재(being)"에 초점을 맞췄다. 앞으로 살펴보겠지만, 아름다움에 대한 루터의 견해는 존재의 유비가 아니라, "고운 모양도 없고 풍채도 없고" 사람들에게 "멸시받고 배척당하신" 그분께 주어진 하나님의 신실하심에 기인한다. 오직 그리스도만이 아름다움을 누리는 지렛대이다.

유명론자들에게 은혜는 하나님께서 언약(*pactum*)을 통해 명하신 일을 인간에게 존중하도록 요구함으로써 자연을 고양시키는 반면, 실재론자들에게 은혜는 인간이 영원한 율법에 점점 더 순응하면서 인간을 완전하게 한다. 루터에 따르면, 두 견해 모두 구원을 추구할 때에도 잠재력을 발휘하면서 자기 성취를 추구하기 때문에 그 자신을 위하여 하나님을 사랑하는 데 실패한다.[34] 두 가지

---

[34] Theodor Dieter, "Why Does Luther's Doctrine of Justification Matter Today?," in *The Global Luther: A Theologian for Modern Times*, ed. Christine Helmer

견해 모두 "이성은 최선을 간청한다"는 아리스토텔레스의 선언(dictum)에 호소할 수 있었다.[35] 그러므로 루터는 구원에 관한 문제에서는 아리스토텔레스의 목소리에 반대했지만, 세상사(신학적 탐구를 포함하여)의 유익을 위한 논리와 윤리에서는 아리스토텔레스의 자리를 찾았다. 마찬가지로, 루터에게 있어 선하게 창조된 자연은 인간의 노력에 의한 완성이 아니라 죄와 죽음, 율법의 비난으로부터의 해방이 필요하다는 인식이 있었다. 따라서 루터에게 신학은 철학(실재론)을 완성하거나 철학(유명론)과 평행하지 않으며, 대신 철학이 신학의 영역(무한이나 은총의 문제)에 은밀히 진입하려 하고 또한 교리를 엄격하게 설명하기 위해 논리적 도구를 활용하는데 한계를 설정한다.

한동안 아퀴나스를 진정한 "합리주의자"로 분류하여 그의 신앙과 이성관을 오컴이 주장한 "신앙주의"에 반대하는 입장에 놓으려는 경향이 있었다. 그러나 알프레드 프레도스(Alfred Freddoso)가 지적했듯이, 이러한 반대는 "아퀴나스(Aquinas)와 스코투스(Scotus)가 자연 이성에 대한 신뢰의 정도에 과장된 평가를 낳는다"고 지적한다.[36] 모든 중세 신학자들은 인간이 번영하기 위해서는 "신의 계시가 절대적으로 필요"하다고 믿었고 "궁극적인 형이상학적, 도덕적 질문에 관한 한, 그것이 없다면 우리는 무지의 매우 위험한 상태에 있게

(Minneapolis: Fortress, 2009), 194-96.

35 루터는 중세 후기 스콜라주의 구원론에서 아리스토텔레스의 사상이 이렇게 전유되는 것을 비판하는 것을 좋아했다. LW 1:143(WA 42:107.34-38)을 보면 루터는 "사람들이 '이성이 최선을 간청한다'고 말할 때 이렇게 말해야 한다고 지적한다: 평범한 의미에서, 즉 '이성이 판단할 수 있는 것에서 최선을 위해서'라고 말해야 한다. 거기서 이성은 육체나 몸에 대해 명예롭고 유용한 것을 지시하고 이끌어 준다." 루터는 현세적인 것과 영원한 것을 날카롭게 구분하고 전자는 철학이, 후자는 신학만이 적절하다고 주장한다.

36 Alfred J. Freddoso, "Ockham on Faith and Reason," in *The Cambridge Companion to Ockham*, ed. Paul Vincent Spade (Cambrige: Cambrige University Press, 1999), 329.

된다.”고 믿었다.37 심지어 토마스 아퀴나스의 이성과 신앙, 철학과 신학에 대한 접근 방식에서도, “신학적 탐구자는 신학의 결론과 관련하여 과학(*scientia*)을 가질 수 없다. 이것이 바로 오컴이 ‘우리의 신학’이 과학으로 간주된다는 주장에 대한 비판에서 반복적으로 강조하는 점이다.”38 오컴은 고전 철학과 후자를 전자의 완전성으로 보여줌에 관해서 그런 방식으로 기독교 신앙을 통합하여 전형적으로 가톨릭적인 지적 프로젝트를 거부하는 “협조적인 분리주의(irenic separatism)”를 제시한다. 그런데도 불구하고 급진적인 지적 분리주의의 방식으로 자연 이성의 빛을 별문제로 하고(short of) 경멸하는 것을 멈춘다. 전반적으로 이러한 오컴주의 정신은 루터가 철학과 신학을 “두 영역”으로 구분하는데 작용하는 것으로 보인다. 차이가 있다면 루터는 오컴보다 덜 협조적이다. 즉 철학과 신학의 구분을 강조했는데, 왜냐하면 그는 철학과 신학의 어떤 혼합(*mixing*)도 허용하지 않았기 때문이다.39 만약 어떤 철학적

---

37 Preddoso는 아퀴나스가 “신적으로 계시된 진리를 ‘인간 이성의 능력을 전적으로 뛰어넘는’ 신앙의 신비(*mysteries*[or:*articles*])와 적어도 원칙적으로는 자연 이성의 빛에 의해 확립될 수 있는 신앙의 서문(*preambles*)으로 나눈다”고 지적한다. 오컴은 우리가 자연적으로 명백하게 인식할 수 있는 신학적 진리와 초자연적으로만 인식할 수 있는 신학적 진리를 유사하게 구분한다.”(Alfred J. Freddoso, “Ockham on Faith and Reason,” 332 [이탤릭체 원문]).

38 Preddoso는 “아퀴나스는 올빼미의 눈이 태양을 보는 것만큼이나 자연 이성은 가장 지적인 본성을 이해할 수 없다는 아리스토텔레스의 말을 인용하고 있다”고 지적한다. 따라서 토마스와 오컴에게 “신적 계시의 도움을 받지 않는 철학적 탐구는 기독교 신학에서 참된 지혜를 표현하는 데 필요한 논리적 기술과 지적 습관을 기르는 데 도움이 될 수 있으며, 기독교 사상가들에게 새롭고 유용한 개념적 자원을 제공할 수도 있다. 그러나 그 자체로는 우리에게 절대적인 지혜의 실체를 제공하는 데 주목할 만한 진전을 이룰 수는 없다.”(Alfred J. Freddoso, “Ockham on Faith and Reason,” 335).

39 루터는 스콜라주의자들이 믿음을 습관으로 보는 잘못된 관념은 아리스토텔레스 철학과 신학을 혼합하여 믿음을 모호하게 만들었기 때문이라고 주장한다. *Lectures on Genesis*, in LW 8:261(WA 44:770-71)을 참조하라. 따라서 그는 이렇게 말한다. “철학과 신학은 신중하게 구별되어야 한다. 철학은 또한 선한 의지와 올바른 이성에 대해 말하며, 궤변가들은 선한 의지가 먼저 존재하지 않으면 작품이 도덕적으로 선하지 않다는 것을 인정할 수밖에 없다. 그런데도 그들은 신학으로 나아갈 때 정말 어리석다. 그들은 철학에서 사람이 일하기 전에 도덕적으로 정당화될 필요가 있지만 선한 의지 이전에 일을 규정하기를 원한다. 따라서 나무는 본질과 자

연료(philosophical fuel)로 자유의지가 하나님 앞에서(*coram deo*) 의로움 속에서 진보할 수 있다는 확신에 도움을 줄 수 있다면 신앙을 소외시키기 때문이다.

▌유명론과 루터의 차이점

가브리엘 비엘(Gabriel Biel)이 주장한 하나님과 인간 사이의 언약 또는 조약(*pactum*), 즉 하나님께서 최선을 다하는 자에게 은혜를 주신다(*facere quod in se est*)는 유명론의 가정은 하나님 앞에서(*coram deo*) 인간 칭의의 참된 본질(coram deo)을 이해하려는 루터의 초기 시도에서 가장 중요한 목표였다. 루터가 스스로를 "유명론자(terminist)"라고 규정했음에도 불구하고, 유명론적인 구원관을 거부한 것이 그의 철학 수용에 아무런 영향을 미치지 않을 것이라고 상상하기는 어렵다. 벵트 해글룬트(Bengt Hägglund)는 유명론적 심리학과는 달리, 하나님이 주신 진리에 순응하기 위해 명령에 복종하는 이성의 능력을 가정했다. 절대자이신 하나님은 무엇보다도 사랑받아야 한다는 진리에 순응해야 한다는 명령에 복종하는 대신, 루터는 우리가 은혜를 거역하고 내면의 의지를 통제할 수 없다고 단언했다.[40] 또한 루터에게 은혜는 중생자(the regenerate) 안에 주입되는 새로운 특질로 이해되는 것이 아니다. 대신에 "죄의 용서를 가져오는 신성한 자비이다. 하나님의 영은 생명을 주시는 것처럼

연 모두에서 열매보다 먼저 있다." (*Lectures on Galatians* (1535), LW 26:261[WA 40/1:410.14-20])

[40] Bengt Hägglund, "Was Luther a Nominalist?", *Theology* 59 (1956), 227.

은혜는 죄의 용서와 함께 우리 안에 주어지는 영생을 베푼다."[41] 그러나 유명론자들은 절대적인 능력(*de potentia absoluta*)을 가지신 하나님이 그들을 "은혜의 주입과는 전혀 상관없이" 오직 하나님께서 받아들이시기 때문에(the doctrine of acceptance, 수용의 교리), 인간을 "의롭다"고 선언하실 수 있다고 생각을 하였으므로,[42] 루터는 단호하게 반유명론자(antinominalist)이다. 루터에게 "전가는 은혜의 역사 외에는 아무것도 아닌 것"이다. 그리고 은혜는 *하나님의 자의적 의지가 아니라* 예수 그리스도로 인해 죄인의 칭의가 이루어진다.[43] 하나님의 제정된 능력 혹은 절대 능력(*de potentia ordinata*)의 렌즈를 통해 해석된 칭의에 대한 유명론자의 관점은 우리의 칭의가 그리스도 때문(*propter Christum*)이라는 것을 인정하지 않는다.

루터는 율법에 대한 구원의 효능을 버리면서, 루터는 믿음과 행함 사이의 구별을 강화한다. 사역들(works)은 인간의 구원을 위해서가 아니라 이웃의 행복을 위해서 중요하다. 루터는 철학을 행위나 율법과 평행하게, 신학을 하나님의 은총이나 은혜와 평행하게 해석했다. 구원과 관련하여 "오직 그리스도"(*solus Christus*)는 계약으로 성문화된 율법은 아무 것도 제공하지 않는다는 의미이다. 더 이상 구원에 이르는 매뉴얼의 영적 분위기(aura)를 부여하지 않고, 세상 앞에서(*coram mundo*) 삶의 질서를 정하는 방법으로서 율법이 회복된다. 그것은 현세적인 문제에 국한되고 영원한 문제에서는 그 효능을 잃는다. 그러나 루터는 유명론적인 관점이 인간 활동을 하나님 앞에서(*coram deo*) 긍정하는 방법으로서 철학에 호소한다고 지적한다. 그렇게 함으로써 철

---

41 Bengt Hägglund, "Was Luther a Nominalist?", 228.
42 Bengt Hägglund, "Was Luther a Nominalist?", 229.
43 Bengt Hägglund, "Was Luther a Nominalist?". (이탤릭체 추가).

학과 신학의 그러한 "궤변적인" 혼합은 활동적인 그리스도의 효과적인 역할을 무시한다. 루터는 1539년에 소르본 대학의 교수진에 반대하여 다음과 같이 썼다.

그러나 여기서 우리는 특히 죄 용서와 성육신의 신비, 영생의 신비를 논리로 추론하도록 허용하는 소르본 대학의 사람들을 반대한다. 그들은 법에 따라 철학을 통해 생활함으로써 얻을 수 있다고 주장했다. 우리는 이것을 거부한다. 그들은 그러한 것들이 존재하며 율법에 따라 살고 철학을 통해 얻을 수 있다고 주장했다. 그들은 이렇게 말하고 주장하기를 누구든지 자기가 할 수 있는 일을 행한 사람은 의롭다함을 받고 그의 타당함에 따라 은혜를 받을 것이요 그 후에는 엄격한 공의에 따라 받을 것이라 주장한다. 우리는 이것을 거부한다. 여기에 그리스도가 무슨 소용이 있는가? 그는 따로 떨어져서 완전히 묻혔다. 그들이 원할 때를 위해 그리스도 없이도 의롭다 하심을 받았으니, 그리스도를 망각에 맡겨서 그리스도가 우리에게 완전히 쓸모없고 헛되이 죽게 하는 것 외에 그들이 하는 것이 무엇이냐? 우리는 철학이 가르치고 모든 사람들이 다른 많은 것들과 마찬가지로 도둑질이 불법이라는 것을 본성적으로 알고 있음을 인정한다. 그러나 우리는 오직 성경만을 위해 주어진 이러한 주요 신학 조항들, 즉 칭의, 죄의 용서, 영원한 죽음으로부터의 해방에 관한 조항들이 실제로 철학과 인간의 능력에 기인한다는 사실을 용인할 수도 없고 용인해서도 안 된다.[44]

---

[44] "Disputation concerning the Passage: 'The Word Was Made Flesh,'" 논증 6, LW 38:248(WA 39/2:13. 10-14.6).

한마디로, 철학은 알아야 할 가장 중요한 은혜에 대해 아무것도 모른다.[45] 능동적이고 묻혀있지 않은 그리스도께서 법을 상대화하고 현세적인 문제에 그것의 적절한 위치를 부여하시는 것처럼 철학도 마찬가지로 복음의 약속에 의해 상대화된다. 이는 칭의에 대한 인간의 기여에 대한 구원론을 고려할 때 유명론자들은 그렇게 할 수 없는 움직임이다. 루터에게 철학은 영원한 문제가 아니라 현세적인 문제에서 완전한 목소리를 낸다. 같은 논쟁에서 그는 다음과 같이 지적한다. "우리는 신학이 철학과 모순되지 않는다고 말한다. 왜냐하면 철학은 결혼, 순종, 순결, 관대함 및 기타 미덕에 대해서만 이야기하기 때문이다. 그러나 하나님의 아들을 믿고 영생을 소유하고 기대하는 것과 순결하고 결혼하고 세상에서 정직하게 살고 자유롭고 온유하고 순종하고 친절하고 평화롭게 사는 것은 또 다른 문제이다."[46]

위에서 언급했듯이, 아리스토텔레스에게 이성은 이론적이고 관조적인 삶에서 신적인 지위를 가졌다. 대조적으로, 루터는 인간 이성의 신적 차원의 초점을 올바른 결정을 내릴 수 있는 인간의 "활동적인 삶(active life)"으로 옮긴다. 여기서 루터는 신앙과 관련하여 아우구스티누스와 스콜라가 구분한 이성의 우월한 부분(*portio superior*)과 열등한 부분(*portio inferior*)의 구별을 뒤집는다. 전통적인 아우구스티누스 체계에서 이성의 우월한 부분은 영원한 것, 즉 영원한 것을 향하고, 열등한 부분은 일시적인 것, 즉 일시적인 대상을 향한다.

---

[45] 루터는 철학자들은 자비와 진리에 대해 아무것도 모른다고 썼다. *Lectures on Genesis*, in LW 4:148(WA 43:242.21-22)을 참조하라.

[46] "Disputation concerning the Passage: 'The Word Was Made Flesh,'" 논증 6, LW 38:248(WA 39/2:14.8-13).

영원(*aeterna*), 즉 영원한 사물을 향하고 하위 부분은 일시적 (*temporalia*)인 대상을 향한다. 이러한 구별은 또한 지식의 두 가지 다른 행위를 반영한다. 이성의 상위 부분은 단순한 전체성에서 무언가를 아는 지성(*intelligere*)이고, 하위 부분은 담론적 사고(*ratiocinari*)를 사용한다. 즉, 이 구별은 지혜와 과학의 구별이다. 어거스틴과 마찬가지로 스콜라 철학자들은 사용(*uti*)과 즐거움(*frui*)을 구별했다. 이는 모든 시간 (*temporalia*)은 우리가 사용하도록 되어 있고 모든 영원(*aeterna*)은 우리가 즐거워하도록 되어 있으며-사용하도록 되어 있는 것이 아니라는 의미이다.[47]

루터는 이성의 우월한 부분과 열등한 부분 사이의 고전적인 구분을 거부하고 대신 이성(*ratio*)과 신앙(*fides*)을 구분한다: "인간과 하나님(그리고 모든 영원한 것들) 사이의 어떤 관계도 이성에 의해, 심지어 이성의 우월한 부분에 의해서도 생각되지 않는다. 오직 믿음만이 인간이 삼위일체 하나님과 관계를 맺는 수단이자 도구이다...따라서 이성은 그 자신의 능력으로 신에 도달한다는 환상으로부터 신앙에 의해 해방된다."[48]

권위에 기초하여 받아들여야 하는 계시에 근거한 신학과 모순되는 입증 가능한 과학으로서 철학을 구분하면서, 해글룬드(Hägglund)는 유명론이 또한 다음을 단언한다고 지적했다.

---

[47] Hans-Peter Grosshans, "Luther on Faith and Reason: The Light of Reason at the Twilight of the World," in Helmer, *Global Luther*, 181.

[48] Hans-Peter Grosshans, "Luther on Faith and Reason: The Light of Reason at the Twilight of the World," 181.

유명론은 또한 다음과 같이 확언했다. 특정한 신학적 진리는 이성적으로 접근할 수 있을 뿐만 아니라, 초자연적 계시에 기초한 진리도 사건 이후 합리적 추측의 대상이 될 수 있다. 말하자면, 신학적 지식은 합리적 지식과 같은 수준에 있다. 그들 사이의 가장 큰 차이점은 전자는 계시와 신앙을 전제로 하며, 신앙은 계시된 진리의 권위에 의지를 복종시키는 것으로 이해된다.[49]

유명론자들에게 있어서, 인간은 자신의 타고난 능력을 바탕으로 구원의 믿음을 만들어 낼 수 있다. "그러면 자유 의지는 교회 권위가 제시하는 신앙의 진리를 고수할 수 있다."[50] 신학에 유용할 때, 올바른 이성(*recta ratio*)은 자연이 아니라 은혜로부터 정의된다. 그러한 추론은 성경에 요약되고 제시된 복음의 이야기를 따를 것이다.

반복적으로 루터는 철학과 신학 사이에 갈등이 있을 때(철학은 하나님의 은혜에 대해 아무것도 모르며, 인간의 모든 개념을 초월하는 하나님의 무한성을 포괄할 수 없기 때문에 반드시 그럴 수밖에 없음), "모든 사상(의심할 여지없이 여기에도 철학이 포함된다)은 그리스도의 순종에 사로잡혀야 한다(고후 10:5)"고 경고한다.[51] 그리고 암브로스(Ambrose)를 따라 그는 "변증법학자들은 사도적 교부들이 신뢰할 수 있는 자리에 양보해야 한다"고 주장한다.[52] 삼단

---

49 Hägglund, "Was Luther a Nominalist?," 231.

50 Hägglund, "Was Luther a Nominalist?," 231.

51 "Disputation concerning the Passage: 'The Word Was Made Flesh,'" thesis 8, LW 38:239 (WA 39/2:4.6-7).

52 "Disputation concerning the Passage: 'The Word Was Made Flesh,'" thesis 9, in

논법 추론은 학문적 탐구에 대한 훌륭한 접근 방식이지만 주제를 전달하는 한도 내에서만 유용하다. 그리고 신학의 주제인 칭의가 필요한 죄 많은 인간과 그리스도 안에서 의롭다 하시는 하나님은 이성으로 포괄될 수 없다. 오히려 이성은 그리스도에게 복종해야 한다.

루터가 철학의 범위를 현세적인 문제로 제한한 수단은 다름 아닌 율법과 복음을 구분하는 것이다. "율법의 의미는 다양한 상황에서 철학자들에게 알려져 있다. 그러나 하나님의 약속은 신학에 속하고, 복음은 세상에서 숨겨진 신비이기 때문에 모든 피조물에게 알려지지는 않는다."[53] 신학이 복음과 유사하듯이 철학은 율법과 유사하다. 하나님의 약속이 실제로 율법이 마땅히 속해야 할 현세 안에 위치시킴으로써 율법을 긍정하고, 도덕률 폐기론이 부적절함을 나타내는 것처럼, 율법이 죄인을 위한 교훈과 고발자로서 존재하더라도 "철학의 도덕률 폐기론"도 없다. 율법이 죄인을 가르치고 고소하는 자에게 있는 것처럼, 철학은 인간의 삶과 공동체, 봉사의 증진에 대한 실천적 사고를 담고 있다. 또한 앞으로 살펴보겠지만, 사고가 그리스도께 사로잡히면(not vice versa, 그 반대는 아님) 철학은 신학에 건전한 교리를 확립하는 데 유용한 논리적 도구를 제공할 수 있다.

▎ 아리스토텔레스의 부적절함과 적절함

LW 38:239 (WA 39/2:4.8-9).

53 "Disputation concerning the Passage: 'The Word Was Made Flesh,'" argument 24, in LW 38:258 (WA 39/2:5.3-4).

잘 알려진 바와 같이, 루터는 때때로 아리스토텔레스(중세 신학자들에 의해 "철학자"로 명명됨)가 성경과 다르다는 점과 유명론적 구원 계획에서 아리스토텔레스적 추론을 오용한 점을 비난했다.[54] 루터는 아리스토텔레스의 우주론이나 그의 심리학도 성경과 일치하지 않는다는 사실을 반복해서 지적했다. 아리스토텔레스에게 세상은 영원하고 영혼은 죽는다고 하였는데, 이는 성경적 진리를 뒤집는 것이다.[55] 그럼에도 불구하고, 루터는 삶의 목표가 행복이라는 아리스토텔레스의 확신에 호소한다. 여기서 아리스토텔레스는 진리를 어렴풋이 알고 있다.[56] 문제는 세상에는 아무 관심도 없고 단지 자기 자신에게만 관심을 두는 아리스토텔레스의 신은 결코 인간의 삶의 목표(*telos*)가 될 수 없다는 점이다. 아리스토텔레스의 신은 은혜에 대해 아무것도 알지 못한다. 아리스토텔레스에게 신은 존재하지만, 그의 신은 인간과 소통하지 않는데, 이는 루터의 신관을 이해하는 데 매우 중요한 부분이다. 따라서 루터는 이러한 아리스토텔레스의 신은 "우리에게 아무런 의미가 없다"고 단호하게 대답한다.[57] 그러나

---

54 아리스토텔레스에 대한 루터의 가장 철저한 최근 연구는 Theodor Dieter, *Der junge Luther und Aristoteles: Eine historisch-systematische Untersuchung zum Verhältnis von Theologie und Philosophie* (Berlin: de Gruyter, 2001).을 참조하라.

55 *Lectures on Genesis*, in LW 1:34 (WA 42:3.31-4.1).

56 *Lectures on Genesis*, in LW 1:131 (WA 42:98.13-26)을 참조하라.:
   아리스토텔레스는 인간의 목표는 고결한 삶으로 구성된 행복이라고 선언하면서 가치 있는 말을 했다. 그러나 우리 본성의 약점을 고려할 때 이 목표에 도달할 수 있을까? 가장 운이 좋은 사람들도 불행과 인간의 악의와 비열함이 가져오는 다양한 종류의 불편함을 겪는다. 그러한 행복을 위해서는 마음의 평화가 필요하다. 그러나 운명의 큰 변화 속에서 누가 항상 이것을 보존할 수 있을까? 그러므로 아무도 도달하지 못하는 이 목표를 지적하는 것은 헛된 일이다. 그러므로 성경이 지적하는 주된 목표는 인간이 하나님의 형상을 따라 창조되었으므로 영원토록 하나님과 함께 살아야 하며, 이 땅에 있는 동안 하나님을 전하고 감사하며 그분의 말씀에 참을성 있게 순종해야 한다. 이생에서 우리는 이 목표를 아주 미약하게 붙잡고 있지만, 내세에서는 온전히 성취할 것이다. 철학자들은 이것을 알지 못한다. 그러므로 아무리 지혜가 뛰어난 세상이라도 성경이나 신학을 활용하지 않을 때 가장 무지하다. 인간은 말씀이 없을 때 자신의 시작도 끝도 모른다.

57 LW 4:145 (WA 43:240.30), 번역 변경됨.

루터와 아리스토텔레스의 관계는 이보다 훨씬 더 광범위하다. 『인간에 관한 논쟁』(*Disputation concernig Man*, 1536)에서 볼 수 있듯이, 루터는 운동인(물질은 어디서 오는가?), 질료인(그것은 무엇으로 구성되는가?), 형상인(그것은 무엇으로 존재하는가?) 그리고 목적인(무엇을 목표로 하는가?)으로 구성된 아리스토텔레스의 4가지 원인론을 거부하지는 않지만 신학적 인간학으로는 부적절함을 지적하고 있다. 문제가 되는 것은 인간이 궁극적인 문제와 관련하여 인간이 자신에 대해 갖는 인식론적 접근이 제한적이라는 점이다. 여기서 철학은 "단편적이고 일시적이며 지극히 물질적인" 지식만을 제공한다.[58] 우리는 인류의 물질적 원인을 충분히 인식하지 못하고, 철학은 효율적이고 최종적인 원인을 알지 못하지만,[59] 대신 성경 계시를 통해 "인간은 태초에 죄 없이 하나님의 형상을 따라 만들어진 육체와 살아있는 영혼으로 구성된 하나님의 피조물로서, 번성하고 다스리며 결코 죽지 않아야 한다"는 것을 알게 된다.[60] 문제는 이성은 그 자체로 "가장 뛰어나다", 실로 "태양이며 일종의 신이다. 이생에서 이런 일을 관리하도록 임명되었다." (실제로 타락 이후 하나님은 "이성의 위엄을 거두어 가신 것이 아니라, 오히려 확인해 주셨다.")[61] 오히려 문제는 우리 유한하고 죄 많은 피조물이 이러한 진리에서 너무 멀리 떨어져 있다는 것이다. 우리는 바울을 통해서 믿음으로만 의롭다함을 얻는다는 것이 인간성의 정의를 간략하게 요약한 것이라는 것을 바르게 이해하게 된다.[62]

---

[58] "Disputation concerning Man,", thesis 19, in LW 34:138 (WA 39/1:175.3-4).

[59] "Disputation concerning Man,", thesis 12-13, in LW 34:138 (WA 39/1:175.26-29).

[60] "Disputation concerning Man,", thesis 21, in LW 34:138 (WA 39/1:176.7-9).

[61] "Disputation concerning Man,", thesis 11, in LW 34:137-38 (WA 39/1:175.24-25).

[62] "Disputation concerning Man,", thesis 32, in LW 34:139 (WA 39/1:176.33-35).

▌ 플라톤의 초기 활용

루터가 상위 부분(*portio superior*)과 하위 부분(*portio inperior*) 사이의 계층 구조를 거부했음에도 불구하고, 우리는 특히 그의 초기 신학에서 플라톤 사고의 측면을 활용한 것을 발견할 수 있다. 아리스토텔레스에 대한 플라톤의 이러한 활용은 그가 어거스틴 뿐만 아니라 요하네스 타울러(Johannes Tauler)와 같은 독일 신비주의자뿐만 아니라 아우구스티누스에 대한 강렬한 독서에서 비롯되었을 것이다. 요하네스 타울러와 같은 독일 신비주의자들과 그가 경력 초기에 편집한 책인 『독일 신학』(*Theologia Germanica*)의 익명의 저자를 집중적으로 읽었기 때문일 가능성이 높다. 루터는 『하이델베르크 논쟁』(*Heidelberg Disputation*, 1518)의 철학적 논제 중 논제 36에 대한 설명에서 "감각적인 것의 우선권을 주장하는" 아리스토텔레스는 현실에 대한 지식만을 제공하는 것처럼 보인다고 주장했다.[63] 크누트 알프스베그(Knut Alfsvåg)가 지적했듯이, 루터에게 아리스토텔레스의 인식론은 감각에 기초를 두고 있다. 따라서 아리스토텔레스의 경우 지식을 얻으려면 (플라톤과 달리) 형식과 물질을 분리할 수 없다. 그러나 루터에게 있어 그러한 접근 방식은 감각의 '불안정'과 불확실성에 묶여 영원성을 전달하지 못한다. 사실, 플라톤과 마찬가지로 우리는 "무한하고 신성한 것의 우선순위를 확인해야 한다. 루터에 따르면,

---

[63] Alfsvåg, *What No Mind Has Conceived*, 194 참조. 하이델베르크 논쟁의 철학적 논제들을 독일어로 번역한 것은 Helmar Junghans, "1518년 하이델베르크 논쟁 루터의 철학적 논제들," *Lutherjahrbuch* 46 (1979)을 참조하라.: 10-59. 이 문서에는 라틴어와 독일어가 모두 포함되어 있다. 논문 36은 다음과 같다: "아리스토텔레스는 실제로 자신의 사상보다 더 나은 플라톤의 사상을 그릇되게 비난하고 조롱한다."(LW 31:42 (WA 1:355).

참된 지식은 알 수 없음을 받아들이는데 달려 있다.[64] 창조주와 피조물 사이에는 비례(*proportio*)가 없으며, 따라서 우리가 인식할 수 있는 것과 순례자(*viator*)를 위해 구성할 수 있는 "하나님의 보이지 않는 것들" 사이에는 사다리가 없다. 따라서 "하나님의 가시적이고 현현하는 것들"은 "고난과 십자가를 통해서만" 볼 수 있다.[65] 따라서 논제 37에서 루터는 피타고라스, 특히 플라톤은 아리스토텔레스와 달리 참여 개념에서 무한과 유한을 적절하게 통합한다고 주장한다.[66] 알프스베그(Alfsvåg)는 다음과 같이 말한다:

> 후자에 대한 증거로서 루터는 파르메니데스(Parmenides)의 가장 아름다운 단일성에 대한 논의를 명시적으로 언급한다. 여기서 저자는 먼저 단일성이 무로 환원될 때까지 모든 것을 박탈한 다음 단일성이 아닌 것이 아무것도 남지 않을 때까지 모든 것을 되돌려준다. 그러므로 하나됨을 통해 존재하지 않는 것은 아무것도 없으며, 이러한 방식으로 하나됨은 모든 것의 외부와 내부에 동시에 존재한다.[67]

하나님은 이해할 수 없고 보이지 않기 때문에, 루터가 『하이델베르크 신학논쟁』(*Heidelberg Disputation*) 신학 논제에서 언급했듯이, 우리는 피조물에 대한 지식에서 창조주에게로 나아갈 수 없다. 이 진리는 그가 "영광의 신학"

---

[64] Alfsvåg, *What No Mind Has Conceived*, 194.

[65] *Heidelberg Disputation*(1518), 논문 19, LW 31:40(WA 1:354).

[66] 논제 37: "물질 사물의 수학적 질서는 피타고라스에 의해 독창적으로 유지되지만, 더 독창적인 것은 플라톤에 의해 유지되는 아이디어의 상호 작용이다"(*Heidelberg Disputation*, in LW 31:42(WA 1:355)에 나오는 내용.

[67] Alfsvåg, *What No Mind Has Conceived*, 195.

을 거부하고 "십자가의 신학"을 승인하는 데 결정적인 역할을 한다. 이러한 움직임이 율법과 복음을 구별하고 복음을 약속의 말씀과 연관시키는 루터의 신학적 발전에 있어서 중요한 만큼, 루터는 플라톤주의에 내재된 "사변"과 기독교 플라톤주의자들이 하나님의 말씀을 무시하는 것에 점점 더 도전하게 된다. 또는 다르게 말하면, 부정을 통한 일관성은 신적 속성을 부정할 뿐만 아니라 이러한 속성도 부정하는 것으로 이어진다. 부정뿐만 아니라 신학자들 자신의 부정이나 죽음에도 영향을 미친다. 왜냐하면 그러한 부정신학적인 접근 방식은 우리에게 오직 숨겨진 하나님(*deus absconditus*)만을 얻게 하고 따라서 하나님의 낯선 사역(*opus alienum*)으로 기능하기 때문이다. 하나님은 오직 말씀 안에서만 발견되기를 원하신다.[68] 그러나 다음 장(chapter)에서 살펴보겠지만, 이 말씀은 물, 빵, 포도주, 또는 다른 어떤 유형의 존재와 함께 항상 구체화된 형태로 다가온다. 그럼에도 불구하고, 하나님은 모든 사람에게 주어진 분이시며 특별히 증명이 필요하지 않다는 루터의 일관된 관점은 『요나에 대한 강의』(*Lectures on Jonah*, 1526)에서 겁에 질린 선원들이 하나님께로 도망치는 모습에서 볼 수 있듯이 루터의 일관된 관점은 회상에 대한 플라톤적 관점(in a platonic view of anamnesis)에 근거를 두고 있는 것으로 보인다.[69] 루터는 하나님의 일반 계시를 자연의 설계나 인간의 삶의 목표에 근거를 둔 추론의 렌즈(lens)와 신이 존재한다는 기억을 모든 사람이 가진다는 아남네시스(anamnesis, 회상)를 통한 것보다 더 적게 하나님의 일반 계시를 인식한다.

　　루터에게 하나님의 존재는 결코 의심의 여지가 없다. 그러나 인간을 향한

---

[68] Alfsvåg, *What No Mind Has Conceived*, 197, Alfsvåg의 논의 참조.
[69] LW 19:53 (WA 19:205.27-206.7).

하나님의 뜻은 있다. "만물을 지으신 하나님이 계시다는 것은 그의 행적을 통해 알 수 있지만, 하나님 자신, 그가 누구인지, 어떤 신성한 존재인지, 인간을 향해 어떤 마음을 가지고 계신지는 외부에서 결코 발견하거나 경험할 수 없다."[70] 하나님에 대한 참된 지식은 하나님이 그의 세상을 돌보신다는 인식을 인정해야 한다. 이러한 신적 사랑은 심지어 플라톤과 같은 철학자에게도 낯선 개념이다.

> 철학자들은 플라톤이 하나님의 통치를 바라보고 인정하는 것처럼 신에 대해 논쟁하고 사변적인 질문을 던지며 어떤 종류의 지식에 도달한다. 철학자들은 신에 관해 논쟁하고 사변적인 질문을 하여 일종의 지식에 도달한다. 마치 플라톤이 신의 통치(goverment)를 바라보고 인정하는 것과 같다. 그러나 모든 것은 단지 객관적일 뿐이다. 요셉이 가지고 있는 지식, 하나님께서 돌보시며, 고난당하는 자들의 말을 듣고 그들을 도우신다는 지식은 아직 없다. 플라톤은 이것을 결정할 수 없다: 플라톤은 소(cow)가 새 문(new door)을 바라보듯 형이상학적인 사고에 머물러 있어 이를 판단할 수 없다.[71]

우리가 하나님에 대한 참된 지식을 가지려면, 그러한 지식이 실제로 참이라면 법정적, 우리를 위한(*pro nobis*) 차원(dimension)을 벗어날 수 없다.

---

[70] "1546년 1월 31일, 에피파니아 6주년 기념일," in WA S1:150.42-151.3(trans. Becker, *Foolishness of God*, 40).

[71] *Lectures on Genesis*, in LW 8:17 (WA 44:591.34-39).

만약 하나님과 그리스도가 여러분의 하나님(pro nobis)이시며 여러분의 그리스도이심을 믿고 알 때 여러분은 하나님에 대한 참된 지식을 갖게 된다. 마귀와 거짓 그리스도인들은 이것을 믿을 수 없다. 따라서 이 지식은 참된 기독교 신앙 외에 다른 것이 아니다. 왜냐하면 당신이 이런 식으로 하나님과 그리스도를 알 때, 당신은 온 마음을 다해 그분을 의지하고 행운과 불행, 삶과 죽음에서 그분을 신뢰하게 될 것이기 때문이다.[72]

하나님에 대한 지식에 대한 루터의 관점을 "실존주의적(existentialist)"이라고 부르는 것은 시대착오적인 것이다. 그러나 루터의 관점이 경험을 신학의 원천이나 규범으로 허용하지 않으면서도 고도로 경험적이라고 말하는 것은 사실이다. 물론, 하나님과의 우리의 경험은 종종 상당히 고통스럽다. 왜냐하면 "우리가 신학자가 되는 것은 이해하고, 읽고, 추측하는 것이 아니라, 살아서, 아니 사는 것이 아니라 죽고 지옥에 자신을 바침으로써 신학자가 되기 때문이다."[73]

▮ 이중 진리의 문제

1539년에 "구절에 관한 논쟁(Disputation concerning the Passage):

---

[72] "Sermons on the Second Epistle of St. Peter", in LW 30:152(WA 14:16).
[73] *Operationes in Psalmos* (1519-21), in WA 5:163.28-29 (trans Bayer, *Theology the Lutheran Way*, 23).

'말씀이 육신이 되셨다'"에서, 루터는 "모든 진리가 다른 모든 진리와 일치한다"고 해도 여전히 "한 학문 분야에서 참인 것이 다른 학문 분야에서 항상 참인 것은 아니다"라고 주장한다.[74] 그의 주된 예시는 신학에서는 "말씀이 육신이 되셨다는 것은 사실"이지만 철학에서는 "그 진술은 단순히 불가능하고 터무니없다"는 기독론적 원리이다.[75] 루터는 철학에서 참인 것이 신학에서는 거짓일 수 있고 그 반대의 경우도 마찬가지라는 "이중 진리"를 옹호한 사람인가?

이 논쟁에서 루터는 스콜라 철학의 공리인 "유한과 무한 사이에는 관계가 없다는 공리"("axiom *nulla est proportio finite ad infiniti*")를 받아들인다. 철학적으로 주어진 무한은 유한하게 될 수 없고 여전히 무한한 상태로 남아 있게 된다.[76] 그러나 이것이 바로 성육신에서 일어난 일이다. 루터는 형식적으로는 철학적으로 타당하지만 신학에서는 잘못된 결론을 초래하는 일련의 삼단논법을 발전시켰다. 그는 또한 "다른 예술과 과학에서 같은 것이 모두 참이 아니라는 것"의 예들을 제공한다. 예를 들어, 선(lines)의 측정과 무게의 측정 사이에는 같은 척도로 비교할 수 없다는 것이다.[77]

---

[74] "Disputation concerning the Passage: 'The Word Was Made Flesh,'" thesis 1, in LW 38:239(WA 39/2:3.1-2).

[75] "Disputation concerning the Passage: 'The Word Was Made Flesh,'" thesis 2, in LW 38:239(WA 39/2:3.3-4).

[76] 이 문구는 둔스 스코투스에서 그 기원을 찾을 수 있지만, 토마스 아퀴나스와 보나벤투라를 비롯한 중세 스콜라주의 전반에서 찾아볼 수 있다. 이 초기 인물들은 이 문구를 "신과 인간 사이의 유사성 또는 관계라는 개념으로 보완되는 존재의 유비(*analogia entis*)의 한 측면에 불과하다"는 의미로 사용했다. 명목론자들은 토마스주의 기독론에 반대하면서 전임자들보다 더 강력한 방식으로 구별을 강조한다.(David W. Congdon, "*Nova Lingua Dei* : The Problem of Chalcedonian Metaphysics and the Promise in the *Genus Teipeinoticon* in Luther's Late Theology." [미발표 논문, Princeton Theological Seminary, 2011], 42n126).

[77] "Disputation concerning the Passage: 'The Word Was Made Flesh,'" thesis 32, in LW 38:242(WA 39/2:5. 19-20). 논제 16-25는 구조적으로는 철학적으로 건전하지만 신학적으로는 잘못된 믿음으로 결론을 내리는 논증을 전개한다. 논제 29-37은 한 분야에서는 참이지만 다른 분야에서는 그렇지 않은 사안의 예를 제시한다.

루터는 철학과 신학에서도 마찬가지라는 소르본느(Sorbonne)의 입장을 거부한다. 그의 요점은 철학과 신학 모두에서 일의적인 진리를 옹호하려는 시도에서 그들은 모든 사람과 그리스도가 공유하는 인간의 본성에 대해 모호한 태도를 취한다는 것이다. 소르본느의 입장은 브라반트의 시제루스(Siger of Brabant, 1235~1282)[78]가 옹호했던 라틴 아베로주의(급진적인 아리스토텔레스주의)의 "이중 진리(double truth)" 이론에 대한 반작용을 나타낸다. 파리 주교 스테판 탕비에(Stephen Tempier)의 1277년 3월 7일 라틴 아베로주의에 대한 일반적인 비난(219개 정죄),[79]을 발표한 데 이어 캔터베리 대주교 로버트 킬워드비(Robert Kilwardby)는 1277년 3월 18일 옥스퍼드 비난(Oxford Condemnation)으로 알려진 30가지 금지 제안을 발표했다. 처음 두 개의 정죄된 논문은 다음과 같다.

1. 특정 주제에서는 반대되는 것이 동시에 참일 수 있다(*Quod contraria simul possunt esse vera in aliqua materia*).
2. [주제와 관련하여] 실질적으로 잘못된 삼단논법은 삼단논법이 아니다

---

[78] 이러한 입장은 아리스토텔레스의 '주석가'로 알려진 무슬림 철학자 아베로에스(1126-98)에게서 그 기원을 찾을 수 있다. 아리스토텔레스의 견해가 코란과 항상 일치하지 않음에도 불구하고 아리스토텔레스를 인간 지성의 정점으로 판단한 아베로스는 이중 진리를 제안했다. "그렇다고 해서 하나의 명제가 철학에서는 참이고 신학에서는 거짓일 수도 있고 그 반대의 경우도 마찬가지다: 그의 핵심은 하나의 동일한 진리가 철학에서는 명확하게 이해되고 신학에서는 우화적으로 표현된다는 것이다. 진리의 과학적 공식화는 철학에서만 이루어지지만 동일한 진리가 신학에서는 다른 방식으로만 표현된다"(Congdon, *Nova Lingua Dei,* 29-30, Frederick Copleston의 말을 인용하여). 신학보다 철학을 우선시하면서도 아베로스는 여전히 진리의 통일성을 유지했다. 이와 대조적으로 브라반트의 시거는 철학을 위해 신학이 철학과 모순되는 것을 허용했다.

[79] 여기서 Tempier 주교는 "어떤 견해는 철학에 따르면 참이지만 가톨릭 신앙에 따르면 참이 아니며, 마치 두 가지 상반된 진리가 있는 것처럼"(Hans Thijssen, "1277년의 정죄", 스탠포드 철학 백과사전, ed. Edward N. Zalta, https://plato.stanford.edu/entries/condemnation).

(*Item quod syllogismus pecans inmaterial non est sillogismus*).[80]

데이비드 콩돈(David Congdon)이 쓴 것처럼,

> 첫 번째 논제를 거부함으로써 킬워드비(Kilwardby)는 진리는 일의적
> 임을 확인하는 것 같다. 진리에 대한 귀속은 오직 한 종류만 있을 수
> 있다. 두 번째 논제를 거부함으로써 삼단논법이 형식적으로 올바른 한
> 주제에 관계없이 합리적이라는 것을 확인한다. 이 논제들은 다른 논제들
> 과 함께 철학과 신학 사이의 모순을 거부한다는 것을 의미한다. 즉 한
> 주제에서 합리적이고 참인 것은 다른 주제에서도 합리적이고 참이어야
> 한다는 것을 암시한다.[81]

루터는 "이중 진리(double truth)" 이론을 옹호하지는 않지만, 철학과 신학
은 서로 다른 논리를 지닌 두 개의 별개의 영역을 구성한다고 주장한다. 진리에
대한 일의적(univocal)인 접근 방식은 다음과 같다. 소르본느(Sorbonne)는
"신앙의 조항"이 "인간 이성의 판단에 따르는 것"이 될 수 있다.[82]
철학과 신학에서 일의적인 진리를 확립하려는 시도에서 소르본느 교수진은
실제로 모호한 입장을 취한다. "사람"이라는 단어는 결국 인간 전체와 관련된
의미와 육신이 된 말씀을 지칭하는 다른 의미를 갖게 된다. 그러므로 루터는

---

80 Heinrich Denifle and Emile Chatelaine, eds., *Chartularium Universitatis Parisiensis* (Paris: Delalain, 1889-97), 1:558, 콩돈(Congdon)에 의해 인용, "Nova Lingua Dei", 31 (번역 수정),

81 Congdon, "*Nova Lingua Dei*," 31.

82 "Disputation concerning the Passage: 'The Word Was Made Flesh,'" thesis 6, in LW 38:239(WA 39/2:4.2-3).

소르본느의 부정확한 추론을 폭로하기 위해 신학적으로 부정확한 삼단논법을 제시한다:

(1) 모든 사람은 피조물이다.
(2) 그리스도는 사람이시다.
(3) 그러므로, 그리스도는 피조물이다.[83]

루터는 이것이 철학에서는 건전한 삼단논법이지만 신학에서는 잘못된 결론을 가지고 있다고 지적했다. 레이조 티오리노야(Reijo Työrioja)는 다음과 같이 주장한다. "철학적 논증에 따르면 창조주와 피조물, 무한과 유한 사이에는 비례가 존재하지 않는다. 그러나 루터는 신학에서는 비례만이 아니라 그리스도 안에는 유한과 무한의 통일성(unitas finiti et infiniti)이 있다고 말한다. 그러므로 하나님과 사람의 술어는 동일하다."[84] 요점은 위의 삼단논법이 신학적 문법을 따르지 못한다는 것이다. 루터는 그러한 삼단논법 추론과 관련하여 그 잘못은 "삼단논법 형식의 결함에 있는 것이 아니라 이성이나 삼단논법의 좁은 범위에 가둘 수 없는 문제의 고상한 성격과 위대함 때문이라고 주장했다. 그러므로 문제는 사실 반대되는 것이 아니라 모든 논리적 진리의 외부, 내부,

---

83 "Disputation concerning the Passage: 'The Word Was Made Flesh,'" argument 4, in LW 38:246(WA 39/2:10 [논증 4])을 변경했음.

84 Reijo Työrinoja, "*Nova Vocabula et Nova Lingua:* Luther's Conception of Doctrinal Formulas." In *Thesaurus Lutheri: Auf der Suche nach neuen Paradigmen der Luther-Forschung,* edited by Tuomo Manneramaa et al (Helsinki: Luther-Agricola-Society, 1987), 229. 일반적으로 루터는 "유한과 무한의 일치"와 같은 표현을 일반화하지 않고 매우 구체적으로 성육신과 그리스도의 인격으로 제한한다. 멜랑흐톤, 쳄니츠 등은 이 표현을 더 명확하게 하거나 더 강조하지만, 루터는 유한과 무한의 일반적 일치를 주장하지 않고 그리스도의 인격으로 제한한다.

위, 아래, 앞, 그리고 그 너머에 있는 것이다."[85] 반면에 "삼단논법은 가장 뛰어난 형식이지만… 문제 자체에 관해서는 그것은 쓸모가 없다. 그러므로 신앙조항에서 우리는 하나님의 말씀과 신앙이라고 불리는 또 다른 변증법과 철학에의지해야만 한다."[86]

▎ 논리보다 문법의 우선순위

루터에게 논리학을 포함한 철학은 문법(의미론적 분석)에 종속되어 있다. 그의 견해는 성만찬의 본질에 관해 울리히 츠빙글리(Ulrich Zwingli, 1484~1531)와 요하네스 외콜람파디우스(Johannes Oecolampadius, 1482~1531)와의 논쟁에서 두드러지게 드러났다.[87] 루터는 은유의 속성 또는 비교의 규칙에 따라 생성된 "단어의 전이"(새로운 단어 또는 말의 수식)의 본질에 대해 로마의 수사학자 퀸틸리안(Quintilian, 35-100)을 따르면서, 그는 "포도나무"와 같은 단어는 옛 의미와 새 의미를 모두 가지고 있음을 지적했다. 오래된 의미에서 그는 포도원에 있는 줄기(stock)를 의미한다. 그러나 "새 것에 따르면, 그것은 그리스도를 의미한다. 요한복음 15[:5]: '나는 포도나무이다.

---

85 "Disputation concerning the Passage: 'The Word Was Made Flesh,'" thesis 21 in LW 38:241(WA 39/2:4.34-35).

86 "Disputation concerning the Passage: 'The Word Was Made Flesh,'" thesis 27, in LW 38:241(WA 39/2:5.9-10).

87 *"Confession concerning Christ's Supper"*(1528), LW 37:294-303(WA 26:437 45)에서 "동일 전제의 법칙"을 참조하라. 이 논문에 대한 건전한 논평은 Jörg Baur, "Luther und die Philosophie," NZSTh 26 (1984)을 참조하라: 13-28; 그리고 Enrico de Negri, *Offenbarung und Diaketik: Luther's Realtheologie* (Darmstadt: Wissenschaftliche Buchgesellschaft, 1973.), 207-18.

'"[88] 루터는 그리스도 자신이 비교의 근거가 되는 방법을 설명했다. "그리스도는 포도나무를 닮은 것이 아니라 반대로 포도나무가 그리스도를 닮았기 때문이다." 루터는 "씨(the seed)"는 "하나님의 말씀이니라"(누가복음 8:11)를 설명하면서, 그는 "여기서 '씨'라는 단어는 복음의 직유인 곡식을 지시하지 않지만, 새로운 단어나 비유는 유사성이 없는 참되고 새로운 씨앗 자체, 복음을 의미한다. 기타 등등; 성경의 모든 비유는 이 새로운 대상의 비유가 아니라 참되고 새로운 대상을 나타낸다."[89]

루터는 "두 개의 서로 다른 실체가 하나의 실체가 될 수 없다는 것은 부인할 수 없는 사실"이라는 그의 반대자들의 의견에 동의했다. 예를 들어, "당나귀는 소가 될 수 없고, 사람은 돌이나 나무토막이 될 수 없다."[90] 물론 이것은 모순율(the law of contradiction)을 따르며 이성이 빵이 동시에 그리스도의 몸이 될 수 있다고 단언하는 것이 문제가 된다. 루터는 존 위클리프(John Wycliffe, 약 1330~84)가 그리스도의 몸은 문자적으로 부재하지만 빵은 빵으로 남아 있다고 단언함으로써 이 문제를 해결했고, 반면에 아퀴나스는 그리스도의 몸은 문자 그대로 존재하지만 빵은 부재하다고 주장함으로써 문제를 해결했다고 언급했다. 루터는 이렇게 대답한다. "모든 이성과 궤변적인 논리에 반하여 나는 두 가지 다양한 실체가 실제로도 명목상으로도 당연히 하나의 실체일 수 있다고 주장했다."[91] 루터는 자신의 주장을 뒷받침하기 위해 두 개의 다른 존재가 어떻게 하나가 될 수 있는지에 대한 예를 제시한다. 예를 들어, 삼위일체는

---

88 *Confession concerning Christ's Supper*, in LW 37:252-53 (WA 26:379. 27).

89 *Confession concerning Christ's Supper*, in LW 37:253 (WA 26:380.27-33).

90 *Confession concerning Christ's Supper*, in LW 37:295 (WA 26:439,6-7).

91 *Confession concerning Christ's Supper*, in LW 37:296 (WA 26:439.29-31).

동일한 본질을 공유하는 삼위일체 세 위격의 "자연적 연합"이다. 마찬가지로 그리스도는 두 본성을 지닌 한 인격체, 즉 "위격적 연합"이다. 성경에서 천사들을 바람과 불꽃으로 묘사할 때에도 "효과의 연합"이 있다. 마찬가지로 성령을 비둘기로 볼 때 "형식적 연합"이 있다. 이 모든 것이 빵이 그리스도의 몸이 될 수 있고 포도주가 그리스도의 피가 될 수 있는 '성례적 연합'이 있다는 루터의 주장을 그럴듯하게 만든다. 그는 위클리프가 성례전 안에 그리스도가 부재한다고 보는 견해가 문법 규칙이나 단어의 과학을 고려하지 않고 성급하게 논리를 적용했다고 비난한다.

> 논리학은 빵과 몸, 비둘기와 성령, 하나님과 사람이 별개의 존재라고 올바르게 가르친다. 그러나 먼저 모든 언어에 적용할 수 있는 표현 규칙을 제시하는 문법의 도움을 구해야 한다: 두 개의 개별적 존재가 하나의 존재가 될 때 문법은 이 두 가지를 하나의 표현으로 포용하고 두 존재의 결합을 볼 때, 그것은 한 용어로 두 가지를 가리킨다.[92]

문법적으로, 루터는 그의 예가 제유의 표현(expressions of synecdoche)이라고 주장한다. 그러므로 루터는 다음과 같은 결론을 내린다.

> 동일한 술어는 존재하지 않는다: 위클리프와 소피스트들은 동일한 전제는 존재하지도 않으며, 단지 그것이 존재한다고 꿈꿀 뿐이다. 왜냐하면 몸과 빵은 서로 다른 두 가지 물질이지만, 각각은 그 자체로 존재하며, 둘이 서로 분리되어 있는 곳에서는 어느 쪽도 서로 혼동되지 않지만,

---

[92] *Confession concerning Christ's Supper*, in LW 37:301 (WA 26:443. 12-16).

그럼에도 불구하고 둘이 결합되어 새롭고 온전한 실체가 되는 곳에서는 그 차이를 잃어버리기 때문이다.93

그러므로 우리는 왜 루터가 "그리스도의 신성과 인성에 관한 논쟁"(Disputation on the Divinity and Humanity of Christ, 1541)에서 "[그리스도 안에서] 그리스도에 관해서는 모든 말이 새로운 의미를 받는다는 것이 확실하다."고 주장했는지 알 수 있다. 94 그는 진리이신 예수 그리스도의 이야기를 설명하는 문법에 대한 이해를 바탕으로 구축했다.95 옛 용어에서 "피조물"은 피조물에 의해 "신성과 무한히 분리된 사물"을 의미하는 반면, 새로운 용어로 "피조물"은 "분리할 수 없는 방식으로 같은 인격 안에서 신성과 결합된 사물을 의미한다."96 실제로 "사람, 인류, 고통을 당함"과 "그리스도에 관해 말하는 모든 것"은 새로운 단어이다.97 인골프 달펄트(Ingolf Dalferth)와 함께 우리는 철학과 신학이 다른 것을 다루는 것이 아니라 동일한 것을 다른 방식으로 다룬다는 결론을 내릴 수 있다고 설명했다.98

---

93 *Confession concerning Christ's Supper*, in LW 37:303 (WA 26:445.1-6, 이탤릭체 원문).

94 "Disputation on the Divinity and Humanity of Christ," trans. Christopher B. Brown (http://www.leaderu.com/philosophy/luther-humanitychrist.html), thesis 20 (WA 39/2:94).

95 Dennis Bielfeldt. "Luther's Late Trinitarian Disputations." In *The Substance of Faith: Luther's Doctrinal Theology for Today*, by Dennis Bielfeldt, Mickey Mattox, and Paul Hinlicky (Minneapolis: Fortress , 2008), 109.

96 "Disputation on the Divinity and Humanity of Christ," thesis 21 (WA 39/2:94.19-20).

97 "Disputation on the Divinity and Humanity of Christ," thesis 23 (WA 39/2:94.23-24).

98 Dalferth (Theology and Philosophy, 77)는 이렇게 썼다.
   루터에 따르면 철학과 신학은 근본적으로 다르지만 서로 모순되지도 않고 보완하지도 않는다.

신학은 그리스도 안에서 동일한 것에 대한 새로운 의미를 인정한다. 옛 용례에서는 하나님의 속성에 인류의 속성이 포함될 수 없다. 그러나 새로운 세계에서는 신의 속성이 인간의 속성과 결합된다. 그러므로 철학과 신학이 공유하는 진리에 대한 일관적인 관점을 유지한다는 점에서 소르본느는 틀렸음이 분명하다. 그것은 그리스도 안에서 옮겨진 말씀의 새로움을 인정하지 못한다. 이 "종말론적" 차원[99]- 더 나은 용어가 없어서-그리스도의 새로운 것(novum)이 옛 것을 옛 것으로 구성하지만, 그것을 제거하거나 무시하지 않고, 대신에 그 자체의 독특한 시간성에 서게 하고, 마찬가지로 그 자체의 명료성을 가지고 신학에 통합시키는 것이다. 루터가 말했듯이, "우리는 변증법과 철학을 그들만의 영역에 맡기고 모든 영역에서 벗어나 신앙의 영역에서 새로운 언어로 말하

(WA 39/2, 27, 31-2). 철학은 그 분야를 위해 세계를 가지고 있으며, 형이상학에서조차 그것이 말하는 것은 무엇이든 현재와 경험된 세계에서 느껴져야 한다. 반면에 신학은 "보이지 않는 것"(WA 39/2, 15, 8-9), 즉 "믿어지는 것, 즉 믿음으로 파악되는 것"(WA 39/2, 6, 26-8)을 주제로 삼는다. 이것은 알 수 있는 것과 단순히 믿을 수 있는 것을 전통적으로 구분하는 것처럼 보인다. 하지만 그렇지 않다. 철학과 신학은 사물에 대한 지식의 다른 단계도 아니고 다른 종류의 사물에 대한 지식도 아니다. 그들은 같은 사물에 대한 서로 다른 종류의 지식이며, 서로 다른 관점과 다른 참조의 프레임, 즉 *coram mundo*의 관점에 놓여 있다. 두 관점 모두 현실에 대한 적절한 이해를 위해 필요하며, 두 관점 모두 지식의 성장과 신, 세계, 인간 존재에 대한 우리의 이해의 완성을 가능하게 하지만, 첫 번째 관점의 지식에서 두 번째 관점의 지식으로의 전환은 없으며, 따라서 한 틀에서 얻은 지식과 두 번째 틀에서 얻은 지식의 직접적인 결합은 없다. '*coram mundo*'에 대한 철학적 담론과 '*coram deo*'에 대한 신학적 담론을 혼동하면 혼란이 생길 수밖에 없으며, 루터는 바로 이러한 담론의 혼동을 스콜라 신학의 고질적인 악이라고 진단한다.

문법에 관해서는 Risto Saarinen은 다음과 같이 말한다.

루터는 신학적 문법을 철학적 문법과 구별하는 것을 볼 수 있다. 그러나 그에게 신학 문법은 결코 평범한 단어와 일상적인 문구를 외형적으로 표현하는 난해한 코드가 아니다. 철학적 문법과 신학 문법의 차이는 언어학적으로 말하자면 주로 구문론적인 것이 아니라 의미론적이고 실용적인 차이다. 신학 문법의 구체적인 기술은 그 주제, 즉 성서 언어의 의미에 의해 결정된다. 새로운 실체(*nova res*)라는 독특한 주제의 존재는 그 새로운 실체를 이해하는 방식과 그 속성에 대해 말하는 방식도 독특해야 한다는 것을 의미하지만, 그럼에도 불구하고 이러한 새로운 방식과 유형은 평범한 일상적인 단어로 전달될 수 있다.("The Word of God in Luther's Theology," *LQ* 4 (1990):39-40)

99 Dalferth, *Theology and Philosophy*, 79.

는 법을 배운다면 더 올바르게 행동할 수 있을 것이다. 그렇지 않으면 새 포도주를 낡은 포도주 가죽에 넣으면 둘 다 망하게 될 것이다."[100]

▎새 언어의 의미론

그러나 이것은 위에서 설명한 루터의 신학적으로 잘못된 삼단논법에 대한 의문을 제기한다(각주83 해당본문 참조. 루터의 소르본느의 부정확한 추론을 폭로하기 위해 제시한 신학적으로 부정확한 삼단논법): 어떤 의미론이 (1)과 (2)는 참이지만 (3)은 거짓이라고 허용할 수 있는가? 신학적 맥락에서 용어의 새로운 의미가 나타나는 경우인가, 아니면 두 언어 내에서 용어의 의미에 실제적인 차이가 없고 단지 추론의 차이만 있는 경우인가? 신학과 철학에는 서로 다른 규칙이 적용되는 것 같다. 철학 내에서도 영역마다 다른 규칙이 적용되는 것처럼 신학과 철학 사이에도 서로 다른 규칙이 작용한다. 데니스 빌펠트 (Bielfeldt)는 루터가 표준 오컴주의 가정 이론을 사용한 것으로 간주해서는 안 된다고 설득력 있게 주장했다. 여기서 가정이란 명제의 용어와 그 용어가 가리키는 사물(그 확장) 사이의 의미론적 관계이다.[101] 오컴(Ockham)은 실제 보편성 또는 공통 본성의 존재를 거부했기 때문에, 글과 음성 용어는 "일차적으로" 개별적인 것, 즉 "진정으로 전제될 수 있는 것"을 의미해야 한다고 주장했다. "예를 들어, "소는 빨간색이다"라는 명제에서 "소"라는 용어는 "빨간색"이

---

100 "Disputation concerning the Passage: 'The Word Was Made Flesh,'" thesis 40-41, in LW 38:242(WA 39/2:5.35-38).

101 Bielfeldt, "Luther's Late Trinitarian Disputations," 111.

라는 용어가 가정하는 동일한 개체에 대해 '소'라는 용어를 전제(그것이 의미하는 바를 가리킴)한다. 중세 후기 가정 이론은 진술의 진리 조건과 진술의 의미를 확장적으로 이해했다. 즉 동일한 개인 또는 개인에 대해 가정하는지 여부에 따라 이해했다. 이와 대조적으로, 옛 길(*via antiqua*)은 더욱 철저하였다. 빌펠트는 다음과 같이 주장한다:

> "모든 사람은 합리적이다"는 오직 "사람"이 (마음으로 하여금 생각하게 하는) 속성을 의미할 때에만 참이며, "합리적"이라는 단어로 표시되는 속성이 예시될 때에만 참이다. 술어의 의도는 술어가 실제로 적용되기 위해 사물이 가져야 하는 속성만을 지정한다. 반면에 확장은 술어가 올바르게 적용되는 사물의 등급(class)이다. 집중주의 의미론에서 의도는 확장이 결정되는 조건을 설정한다.[102]

빌펠트는 "하나님은 인간이다"라는 말이 유명론적, 확장적 의미로 이해되는 것이 가장 잘 이해되는지 아니면 의도주의적 의미로 이해되는 것이 가장 좋은지 묻는다. 그는 "하나님은 사람이시다"가 의도적으로 해석된다면, 하나님이라는 속성이 사람이라는 속성을 배제하지 않는다고 대답한다. 신학에서는 이것이 성육신의 진리이다. 그러나 이것은 철학에서는 불가능하다. 여기서 하나님의 속성에 대한 설명에는 무한하신 속성도 포함된다. 그러나 인간은 무한하지 않기 때문에 신을 만드는 속성의 설명에는 인간이 아닌 속성도 포함되어야 한다. 따라서 신학이 진행되는 개념적 규칙은 철학과 달라야 하는데, 예를

---

[102] Bielfeldt, "Luther's Late Trinitarian Disputations," 113.

들어 '신'이나 '어머니'와 같은 용어는 '사람'과 '처녀'에 의한 술어를 배제하지 않기 때문이다. 실제로 '신'과 '어머니'라는 용어는 신학과 철학에서 각각 다른 의미를 가지고 있다. 그것들은 의미 이론에서 예상할 수 있듯이 철학과 신학에서 서로 다른 것을 생각하게 한다.

빌펠트 사례의 결론은 신학적 진리가 철학적으로 말할 수 있는 진리로 축소될 수 없다는 것이다. 따라서 루터는 오직 신학만이 일부 가지에 접근할 수 있는 하나의 거대한 반암나무(vast tree of Porphyry, 또는 존재의 규모)가 있을 수 있다는 개념을 거부한다. 그러므로 그리스도와 함께 새로운 것이 나타났다.[103] 옛 길(*via antiqua*)의 의미론은 새로운(*novum*) 그리스도를 전달하는 적절한 매개체 역할을 할 수 있다.

▎ 결론

율법과 복음의 구분은 철학에 대한 루터의 접근 방식을 지배한다. 유명론과 실재론은 그에게 더 이상 대안이 아니다. 왜냐하면 율법과 복음의 구별에 비추

---

[103] Bielfeldt는 신학을 위한 철학의 역할에 대해 서정적으로 평가한다: 그리스도의 값없는 칭의의 은혜 안에서 낡은 율법주의가 사라진 것처럼, 철학의 낡은 언어도 새로운 것의 존재로 인해 중단되었다. 율법의 낡은 혼합물 속에 복음이 새로운 성분인 것처럼, 복음을 말하는 언어도 철학의 낡은 혼합물 속에 새로운 성분을 가지고 있다. 율법이 복음을 담을 수 없는 것처럼 철학적 언어도 신학이 말하는 복음을 담을 수 없다. 율법, 이성, 철학은 하나님의 왼손에 속하는 반면, 복음, 신앙, 신학은 하나님의 오른손에 속한다. 성만찬에 그리스도의 실제 임재가 있는 것처럼 인간의 철학적 언어 속에도 가장 깊은 신학적 진리의 '실제 임재'가 있기 때문에 이 집중주의적 대안은 무한한 것이 유한한 것에서 가능하다는 루터의 개념과 잘 맞아떨어진다. 하나님의 임재가 성례의 세속적 요소를 통해 매개되는 것처럼, 신학의 새로운 언어의 임재 역시 철학의 오래된 언어를 통해 매개된다. 일상의 세속적 요소가 유지되면서도 성례전적으로 변형되는 것처럼, 철학의 일상적 언어도 신학에서 유지되면서도 변형된다. (Bielfeldt, "Luther's Late Trinitarian Disputations," 114-15)

어 그 결론을 평가해야하기 때문이다. 루터는 이러한 철학적 논쟁을 넘어 새로운 길을 제시한다. 그리스도 안에서 남자와 여자는 새로운 피조물, 새로운 존재이다. 그들은 단순히 그리스도를 자신의 것이라고 주장하는 모든 사람의 집합이 아니라 그리스도의 형상을 공유하고 그들의 섬김에서 그리스도 자신을 예시하는 사람들이다. 실재론과 유사하지만 동일하지는 않은 존재이다. 그럼에도 불구하고, 신학과 관련하여 철학의 전반적인 위치는 명목론적 윤곽을 가지고 있다. 철학은 성육신에 대해 아무것도 알지 못하고 그 진리를 수용할 수 없다는 사실에 의해 제한되며, 그리고 그 진실을 수용할 수 없다; 철학은 하나님의 은총에 대한 감각이 없다. 그러나 이 세상적인 문제에 국한될 때 철학은 그 자리를 차지한다. 그럼에도 불구하고 루터는 삼단논법 추론을 중요하게 여기고 신학적 문법에 책임이 있을 때 신학에서 그것을 사용한다.

철학은 우리를 구원의 사다리를 따라 더 멀리 나아가게 하는 도약대가 아니다. 그 대신 루터에게 철학은 율법과 유사해지며 영원한 문제에는 적합하지 않지만 일시적인 문제에는 적절한 것으로 여겨질 수 있다. 철학은 적절하게 목욕을 할 때만 신학에서 자리를 차지할 수 있다. 따라서 부활을 통해 죄와 죄의 결과인 죽음에서 벗어나 새로운 존재가 되신 그리스도께서 인간과 피조물의 관계를 재조명하고, 실제로 우리가 하나님과 그분의 선하심 아래 피조물임을 받아들이도록 하는 교리적 진리를 확립하는 데 가장 도움이 될 수 있다. 다른 중세 사상가들과 마찬가지로 루터는 철학이 신학의 의제를 설정할 수 있는 입장을 부정했다. 무엇보다도 루터는 하나님이 죄인에게 은혜를 베푸시고 그분의 의를 전가하시는 부활하신 그리스도를 제한하거나 방해하는 데 철학이 오용되는 것을 보고 싶지 않았다. 그러나 루터는 복음에 충실한 진정한 신학은 신학의 문법에 충실할 뿐 아니라 엄격한 논리를 사용한다는 사실을 늘 경계했다. 철학은 신학의 의제(agenda)를 설정하지 않는다.

궁극적으로 아름다움을 이해하기 위해서 세상에 있는 아름다움에 대한 유비에 그 진실을 근거로 두어서는 안 된다. 대신에, 그것은 그리스도와 그분의 십자가에 의해 정의되고 여과되어야 한다. 그러한 프리즘(prism)을 통해 우리는 발견하는 것이 아니라 창조되며, 그것을 기뻐하는 "하나님의 사랑"과 기쁘게 하는 그것을 통해 생기는 "사람의 사랑"과 구별할 수 있을 것이다.[104] 따라서 하나님의 아름다움은 비록 무에서 비롯된 것이지만, 본질적으로 창조적인 것으로 이해할 수 있다.

---

[104] *Heidelberg Disputation*, in LW 31:51 (WA 1:354.35).

03
|
루터에게 있어서 선

루터와 친숙한 중세 사상가들은 아름다움을 선함과 연관시켰기 때문에, 루터의 아름다움에 대한 관점을 연구하기 위해서는 선의 본질을 조사해야 한다. 예를 들어, 아퀴나스는 좋은 것과 아름다운 것은 단지 양상만 다르다고 주장했다. 선은 "단순히 욕구를 만족시키는 것을 의미하고, 아름다움은 인식할 수 있는 즐거운 것을 의미한다."[1] 중세 사상가들은 선함을 하나님의 본성으로 보았다.[2] 하나님은 그의 선함을 은혜로 나타내시기 때문에, 선함에 대한 논의는 마찬가지로 루터와 중세 전통에서 은혜의 구별되는 특징을 탐구해야 한다. 이 전통은 하나님이 선하신 이유는 인간이 인식하든 인식하지 못하든 하나님과 하나가 되고자 하는 인간의 가장 깊은 욕망을 충족시키기 때문이라고 주장했다. 그런데 선은 완전한 행복을 향한 인류의 잠재력을 자기 스스로의 힘으로 실현하는 행복론적으로 구성된다. 인간은 은혜가 죄의 상처를 치유하고 순례자들(*viatores*)이 하나님 안에서 더 큰 모방적 참여를 하도록 고양시키기 때문에 이러한 잠재력은 이 믿음, 사랑, 희망의 미덕을 실천할 때 천국에서 자신의 잠재력을 최대한 발휘할 수 있다고 깨달을 수 있다.

---

[1] Aquinas, *Summma theologiae* I-II, 27, a. 1 (trans. Fathers of the English Dommincan Province [EDP] [Westminster, MD, Christian Classics, 1948], 2:707).

[2] Aquinas, *Summma theologiae* III. q. 1, a. 1(EDP, 4:2022).

루터는 중요한 점에서 이 전통에서 벗어났다. 차이점은 루터가 인류를 위한 목적론적 성취를 인정하지 않았다는 점에 있는 것이 아니다. 결국, 그는 인류가 지구를 가꾸고 돌보는 소명(창 2:15~17)보다 더 큰 목적을 위해 설계되었으며, 그 소명만큼이나 중요하다고 주장했다. 인간은 영원에 대한 통찰력을 제공하는3 수학적 사고 능력을 통해 알 수 있듯이 "천상에 거주하고 영원한 삶을 살도록" 창조되었다. 그러나 동시대 사람들과는 달리 종교개혁자는 하나님의 선은 예수님으로 인해 죄인을 용서하고 그들이 선해질 수 있도록 그들을 새롭게 하는 하나님의 은총이라고 가르쳤다.4 공로 체계(a system of merit)는 아이러니하게도 "선한 행위"의 선함을 훼손하기 때문에 인간을 선하게 만들 수 없다. 그러한 체계에서 사람들은 자신의 이익을 위해 선한 일을 하고, 자신의 구원을 확보하는 것이지, 다른 사람들의 행복을 증진시키기 위해서가 아니다.5 하나님은 자신을 위해서가 아니라 그가 제공하는 보상 때문에 사랑을

---

3 *Lectures on Genesis*, in LW 1:46 (WA 42:35.29-36.7)을 참조하라:
   아무도 부인할 수 없는 신성한 계시인 수학적 학문의 도움으로 인간은 마음속으로 지구 위로 높이 날아오르고, 땅에 있는 것들을 뒤로한 채 하늘의 것들에 관심을 갖고 탐구한다. 소, 돼지, 다른 짐승들은 그렇게 하지 않고 오직 사람만이 그렇게 한다. 그러므로 사람은 천상에 거주하고 잠시 후 땅을 떠난 후 영원한 삶을 살도록 창조된 피조물이다. 이것이 그가 말하고 판단(변증법과 수사학에 속하는 것들)을 할 수 있을 뿐만 아니라 모든 과학을 철저하게 배울 수 있다는 사실의 의미이다.

4 *Against Latomus*(1521), in LW 32:227 (WA 8:106.6-15)을 참조하라:
   이 믿음과 의의 동반자는 은혜 또는 자비, 즉 죄의 동업자인 진노에 대항하는 하나님의 선한 의지 [호의]이므로 그리스도를 믿는 사람은 자비로운 하나님을 갖게 된다. 이 의의 선으로 우리가 완전히 행복하지 않을 것이며, 그것이 전부이고 우리가 하나님의 은혜를 얻지 못한다면 하나님의 선물을 높이 평가하지 않을 것이다. 여기서 나는 최근의 저술가들이 가르치는 것처럼 영혼의 특성이 아닌 하나님의 은혜라는 적절한 의미에서 은혜를 받아들인다. 은혜는 종국적으로 사람이 자신의 부패에서 치유되고 은혜로우신 하나님을 느끼게 되도록 진정으로 마음의 평화를 가져다준다. 이것이 뼈를 살찌우고 양심에 기쁨과 안전을 주고, 두려움을 주지 않으므로 모든 것을 감히 할 수 있고, 모든 것을 할 수 있으며, 하나님의 은혜에 대한 신뢰 속에서 죽음에도 웃을 수 있게 한다.

5 Carter Lindbergh가 지적했듯이, 많은 중세 윤리학자들에게 하나님은 부자들이 죄를 속죄할 기회를 갖도록 세상에 가난한 사람들이 존재하기를 원하셨다. "이러한 관점은 빈곤과 그 원인을

받는다. 따라서 인간의 자존심은 부풀려지고 인간의 자기중심성은 강화된다.

루터는 탕자든 바리새인이든 인간이 교만과 자기중심성을 버리고 그리스도 안에 있는 하나님의 자비가 그들에게 충분하다는 것을 믿을 때 인간이 선해진 다고 말했다. 이러한 신뢰는 하나님께서 죄인들을 자신의 자녀로 여기신다는 것을 인정하기 때문에 긍극적인 문제에서 인간의 지위를 보장해 준다. 죄인들 을 자신의 자녀로 여기시는 하나님은 그리스도의 의를 그들에게 전가시킨다. 믿음을 통해 회개한 죄인은 하나님 앞에서 자신을 위해 아무것도 주장하지 않고, 대신에 하나님의 은혜를 선물로 받고 하나님의 생명에 참여하므로 창조 에 하나님과 협력하도록 인도된다. 하나님의 과분한 관대함이나 "넘치는" 선하 심을 받은 후에는 그러한 부자연스러운(자기 추구, 자기 봉사) 욕망 그 자체는 반드시 소멸되어야 한다.6 인간은 하나님 앞에서 자신의 가장 깊은 중심, 마음, 정체성에 영향을 미치는 새로운 지위를 갖게 된다.7 그리스도 안에서 용서받은

현실적으로 이해하는 데 장애물이 되었다. ... ([캐서린] 리스와 [휴고] 솔리는 빈곤에 대한 이러 한 태도가 빈곤의 현실을 가리는 데 그치지 않고, 빈곤을 영속화하고 노동 시장과 사회적 균형 을 유지했다고 말한다."(*Beyond Charity: Reformation Initiatives for the Poor* [Minneapolis: Fortress, 1993], 32-33).

6 *The Bondage of the Will* (1525), trans. J. I. Packer and O. R. Johnston (New York: Revell, 1957), 267-68 (WA 18:753.27-35):
내가 주장하고 관철하는 것은 이것이다: 하나님께서 그분의 영의 은혜를 떠나서 일하시는 곳에 서는 모든 사람 안에서, 심지어 경건하지 않은 사람 안에서도 모든 것을 일하신다; 왜냐하면 그 분만이 그분의 전능의 운동으로 그분이 홀로 창조하신 모든 것을 움직이시고, 행동하게 하시고, 추진하시기 때문이다; 그들은 이 운동을 피하거나 바꿀 수 없고, 반드시 하나님이 주신 능력의 척도에 따라 그 운동을 따르고 순종해야한다. 따라서 모든 만물, 심지어 경건하지 않은 것조차도 하나님과 협력한다. 그리고 하나님께서 의롭게 하신 사람들 안에서, 즉 그분의 왕국에서 그분의 은혜의 영으로 행동하실 때, 그분은 그분의 방식으로 그들을 움직이시고 데려가시며, 그들은 새 로운 피조물로서 그분을 따르고 협력하며, 오히려 바울의 말처럼 그분에 의해 행동하도록 만들어 진다(롬 8,14).

7 *Heidelberg Disputation* (1518), in LW 31:54 (WA 1:363.5-9)을 참조하라:
따라서 지식에 대한 욕망도 지혜를 얻음으로써 충족되는 것이 아니라 훨씬 더 자극을 받는다. 마찬가지로 영광에 대한 욕망은 영광을 얻는다고 충족되지 않으며, 통치에 대한 욕망은 권력과 권위로 충족되지 않으며, 칭찬에 대한 욕망은 칭찬으로 충족되지 않는 것처럼, "이 물을 마시는

죄인은 새롭고 깨끗한 마음을 받아 마음으로 하나님을 사랑하고, 공로를 얻기 위해서가 아니라 자신을 위해 다른 사람을 섬기도록 재구성된다.

루터는 인간의 선함은 죄인들이 피조물로서 신뢰하며 살 때(궁극적인 문제는 하나님의 손에 맡기면서) 확립되며, 그러한 믿음은 개인적인 보상을 위해서가 아니라 도움이 필요한 사람들에 대한 사랑의 행위로 자발적으로 표현된다고 주장했다. 그리스도 안에서 용서함을 받는 사람은 관대하게 베풀 수 있는 수단과 동기를 가지고 있기 때문이다. 아리스토텔레스와 같은 행복주의적 접근(eudaimonistic approach)은 선함의 본질을 이해하지 못한다. 욕망이 자아를 정의하는 모습일 때 자아는 모든 것에서 자신을 찾고, 자신의 욕망이 만족되기를 원하며, 따라서 스스로에게 굴절되어 있다(incurvatus in se).[8] 루터에게, 욕망보다 더 기본적인 것은 신뢰의 문제이다: 우리는 무엇을 또는 누구를 신뢰하는가? 어거스틴은 욕망을 에로스에서 사랑으로(from eros to caritas)의 신플라톤주의적 변형, 즉 인간이 신성한 사랑의 손짓을 받듯이 지상의 것에서 좋은 것을 찾는 것에서 하늘의 것에서 좋은 것을 찾는 것으로 욕망의 전환으로 재구성했다.[9] 따라서 루터에게 있어 인간은 어느 경우든 여전히 자신의

자는 누구나 다시 목마르리라"라고 그리스도께서 요한복음 4:13에서 말씀하신 것처럼, 욕망은 욕망의 충족으로 충족되지 않는다. 욕망을 치료하는 치료법은 욕망을 충족시키는 것이 아니라 소멸시키는 것이다.

[8] Lectures on Romans, in LW 25:345 (WA 56:356.5)를 참조하라.

[9] "루이지 피졸라토(Luigi Pizzolato)가 지적했듯이, 이것은 자연과 은총의 관계에 대한 논쟁이며, 어거스틴의 '종합'은 은총이 자연을 파괴하는 것이 아니라 완성한다는 그의 확신을 표현한 것이다. 에로스와 아가페는 카리타스에서 단순히 합쳐진 것이 아니라, 에로스는 은총에 의해 고양되고 변화되며 파괴되는 것이 아니라 구속된다. 'Amor tuus migret': '당신의 사랑은 이동한다'고 어거스틴은 말하며, 그 초점을 하나님 안에서 찾는다. 'Venit Christus mutare amorem' : 그리스도는 사랑을 변화시키기 위해 오셨다. 어거스틴에게 이것은 dilectio ordinate, 즉 은혜로 재질서화된 사랑의 문제이다."(Robert Crouse, "Paucis mutatis verbis:

노력이나 성향에 근거한 자신감을 갖고 있다. 그러한 자신감은 오직 하나님의 관대하심으로만 살기를 거부하기 때문에 하나님의 신성을 교묘하게 훼손한다. 종교개혁자들은 율법의 작용은 그러한 자기 확신을 무너뜨리는 것이고, 복음의 작용은 하나님의 관대하신 자비를 신뢰하도록 인간을 개조하는 것이라고 믿었다. 그러면 욕망은 하나님과 이웃에 대한 사랑에서 나오는 유익을 추구하는 자기 중심주의에서 벗어나 신자들이 하나님을 위해 하나님을 사랑하고 자신을 위해 인간을 사랑하도록 재구성된다. 실제로, 다른 사람의 행복은 자신의 행복으로 경험할 수 있다.[10]

복음은 하나님의 자비를 입증하지만, 루터의 반대자들에게는 이것이 하나님의 공평성에 의문을 제기하게 한다. 어떤 인간의 행위도 하나님과 관련하여 어떤 지위를 부여받지 못한다면, 사람들은 자신의 잘못은 물론이고 하나님을 거부한 것에 대해서도 책임이 없다. 애초에 죄를 지을 수밖에 없는 죄인을 벌하는 것은 하나님의 부당한 일이다. 루터가 주장한 것처럼, 신이 전능하다면, 신은 모든 것을 결정하고 조작하는 인형극일 것이며, 이는 인간이 자신의 행동에 궁극적으로 책임을 질 수 없다는 견해를 다시금 강화할 것이다. 반대로, 루터에게 죄는 오늘날 우리가 중독이라고 부르는 것과 유사하다.[11] "중독은

St. Augustine's Platonism." in *Augustine and His Critics*, ed. Robert Dodaro and George Lawless [London: Routledge, 200] 39). 루터에게 인간의 노력에 근거한 공로는 결코 우리의 궁극적인 성취에 도움이 되지 않으며, 오직 그리스도에 대한 믿음만이 우리를 의롭게 한다.

10 Wilfried Härle, *Outline of Christian Doctrine: An Evangelical Dogmatics*. trans Ruth Yule and Nicholas Sagowsky (Grand Rapids: Eerdmans, 2015), 201-2.

11 이 유비(analogy)는 Gerhard Forde, *On Being a Theologian of the Cross: Reflections on the Luther's Heidelberg Disputation*, 1518 (Grand Rapids: Eerdmans, 1997), 15. Forde는 중독이 죄의 범주를 대체하는 것이 아니라 죄가 어떻게 죄인을 사로잡는지를 설명하는 데 도움이 된다는 점을 재빨리 지적한다.

역설적이게도 질병이다. 질병이 중독자를 통제하지만 중독자는 여전히 붙잡혀 있다. 그들이 질병에 어떻게 반응하는지에 대해 책임을 져야 한다. "회복 중인" 중독자는 결코 질병을 자신의 잘못된 행동이나 "더 높은 힘"에 대한 신뢰 부족에 대한 변명으로 사용할 수 없다. 그리스도의 초림과 재림 사이에 루터는 하나님이 자비로우신 것과 공평하신 것 사이에서 인지적 부조화를 기꺼이 감수하며 살기를 원했다. 하나님이 자비로우시다는 것은 구원을 위한 그리스도의 사역으로 인해 논란의 여지가 없다. 루터는 하나님의 공평하심이 종말론적으로 세상의 종말에 확립될 것이라고 확신했다. 일반적으로 우리는 관계를 공정성만으로 환원하면 다른 사람과의 관계에서 어떤 사람의 자유와 사랑을 제한하고 무력화시킨다는 것을 알 수 있다. 루터에게 있어서 예정론은 결정론 (determinism)이 아니다. "하나님께서 지금 이 순간에 이 일을 하게 하신다는 것이 아니라, 선택되고 행해진 모든 것이 하나님이나 마귀의 내적 지배 아래 있다는 것이다."[12] 루터는 "위의 문제"와 "아래의 문제"를 구별한다. 결정론은 인과 관계의 사슬인 아래 문제를 위의 문제로 읽어내는 것인데, 이는 불법적인 수법이다.

▌ 중세의 선의 관점에 대한 간략한 개요

중세 사상에서 선은 존재의 구조에 적합하고 존재에 참여함으로써 모든 생물에게 공통적으로 존재하는 "초월적"인 것이었다. 중세 사상가들은 신의 이름으

---

[12] Kyle Pathwork, "Predestination as a Condition of Freedom." *LQ* 12 (1998), 63.

로도 여겨지는 초월적 목록에 어떤 특성을 포함시킬 것인지에 대해 논쟁을 벌였다. 그 목록에는 일반적으로 선함과 함께 존재, 하나됨, 진실이 포함되었다. 아름다움도 때때로 이 목록에 포함되기도 했지만, 그 지위는 논쟁의 여지가 있었다. 중세 사상가들은 존재보다 선함을 우선시하는 플라톤-디오니소스적인 "선의 형이상학"과 존재를 우선시하는 아리스토텔레스-아비케니안 (Aristotelian-Avicennian)적 '존재의 형이상학'을 완전히 통합할 수 없었기 때문에 초월적인 것으로서의 아름다움의 지위에 의문이 제기되었다.[13] 그럼에도 불구하고, 대부분의 중세 사상가들은 아름다움을 선함과 연관시켜서 선함을 아름다움의 본질의 맥락에 두었다. 예를 들어, 헤일스의 알렉산더(Alexander of Hales, 1185-1245)는 선을 최종 인과성의 표현으로 지정하고 아름다움을 형식적 인과성의 표현으로 지정하여 미와 선을 구별했다.[14] 아퀴나스는 선이 피조물보다 "더 탁월한 방식으로" 하나님 안에 미리 선재(preexists)하므로 모든 피조물은 어느 정도 선에 참여한다고 주장했다.[15]

신의 선하심과 관련하여 모든 중세 사상가들은 하나님을 선의 근원(archē), 목표(telos), 선(goodness)의 패러다임으로 본 아레오바고 사람 위-디오니시

---

[13] Jan Aertsen, Medieval Philosophy as Transcendental Thought: From Philip the Chancellor (ca. 1225) to Francisco Suárez (Leiden: Brill, 2012), 176.

[14] "'아름답다'와 '좋다'는 모두 어떤 원인에 대한 성향을 표현하는데, '좋다'는 최종적인 원인에 대한 것이고 '아름답다'는 형식적인 원인에 대한 것이다. 사물의 아름다움이 형태에서 파생되었다는 신호는 우리가 일반적으로 특이한 것을 아름답다고 부르고 좋은 형태에서 가져온 것이다"(Jan Aertsen, Medieval Philosophy as Transcendental Thought, 164).

[15] Jan Aertsen, Medieval Philosophy as Transcendental Thought, 166. "그러므로 우리가 신은 선하다고 말할 때, 그 의미는 신이 선의 원인이거나 신이 악이 아니라는 의미에서가 아니라, 우리가 피조물에게 귀속시키는 선은 무엇이든 신 안에 더 탁월하고 더 높은 방식으로 이미 존재한다는 것이다. 그러므로 하나님이 선하기 때문에 선하다는 것이 아니라, 오히려 반대로 하나님이 선하시기 때문에 사물에서 선을 일으킨다." (Aquinas, Summma theologiae 1,q. 13, a. 2 [EDP, 1:61]).

우스(Pseudo-Dionysius)에 의존했다.[16] 즉, 하나님은 선하시다. 또는 다른 사람들은 하나님을 본받아 행동에 있어서 점점 더 하나님을 따라야 한다. 위-디오니시우스의 경우, 신의 선함은 빛, 아름다움, 사랑으로 구별될 수 있다. 다시 말해, 위-디오니시우스의 경우,[17] 신을 아름다움으로 지칭하는 것은 신을 선함 그 자체로 보는 그의 견해를 강화하는 것이다. 아름다움이신 하나님은 만물 안에 있는 "화합과 광채"의 원인이시다.

마찬가지로 하나님께서는 모든 것을 부르시고 모으신다.[18] 디오니소스적인 용어로 말하면, 인간의 선함은 점점 더 순응하는 것으로 이해된다. 단순함(하나 됨)과 평온함 속에서 신성한 생명에 이르게 하며, 이로써 인간은 궁극적으로 하나님과 하나가 되는 가장 깊은 소망의 성취를 찾을 수 있다. 요약하자면, 중세 사상가들에게 신의 선함은 존재 자체의 본질을 이해하는 방법으로 형이상학적으로 확립될 수 있다. 하나님의 선하심은 세상을 창조하고, 피조물이 어떻게 살아야 하는지에 대한 본보기를 확립하고, 피조물이 자신의 성취를 찾기 위해 하나님의 삶으로 돌아오도록 초대하시는 하나님의 관대함이다. 선에 대한 이러한 견해는 인간이 미덕이나 영성을 행사함으로써 하나님과 하나가 되는 목표를 실현함으로 자기실현의 잠재력을 행하면서 자신의 선을 발견하게 된다는 점에서 인류에게 영향을 미친다.

▮ 칭의와 선

---

[16] Aertsen, *Medieval Philosophy as Transcendental Thought*, 162.
[17] Aertsen, *Medieval Philosophy as Transcendental Thought*, 161.
[18] Aertsen, *Medieval Philosophy as Transcendental Thought*, 162.

종교개혁은 구원의 본질, 제자도의 역할, 교회의 온전함, 피조적 생명의 가치, 진리의 기초, 교회와 국가의 관계 등 많은 것들에 대한 갈등으로 특징지어진다. 그러나 선함의 본질에 대한 논쟁으로 여겨지는 경우는 거의 없다. 그러나 적어도 루터에게는, 이것이 바로 종교개혁에 관한 것이라는 주장이 나올 수 있다. 결국, 루터는 아무리 선한 일을 많이 한다고 해서 사람이 선해질 수 없다고 확신했다. 대신 사람이 먼저 선하게 되어야하며, 그 다음에 선행이 뒤따를 것이다.[19] 그러나 사람이 어떻게 새롭고 깨끗한 마음을 받는가 하는 인간 중생(regeneration)에 관한 이 질문은 하나님 자신이 어떻게 선하신가와 밀접한 관련이 있다.[20] 거듭나게 하시는 분은 사랑으로서의 선하신 하나님이시다. 하나님의 선하심은 루터 연구에서 골치 아픈 문제였다. 일부 학자들은 고발자, 포기자, 위협으로 보이는 숨어계신 하나님(*deus absconditus*)과 그리스도 안에서 부여된 순수한 자비로 받아들여지는 하나님의 계시(*deus revelatus*)와 조화시킬 수 없었다. 어떤 이들은 루터가 마니교도의 성향을 가지고 있다고 비난하며 한 신은 나쁜 신, 즉 무관심한 힘을 지닌 악한 신과 위로와 친절과 사랑의 그리스도를 옹호했다고 비난한다. 마찬가지로, 에라스무스(Erasmus, 1466-1536)와 같은 다른 사람들은 루터의 선택하시는 하나님에 대한 견해가 하나님을 사랑으로 보는 견해와 양립할 수 없다고 했다. 에라스무스에게는, 루터는 인간이 처한 곤경의 심각성을 과장한다. 인간 루터

---

19 *The Freedom of a Christian*(1520), in LW 31:361 (WA 7:61.26-38)을 참조하라.

20 루터는 "내가 하나님을 그림으로 그린다면 그분의 신성한 본성의 깊이에는 사람에 대한 사랑이라는 불과 열정 외에는 아무것도 없을 정도로 그분을 그릴 것이다. 따라서 사랑은 인간적이지도 천사적이지도 않고 오히려 신적인 것, 아니 하나님 자신과도 같은 것이다"(WA 36:424.2-5; Paul Althaus, *The Theology of Martin Luther*, trans. Robert C. Schultz. [Philadelphia: Fortress. 1966], 115).

가 주장한 것처럼, 구조(rescue)가 필요하지 않고 대신 도덕적 개선을 위한 프로그램이 필요하다. 상황은 나쁘지만 루터가 만든 것만큼 나쁘지는 않았다고 보았다.

루터에게 있어서, 선의 본질, 하나님은 어떻게 선하시며 죄인은 어떻게 선하게 되는가에 대한 올바른 이해는 오직 믿음을 통해 오직 은혜로 의롭게 된다는 조항을 통해 이해된다. 하나님의 선하심은 죄인을 위한 하나님의 의를 세우시고 그들에게 죽음에서 새 생명을 주시는 것인데, 이는 인간의 합당성이나 공로에 기초한 것이 아니라 그리스도의 구속을 통해 가시화되는 하나님의 관대하신 용서에 기초한 것이다. 종교개혁자는 선함을 초월적인 것으로 인식하지만,[21] 하나님의 선하심은 형이상학적인 것이 아니라 그리스도의 구원 행위에 기초하여 확립된다. 하나님의 존재, 하나님의 고유한 사역(*opus proprium*)의 결정체인 그리스도는 하나님의 선하심을 확증하고 또한 선포를 통해 하나님의 선하심을 전달하여 죄인들이 실제로 이 선하심을 붙잡을 수 있도록 하는 것이다.

루터는 중세 후기 스콜라 철학, 특히 가브리엘 비엘(Gabriel Biel, 1420/25~1495)의 신학의 맥락에서 칭의에 대한 자신의 견해를 발전시켰다. 젊은 루터(1513~21)의 가장 중요한 신학적 의제는 하나님의 의의 본질이었다. 루터는 의가 이전 전통이 가정했던 것처럼 한 가지가 아니라 능동적 의와 수동적 의, 두 가지 종류가 있다고 믿게 되었다. 중세 전통은 오직 능동적인 의, 즉 우리가 신과 같이 될 수 있는 잠재력을 개발함으로써 구원받는다는 것만을

---

21 "태초에 하나님이 천지를 창조하셨을 때 아버지의 첫 번째 흔적은 사물의 실체였다. 나중에 형태가 추가되었다. 세 번째는 선이 있었다. 사물의 쓰임을 보는 사람은 성령을 보고, 사물의 형태나 아름다움을 분별하는 사람은 아들을 보고, 사물의 실체와 지속적인 존재를 생각하는 사람은 아버지를 본다. 이 세 가지 실체, 형태, 선은 분리될 수 없다."(*Lectures on Genesis*, in LW 4:195-96 [WA 43:276.33-36]).

옹호했다. 대부분의 신학자들은 은혜는 하늘에 계신 하나님 안에서 궁극적인 성취를 찾는 이해자(*comprehensor*)가 되어 지복직관(the beatific vision)을 향한 여정을 시작하는 수행자(*viator*)나 순례자가 되어야 한다고 가르쳤다.

스콧 클라크(R. Scott Clark)가 설명한 것처럼 중세에는 칭의에 대한 광범위한 합의가 있었다:

> 사람은 일반적으로 신성한 본성 때문에 필연적으로(실재론에서와 같이), 명백히 자의적인 신의 의지의 결과(자발주의에서 처럼)이든, 강력한 예정론의 관점(예:[Thomas] Bradwardine) 또는 펠라기우스주의적 접근(예: Ockham)이든 간에, 본질적으로 성화되었기 때문에 그리고 그 정도로 칭의된다. 칭의는 세례 때 시작되어 보통 심판에서만 끝나는 과정이었다. 이 과정은 인간 협력의 성격과 역할을 강조하는 정도에 따라 다양한 방식으로 설명되었지만, 사실상 모든 종교개혁 이전 체계에서, 하나님은 주도적으로(gratia praeveniens) 죄인에게 신성한 은혜를 불어 넣으셨다고 한다. 모든 사람들의 말에 따르면 죄인은 최종적인 칭의를 향해 그 은혜에 협력할 의무가 있었다.[22]

중세의 모든 견해가 처음에는 신자에게 이질적이거나 외부적인 것이지만, 의는 사랑의 행위를 통해 신자에게 고유하게 되어야 한다는 것을 확증했다. 믿음 자체는 사랑과 희망과 함께 세 가지 신학적 덕목 중 하나였다.

특히 가브리엘 비엘은 "'순수한 자연의 힘으로'(*ex puris naturalibus*) 죄

---

[22] Clark, "*Iustitia imputata Christ:* Alien or Proper to Luther's doctrine of justification." CTQ 70 (2006), 285.

인이 '자기 안에 있는 일을 할 수 있다'(*facere quod in se est*)고 주장함으로써 구원을 위한 하나님의 계획과 인간의 협력 사이의 균형을 맞추었다. 그들은 최선을 다함으로써 '합치적인 공로', 즉 하나님 앞에서는 참으로 합당하지 않지만 그럼에도 불구하고 그분의 은혜를 받기 위한 기초가 되어 하나님께 받아들여지는 합당함이나 의로움을 얻을 수 있었다."[23] 이것이 바로 하나님께서 죄인을 위해 마련하신 계약 또는 언약(the *pactum* or covenant)이다. 이러한 설명의 문제점은 자신이 실제로 최선을 다했는지 알거나 확신할 수 있는 기준을 제시하지 못한다는 점이다. 이러한 특징 때문에 루터는 성경을 재검토하게 되었고, 바울서신과 시편을 집중적으로 연구하면서 용서를 약속하는 하나님의 말씀을 신뢰함으로써 신자에게 새로운 지위를 부여하고 그로 인해 새로운 본성인 '깨끗한 마음'을 부여하는 수동적 의(a passive righteousness), 구원을 발견했다고 믿게 되었다.

이러한 통찰은 루터로 하여금 스콜라 신학자들에게는 상상할 수 없는 일, 즉 율법과 복음을 구분하는 일로 이어졌다. 이 구분에서 율법은 영생으로 가는 단계를 제시하는 매뉴얼이 아니라 하나님 앞에 나아가려는 인간의 의를 공격하는 괴롭힘이다. 복음은 '새로운 율법'이 아니라 죄인에게만 주어지는 하나님의 자비에 대한 두려운 양심을 확신시키는 약속의 선물, 즉 죽은 자를 새 생명으로 깨우는 말씀이다. 이 새 생명의 실체는 전적으로 약속에 의해 정의되는 것이지 받는 사람의 행동이나 성향에 의해 정의되는 것이 아니다. 루터는 수동적 의를 발견함으로써 능동적 의를 재구성할 수 있었다. 의는 더 이상 하나님 앞에서 의를 얻는데 도움이 되는 행위로 구성될 수 없고, 오직 믿음만이 죄인을 의롭게

---

[23] Robert Kolb, *Martin Luther: Confessor of the Faith* (Oxford: Oxford University Press, 2009), 32.

하는 것이기 때문에 행위는 새로운 의미를 갖게 된다.[24] 하나님에게는 행위가 필요하지 않다. 하지만, 이웃(neighbor)에게는 행위가 필요하다. 루터가 두 가지 종류의 의를 발견한 것은 그리스도 안에서 평화를 가져옴으로써 세상을 안정시키는 하나님으로부터 출발하는 대신, 인간의 행동에 의존하는 아리스토 텔레스적 인류학에서 벗어났기 때문에 가능했다.[25]

루터가 보기에 죄인, 즉 옛 존재의 문제는 하나님이 자신을 위해 하나님이 되시고, 자신을 부양하고 돌보아 주실 것을 믿지 못하는 데 있다. 대신 옛 존재는 스스로 신이 되기를 선호한다. 이 오래된 존재는 개혁될 수 없다. 사실, 루터 자신이 수도원의 수도사로서 경험했듯이, 인류가 제공할 수 있는 최선인 종교는 오래된 존재의 최악의 독선을 악화시킬 뿐이다. 우리는 피조물로서의 지위에 불안해하며 스스로 창조자가 되려고 한다. 루터가 지적했듯이,

사람은 사람으로 창조되기 전에는 자신이 피조물이 되기 위해 아무것 도 하지 않고 노력하지 않으며, 피조물이 된 후에는 피조물로서의 존속 을 위해 아무것도 하지 않고 노력하지 않는다; 그의 창조와 존속은 모두 우리 자신 없이 우리를 창조하시고 보존하시는 하나님의 전능하신 능력 과 선하심의 전적인 뜻에 의해 이루어진다.[26]

---

24 Brian Gerrish는 "신자는 자신의 믿음으로 이 신성한 전가를 얻는 것이 아니며, 법적인 허구 도 아니다: 하나님은 마음의 확신이 바로 그것이기 때문에 그것을 '의'라고 여기신다. 그 정당 성은 신앙이 하나님을 우상으로 만드는 것이 아니라 모든 선의 저자이자 제공자인 정확한 상대 방인 하나님을 정확히 그 존재로 취한다는 사실에 있다. 어떤 의미에서 믿음은 우리 안에 있는 '신성의 창조자', 즉 하나님을 하나님 되게 하는 것이다."("By Faith Alone", in *The Old Protestantism and the New: Essays on the Reformation Heritage* [Edinburgh: T&T Clark, 1982], 86).

25 Robert Kolb와 2014년 여름의 서신교환.

26 *The Bondage of the Will*, 268 (WA 18:754.1-5).

정확히 말하자면, 원죄는 하나님을 하나님으로 신뢰하지 않고, 자신의 유익을 위해 스스로를 바라보는 것이다. 죄인인 우리는 새로운 존재가 되어야 하며, 이는 오직 하나님의 재창조적인 말씀에 의해서만 가능하다. 사실상 옛 존재를 죽이는 하나님의 법정적인 심판의 말씀은 예수님을 위해 당신의 죄가 용서되었다는 사죄의 말씀과 함께 주어진다. 하나님의 말씀은 단순히 하나님, 세상 또는 자신에 대한 정보를 제공하거나 우리의 행동 지침을 설정하는 데 그치지 않는다. 이러한 정보는 성경, 설교 또는 자연에서 들을 수 있는 하나님의 법에 담겨 있다. 죄인에 대한 비난은 오직 복음의 약속에 의해서만 진정될 수 있다.

사죄의 말씀으로 죄인은 하나님의 품에 안기고 믿음으로 다시 태어난다.[27] 따라서, 루터는 "은혜는 실제로 하나님의 은총, 즉 선한 것을 의미한다고 말했다. 그분께서 우리 안에 품고 계신 뜻은 우리에게 그리스도를 주시고 그분의 은사와 함께 성령을 우리 안에 부어 주시려는 것이다. ... 은사와 성령은 날마다 우리 안에서 강화되지만, 우리 안에는 성령을 거스르는 악한 욕망과 죄가 남아 있기 때문에 아직 완전하지 않다."[28]

루터에게 칭의론은 하나님께서 죄인을 어떻게 믿음의 사람으로 다시 만드시는지를 설명하고자 하는 것으로, 루터에게 칭의의 '효과적' 차원은 피할 수 없고, 중요하며, 결정적이라는 것은 의심할 여지가 없다. 하지만 이 칭의의

---

[27] "언어적 기호가 그 자체가 실재라는 것이다. 그것이 부재하는 것이 아니라 현존하는 실재를 나타낸다는 것은 루터의 위대한 해석학적 발견이자 엄격한 의미에서 그의 '종교개혁적 발견'이었다. 그는 참회의 성사에 대한 성찰에서 이 말을 처음(1518년) 사용했다. 사죄의 말씀은 먼저 사건의 상태를 설정하고 먼저 관계를 만드는 언어 행위이다"(Oswald Bayer, "Luther as Interpreter of Holy Scripture," trans. Mark Mattes. in *The Cambridge Companion to Luther*. ed. Donald Mckim [Cambridge: Cambridge University Press, 2003], 76).

[28] "Prefaces to the New Testament", in LW 35:369 (WA DB 7:8.10-16). 또한 Kolb, *Martin Luther*, 108-9.을 참조하라.

효과적 차원은 법정적 차원과 마찬가지로, 우리가 수동적으로 겪거나 받는 것이다.[29] 십자가에 못 박힌 유대인을 숭배하는 사람들에게는 그다지 놀라운 일이 아닐 수도 있지만, 칭의는 기독교인들이 거룩한 세례의 성례전에서 받는다고 주장하는 죽음과 부활의 형태 또는 모양을 취한다.

로버트 콜브(Robert Kolb)는 칭의에 대한 루터의 견해가 독일어 '정당화하다'(*rechtfertigen*)의 어원에 근거하고 있다고 설명한다:

> 유죄 판결에 근거하여 '사법적으로' 형벌을 "정당화하다" 또는 "의롭다"는 뜻으로, "법의 요구를 가하다" 또는 "법관의 활동으로서 법적 절차를 수행하다", "처형하다, 죽이다"는 뜻으로 정의의 의미를 실행하는 것을 말한다. 일찍부터, 루터는 칭의를 설명할 때 하나님이 죽이시고 살리시는 것에 대해 말했는데, 이는 죄인이 반드시 죽어야 하고(롬 6:23a) 그리스도 안에서 생명으로 부활해야 한다고 생각했기 때문이다.[30]

---

29 Gerhard Forde, "법정적 칭의와 그리스도인의 삶: 승리인가 비극인가?" in *A More Radical Gospel: Essays on Eschatology, Authority, Atonement, and Ecumenism*, ed. Mark Mattes and Steven Paulson (Grand Rapids: Eerdmans, 2004), 114-36.

30 Kolb, *Martin Luther*, 126참조. Kolb는 베르너 엘러트의 작품을 바탕으로 다음과 같이 말한다: 오늘날의 의미에서 피고인이 자신을 정당화(justified himself)할 때 우리는 그가 "자신의 무죄를 증명한다" 또는 "자신을 면죄한다" 또는 "자신이 고발당한 잘못에 대해 무죄를 증명할 수 있다"고 읽는다. 반면에 '정당화(justification)'라는 단어 역시 자주 사용되었지만 전혀 다른 의미를 전달했다. 이 단어는 가죽과 머리카락 또는 생명과 사지가 걸려 있는 형사 소송을 가리키거나, 가장 빈번하게는 형의 집행, 특히 사형 선고를 가리켰다. 예를 들어, 17세기 후반 색슨 형법에서는 교수형 집행에 부수되는 교수형 집행 비용과 기타 비용을 "Unkosten der peinlichen Rechtfertigung"(형벌의 정당화에 부수되는 비용)이라는 제목 아래 나열했다. 이는 "Körper der mit dem Schwert Gerechtfertigten"(칼에 의해 정당화된 사람의 몸)에 대해 말한다. 한스 작스(Hans Sachs)의 작품에서도 동일한 언어적 용법이 발견된다. 따라서 이 용어는 법학자들의 연설에만 국한된 것이 아니라 일반 대중에게도 낯선 용어였다. 정당화(justification)는 인간이 스스로 죄를 짓는다는 의미가 아니라 사형 집행자가 "범죄자에게 공의를 베풀어야 한다는 의미"이다. 따라서 루터는 이를 세속적인 형벌의 집행으로 생각한

우리의 죄는 우리 자신이 스스로 신이 되려고 하는 것(*ambitio divinitatis*)의 욕망과 다름 아니다.31 루터는 우리를 죄인으로 평가하는 하나님의 심판에 의해 우리가 인간화된다는 점에 주목했다. 따라서 루터는 시편 5:3을 강해하면서 "그[그리스도의] 인성의 왕국을 통해, 또는 (사도의 말대로) 믿음 안에서 이루어지는 그분의 육신의 왕국을 통해, 불행하고 오만한 신들로부터 즉, 비참한 자들과 죄인들을 참된 인간이 되게 함으로, 그는 우리를 자신에게 순응시키고 우리를 십자가에 못 박는다."32 루터의 통찰은 하나님의 자비에 대한 순전한 신뢰가 없다면, 중세 후기 경건과 신학에서 공로를 쌓기 위한 근거로 중시하는 덕행이나 사랑의 행위는, 선과 반대되는 자기 의와 같다는 것이다.

루터가 스콜라 신학과 대조되는 바울 연구를 통해 발견한 것은 의에는 능동

다.(*The Christian Faith: An Outline of Lutheran Dogmatics*, trans Martin H. Bertram and Walter R. Bouman [Columbus, OH: Lutheran Theological Seminary, 1974], 299-300)

Elert는 결론을 내린다:

믿음에 의한 정당화(혹은 칭의)는 "옛 사람"에 대한 심판이다. 정의가 그에게 이루어졌다. 그는 죽음을 받는다. 그것이 회개에서 수행되는 모욕이다. 그리고 그것은 비유적으로 이해되는 것이 아니라 매우 현실적으로 이해되어야 한다. 믿음의 사람은 죄의 사람이 아닌 다른 사람이다. 확실히, '나'의 최종 정체성은 남아 있다. 그러나 그것은 처음에 묻혀야 했던 씨알이 있는 밀알의 정체성이다(요 12:24). 죄인이 믿는 죄인이 되면 용서를 받음과 동시에 하나님의 적이었던, 그러나 지금은 더 이상 아닌, 죄인이 죽는다. 우리 신앙고백서가 가르치는 대로 칭의는 죄의 용서이다. 그러나 용서는 "옛" 사람에게 면죄부를 주는 것이 아니다. 오히려 그의 종말이다. 의로움의 선언은 그가 재판을 받고 있기 때문에 그의 정당화이다. 그것은 죄인에게는 죽음이고 믿는 죄인에게는 부활이다.(305)

31 "인간은 본질적으로 하나님이 하나님 되기를(God to be God) 원하지 않는다. 실제로 그는 자신이 하나님이 되기를 원하고(he himself wants to be God), 하나님이 하나님 되기를 원하지 않는다."("Disputation against Scholastic Theology"[1517], thesis 17 [LW 31:10; WA 1:225. 1-2]).

32 WA 5:128.39-129.4 (Eberhard Jüngel, *The Freedom of a Christian : Luther's Significance for Contemporary Theology*, trans. Roy A. Harrisville. [Minneapolis: Augsburg, 1988], 24).

적 의와 수동적 의라는 두 가지 종류가 있다는 것이다. 하나님 앞에서(*coram deo*) 우리는 수동적인 존재가 되어, 옛 존재의 죽음을 겪음으로써 하나님이 우리의 하나님이 되시고 그리스도 안에서 우리를 구속하실 수 있도록 한다. 세상 앞에서(*coram mundo*) 믿음은 좋은 나무에서 좋은 열매가 맺히는 것처럼 이웃과 세상을 적극적으로 돕는 선한 일을 하게 한다. "이것이 바로 우리의 신학으로, 우리는 도덕과 신앙, 행위와 은총, 세속 사회와 종교를 혼동하지 않도록 이 두 가지 종류의 의, 즉 능동적 의와 수동적 의를 정확하게 구분하여 가르친다. 둘 다 필요하지만 둘 다 한계 내에서 유지되어야 한다. 기독교의 의는 새사람에게 적용되고, 율법의 의는 옛 사람에게 적용된다."[33] 이렇게 구분하는 것은 인간의 선함을 확립하기 위한 것이다. 복음은 믿음을 창조하고 키우며, 인간의 마음을 깨끗하게 하고, 인간을 피조물로서 다시 세우며, 따라서 인간은 자신을 벗어나 살면서(live outside themselves) 이웃에게 자신을 그리스도로 내어줄 수 있다.[34]

▮ 전능함과 하나님의 선하심

칭의 교리는 하나님의 선하심을 어떻게 이해해야 하는지에 관한 교리이다. 루터는 동시대인이나 선조들과 달리 형이상학이나 신비주의가 그의 신학 발전에 영향을 미쳤음에도 불구하고 하나님의 선하심을 입증하는 데 있어 형이상학이나 신비주의를 신뢰하지 않았다. 루터의 신학은 고도로 경험적인 신학으로,

---

[33] *Lectures on Galatians* (1535), in LW 26:7 (WA 40/1:45.24-28).
[34] *The Freedom of a Christian*, in LW 31:367 (WA 7:66.3 4).

경험이 진리의 기준이라는 것이 아니라 신학을 할 때 죄인은 결코 감정적으로 분리될 수 없으며, 모든 죄인은 어느 삶의 시점에서 신학을 하게 된다는 것이다. 비난으로서의 하나님의 법은 중간화되는 것을 거부한다. 하나님과의 지위에서 벗어난 신적 진리의 제도작법(cartography of divine truth)도 존재하지 않는다. 사실, 죄인의 기본 모드는 하나님과의 갈등과 투쟁의 모드이다. 신성한 것에 대한 무관심조차도 투쟁의 한 형태이며, 신의 위협을 임박하지 않은 것으로 치부하는 것이다. 루터에게 죄인이 하나님과 투쟁하는 것은 모든 사건과 경험 속에 숨어 있는 하나님의 뜻과 전능한 능력 때문에 하나님을 피할 수 없을 때 가장 분명하게 드러난다. 오스왈드 바이어(Oswald Bayer)가 지적했듯이 "하나님은 삶과 죽음, 사랑과 증오, 생명을 보존하고 제거하며, 행운과 불행, 선과 악, 한마디로 모든 사람 안에서 모든 것을 역사하시는 전능하신 능력 안에 자신을 숨기시고, 우리는 그 분과의 관계를 피할 수 없다."[35] 누구도 이 만남을 피할 수 없으며, 루터는 그 영향을 완화하기를 거부한다: 죄인이 하나님과 처음 만나는 것은 악마와의 만남이다. 우리는 하나님을 고발자, 괴롭히는 자, 버리는 자, 위협하는 자로 만난다. "하나님은 하나님이 될 수 없으니, 처음에는 악마가 되어야만 한다."[36]

---

[35] Bayer, *Martin Luther's Theology: A Contemporary Interpretation*, trans. Thomas Trapp (Grand Rapids Eerdmans, 2008), 4.

[36] "Commentary on Psalm 117" (1530), in LW 14:31 (WA 31:249.20-250.2)을 참조하라: 하나님의 신실하심과 진리는 항상 진리가 되기 전에 먼저 큰 거짓이 되어야 한다. 세상은 이 진리를 이단이라고 부른다. 그리고 우리는 끊임없이 하나님이 우리를 버리고 그분의 말씀을 지키지 않을 것이라고 믿으려는 유혹을 받고, 우리 마음속에서 그분은 거짓말쟁이가 되기 시작한다. 요컨대, 하나님은 먼저 악마가 되지 않는 한 하나님이 될 수 없다. 우리가 먼저 지옥에 가지 않는 한 우리는 천국에 갈 수 없다. 우리가 먼저 마귀의 자녀가 되기 전까지는 하나님의 자녀가 될 수 없다. 하나님이 말씀하시고 행하시는 모든 것은 마귀가 먼저 말하고 행해야 한다. 그리고 우리의 육신은 동의한다. 그러므로 실제로 말씀으로 우리를 깨우치고 다르게 믿도록 가르치는 것은 영(Spirit)이다.

그리스도께서 우리의 구원을 위해 전파하신 약속 밖에서 우리는 인간의 곤경에 무관심하거나 기껏해야 행운인 것처럼 보이는 모든 권력 안에서 순수한 힘으로 하나님을 대적한다는 사실을 인정하면서, 루터는 『노예 의지론』(*De servo arbitrio*, 1525)에서 "숨어 계시거나 선포되지 않은" 하나님과 "선포된" 하나님을 구별했다. 루터는 전자와는 아무 상관이 없다고 경고한 반면, 후자에 대해서는 설교된 대로 약속에 집착해야 한다고 훈계했다.

에라스무스는 루터와의 자유의지에 대한 논쟁에서, "우리 위에 있는 것은 우리와 상관없다(*quae supra nos nihil ad nos*)"는 고대 문구를 사용하여 하나님의 예정의 문제에서 벗어나도록 촉구했는데, 루터는 이 전략을 인간의 하나님 앞에서 자유의지를 보존하기 위한 방어 전략으로 해석했다. 에라스무스는 하나님의 예정론이 진정한 신앙과는 너무 동떨어진 문제이며, 그 대신 실천적 윤리와 단순한 경건, 즉 신실한 그리스도인이라면 누구나 할 수 있는 일에 더 집중해야 한다고 주장함으로써, 하나님의 예정론을 약화시키려 했다. 그는 이를 루터의 주장에 대한 경멸과 성경의 모호한 부분을 해석하기 위해 교도권에 의존하는 자신의 모습과 연결시켰다. 에라스무스와는 반대로 루터는 이 문구를 뒤집었다. 루터가 "설교되지 않은 하나님"과 "설교된 하나님"을 구분한 것은 "우리 위에 있는 것은 우리와 상관없는 것"이라는 전체 논의를 재구성한다. 종교개혁자에게 있어 "설교되지 않는" 하나님, 즉 그리스도를 제외한 그 자체로서의 하나님, 즉 선택의 하나님에 관해서는 우리가 할 일이 없다. 이 하나님은 절대적이고 무조건적인 능력과 순수한 의지를 가진 하나님으로, 그 앞에서 어떤 행위, 작용, 자율성을 약화시키시는 분이다.[37] 우리가 이 하나님과

---

37 Paul Zahl은 구속된 의지가 인간 본성에 충실하다는 강력한 주장을 펼친다:
　　신학의 핵심은 우리가 주체가 아니라 객체라는 점이다. 우리는 사는 것이 아니라 살아지는 존

아무 상관없는 것은 그가 인색하고 폐쇄적이고 배타적이기 때문이 아니라, 창조적이기 때문인데 도공의 손에 흙이 있는 것처럼 피조물인 인간과 하나님과의 관계는 동등하지 않기 때문이다. 진흙을 빚는 것은 도공이지 그 반대가 아니다. 루터는 이렇게 훈계했다:

> 이제, 그분 자신의 본성과 위엄을 지닌 하나님은 홀로 남겨 두어야 한다. 우리는 그 분과 아무 상관이 없으며, 그분은 우리가 그분을 대하기를 바라지도 않는다. 우리는 그분이 우리에게 자신을 선물하는 말씀으로 옷을 입고 보여 주시는 그분과 함께해야 한다. 그것이 그분의 영광과 아름다움이다. ...나는 의로우신 하나님이 그분 자신이 그들 안에서 역사하시는 그분의 백성의 죽음을 개탄하지 않으신다고 말한다. 하나님은 자기 백성에게서 발견한 죽음을 제거하고 싶어 하신다. 하나님은 죄와 죽음을 없애고 우리가 구원받을 수 있도록 끝까지 전파하셨다. ...그러나 위엄에 감추어진 하나님은 죽음을 슬퍼하지도 아니하시고 없애지도 아니하시고 생명과 사망과 모든 것에 역사하시며, 말씀으로 스스로 한계를 정하지 아니하시고 만물 위에 자신을 자유롭게 지키셨다.[38]

재(we are lived)이다. 다시 말해, 우리의 고고학(Archaelogy)은 우리의 목적원인론이다. 우리는 일반적으로 과거에 의해 생성된 동기와 열망에 따라 행동한다. 사랑과 봉사와 관련하여 자유로운 결정이어야 할 것이 회고적 결핍과 불만에 얽매인 자유롭지 못한 결정이 된다. 이것이 비극 문학의 메시지이다. 무의식의 움직이는 엔진을 들여다보는 진단의 메시지이다. 영화 〈엑소시스트〉에서 귀신 들린 소녀가 엄마에게 욕설을 내뱉고 있는데, 엄마와 간호사가 소녀의 가슴에서 "살려주세요"라는 글자를 발견하는 장면이 바로 그것이다. 우리는 그 아이가 자유롭다고 생각하지만, 그 아이는 악마의 지배를 받고 있고 그 안에 누군가 울부짖으며 구해달라고 죽어가고 있다. 그녀는 파괴된 인간성의 유일한 진정한 의미에서 객체이지만, 그녀가 간청하는 정도에 따라 주체가 된다. 그녀의 주체성은 그녀의 필요에 있다. (*Grace in Practice: A Theology of Everyday Life* (Grand Rapids Eerdmans, 2007), 113)

[38] *Bondage of the Will*, 170 (WA 18:685.14-24).

그리스도(루터는 여기서 아름다움이라고 명명한) 밖에서 우리는 통제할 수도, 매수할 수도, 조작할 수도, 제한할 수도 없는 순수한 의지로서의 하나님을 만나게 되며, 따라서 죄인의 자율성, 안전, 정체성에 대한 위협이 된다. 우리가 하나님을 선하고 아름다운 분으로 세우고자 한다면, 그것은 숨겨진 하나님에 근거한 것이 아닐 것이다. 숨겨진 하나님은 결코 선함이나 아름다움으로 확보되지 않을 것이며, 이러한 속성과 관련하여 항상 물음표가 붙을 것이다.

에르푸르트(Erfurt)에서 유명론자 스승들에게 교육을 받은 루터는, 이성이나 선(또는 아름다움)의 정의가 하나님의 신성에 대한 선험적 경계를 설정하지 못한다고 단언했다:

> 하나님은 그 어떤 원인이나 근거를 규칙과 기준으로 삼을 수 없는 분이다. 그 어떤 것도 그것과 동등하거나 그 위에 있는 것이 아니라 그 자체가 만물의 규칙이기 때문이다. 만약 어떤 규칙이나 기준, 또는 원인이나 근거가 존재한다면, 그것은 더 이상 하나님의 뜻이 될 수 없다. 하나님이 뜻하시는 것은 그분이 그렇게 해야 하거나 그렇게 해야만 했기 때문에 옳은 것이 아니며, 반대로 일어나는 일은 그분이 그렇게 뜻하시기 때문에 옳아야 한다. 피조물의 의지에 대한 원인과 근거는 마련되지만, 창조주의 의지에 대한 원인과 근거는 마련되지 않는다-만약 다른 창조주를 그 분 위에 두지 않는 한!39

---

39 *Bondage of the Will*, 209 (WA 18:712.32-38).

이 모든 것을 말하면서, 우리는 루터에게서 마니교적 경향에 직면하지 않는가? 악마로서의 하나님과 그리스도로서의 하나님? 하나님이 악마라면 어떻게 선할 수 있는가? 하나님이 그리스도라면 어떻게 악마가 될 수 있는가? 이 문제는 하나님의 비난에 저항하는 죄인의 관점과 숨겨진 하나님 앞에서 그리스도 외에는 다른 피난처를 알지 못하는 죄인의 관점에 달려 있다.

악마로서의 하나님과 그리스도로서의 하나님, 숨겨짐과 드러남, 순수한 의지와 선함 사이의 모순 문제는 루터의 하나님 교리에 대한 접근 방식에서 보아야 한다. 루터가 순수한 의지를 가진 무한한 하나님에 대한 유명론적 언어와 논리를 사용한 것은 율법과 복음을 통해 본 하나님, 하나님의 외적 사역(진노)과 하나님의 고유 사역(자비)에 대한 그의 관점 안에 위치하며, 그에 따라 해석되어야 한다. 외적인 일은 적절한 일을 위해 존재하며, 그것은 하나님의 자비를 받을 수 있도록 오래된 존재의 방어를 무너뜨리는 것이다. 이와 관련하여 하나님의 뜻에는 자의적인 것이 없다.

> 루터가 『노예의 의지』에서 하나님의 구원과 저주에 관한 규례를 지속적으로 옹호한 것은 하나님의 전능성을 옹호해야 할 필요성에서 비롯된 것이다. 하나님의 전능하심은 전능하심을 통해서만 신자, 즉 나를 위한 하나님의 구원 목표가 유한하고 세속적인 영역에서 어떤 일이 일어나더라도 좌절될 수 없다는 것을 확신할 수 있기 때문에 긍정을 필요로 한다. 종교개혁자가 예정론을 지지한 것은 우선 신자들을 위로하기 위한 것으로, 객관적 확증이기 이전에 신앙의 안전에 대한 실존적 선언이다(*it is an existential pronouncement of faith's security before it is an objective affirmation.*)[40]

이러한 관점에서, 우리는 루터에 대한 현대 비평가인 미하엘 알렌 길레스피 (Michael Allen Gillespie)의 주장에 도전해야 할 필요가 있는 것이다. 먼저, 길레스피가 "루터는 자신의 신이 전능하고 선하시기를 바라지만, 결국에는 신의 정의보다 신의 권력을 보존하는 데 더 관심이 있다고 주장한 것에 대해 문제를 제기해야 한다."[41] 루터가 유명론에 빚을 지고 있음에도 불구하고, 우리는 루터를 (길레스피처럼) 유명론자나 (마녀마 학파의 일부처럼) 실재론자가 아니라 이 두 학파로부터 독립된 자신만의 새로운 길을 개척한 것으로 해석해야 한다고 말한다. 루터는 『노예 의지론』에서 절대적 전능($potentia$ $absoluta$)과 규정된 전능($potentia$ $ordinata$)과 같은 유명론적 구분을 사용하지 않는다. 비록 그러한 구별이 그의 발전을 형성하는 데 도움이 되었다고 할지라도, 그 대신에, 그는 스콜라 학파의 선조들보다 훨씬 더 바울처럼 "설교된" 하나님과 "설교되지 않은" 하나님에 대한 자신만의 어휘를 개발하여 그 구분 안에서 선택의 교리와 하나님의 뜻을 순수한 능력으로 자리매김한다. 옛 스콜라주의 용어에는 분명히 무언가 부족한 것이 있어서 루터가 이해한 복음을 전달하지 못한다. 유명론적 계약 신학이 결여하고, 루터가 발전시킨 것은 복음이 선포될 때, 무에서(ex $nihilo$) 유를 창조한 창조의 말씀만큼이나 실재를 정의하는 말씀($promissio$)으로 보는 것이었다. 루터는 "그[하나님]가 자신의 말씀을 적용하고 그 말씀에 자신을 묶어 약속할 때, 우리는 하나님을 발견하게 된다."[42] 언약의 개념을 강조한 유명론의 계약신학과 달리, 루터는

---

40 Pasewark, "Predestination," 64(이탤릭체는 원본).

41 Gillespie, *The Theological Origins of Modernity* (Chicago: University of Chicago Press, 2008), 160.

42 "이것은 내 몸이다"라는 그리스도의 이 말씀은 여전히 광신도들에 대한 굳건한 반대의 입장에

언약이 수신자에게 은혜를 무상으로 전달하기 때문에 인간 구원을 정의하는 개념으로 '언약'에 호소했다.[43]

　마찬가지로, 우리는 "루터는 홀콧과 비엘(Hocot and Biel)의 부드러운 반펠라기우스주의적 유명론(semi-Pelagian nominalism)을 다시 받아들였지만, 그 과정에서 하나님의 절대 권능의 자의성과 예측 불가능성을 강조하는 브래드워딘(Bradwardine), [니콜라스] 도트레쿠르트(Nicholas d'Autrecourt), 리미니의 그레고리(Gregory of Rimini)의 더 단단하고 덜 타협적인 유명론으로 돌아섰다는 길레스피의 주장에 도전해야 한다."[44] 사실, 그리스도 밖에서 "설교되지 않는 하나님"은 하나님의 절대적인 능력이 자의적이고 예측할 수 없는 것으로 다가온다. 루터는 다음과 같은 자연의 빛[45]을 많이 인정한다. 그러나 자연의 빛은 은혜의 빛이라는 렌즈를 통해 보아야 한다. 그러한 힘은 자의적이거나 예측할 수 없는 것이 아니다. 정반대로, 그것은 죄인을 비난하는 율법과 함께 작용하여 죄인의 통제력을 약화시키고, 통제에 대한 환상을 빼앗고, 복음(그것만으로도 충분하다) 외에는 아무것도 믿음의 확신으로 허용하지 않는다. 죄인은 하나님의 순전하고 명백히 '무관심한' 능력을 포함하여 위협하는 모든 것에 맞서 그리스도 외에는 아무것도 바라보지 말아야 한다. 로버트 콜브(Robert Kolb)가 이 문제를 잘 요약하고 있다:

> [루터는] 하나님의 본질을 창조주가 인간 피조물을 그들의 행동에

　서 있다.(1527), in LW 37:68 (WA 23:1 50. 13-17).

[43] *The Babylonian Captivity of the Church* (1520), in LW 36:38(WA 6:513.24-33).

[44] Gillespie, *Theological Origins of Modernity*, 131.

[45] *Bondage of the Will*, 317 (WA 18:785.26-27).

따라 공평하게 대우하는 것이 아니라고 정의했다. 오히려 그는 하나님은 자비를 베풀고 사랑을 베풀 때 가장 경건한 하나님(*at his most Godly*)이라고 고백했다. 그분의 진노조차도 그분이 자신에 대한 믿음을 되찾고자 하는 사람들, 참된 인간 생명을 회복시키고자 하시는 사람들에게 자비와 선함을 보이시려는 그분의 열망을 드러내신다.[46]

길레스피가 제시한 비판을 막기 위해 루터는 창세기 강해에서 하나님의 순수한 자유와 하나님의 자비로운 선하심 사이의 관계를 명확히 하고 둘 사이의 연결 고리를 제공했다:

계시된 하나님을 믿고 그분의 말씀을 받아들이면, 요한복음 14:9의 말씀처럼 "나를 보는 자는 아버지도 보느니라"는 말씀처럼 숨겨진 하나님도 점차적으로 드러내실 것이다. 아들을 거부하는 사람은 계시된 하나님과 함께 계시되지 않은 하나님도 잃게 된다. 그러나 여러분이 확고한 믿음으로 계시된 하나님께 집착하여 모든 것을 빼앗기더라도 그리스도를 잃지 않겠다는 마음을 품는다면, 여러분은 가장 확실하게 예정된 사람이며 숨겨진 하나님을 이해할 것이다. 실제로 아들과 그분의 뜻, 즉 그분이 당신에게 자신을 드러내고 싶어 하고 그분이 당신의 주님과 구세주가 되기를 원하신다는 것을 인정한다면, 지금도 그분을 이해하는 것이다. 그러므로 여러분은 하나님이 또한 여러분의 주님이시며 아버지이심을 확신한다.[47]

---

[46] Kolb, *Bound Choice, Election, and the Wittenberg Theological Method* (Grand Rapids: Eerdmans, 2005), 34 (이탤릭체 추가).

그 유명한 "세 가지 빛"(자연, 은혜, 영광)을 마무리하자면, 오직 영광의 빛만이 죄인에게 자비로우신 하나님이 또한 공의로우신 분임을 드러낼 것이다.[48]

마지막으로, 루터의 선택론에 대한 관점이 철저하게 스토아적이라는 길레스피의 주장에 도전할 필요가 있다. 길레스피는 "따라서 루터의 개념은 마니교적이 아니라 모든 것을 결정하는 신적 로고스 또는 운명이라는 스토아적 개념에 더 가깝다. 이를 바꾸기 위해 할 수 있는 일은 아무것도 없으며, 유일한 희망은 다음과 같다. 하나님이 인간 개개인을 사탄으로부터 떼어내어 이 로고스와 운명을 연합시켜 자신의 로고스와 운명으로 삼아 노예 상태에서 해방시켜 주신다는 것이다."[49] 이제 루터의 복음은 운명에 대한 스토아적 묵인을 뛰어넘는다. 그 대신에, 루터가 『마리아 찬가에 대한 주석』(*Commentary on the Magnificat*, 1521)에서 주장한 것처럼, 복음은 기쁨으로 특징지어진 죄인들에게 새로운 지평을 열어준다. "그분을 향한 뜨거운 사랑이 태어난다. 마음은 기쁨으로 넘쳐나고 하나님 안에서 발견한 큰 즐거움 때문에 뛰고 춤추게 된다."[50] 율법의 비난에서 벗어나 하나님의 "순수하고 아버지 같은 신성한 선과 자비"의 선함 안에서[51] 안식을 얻은 구속받은 인간은 기뻐하며(심지어 뛰고 춤추며) 세상을 더 이상 위협으로 보지 않고 발견과 모험으로 재발견하기를 원한다.

---

47 Kolb, *Bound Choice, Election, and the Wittenberg Theological Method*, 37-38.
48 LW 33:292 (WA 18:785.28-38).
49 Gillespie, *Theological Origins of Modernity*, 156.
50 LW 21:300 (WA 7:548.9).
51 The Small Catechism, in BC 354:2 (BSELK 870:15).

발견과 모험은 하나님이 순간순간 유지하시는 이 창조세계로 우리를 인도한다. 루터와 아무 관련이 없이 피조물을 평가절하 하는 방법에는 두 가지가 있다. 첫 번째 방법은 다른 사람을 공로를 얻기 위한 수단으로 이용하는 것이다. 중세 시대에는 부유한 기독교인들이 공덕을 쌓기 위한 자선을 베풀기 위해 가난한 사람들이 필요했기 때문에 구원의 체계에 가난을 포함시켰다. 루터에게 있어 자신의 구원을 확보하기 위해 다른 사람을 이용하는 것은 좋지 않다. 대신 다른 사람이 도움이 필요하기 때문에 베푸는 것은 선한 것이다. 루터가 유스투스 요나스 박사(Dr. Justus Jonas)에게 영원한 상급에 대해 말했듯이, 그리스도 안에서 인간의 성취가 보장되기 때문에 공로가 필요하지 않다: "마치 당신의 하나님이 이미 그것을 당신에게 제공하지 않은 것처럼 말이다."[52] 그러나 그에게는 사회적 지위와 정서적 안정과 보장을 위해 재화를 축적하는 소비주의적 사고방식이 들어설 자리가 없다. 이러한 '부르주아적' 접근 방식은 루터가 복음이 자유를 줄 수 있다고 믿는 창조에 대한 개방성을 약화시킨다. 이 탁상 담화(table talk)에 주목하라:

[우리는 현재 아담의 타락으로 잃어버린 피조물에 대한 지식을 다시 한 번 얻기 시작했기 때문에 다가올 시대의 여명기에 있다. 이제 우리는 교황권 아래 있을 때보다 훨씬 더 정확하게 피조물을 바라볼 수 있다. 그러나 에라스무스는 아이가 어머니의 자궁에서 어떻게 형성되는지, 어떻게 모양이 주어지고 만들어지는지에 대해서는 관심이 없고 거의 염려하지 않으며, 결혼 관계에 대해서도 그처럼 장엄한 것에 대해서는 거의 염려하지 않는다. 그러나 우리는 하나님의 은혜로 작은 꽃들 속에서도

---

[52] Bayer, *Martin Luther's Theology*, 96.

하나님의 전능하심과 선하심을 묵상할 때 그분의 장엄한 일과 기적을 깨닫기 시작한다. 그러므로 우리는 그를 찬양하고 영광을 돌리며 그에게 감사한다. 우리는 그분의 피조물 안에서 그분의 말씀이 얼마나 강력한지, 그 말씀의 능력을 인식한다. 그가 말씀하셨고 그것이 이루어졌으니 [시 33:9]-복숭아 씨(a peach stone)를 통해서도. 비록 겉껍질은 매우 단단하지만 적절한 때가 되면 안쪽의 부드러운 중심부 때문에 열릴 수밖에 없다. 에라스무스는 이를 교묘하게 넘어가 소가 새 [외양간] 문을 바라보는 것처럼 생물을 바라본다.[53]

복음에 의해 창조된 믿음은 자연에 대한 '매혹적인 관점'을 열어준다. 하나님은 성경(하나님의 말씀이 가장 분명한 곳)에서뿐만 아니라 모든 피조물에서도 말씀하신다. 복숭아 씨 하나하나가 하나님의 말씀을 표현하는 것이기 때문에 모든 피조물은 단순한 수학적 측정으로 환원할 수 없는 경이로움과 신비로 가득 차 있다. 참으로 우리는 하나님의 시이며, 하나님 자신이 시인이시고, "우리는 그분이 만드시고 창조하신 시와 노래이다."[54] 하나님의 자비로 새로워지고 죄악에서 해방된 크리스천은 창조를 강연(address)으로, 위협으로서 하나님의 소통을, 동시에 그들에게 자비와 경이로움으로 받아들일 수 있다. 후자의 경우, 인간은 창조에 매혹될 수 있고, 오스발트 바이엘(Oswald Bayer), 슐라이에르마허(Schleiermacher)와 반대되는 개념]이 말한 것처럼 "유한한 것에 대한 감각과 미각"을 가질 수 있다.[55]

---

[53] WA TR 1:574.8-19(no. 1160) (trans Bayer, *Martin Luther's Theolog*, 108).

[54] *Lectures on Genesis*, in LW 7:366 (WA 44:572.25-26). *Martin Luther's Theology*, 16에서 Bayer의 논의도 참조하라.

[55] Bayer, *Martin Luther's Theology*, 169.

여기서 루터는 하나님의 선하심에 대한 중세의 형이상학적 접근 방식에서 벗어나고 있음을 분명히 알 수 있다. 루터에게 하나님의 선은 자연 이성이 그것을 인식한다 해도 자연 이성으로는 온전히 확보할 수 없다. 그것은 오직 그리스도를 통해서, '설교된' 하나님을 통해서만 확보되며, 그분을 통해 우리는 하나님을 아버지로 주장할 수 있다. 루터는 『요나서 강해』(1526년)에서 다음과 같이 언급했다:

> 그리고 신에 대한 이러한 느낌은 이후 다양한 사람들의 다양한 숭배로 이어졌다. 각자가 자신을 위해 신을 만들듯이 신도 신을 숭배하며, 신은 사람들의 다양한 의견에 따라 달라진다. 어떤 사람들은 신에 대해 한 가지 방식으로 생각하고, 다른 사람들은 다른 방식으로 생각한다. 선원들의 경우도 마찬가지이다. 그들은 참된 신을 명명하지만 형태나 개념에 대한 확신이 없었다. 하나님의 유일한 참된 형태는 우리가 믿음으로 그분을 파악하는 것, 즉 하나님은 항상 선하신 아버지이시며 자비의 아버지이심을 배우는 것이다. ...다른 모든 의견은 우상 숭배이다.[56]

칭의를 옛 존재의 죽음과 새 존재의 부활로 보는 루터의 견해는 그의 신관을 정립하고 마니교를 거부하는 근거가 된다. 하나님은 살리기 위해 정확하게 죽인다. 진노라는 하나님의 '낯선 일(alien work)'은 자비라는 '적절한 일'을 위해 존재한다. 하나님의 낯선 사역은 교만하고 우상 숭배적인 죄인들을 무너뜨리기 위해 하나님이 입는 변장이며, 그들이 그분 안에 있는 사랑이라는 본질

---

[56] LW 19:11 (WA 13:246.10-19).

을 받아들이도록 하기 위한 것이다.

때때로 루터는 하나님 자신 안에 공의와 자비 사이에 투쟁이 있는 것처럼 말한다: 하나님 대 하나님.57 그럼에도 불구하고, 하나님 안에서 그러한 드라마가 인정되는 것은-머리 자체 내에서 진노에 대한 하나님의 자비의 종말론적, 사후적 승리 때문이다. 하나님은 죄인을 자신의 것으로 주장하기 위해 자신과도 씨름하신다. 하나님 자신에 대한 하나님의 결정적인 진술은 복음이다:

> 따라서 이 하나님의 복음 또는 신약성경은 사도들을 통해 온 세상에 울려 퍼진 좋은 이야기이자 보고서로서, 죄와 죽음과 마귀와 싸워서 그들을 이기고 죄에 사로잡혀 있고 죽음에 고통 받고 마귀에게 지배당하는 모든 사람들을 구출한 진정한 다윗에 대해 이야기하고 있다. 그들 자신의 공로 없이도 그들을 의롭게 하시고 생명을 주시고 구원하셔서 평화를 주시고 하나님께로 돌아오게 하셨다. 이 때문에 그들은 굳게 믿고 믿음에 굳게 서기만 하면, 하나님을 노래하고 감사하고 찬양하며 영원히 기뻐한다.58

따라서, 하나님 자신 안에 있는 어떤 구별이나 반대가 궁극적으로 하나님을 결정짓는 것이 아니라 죄인이 하나님에 대해 어떤 관점을 가지고 서 있는지에 따라 결정된다. 우상 숭배와 불의에 집착하는 사람들에게 하나님은 적이 될 것이다. 그러나 믿음으로 그리스도를 바라보는 사람들에게는 하나님은 "아버지"가 되실 것이다.

---

57 *Operationes in Psalmos*, in WA 5:204.26-27을 참조하라.
58 "Prefaces to the New Testament", in LW 35:358-59.

▌ 하나님의 마음으로서의 선함

하나님을 진정으로 알 수 있는 유일한 길은 오직 그리스도를 통해서만 가능하다. 그리스도는 인간에게 모든 좋은 것을 주시는 하나님의 마음을 우리에게 보여 준다. 순수한 자비와 선물로서의 그리스도를 강조하기 위해 루터는 성례전(sacramentum)으로서의 그리스도와 모범(exemplum)으로서의 그리스도를 아우구스티누스가 구분한 것을 되살려낸다. 성례전으로서의 그리스도는 죄인이 그들 자신의 소유물, 즉 그들이 자신의 죄 대신에 자신을 정의할 수 있는 보물로 주장할 수 있다.

> 이것은 여러분이 그분을 바라보거나 그분이 어떤 일을 하거나 고통을 겪는다는 소식을 들을 때 그분 자신, 그리스도가 그 행동과 고통에서 당신 자신임을 의심하지 않고 마치 당신이 직접 한 것처럼, 게다가, 당신이 바로 이 그리스도인 것처럼 그 행동을 신뢰할 수 있도록 하기 위한 것이다. 이제 이것이 올바르게 인식된 복음, 즉 어떤 선지자, 사도, 천사도 주장할 수 없었던 하나님의 탁월한 선으로, 어떤 마음도 충분히 놀라게 할 수 없고, 이해할 수 있는 하나님의 탁월한 선으로 인식되는 복음이다. 이것이 우리를 향한 하나님의 사랑의 큰 불이다.[59]

---

[59] "Ein Kline Unterricht, Kirchenpostille" (1522), in WA 10/1, 1:11.15-12.2 (trans., Bayer, *Martin Luther's Theology*, 64).

그러나 반역자가 아닌 회개한 죄인의 관점에서 하나님의 선하심을 강조하는 고전적 위치는 루터가 대교리문답의 첫 번째 계명 "다른 신들을 네게 두지 말라"에 대한 설명에서 찾을 수 있다. 일반적인 경우처럼 루터는 이 계명의 의미를 위협과 약속이라는 두 가지 렌즈를 통해 설명한다. 하나님의 사랑은 배타적이기 때문에 돈과 같이 하나님 이외의 다른 것에서 자신의 행복을 찾거나 '초월의 행위'[60]를 통해 하나님 앞에서 지위를 얻고 하나님께 빚을 지게 할 수 있다고 믿는 인간은 우상 숭배를 행하고 하나님의 진노를 받게 될 것이다. 그러나 하나님의 돌보심에 전적으로 자신을 맡기는 사람들은 하나님이 그들에게 빚진 것이 없으심에도 불구하고 하나님으로부터 모든 것을 받기 때문에 순수한 자비와 선하심으로 하나님을 만나게 될 것이다.

여기서 루터는 '신'을 "우리가 모든 선을 찾고 모든 필요에서 피난처를 찾아야 하는 존재를 가리키는 용어로 정의한다. 그러므로 신을 갖는다는 것은 그 신을 온 마음으로 신뢰하고 믿는 것 외에는 아무것도 아니다."[61] 그러한 신뢰는 자신의 존재를 총체적으로 정의하고 자리매김 한다: "마음으로 그분(하나님)에게 집착하는 것은 그분께 자신을 온전히 맡기는 것 외에는 아무것도 아니다."[62] 루터는 "마음의 신뢰와 믿음만이" "하나님과 우상을 모두 만든다고 지적한다. 여러분의 믿음과 신뢰가 옳다면 여러분의 신은 참된 신이다. 반대로 신뢰가 거짓되고 잘못된 곳에는 참된 신이 존재하지 않는다. 믿음과 하나님, 이 두 가지는 함께 속해 있기 때문이다. 당신의 마음이 의지하고 의존하는 것은 무엇이든, … 그것이 바로 당신의 하나님(God)이다."[63] 루터에게 하나님은 "유일하

---

60 The Large Catechism, in BC 389:22 (BSELK 938:2).
61 The Large Catechism, in BC 386:2 (BSELK 930:15-16).
62 The Large Catechism, in BC 387:10 (BSELK 934:1-2).

고 영원한 선"이시며 "모든 좋은 것을 당신에게 풍성히 베풀어 주시기를 원하신다"고 말한다.[63] 정확하지는 않지만, 루터는 "하나님"(*Gott*)이라는 단어가 "좋다"(*gut*)이라는 단어에서 파생되었다고 생각하는데, "그분은 순수한 선으로 넘치고 참으로 선한 모든 것을 쏟아내는 영원한 샘이시기 때문이다."[65] 하나님의 선은 하나님께서 인간에게 "좋은 것", 즉 "몸, 생명, 음식, 음료, 영양, 건강, 보호, 평화 및 필요한 모든 현세적, 영원한 축복을 주신다는 사실에 중심을 두고 있다. 또한 하나님은 우리를 불행으로부터 보호하시고 어떤 악이 닥쳤을 때 우리를 구조하고 구원하신다."[66] 루터는 하나님의 관대하심은 종종 다른 피조물을 통해 매개된다고 지적한다: "피조물은 하나님이 모든 축복을 주시는 손, 통로, 수단일 뿐이라고 말한다. 예를 들어, 그분은 어머니에게 아기를 위해 가슴과 젖을 주시거나 어떤 생물도 스스로 생산할 수 없는 피조물의 생계를 위해 땅에서 곡식과 온갖 종류의 열매를 주셨다."[67]

루터의 삼위일체 신학은 하나님의 존재의 핵심인 관대함을 강조한다. 성부께서는 모든 피조물과 함께 인류에게 생명을 주셨다. 그러나 인간의 생명은 죄로 인해 '어두워졌기' 때문에 인간의 구속과 갱신을 위해 아들이 주어졌다. 성령은 인간에게 하나님의 관대함에 대한 몫(a share)을 부여함으로써 이러한 구속의 결과를 주신다.[68] 따라서 하나님의 진리는 예수 그리스도와 믿음으로 그리스도와 연합한 모든 사람을 죽음에서 살리시는 약속에 대한 그의 신실함이

---

63 The Large Catechism, in BC 386:3 (BSELK 930:16-17).
64 The Large Catechism, in BC 388:15 (BSELK 934:22).
65 The Large Catechism, in BC 389:25 (BSELK 938:16).
66 The Large Catechism, in BC 389:24 (BSELK 938:10-12).
67 The Large Catechism, in BC 389:26 (BSELK 938:24-25).
68 *Confession concerning Christ's Supper* (1528), in LW 37:366 (WA 26:505.38-506.12).

다; 그의 선하심은 율법이 죄인들을 영원한 죽음으로 정죄할 때, 자비의 하나님이 되신다는 것이고, 그의 존재는 (심지어 자신의 율법으로부터도) 반대에 직면하여 자신의 주장을 확립하기 위해 자신을 희생적으로 내어 주신다는 것이며, 그의 아름다움은 죄인들에게 그리스도의 의로 옷을 입혀 주신다는 것이다. 따라서 이러한 죄인들은 하나님께 감사와 사랑으로 응답할 수밖에 없으며, 도움이 필요한 이웃에게 손을 내밀어 돕고 싶어 한다.

놀랍게도 루터가 하나님의 선하심에 대해 묘사한 것은 그가 편집하고 첫 번째 출판물로 사용한 익명의 저자의 책인 『독일 신학』(*Theologia Germanica*)과 같은 독일 신비주의에 대한 강렬한 독서에 빚을 지고 있다. 그는 이 작은 책에 대해 "성경과 성 어거스틴 다음으로 내가 하나님, 그리스도, 인간, 만물에 관해 더 많이 배웠고 배우고 싶었던 책은 없다."라고 주장했다.69 『신학대전』은 하나님을 선으로 명명한다: "하나님은 선 그 자체로 간주되는 선이시지, 이런 저런 특정한 형태의 선이 아니다."70 죄의 본질을 신성한 특성을 하나님에게만 속한 것으로 인정하지 않고 그 신성을 가로채서 자기 자신에게 부여하는 것으로 본다. 따라서 저자는 "피조물이 존재, 생명, 지식, 권력과 같은 선한 것, 간단히 말해, 선이라고 부를 수 있는 모든 것을 마치 피조물이 실제로 이러한 선 중 하나인 것처럼, 또는 그러한 상황에서 선이 피조물에게 속한 것처럼 생각할 때 피조물은 하나님으로부터 멀어지고 있다."71 마찬가지로 아담의 타락은 결정적으로 "상향적"이다:

---

69 *Theologia Germanica of Martin Luther*, trans. Bengt R. Hoffman (New York: Paulist Press, 1980), 54.

70 *Theologia Germanica*, 102.

71 *Theologia Germanica*, 62.

인간은 자신이 아닌 다른 존재라고 착각이다. 인간은 자신이 신이라고 착각하지만 그는 피조물인 자연에 불과하다. 그 착각 속에서 그는 하나님의 표식인 특성을 스스로 주장하기 시작한다. 그는 다음과 같은 것만 주장하지 않는다. 신이 사람이 되거나 신격화된 사람 안에 거하는 한 신은 신이다. 아니, 그는 하나님의 가장 깊은 내면, 즉 창조되지 않은 영원한 존재가 하나님의 주요 표식이라고 주장한다.[72]

『독일 신학』(*Theologia Germanica*)은 정화, 조명, 연합의 세 가지 과정을 옹호한다.[73] 루터의 전반적인 신학적 접근 방식에서 이 신비주의는 재구성된다. "정화"는 우리가 성취하는 것이 아니라 교만하고 방어적인 죄인의 교만과 방어성을 제거하기 위한 하나님의 낯선 사역이다. "조명"도 마찬가지로 "복음으로 나를 부르시고 은사로 나를 깨우쳐 주시고 거룩하게 하시고 참된 믿음으로 나를 지키시는" 성령의 역사이다.[74] 마지막으로 "연합"은 신랑인 그리스도가 신부로서의 죄인과 결혼하여 자신의 의를 죄인의 빚과 교환하는 것이다.

신적 선의 본질에 대한 논의에 대한 루터의 기여는 선은 초월자의 회심 가능성에 근거하여 형이상학적으로 성립되는 것이 아니며, 선은 존재와 진리와 하나이며, 마치 진리, 존재, 선(아름다움은 말할 것도 없고)이 예수 그리스도와 분리되거나 외부에서 완전히 또는 배타적으로 이해될 수 있는 것처럼 생각한다는 것이다. 따라서, 예를 들어 비엘의 계약 신학에서 볼 수 있듯이, 인간은 항상 신에게 빚을 지려고 하는 경향이 있기 때문에 신을 만나는 것은 선에

---

[72] *Theologia Germanica*, 115-16.
[73] *Theologia Germanica*, 75.
[74] BC 355:6 (BSELK 872:17-24).

대한 인간의 개념에 대한 공격으로 이어진다. 인간은 하나님 앞에서 결코 청구권자가 될 수 없다. 그 대신, 하나님의 선하심은 하나님의 행동에 근거하여 확립된다. 선하신 하나님은 인간의 공로나 가치와는 별개로 그리스도 안에서 그리고 창조세계에서 받은 모든 자원을 통해 자신의 선하심을 선물과 자비로 드러내신다. 선하심은 창조 세계를 아름다움의 장소인 기쁨의 지평으로 열어준다.

▮ 중세 관점과의 비교

루터가 이 장(chapter)의 서두에서 설명한 중세의 선에 대한 관점을 비교해 보면 깊은 유사점과 차이점을 발견할 수 있다. 중세적 사고의 핵심은 인간 내면에 있는 일종의 에로틱한[75] 중력의 힘인 욕망이며, 따라서 자기 성취를 위해 선을 추구해야 한다는 것이다. 이러한 영성은 분명 목적론적이며 성취에 초점을 맞추고, 덕의 발휘에 대한 자연스러운 보상으로서 행복에 초점을 맞추는 행복주의(eudaimonistic)이다. 궁극적으로 우리가 행복을 얻는 것은 믿음, 사랑, 희망의 신학적 덕목의 실천을 통해 하늘에서 하나님을 직접 대면하는 성화적 환상 속에서 하나님과 연합하는 것이다. 따라서 이것이 바로 할레스의 알렉산더(Alexander of Hales)에게 선이 최종적인 목적이 되는 이유이다. 그것은 이 세상에서 경건을 위해 노력한 것에 대한 보상을 주는 영원한 삶의 목표이다. 루터에게 인간이 천국에서 하나님에 의해 성취될 궁극적인 목적을

---

[75] Henry Paolucci, introduction to *The Enchiridion on Faith, Hope and Love,* by Augustine (Chicago: Regnery, 1961), xiv.

가지고 있다는 것은 맞지만, 이생에서 천국에 도달하기 위해 자신의 능력을 완성할 수 있다는 것은 그렇지 않은 것이다.

루터는 평생 동안 하나님의 은혜를 받으려면 자기 자신에 대해 "완전히 절망"해야 한다고 확신했다.[76] 하나님과 일치하는 길로서 욕망을 채우는 것은 무한하신 하나님과 유한한 인간 사이의 순전히 비대칭적인 관계의 아포파티즘(apophaticism)을 극복할 수 없다. 죄인들은 스스로 "신"이 되려고 하면 고통스러운 환멸을 느낄 것이다. 그러나 그러한 고통은 전적으로 창조적이다. 그것은 자신의 구원이 자신의 손에 달려 있다는 환상을 깨뜨리기 때문이다. 사실 그러한 환상을 불태워 없애는 것은 하나님의 낯선 사역이다. 그러한 경험은 고통스럽지만 궁극적으로 선한 것이다. 따라서 제대로 이해된 선은 고통을 추구하거나 피하는 것이 아니라, 비록 고통이 낯선 사역일지라도, 하나님의 창조 사역을 넘어서는 것이 아님을 인정하는 것이다. 그것은 하나님이 실제로 무언가를 만들 수 있는 무(無)로의 환원이다. 그것은 우리를 『하이델베르크 논쟁』(Heidelberg Disputation)의 논제26에서와 같이 하나님의 적절한 사역으로 인도한다. 네가 "믿으면 모든 것이 이미 이루어졌다."[77] 하나님의 선하심은 구원이 죄인의 손에서 벗어나 최고의 손인 하나님께 맡겨진다는 것 외에는 아무것도 아니라는 것을 보여준다. 하나님의 선하심은 그가 점수를 매기는 심판자라는 데서 확립되는 것이 아니라(실제로 율법에 관해서는 그렇지만), 자비로우신 분이시며, 아무것도 드릴 것이 없는 사람들에게, 특히 루터의 말대로 소멸되어야 할 욕망에 대해 자신과 자신의 선하심을 허락하신다는 데서

---

[76] *Heidelberg Disputation* (1518), thesis 18, LW 31:40 (WA 1:354); and *Bondage of the Will*, 100 (WA 18:632.36-37)을 참조하라.

[77] *Heidelberg Disputation* (1518), thesis 26, LW 31:41 (WA 1:355).

확립된다. 루터에게 하나님이 우리를 성취하신다는 개념이 들어설 자리가 없다는 말은 아니다. 그러나 성취는 지금, 약속 안에서 주어진다. 그리스도가 있으면 "하나님의 사랑과 선하심과 달콤함"이라는 모든 것을 갖게 된다. 참으로 하나님의 "지혜와 능력과 위엄이 여러분의 능력에 맞게 감미로워지고 완화되어 있다."[78]

따라서 루터는 위-디오니소스적 신의 범주를 아르케, 텔로스, 선의 패러다임으로 재해석한다. 아르케와 관련하여 하나님은 무에서 순간순간 모든 피조물을 지으신다. 텔로스와 관련하여 하나님은 자기 스스로 정당화하는 의롭지 못한 죄인을 끝까지 의롭게 하시고 그리스도의 형상을 가진 존재로 일으켜 세우신다. 패러다임과 관련하여 그리스도는 첫 번째 성례전 또는 선물이며, 그를 통해서만 죄인들이 하나님께 회복되고 새롭고 깨끗한 마음을 얻게 된다. 그리스도를 통해 인도된 죄인들이 죄의 굴레에서 벗어나 세상 속에서 그리스도인이 되어 도움이 필요한 이웃을 돕는 것, 이것이 바로 모범이 되는 그리스도이다. 종교개혁자는 선이 하나님 안에 선재한다는 아퀴나스의 확신이 약속으로서의 복음 외에 우리가 알 수 있는 것보다 창조주와 피조물 사이에 더 큰 연속성을 전제하기 때문에 더 탁월한 방식으로 하나님 안에 선재한다고 주장한다. 아퀴나스와 루터 모두 하나님은 선 그 자체이며 하나님의 선은 인간의 이해를 넘어선다고 확언한다. 루터는 피조물이 하나님 앞에서 어떤 선함을 협상 카드로 주장하는 것을 경계하기 때문에 피조물로부터 창조주에 대한 유비 추론은 적어도 복음을 벗어나거나 복음과 독립된 추론은 거부한다. 이것은 유비의 가능성을 배제하는 것이 아니라 유비가 궁극적으로는 기독론적으로 또는 약속에 근거

---

[78] *Lectures on Galatians,* in LW 26:30 (WA 40/1:79.18-19).

할 수 있는 근거를 제시할 뿐이다. 다시 말하지만, 그리스도만이 하나님의 선하심을 확보한다는 것을 확증하는 것은 하나님의 신성을 존중하는 방법이다.

▌결론

루터는 하나님의 선하심에 대한 문제를 다루는 데 큰 관심을 가졌다. 그것은 구원과 관련이 있다. 그의 요점은 사람들이 선해지기 위해서는 단순히 인센티브와 모범이 필요한 것이 아니다. 사실 인간은 존재의 핵심인 마음에서부터 선해져야 한다. 직관적으로, 하나님은 죄인에게 은혜를 베풀고 그리스도 안에서 새롭고 영원한 생명을 약속함으로써 이를 이루신다. 하나님에 대한 신자의 지위가 바뀌면 신자의 정체성도 바뀐다. 율법은 자신을 신으로 삼고자 하는 옛 존재들과, 자신의 운명을 통제하고 다른 사람들의 운명을 죽음으로 몰고 가는 존재들을 고발한다. 율법에 의해 겸손해지고 절망한 죄인들은 구원을 위해 그리스도 외에는 다른 누구도 바라볼 수 없다. 그리스도 안에서 그들은 새로운 자아, 새로운 정체성, 그리고 그리스도께서 세상에서 섬기셨던 것처럼 봉사하고 특히 도움이 필요한 사람들을 돕는 새로운 소명을 갖게 된다. 복음의 약속은 신자들을 다음과 같이 하나로 묶어 준다.

이 모든 것은 하나님 자신의 선하심에 근거한다. 그리스도 밖에서는 하나님은 전능하신 분으로 인간에게 공포와 위협으로 다가오는데, 그 이유는 그러한 전능하심이 죄인들의 권력, 지위, 권위에 대한 탐구를 위태롭게 하기 때문이다. 그러나 루터는 죄인들이 자유 의지를 세우는 것과 같은 인간의 힘과 조화를 이루어 이 힘을 무력화시키지 말라고 권고한다. 그 대신, 오직 (인간은 현세적인 문제와 관련하여 실제로 선택을 하긴 하지만) 하나님만이 자유 의지를 가지고 계신다. 우리가 하나님의 내용이나 중심을 보고 그분을 선하신 분으로 발견하려면, 오직 복음에만 매달려야 한다. 복음은 하나님을 전적으로 사랑과 선, 참으로 넘치는 관대함으로 세우며, 삶을 긍정하고, 세상의 신비를 탐구할 수 있는 근거로 작용한다. 선은 더 이상 형이상학을 통해 초월적인 것으로 확립될 수 없다. 대신, 하나님의 고유한 이름이자 모든 피조물이 하나님께 참여할 수 있는 수단으로서의 선은 하나님께서 그리스도 안에서 어떻게 행동하시는지, 즉 화해하고 구속하고 새롭게 하시는지에 근거해서만 확립된다. 아름다움이 선과 연관되어 있는 한, 그것 역시 형이상학이 아니라 복음을 통해서만 확립될 수 있다.

04
—
아름다움에 대한 초기 루터

루터는 아름다움에 관한 논문을 쓰지 않았지만, (그것이 그의 의도였음에도 불구하고) 칭의 교리에만 전념하는 논문을 쓴 것도 아니었다.[1] 칭의론은 루터의 초기부터 후기까지 그의 사상을 관통하는 주제임이 분명하다. 하지만 아름다움 (*pulchritudo, decus, species,* or *forma*)은 어떨까? 대부분의 인간에게 중요한 이 주제는 루터에게서는 사라졌을까? 루터에 관한 수천 편의 학술 논문과 책이 쓰여졌지만, 루터의 아름다움이라는 주제를 다룬 연구는 거의 없기 때문에, 종교개혁자가 이 주제에 관심이 있었는지, 관심이 있었다면 그의 견해가 전반적인 신학 발전에 기여했는지 궁금해지기도 하다. 루터는 음악을 "하나님의 말씀 다음으로" "최고의 찬사를 받을 만하다"[2]고 평가했으며, 예술가 크라나흐(Cranach)와의 협업은 잘 알려져 있다.[3] 분명 루터는 예술을 존경했다. 하지만 루터에게 아름다움이 주제였을까, 그리고 주제였다면 얼마나 중요했을까? 숨어 계시는 하나님(*deus absconditus*), 즉 인간이 그리스도 밖에서 씨름

---

[1] Robin A. Leaver, "Luther on Music." in *the Pastoral Luther: Essays on Martin Luther's Practical Theology,* ed. Timothy J. Wengert (Grand Rapids: Eerdmans, 2009), 272. 루터가 칭의론(On Justification)에 관한 소책자를 저술하겠다는 의사를 밝힌 것은 공개 서한인 "On Translating"(1530)을 통해서 였다. LW 35:198 (WA 30/2:643)

[2] "Preface to Georg Rhau's *Symphoniae lucundae*"(1538), in LW 53:323 (WA S0:371. 1-2).

[3] Steven Ozment, *The Serpent and the Lamb: Cranach, Luther, and the Making of the Reformation* (New Haven: Yale University Press, 2011)

하는 것은 하나님이 아니라 악마라는 점을 강조한 루터가 아름다움에 대한 논의에 거의 기여하지 않았을 것이라고 추측할 수 있다. 우리가 보게 될 것은 아름다움이 법정적(forensic)이며 효과적인(effective) 면에서 칭의에 대한 그의 독특한 관점을 형성하는 데 도움이 된 주제였다. 루터는 아름다움이 성자(the Son)에 의해 수용되고(appropriated), 창조가 하나님의 아름다움을 반영한다는 그의 중세의 전임자들(forebears)에 동의한다. 가장 중요하게, 그 종교개혁가는 그가 복음을 표현할(articulates) 때 미에 대한 중세적 기준을 전복한다(overturns). 아름다움 자체이신 그리스도는 죄가 하나님의 눈에 아름답게 되는 것을 통해 인간들이 추하게 되도록 하기 위해 죄인들과 동일시됨으로 인해 추하게 되었다. 칭의는 죄인을 무의미하게 만드는 하나님의 낯선 행위(*opus alienum*)를 수반한다는 루터의 확신을 이해하려면, 그래서 그가 믿음으로 새로운 피조물로 재건하는 자신의 본래적 행위(*opus proprium*)를 하도록 하기 위해 아름다움이라는 주제는 매우 중요하다. 루터는 고대 미학의 한 측면인 세상 앞에서(*coram mundo*)를 긍정했지만, 그에게 있어 아름다움은 하나님 앞에서(*coram deo*)는 숨겨져 있으며 역설적으로 그리스도와 그의 십자가의 지렛대에 의해서만 가장 잘 이해될 수 있다.

중세 사상가들과 달리 현대인들은 아름다움을 자기 표현적 창의성이나 자연에 대한 감사와 연관 짓는 경향이 있다. 하지만 중세 시대에는 인간이 감각을 통해 세상이나 예술을 감상하는 방법을 연구하는 학문인 미학이라는 렌즈를 통해 아름다움을 이해하지 못했다. 미학은 18세기 중반이 되어서야 학문으로 정립되었다. 대신, 중세 신학자들에게 예술은 일종의 장인정신(craftmanship)이었으며 아름다움은 '지적으로', 즉 형이상학적으로 이해되었다. 중세 사상가들에게 아름다움은 신의 특성 또는 속성이었다. 모든 사물은 신성에 참여하고, 신성의 예시들(instances)이라는 점에서 신의 아름다움을 공유한다. 즉, 모든 피조물은 아름다움 그 자체이신 하나님의 흔적(비인간 피조물)이거나 형상(인간 피조물)이기 때문에 어느 정도는 아름답다고 중세 신학자들은 범칼주의적으로(pancalistically) 세상을 바라보았다. 중세 사상가들은 다양한 방식으로 플라톤과 신플라톤주의의 유산을 바탕으로 범칼주의(pancalism)를4 발전시켰지만, 에르푸르트(Erfurt)에서 루터의 철학 교수였던 둔스 스코투스(Duns Scotus, 1265-1308)와 오컴의 윌리엄(William of Ockham), 요도커스 트루트베터(Jodocus Trutvetter, 약. 1460-1519)와 바르톨로마우스 아놀디 폰 유싱겐(Bartholomäus Arnoldi von Usingen, 1465-1532)은 아름다움에 관심을 집중하지 않았으며, 이것이 루터가 그의 논문이나 후기 논쟁에서 아름다움을 직접적으로 거의 다루지 않는 이유 중 하나일 수 있다.5 하지만, 클레르보의 베르나르(Bernard of Clairvax, 1090-1153)의 신부 신비주의(the bridal mysticism)에서 볼 수 있듯이, 영혼은 아름답기 때문에 그리스도에게 끌리며 신랑으로서의 그리스도는 영혼을 양육한다는 아름다움의 주제는 수도원 영성에서 중요했다. 물론 이러한 영성은

---

4 이러한 중세 사상가들에는 Robert Grosseteste(ca.1117-1253), Bonaventure(1221-74), 그리고 Thomas Aquinas; 그들은 Plato(427-347 BC), Aristotle(384-322 BC), Plotinus (205-70), Augustine, 그리고 Pseudo-Dionysius the Areopagite을 재가공했다.

5 Umberto Eco는 다음과 같이 적고 있다,
　　후기 스콜라주의는 아름다움의 형이상학에 혼란을 일으켰다. 당시의 또 다른 철학적, 종교적 세력이었던 신비주의자들은 결집하거나 발전하지 못했다. 14세기와 15세기의 독일과 프랑스의 신비주의자들은 적어도 아날로그를 통해 시적 창조에 대해 몇 가지 유용한 말을 했다. 그리고 그들은 항상 그들이 대담하게 경험했던 아름다움에 대해 이야기하고 있었다. 그들은 긍정적인 말을 할 수 없었다. 하나님은 형언할 수 없는 분이셨기 때문에 그분을 아름답다고 부르는 것은 그분이 선하시거나 무한하다고 말하는 것과 같았다. 아름다움은 형언할 수 없는 것을 묘사할 때 사용하는 단어였기 때문에 그렇지 않은 것으로 묘사하는 것이었다. 그들의 경험은 그들에게 가장 강렬한 기쁨을 누렸다는 느낌을 남겼지만, 특징이나 특성이 없는 기쁨이었다. (*Art and Beauty in the Middle Ages*, trans. Hugh Bredin [New Haven: Yale University Press. 1986], 90)

루터에게 직접적인 영향을 미쳤을 것이지만, 앞으로 살펴보겠지만, 루터는 그의 전임자들과는 달리 그리스도와 결혼한 영혼의 법정적 결과를 끌어내는 경향이 있다.

루터의 전집에서 아름다움이라는 주제가 전면에 등장하는 곳은 주로 그의 해석학적 사역 때인데, 주로 시편 45편과 같은 시편 주석이다. 초기에 등장하는 그의 『첫 번째 시편 주석』(*Dictata super Psalterium*, 1513~15년)과 후기 경력들이다. 루터의 아름다움에 대한 논의는 그의 주석과 연관되어 있다.[6] 그러나 이러한 주해는 그의 논쟁적이고 교리적인 신학 전체를 형성하게 된다. 루터의 작품에서 아름다움은 주요 주제는 아니지만 중요한 주제이다. 아름다움은 하나님이 누구인지, 그리스도는 누구인지, 그리스도 안에서 우리는 누구인지에 대한 질문을 형성한다. 아름다움에 대한 루터의 견해는 중세의 일부 견해와 공통된 특징을 공유하지만, 중요한 면에서 중세와 다른 점도 있다. 중세 사상가들은 비례, 색(밝기), 완전성을 아름다움의 유효한 지표로 꼽았지만, 루터는 적어도 하나님 앞에서(*coram deo*)는 그러한 것들이 숨겨져 있는 것으로 보는 경향이 있다. 하나님의 아름다움, 그리스도의 아름다움, 그리고 인간의 아름다움에 대해 설명한다. 아름다움과 그리스도 안에서의 인간의 아름다움은 투명하지 않고 인간의 눈에는 감추어져 있으며, 오직 믿음으로만 파악할 수 있다. 많은 중세 사상가들은 아름다움이 초월적인 것, 즉 존재(*ens*), 하나됨(*unitas*), 진리(*veritas*), 선(*bonitas*)처럼 모든 실재의 구조에 적용된다고 주장한다. 루터에게 이러한 사고방식의 가장 큰 문제는 신적 선과 아름다움 같은 문제는 그리스도 밖에서는 확실하지 않기 때문에, 성경과는 무관하게 순수한

---

6 *Dictata*에 대해서는 LW 10, 11(WA 3, 4)을, 그의 후기 저작에 대해서는 "Commentary on Psalm 45" (1532) in LW 12:197-300(WA 40:472-610)).

형이상학적 근거로 확립될 수 없다는 것이다. 루터는 때때로 형이상학적 탐구의 결과를 적절히 수용하지만, 그러한 연구 방법을 하나님의 일과 대조되는 '인간의 일'로 보거나 불확실한 추측으로 간주하여 일관되게 거부한다.7 루터에게 신학의 확실성은 주석을 통해, 교리에 대한 명확성은 논리를 통해 가장 잘 확립된다. 의심할 여지없이, 루터에게 선과 아름다움은 형이상학적으로 실재하지만(하나님은 모든 실재 중에서 가장 실재하는 분이다), 형이상학은 하나님의 선이나 아름다움을 결정적으로 입증할 수 없다. 오직 하나님 자신만이 그것을 할 수 있다; 그리고 하나님은 인간을 자기 의와 죽음에 이르게 하는 율법에서 인간을 구원하시는 예수 그리스도 안에서 정확하게 그 일을 하신다.

마지막으로 중세 사상가들은 세상을 무엇보다도 인간의 경제적 이익이나 소비를 위한 원료가 아니라 상징적인 것으로 보고 하나님의 현실과 선. 루터의 사고에서 존재의 유비(analogy of being)는 결정적인 의미로 작동하기 어렵지만, 루터의 대안은 모든 피조물이 하나님 안에, 특히 인간에게 말하는 가면 또는 도구8로서 참여하고, 이를 통해 하나님은 세 가지 영역(the three estates); 교회(*ecclesia*), 가정(*oeconomia*), 시민 정부(*politia*)를 통해 인간의 삶에 명령하신다는 것이다. 루터에게 있어서 하나님의 완전한 초월성(유일성이나 유비성을 넘어서는)과 그리스도 안에서 성육신하신 것(유비성보다 더 깊은 것)과 사색을 통해 자기 우상화하는 인간의 성향은 (현실주의자의) 유비성과 (유명론자의) 존재의 유일성을 약화시킨다. 그 대신에, 루터에게 하나님의

---

7 *Heidelberg Disputation*(1518), theses 2, 3, 5, 8, 19, 특히 22 in LW 31:39 40 (WA 1:353-55)을 참조하라.

8 "피조물은 하나님께서 모든 축복을 주시는 손, 통로, 수단일 뿐이다. 예를 들어, 그분은 어머니에게 아기를 위해 가슴과 젖을 주시고, 생계를 위해 땅에서 곡식과 온갖 종류의 과일을 주시는데, 이는 어떤 피조물도 스스로 생산할 수 없는 것이다"(The Large Catechism, in BC 389:26 [BSELK 938:20]).

존재는 모든 피조물을 지탱하는 자립적이고 무한하며 넘쳐나는 선(goodness)이다.

　이 장에서는 이 모든 주제를 다룰 수는 없다. 그 대신에, 다음과 같은 내용을 다룰 것이다. 우리는 주로 초기 루터의 아름다움과 그것이 어떻게 칭의 교리를 공식화하는 데 도움을 주었는지에 대한 관점과 방법에 제한될 것이다. 아름다움에 대한 중세적 접근 방식의 틀을 전반적인으로 스케치하고, 초기 루터에 대해 알아보고, 추함 뒤에 감추어진 그리스도의 아름다움과 마찬가지로 그리스도 안에 감추어진 그리스도인의 아름다움에 대한 견해와 오늘의 루터에 대한 견해의 중요성을 간단하게 평가하고자 한다.

▌ 비례, 빛, 그리고 욕망

　중세의 미에 대한 관점은 그리스와 로마의 미에 대한 관점의 유산을 통합하고 발전시켰다. 위에서 언급한 바와 같이, 중세 사상가들은 비례와 빛의 렌즈를 통해 아름다움을 해석했다. 비례를 통해 아름다움을 해석하는 근원은 수학을 초감각적 실재에 접근할 수 있는 것으로 본 피타고라스(Pythagoras, 기원전 570~496년)의 관점에 대한 플라톤의 평가에서 찾을 수 있다. 숫자는 사물을 측정하는 관습일 뿐만 아니라 영원한 관념의 세계로 통하는 창이다. 성숙한 루터는 아담의 영혼과 육체의 타락 전 특성을 묘사하면서 과장된 표현이 있기는 하지만 비율에 대한 이러한 인식을 그대로 유지한다.[9] 이처럼 색을 특히

---

9 "아담은 가장 맑은 눈, 가장 섬세하고 유쾌한 향기, 그리고 출산에 매우 적합하고 순종적인 몸을 가졌습니다. 그러나 오늘날 우리의 팔다리는 그 활력이 얼마나 부족한지!" (*Lectures on*

빛과 밝음으로 인식하는 근거는 플라톤의 유명한 동굴 우화를 연상시키는데, 사람들은 감각의 조잡한 세계를 실재로 받아들임으로써 무지로부터 해방되고, 감각 세계를 넘어 초감각 세계로 상승함으로써 영원한 진리로서 실체의 참모습, 궁극적으로 진리 자체를 발견할 수 있다는 것이다.10 중세의 모든 사상가들에게11 큰 영향을 끼친 위-디오니시우스(Pseudo-Dionysius)는 후대의 사상가들에게 이러한 빛의 미학을 매개로 삼았다.

위-디오니시우스는 "존재를 초월하는 숨겨진 신성"을 계시하고 "존재를 넘어서는 이해"를 추구하면서 "성경의 빛이 허용하는 한 위를 바라보고, 신성한 것에 대한 경건한 경외심으로" 독자들에게 "신성한 광휘를 향해 함께 이끌릴 것"을 촉구했다.12 루터는 이 강론에서 하나님의 완전한 초월을 주장하는 위-디오니시우스에게서 가치를 발견한다. "그러므로 축복받은 디오니시우스는 부정의 어둠 속으로 들어가서 부정의 방법으로 상승해야 한다고 가르친다."13 따라서 루터는 "신은 감추어져 있고 이해를 넘어선 존재"라고 부정신학적으로 (apophatically) 확언한다.14 그럼에도 불구하고, 루터는 일찍이 『로마서 강해』(*Lectures on Romans*, 1515-16)에서 "그리스도의 고난에 대한 모든 그림"을 생략하고 "성육신하신 말씀을 통해 먼저 의롭게 되고 마음의 정화를

Genesis, in LW 1:100 [WA 42:76.16-17]).

10 Plato, *The Republic* 514a-520a. 이 우화는 눈에 보이는 물체를 비추는 근원으로서의 태양과 모든 형상을 지적으로 비추는 근원으로서의 선의 형상을 비교하는 '태양의 비유'(507b-509c)를 따른다.

11 루터는 그의 경력 초기에 아레오파가이트가 "참된 카발라"를 제공했다고 주장했다. *Dictata super Psalterium*, in LW 10:313(WA 3:372.16)의 을 참조하라.

12 Pseudo-Dionysius, *The Divine Names*, in *Pseudo-Dionysius: The Complete Works*, trans. Colm Luibhéid (New York: Paulist Press, 1987), 49.

13 *Dictata super Psalterium*, in LW 10:119 (WA 3:124.32-33).

14 *Dictata super Psalterium*, in LW 10:120 (WA 3:124.33).

받지 못한 채 창조되지 않은 말씀 그 자체만을 듣고 묵상"하기를 원했던 위-디오니시우스의 전체적인 궤적을 거부했다.[15] 루터는 종종 "감추어짐"과 같은 신비주의적 용어나 "형식"과 같은 스콜라적 용어를 사용했지만, 이러한 용어들이 매개되어 있던 문법과 구문에서 분리하여 새로운 복음주의적 핵심으로 바꾸어 사용했다. 따라서 루터에게 있어서, 하나님의 감춤은 더 이상 이 세상을 넘어 신성한 세계로 신비롭게 상승하는 초대가 아니다. 그 대신에, 그리스도 밖에서 우리는 신비로운 상승으로 초대받는 것이 아니라, 신뢰할 수 없거나 심지어 위협적인 것처럼 보이는 하나님을 만나는 것이다. 따라서 하나님의 선하심(과 아름다움)은 그리스도를 붙잡는 믿음만이 사용할 수 있다.

중세 신학자들은 아름다움에 대한 플로티누스의 신플라톤주의적(Plotinus's Neoplatonic) 접근 방식에 빚을 지고 있었다. 플로티누스는 비례나 빛에 대한 플라톤의 관점을 발전시켜 미학 이론을 위한 구체적인 형이상학적 지평을 개발했다. 그의 사상은 모든 사물이 하나로부터 생겨나거나 창조된 것으로서, 하나에게로 돌아감으로써 궁극적인 목적 또는 선을 찾으려는 출발(exitus)과 귀환(reditus)의 체계를 장려한다. 플로티누스에게 있어서 모든 감각적 실재의 근원이자 모든 감각적 실재가 돌아가고자 하는 선 그 자체는 이 거대한 존재의 사슬의 정점에 있다. 모든 이성적인 것들은 진정으로 아름다운 본래의 근원과 재결합하려는 욕망인 에로스(eros)에 의해 동기를 부여받는다. 어거스틴이 계승한 것처럼, 지상의 모든 사물이 하늘의 근원으로 돌아가려는

---

15 LW 25:287. 루터의 유사 디오니시우스에 대한 거부는 안티노미안 논쟁에서 강력하게 강조한다. Holger Sontag, ed. and trans. *Solus Decalog est Aeternus: Martin Luther's Complete Antinomian Theses and Disputation* (Minneapolis: Lutheran Press, 2008), 89. 루터가 Pseudo-Dionysius를 전유한 것에 대한 약간 다른 이해는 Knut Alfsvåg, "Luther as a Reader of Dionysius the Areopagite," *ST 65* (2011), 101-14.

사랑(caritas)은 중세의 영성과 미학에 영향을 미쳤다.

『심포지엄』(*Symposium*)에서, 플라톤의 스승인 소크라테스는 그가 젊었을 때 만티네의 디오티마(Diotima of Mantinea)라는 지혜롭고 신비로운 여인에게서 에로스의 본질에 대한 설명을 들으며 욕망 또는 에로스에 대한 이해를 얻었다고 설명한다. 플라톤을 매개로 한 그녀의 관점은 후대의 사상가들에게 다양한 방식으로 영향을 미쳤다. 디오티마는 에로스가 빈곤과 자원의 자손이라고 가르쳤다. 어머니의 본성을 닮은 에로스는 결핍을 안고 살아간다. 그러나 그의 아버지의 본성을 닮은 그는 "아름답고 선한" 모든 것을 위해 수완을 발휘하고 계획을 세운다.16 욕망의 목표는 사람들을 하늘의 선을 향한 진정한 여정으로 이끄는 것이다. 이 여정을 떠나는 사람들은 - 분명히 이생에서 모두가 그런 것은 아니지만 - 육체에 대한 매력에서 영혼에 대한 매력으로 옮겨갈 것이며, 따라서 "육체의 아름다움을 사소한 일로 평가할 것이다."17 그러한 독특한(particulars) 사랑에서 영혼의 사랑으로, 사랑의 초기 "수고"의 "최종 목적"으로 올라갈 것이다. 디오티마(Diotima)는 이 목적을 영원히 존재하는 아름다움으로 묘사하며, 따라서 부패하지 않는다고 설명했다.

800여년 이후에, 어거스틴의 어머니 모니카가 죽기 전날, 그는 비슷한 신비로운 여정을 묘사했다. 영생의 본질에 대해 영적인 대화를 나누던 중 어거스틴은 모니카와 함께 "육체의 쾌락이 아무리 크고 세상의 어떤 빛이 비춰도 영생과 비교할 가치가 없다"는 결론을 내렸다고 썼다. 그들 안에서 "사랑의 화염이 더 강하게 불타오르면서" 그들의 생각은 다양한 정도의 물질적인 것의 나침반

---

16 Plato, *Symposium*, 203d (translation from *Plato: Lysis Symposium, Gorgias*, trans. W. R. M. Lamb, LCL. [Cambridge, MA: Harvard University Press, 1933]. 181).

17 Plato, *Symposium*, 210c (trans. Lamb, 203).

을 넘어 다음과 같이 확장되었다. "하늘 자체와 더 높은 곳까지" 영혼이 자신의 "영혼에 와서 그들을 넘어 영원한 풍요의 장소로 넘어 갔다." "우리가 알고 있는 이 모든 것들, 지금까지 있었던 모든 것들과 아직 있을 모든 것들이 만들어지는 지혜가 거기에 있다. 그러나 그 지혜는 만들어진 것이 아니라 항상 그래왔고 앞으로도 그럴 것이다. 아니, 오히려 영원은 과거나 미래에 있는 것이 아니기 때문에 과거에 있었다거나 앞으로도 그럴 것이라고 말해서는 안 된다." 어거스틴은 "우리가 영원한 지혜에 대해 말하면서 그것을 갈망하고, 온 힘을 다해 애쓰는 동안, 우리는 찰나의 순간에 손을 뻗어 그것을 만졌다. 그리고 한숨을 쉬며 우리의 영적 수확(*our spiritual harvest*)을 그것에 묶어둔 채, 우리는 영원히 자기 안에 거하시는 주님의 말씀과는 너무나도 다른 우리 자신의 말소리로 돌아왔다."[18] 앤더스 니그렌(Anders Nygren)은 그의 견해가 도전을 받았지만, 기독교 이전 플라톤의 욕망(*eros*) 비전과 어거스틴의 사랑(*caritas*) 비전은 중요한 특징을 공유하고 있음을 보여 주었다.[19] 이들의 공통된 궤적은 하늘을 향해 있으며 육체와 육체적 쾌락에서 벗어나는 것을 포함한다. 둘 다 하늘의 기원과 목표와 재결합하고자 하는 사람들에게 바람직한 궁극적인 자기 성취를 추구한다. 그럼에도 불구하고 그들의 차이는, 플라톤에게는 죄에 대한 개념이 없고, 어거스틴에게는 지상의 것에 집착하는 반항적인 교만(*superbia*)과 무질서한 욕망(*concupiscentia*)이라는 점에서, 플라톤과 어거스틴 모두 인간의 본성은 영원하고 불변하는 실재와의 연합에 대한 욕망으로

---

[18] Augustine, *Confessions*, 9.10 (trans. R. S. Pine-Coffin [Harmondsworth, UK: Penguin, 1961]. 197-98; 이탤릭체는 원문).

[19] Anders Nygren, *Agape and Eros,* trans. Philip S. Watson (Chicago: University of Chicago Press. 1982). 니그렌의 에로스와 아가페의 대조에 대해서는 304쪽을 참고하라. 니그렌의 요점은 카리타스가 에로스와 아가페의 합성어로서는 실패한다는 것이다. 복음에 근거한 에로스의 재전유는 8장에서 제시될 것이다.

이해하는 것이 가장 좋다고 생각한다. 영원한 것과의 연합에 대한 이러한 기대 속에서 인간은 정의되고 성취된다. 그 반면에, 루터에게 인간 정체성의 핵심은 욕망과 그 충족이 아니라 믿음에서 발견된다. 인간의 중심은 마음이 무엇에 기반을 두고 있는지에 따라 정의된다. 이것은 욕망의 역할을 부정하는 것이 아니다. 앞으로 살펴보겠지만, 성숙한 루터에게는 하나님이 원하시는 것을 갈 망하는, 행복주의가 제거된, 일종의 욕망 회복에 있다.[20] 행복주의 (eudaimonism)와 달리 믿음은 덕행에 대한 보상이 아니라 선물로 성취를 받는다. 이기적 성취를 추구하려는 욕망을 버림으로써, 인간은 마음으로부터 하나님을 사랑하기 시작할 수 있다.

어거스틴에게, 하나님의 아름다움을 보지 못하게 하는 것은 죄인데, 그는 죄가 하늘의 것에서 땅의 것으로 돌아서는 것뿐만 아니라 때때로 자기 자신에 게로 향하고 하나님으로부터 멀어지게 한다고 묘사한다. (이 점에서 루터의 자기 중심적 사고(Luther's *incurvatus in se*)와 유사한 개념이다)[21] 어거스틴 에게, 하나님의 목표는 우리의 영혼을 아름답게 만드는 것이다.[22] 그러나 루터 는 그러한 욕망조차도 하나님 앞에서 지위를 주장하려는 시도일 수 있기 때문 에 문제가 있으며 "소멸"(*extinguendo*)[23]되어야 할 것으로 여겼다. 그렇다고

---

20 *Lectures on Genesis*, in LW 1:337 (WA 42:248.12-13).

21 Augustine, *The City of God.* 14.28 (trans. Gerald G. Walsh, SJ, et al., abridged by Vernon J. Burke [New York: Doubleday, 1958], 321-22).

22 "그러므로 영혼보다 덜하고 영혼이 종이나 도구로 사용하는 몸도 하나님을 섬기기 위해 바르 고 올바르게 사용될 때 제물이 된다면, 영혼이 신성한 사랑의 불에 타오르고 세속적 욕망의 찌 꺼기가 녹아 없어진 상태에서 신에게 자신을 바쳐서 신이 부여한 풍성한 아름다움으로 인해 변 하지 않는 신의 모습으로 재형성되고 그분 앞에서 아름답게 될 때 얼마나 더 그러할 까?"(Augustine. *The City of God*, 10.6 [trans. Walsh, et al. 192-93]).

23 지식, 명예, 권력, 칭찬에 대한 욕망은 그러한 것들을 얻었을 때 충족되는 것이 아니라 더욱 자극을 받는다. 욕망을 치료하는 방법은 욕망을 충족시키는 데 있는 것이 아니라 욕망을 소멸 시키는 데 있다. 다시 말해, 지혜로워지고자 하는 사람은 지혜를 향해 나아감으로써 지혜를 얻

루터가 그리스도인이 하나님을 사랑해야 한다는 것을 부정하는 것은 아니다. 결국 그것은 명령이기 때문이다.24 그러나 우리 인간성은 욕망이 아니라 믿음을 중심으로 구성되어 있다. 믿음은 욕망을 구성하는 것이지 그 반대가 아니다. 루터는 아름다움에 대한 자신의 견해를 발전시키는 데 있어 어거스틴의 다른 자원에 호소할 수 있었다.

서양의 모든 중세 신학자들은 어떤 식으로든 자신의 작업을 어거스틴의 유산에서 비롯된 것으로 여겼다. 어거스틴은 비례의 미학을 제시하면서 "모든 것을 측정과 수와 무게로 배열"하신 하나님을 찬양하는 외경의 지혜서(11:20)에 호소한다. 하나님 자신은 "측정 없는 측정, 수 없는 수, 무게 없는 무게"이다.25 그럼에도 불구하고, 하나님은 모든 피조물에서 비례의 저자이며, 비례는 그 아름다움을 확인하는 열쇠이다.26 어거스틴은 『신의 도성』에서 이를 생생하게 설명한다: 예를 들어, "인간 형태의 아름다움. 눈썹 하나를 깎으면 몸의 단순한 질량에 대한 손실은 미미하다. 하지만 아름다움에 대한 타격은 엄청나다! 아름

는 것이 아니라 어리석음으로 퇴보함으로써 어리석은 자가 된다. 마찬가지로 많은 권력과 명예와 쾌락과 만족을 얻고자 하는 사람은 모든 것에서 권력과 명예와 쾌락과 만족을 구하기보다는 도망쳐야 한다. 이것이 세상은 어리석게 보는 지혜이다.(*Heidelberg Disputation,* thesis 22에 대한 설명, in LW 31:54 [WA 1:363.9-14])

24 우리는 하나님을 두려워하고 사랑하며 신뢰해야 한다. BC 351:3의 Catechism을 참조하라.

25 Augustine, *Literal Commentary on Genesis* (trans. John Hammon Taylor. ACW 41. [New York: Newman, 1982], 108): "측정할 수 있는 모든 것을 넘어 측정 없는 측정을 보고, 모든 숫자를 넘어 숫자 없는 수를 보고, 무게를 달 수 있는 모든 것을 넘어 무게 없는 무게를 보는 것은 소수의 사람에게만 허락된 놀라운 선물이다."

26 Monroe C. Beardsley는 어거스틴의 비례에 대한 견해가 Cicero(*Tusculanarum Disputationum* 4.13)를 반영하고 있다고 지적한다. "모든 신체적(육체적) 아름다움은 색채의 어떤 일치성(suavitas)과 함께 부분의 비율(congruentia partium)로 구성된다"(XXI, xix; 참조: XI, xxii)라고 거의 한 단어로 표현한다. 그러나 Ciceronian formula는 성 아우구스티누스에게서 더 많은 의미를 지니는데, 그는 자신의 작품 여러 곳에서 피타고라스, 플라톤, 플로티누스 등에서 파생된 아이디어를 자신의 방식으로 결합하여 '부분의 일치'에 대한 매우 형식주의적인 설명을 스케치하고 있다.(*Aesthetics from Classical Greece to the Present: A Short History.* [New York: Macmillan. 1966], 93)

다음은 부피의 문제가 아니라 구성 요소의 대칭과 비율의 문제이기 때문이다.[27] 이것은 신이 수의 원리에 따라 우주를 설계했기 때문이다.[28] 실제로, 어거스틴은 "사람의 몸에는 창조주가 가장 염두에 둔 것이 신체의 용도인지 아름다움인지 판단하기 어려울 정도로 리듬, 평정, 대칭, 아름다움이 있다."[29] 그리고 우리가 창조물을 기쁘게 여기지 않는다면, 그것은 우리가 영원의 상(相) 아래(sub specie aeternitatis)를 보지 못하기 때문이라고 지적한다. "이 질서의 아름다움이 우리를 기쁘게 하지 못한다면, 그것은 우리 자신의 필멸성 때문에 우주의 이 구석에 너무 매몰되어 있어서 우리에게 추하게 보이는 특정 부분들이 조화롭고 아름답게 어우러진 전체 패턴의 아름다움을 인식하지 못하기 때문이다."[30] 영생의 본질에 비례성이 작용한다. 어거스틴에게 천국의 평화는 "하나님 안에서 그리고 하나님 안에서 서로의 기쁨을 발견한 사람들이 완벽하게 질서 있고 조화로운 교제를 나누는 데 있고, 최종적인 의미에서 평화는 질서에서 오는 평온함이다. 질서는 같은 것과 다른 것의 배열이며, 각 사물이 적절한 위치에 배치되는 것이다."[31]

이러한 관점은 루터의 초기 저서인 『첫번째 시편 주석』(*Dictata super Psalterium*)에도 반영되어 있다,

따라서 위대한 창조주께서는 만물을 지혜로 창조하셔서, 그럼에도 불구하고 자신이 창조되고 그 안에서 빛을 발하는 지혜를 파악할 수

27 Augustine, *City of God.* 11.22 (trans. Walsh, et al., 229).
28 Augustine, *City of God.* 12.19 (trans. Walsh, et al., 260-61).
29 Augustine, *City of God.* 22.24 (trans. Walsh, et al., 528).
30 Augustine, *City of God.* 12.4 (trans. Walsh, et al., 249).
31 Augustine, *City of God.* 19.13 (trans. Walsh, et al.,456).

없는 육체뿐만 아니라 정신과 마음에 관한 한 지혜를 파악할 수 있는 영혼에게도 수많은 기능과 봉사를 할 수 있도록 하셨다... 참으로, 피조물을 더 깊이 인식할수록 그 안에서 더 많은 경이로움, 즉 하나님의 지혜가 얼마나 충만한지 볼 수 있다.[32]

심지어 루터는 말년에 "하나님을 아는 사람은 피조물에도 신성의 흔적(*divinitatis vestigia*)이 있기 때문에 피조물을 알고, 이해하고, 사랑한다."[33] 또한 성숙한 루터와 관련하여 『창세기 강해』(*Lectures on Genesis*)에서 아담의 완전성에 대한 루터의 논의만 살펴보더라도 비례의 미학이 그의 미에 대한 사고에 영향을 미쳤다는 것을 알 수 있다. 루터는 비례를 적어도, 세상에서(coram mundo), 타락 이전의 아담을 평가할 때 아름다움의 기준으로 삼는데 포함시킨다. 루터가 초기 혹은 후기에 받아들이려고 하지 않은 것은, 하이델베르크 논쟁(*Heidelberg Disputation*, 1518년)에서 밝힌 바와 같이, 형이상학에 근거하여 하나님의 선함이나 아름다움을 확인하는 인간의 추론하는 능력이다.

▎ 초월로서의 아름다움

중세의 많은 신학자들은 존재, 하나 됨, 선, 진리, 아름다움을 초월적인 것으로 규정하고자 했으며, 이는 모든 현실이 이러한 범주에 의해 어떻게든 구조화

---

32 *Dictata super Psalterium*, in LW 11:15-16 (WA 3:534.3, 28-29).
33 *Lectures on Genesis*, in LW 4:19S (WA 4:276.28).

되어 있다는 것을 의미한다. 명확히 말하면, 중세 사상가들에게 아름다움은 선과 마찬가지로[34] 신의 이름(어거스틴의 "너무 오래되고 너무 새로운")이다.[35] 초월자들(또는 초월적인 것들)은 각각의 초월자가 인간의 지식에 다른 초월자가 제공하지 않는 것을 기여하기 때문에 개념적으로 구별될 수 있지만, 실제로는 동일한 실재를 가리킨다. 이러한 사고방식은 플라톤과 아리스토텔레스의 전통에 많이 있었다. 후자의 전통은 존재의 단일성과 통일성을 긍정함으로써, 초월적 관점에서 사고하는 궤적을 시작했다.[36] 위-디오니시우스는 "그러므로 아름다운 것은 선한 것과 같으며, 모든 것은 존재의 원인으로서 아름다운 것과 선한 것을 바라보고, 세상에 아름다운 것과 선한 것의 몫이 없는 것은 없다."[37] 는 범칼주의적 입장(a pancalistic stance)을 주장한다: "모든 존재는 아름답고 선한 것에서 비롯되고, 그 안에서 존재하며, 아름답고 선한 것을 향해 되돌아간다. 존재하는 것은 무엇이든, 생겨나는 것은 무엇이든 아름답고 선한 것 때문에 존재하고 존재하게 된다. 만물은 그것을 바라본다. 만물은 그것에 의해 움직인다."[38] 헤일스의 알렉산더(Alexander of Hales, 약 1185~1224년경)와 같은 프란체스코 신학자들과 그의 동료 신학자 38명은 선과 미를 서로 다름을 인정하면서도 초월적인 것으로 연결했다: "아름다움은 이해를 기쁘게 하는 선의 성향인 반면, 선은 엄밀히 말하면 우리의 감정을 기쁘게 하는 성향과 관련이 있기 때문이다."[39] 따라서 선은 최종적 원인과 관련이 있는 반면, 미는

---

34 Augustine, *Confessions*, 10.27.
35 The Large Catechism에서 루터는 특히 선(goodness)으로서의 하나님을 "순수한 선으로 넘치시고 참으로 선한 모든 것을 부어주시는 영원한 샘"으로 묘사한다(BC 389:25 (BSELK 938:15)).
36 Aristotle, *Metaphysics* 1003b23.
37 Pseudo-Dionysius, *The Divine Names*, 77.
38 Pseudo-Dionysius, *The Divine Names*, 79.

형식적 원인과 관련이 있다. 도미니코회 소속 토마스 아퀴나스는 아름다움을 초월적인 것에 구체적으로 포함시키지는 않았지만, 선과 적당히 연관시켜 아름다움에 대해 세 가지 기준을 제시했다.[40] 그는 『신학 총론』(*Summa theologiae*)에서 영원은 성부에게, 아름다움은 성자에게, 사용(*usus*)은 성령에게 귀속되는 삼위일체 교리에 자신의 미적 권리(aesthetic right)를 구축한다. 그러나 우리의 목적을 위해 더 중요한 것은 그리스도의 교리에서 아름다움을 자리매김한다는 점이다:

> 우리가 하나님을 그분의 존재 안에서 절대적으로 고려하는 첫 번째 고려 사항에 따르면, [푸아티에의, of Poitiers] 힐라리가 언급 한 전유(appropriation)가 적용되며, 그에 따르면 영원(*eternity*)은 성부에게, 아름다움(*species*)은 성자에게, 사용(*use*)은 성신에게 전유된다. 원칙이 없는 존재를 의미하는 영원(*eternity*)은 원칙이 없는 원리(*a principle without a principle*)이신 아버지의 속성과 유사하다. 종 또는 아름다움은 아들의 속성과 유사하다. 아름다움에는 세 가지 조건이 포함되는데, 손상된 것은 그 자체로 추한 것이기 때문에 무결성 또는 완전성(*integrity or perfection*), 적절한 비례 또는 조화(*proportion or harmony*), 마지막으로 밝은 색을 가진 것을 아름답다고 부르는 밝음 또는 명쾌함(*brightness, or clarity*)이다.[41]

---

[39] Eco, *Art and Beauty in the Middle Ages*, 23.

[40] 아름다움에 대한 아퀴나스의 광범위한 연구에 대해서는 Umberto Eco, *The Aesthetics of Thomas Aquinas*, trans. Hugh Bredin (Cambridge, MA: Harvard University Press, 1988) 을 참조하라.

[41] Aquinas, *Summa Theologiae* I, 39, a. 8 (trans. Fathers of the English Dominican Province. [Westminster, MD: Christian Classics, 1948]. 1:201; 이탤릭체는 원문).

따라서 아름다움에는 세 가지 기준이 있다: (1) 완전성 또는 완벽성 (*integritas sive perfectio*): 불완전하거나 불충분한 것은 아름답다고 간주되지 않음; (2) 비율이나 조화(*proportio sive consonantia*): 부분의 질서 있는 비율과 조화가 필요함; (3) 명쾌함(*claritas*): 일반적으로 색채의 밝음이 아름답다고 간주된다.[42] 루터는 이 세 가지 아름다움의 기준을 무시하고, 지상 사역의 그리스도는 육체적으로 잘생기지 않았고, "형태도 매력도 없었으며" 사람들에게 거부와 정죄를 받았다고 강조했다.[43] 루터에게 이 세 가지 기준은 피조물의 아름다움에 적합하거나 그리스도 자신과 그리스도 안에서 인간의 삶에 대해서는 세상의 눈에서 감춰진 것이다. 스스로 아름다움을 주장하는 죄인은 하나님에 의해 추하게 만들어졌고, 하나님에 의해 추하게 만들어진 사람은 그리스도께 속함으로써 아름답게 다시 만들어질 수 있다.

루터의 작업과 비교할 때, 우리는 처음부터 아퀴나스의 기독론적 미학이 주로 성육신하신 말씀이 아니라 영원한 말씀에 기초하고 있다는 점에 주목해야 한다. 노년에 루터는 비록 스콜라적 방법을 그대로 사용하지는 않았지만, 그러

---

[42] Mika E. Antilla, *Luther's Theology of Music: Spiritual Beauty and Pleasure* (Berlin: de Gruyter, 2013), 55. Etienne Gilson과 Jacques Maritain과는 달리 철학자 Jan Aertsen은 아퀴나스가 초월적인 것들 목록에 아름다움(pulcher)을 추가하지 않는 이유는 초월적인 것들 가운데 아름다운 것의 위치가 참과 선 사이에 있기 때문이라고 주장한다. Aertsen에게 아름다운 것은 선에 인지적 요소를 추가한다. 아퀴나스가 선을 단순히 욕구를 만족시키는 것으로 정의할 때, 아름다운 것은 인식될 때 만족스러운 것이다. 따라서 아름다움을 느끼는 것은 인지적 행위이다. Aertsen이 보기에 아름다운 것은 진리와 선의 연결이며, 진리는 지적인 것에 선은 욕구와 관련이 있다. Jan. A. Aertsen, *Medieval Philosophy as Transcendental Thought: From Philip the Chancellor (ca. 1225) to Francisco Suárez* (Leiden: Brill, 2012), 168-76; 또한 Antilla, *Luther's Theology of Music*, 52-53를 참조하라.

[43] 그럼에도 불구하고, 그리스도의 구속하시는 사랑의 아름다움은 그리스도의 죽음의 추함에서 드러나기 때문에 그리스도는 speciosus forma(아름다운 형상)이시다. "Duo sermones de passione Christi, Sermo II. de passione" (WA 1:340.17-21, 26-33)를 참조하라.

한 스콜라적 기독론이 도움이 된다는 것을 알았다. 그는 "더욱이 사물의 사용은 성령에 관한 것이다. 사물의 사용을 보는 사람은 성령을 보고, 사물의 형태나 아름다움(*formam rei sive pulchritudinen*)을 분별하는 사람은 성자를 보고, 사물의 실체와 지속적인 존재를 고려하는 사람은 성부를 본다. 이 세 가지 실체, 형태, 선은 분리될 수 없다."[44] 루터는 아퀴나스와 마찬가지로 아름다움을 초월적 또는 적어도 신적 속성으로 인식하고 이를 삼위일체 생명 안에서 영원한 아들의 정체성에 부여한 것으로 보인다. 그러나 루터는 이러한 형이상학적 용어를 사용하면서도 형이상학적인 방식으로 그 진리를 확립하지는 않았다. 그 대신에, 그는 이 용어들이 자신의 창세기 주석과 양립할 수 있다고 보았다. 하이델베르크 논쟁에서 초기 루터는 형이상학의 과제를 만물을 시험해야 하는 십자가(*crux probat omnia*) 밖에서, 그리고 십자가와 무관하게 진리, 아름다움, 선함을 추구하는 것으로, 하나님의 사랑에 반대되는 인간 사랑의 표현으로 파악했다. 후에 루터는 논리의 엄밀성과 함께 공개적인 논쟁을 활용하면서, 형이상학적인 노력과 신학적 사변은 일반적으로 불가능하며, 하나님과의 동등성을 확립하려는 인간의 계략, 하나님의 초월성을 길들이려는 시도로 여기고 지속적으로 피했다. 형이상학적 용어는 교리적 특수성과 신학적 엄밀성에는 도움이 될 수 있지만 근본적인 것은 아니다. 단도직입적으로 말하자면, 루터 사상의 토대는 바로 성경이다.

▌ 겸손의 신학에서 아름다움

---

[44] *Lectures on Genesis*, in LW 4:196 (WA 43:276.33-36).

초기 루터는 아름다움의 문제, 즉 하나님, 그리스도와 인간은-어떻게 아름다운가 하는 문제-대부분의 주석가들이 가졌던 것보다 더 많은 관심을 가졌다. 예를 들어, 많은 사람들이 하이델베르크 논쟁에서 루터의 십자가 신학의 의미를 해석하려고 노력했지만, 그 논제에서 아름다움에 대한 함의를 끌어낸 사람은 거의 없었다. 그러나 이 논쟁에는 신학적 미학에 대한 중요성이 존재한다. 논제 28의 결론을 생각해 보라: "하나님의 사랑은 그것을 기쁘게[diligibile] 하는 것을 발견하는 것이 아니라 창조한다. 인간의 사랑은 그것을 기쁘게 하는 것을 통해 존재한다."[45] 어떤 것이 아름답기 때문에 누군가에게 기쁨을 주는 것이다. 논제28은 인간과 하나님이 아름다움에 대해 전혀 다른 접근 방식을 가지고 있다는 것을 보여준다. 하나님은 죄 많은 인간을 아름답다고 생각하지 않으시고 오직 자신의 아낌없는 사랑으로 인해 아름답게 만드시는 반면, 인간은 사랑의 대상이 먼저 매력적이지 않으면 사랑할 수 없다. 루터는 이 논제의 두 번째 문장이 아리스토텔레스를 비난하는 것으로 보고 있다: "따라서 아리스토텔레스의 철학은 모든 것에서 자기 자신의 것을 추구하고 좋은 것을 주기보다는 받기 때문에 신학에 반한다는 것도 증명된다."[46] 이타적으로 좋은 것을 주기보다는 자기 자신의 자기 충족을 추구하고 자기중심적으로 받는 것은 위에서 설명한 대로 전통에 내재된 욕망 또는 에로스의 표현이다. 이 초기 작업에 뿌리를 둔 루터의 성숙한 신학은 사랑하는 사람을 자신의 기쁨을 위해 이용하는 자기중심적 에로스를 거부하고, 사랑하는 사람의 기쁨을 기뻐하는 본래적 또는 갱신된 에로스를 긍정한다.[47] 루터가 설명하는 첫 문장이 바로 이 문장이

---

[45] LW 31:57 (WA 1:354.35).

[46] LW 31:57 (WA 1:365.5-7).

다: "인간 안에 거하시는 하나님의 사랑은 죄인, 악한 사람을 사랑하신다. 의롭고, 선하고, 지혜롭고, 강건하게 만들기 위해 어리석고 약한 자들을 사랑하신다. 자신의 선을 추구하기보다는 하나님의 사랑이 흘러나와 선을 베풀어 준다. 그러므로 죄인들은 사랑을 받기(diliguntur) 때문에 매력적이지, 매력적이기 때문에 사랑받는 것이 아니다."[48] 루터에게 하나님은 일방적으로 넘치는 사랑(루터가 가장 좋아하는 신의 이름)과 선함, 즉 아무것도 아닌 자들에게 다가가 그들을 포용하고 그들을 거듭나게 하는 분이다. 하나님은 사랑의 대상에서 본질적으로 매력적인 것을 발견하지 못하신다. 그러나 무로 환원되어 하나님에 대한 의무적 청구권이 없는 이 비객체는 하나님의 자비를 받을 수 있다. 하나님은 아무것도 아닌 것을 그가 창조할 수 있는(효과적인 칭의) 원료로 간주한다(법정적 칭의). 인간의 욕망과 달리 하나님의 사랑은 생성되거나 유지되기 위해 어떤 것을 받을 필요가 없으며; 하나님은 어떤 식으로도 행복주의적이지 않다. 하나님은 사랑스럽지 못한 자를 사랑하시고, 추한 자를 아름답게 여기시며, 죄인을 의롭게 여기신다. 하나님은 인간의 사랑이 연결되어 있지 않은 모든 것을 사랑하신다. 루터는 위에서 설명한 플라톤과 어거스틴의 에로스(*eros*)와 이후에 사랑(*caritas*)에 대한 관점을 하나님의 사랑을 이해하는 부정확한 방법으로 거부한다.[49]

이미 『첫번째 시편 주석』(*Dictata super Psalterium*)에서 그는 아름다움에 대한 생각을 발전시켜 전적으로 자기중심적인 인간의 사랑과 전적으로 자기

---

47 이 표현에 대해서는 2016년 2월 10일 Paul Hinlicky에게 이메일 서신 교환에 대하여 감사를 표한다.

48 LW 31:57(이탤릭체는 추가) (WA 1:365.8-12).

49 에로스(*eros*)가 어떤 의미에서 구속(redeemed) 또는 "해방(liberated)"의 의미가 될 수 있는 경우에 대해서는 8장을 참조하라.

를 내어주는 하나님의 사랑을 구분하게 된다. 주석에서 우리는 젊은 교수가 매우 활기차고 창의적인 정신으로 스콜라 신학과 신비주의의 아이디어를 끊임없이 전면에 내세우고, 자신의 탐구를 올바르게 이해하는 데 도움이 되는지 비판적으로 평가하는 모습을 볼 수 있다. 하나님의 의에 대한 『첫번째 시편 주석』(Dictata super Psalterium)에서 루터를 안내하는 질문은 다음과 같다: 우리는 어떻게 하나님께 합당한 대가를 지불할 것인가? 우리는 젊은 루터를 끊임없이 하나님과 씨름하는 사람으로 본다: 우리 죄인들은 하나님 앞에서 어떤 주장이나 공로, 즉 하나님께서 우리를 의롭게 하실 만한 영성, 선함, 지성 같은 것이 있는가? 그리고 우리의 젊은 주석가는 하나님의 승인(approval)을 위해 그러한 인간의 공로를 교환할 수 있는 가능성으로 제시된 모든 것을 파괴한다. 루터에게 인간은 하나님 앞에서 자신을 낮추거나 하나님께서 십자가와 시련을 통해 인간을 낮추실 때 하나님과 가장 가까워지기 때문에 종교개혁자의 이 초기 단계를 "겸손의 신학(theology of humility)"이라고 불렀다. 루터는 『첫번째 시편 주석』(Dictata super Psalterium)과 『로마서 강해』(Lectures on Romans)에서 점점 더 하나님 앞에서 인간은 수동적인 역할을, 하나님은 고발자 또는 자비를 베푸시는 능동적인 역할로 나아간다. 루터는 『시편주석』과 『로마서 강해』의 작업을 바탕으로 『히브리서 강해』[50] (1517)와 여러 초기 설교에서 다음과 같이 말한다.[51] 죄인을 무의미하게 만드는 하나님의 낯선 사역(opus alienum)과 용서를 통해 죄인을 다시 세우는 본래적 사역(opus proprium)을 명확하게 표현한다. 『첫번째 시편 주석』(Dictata super

---

[50] LW 29: 135 (WA 57:128.14).

[51] 시 19:1(1516년 12월 21일)의 "Sermon on St. Thomas"를 in LW S1:18-19 (WA 1: 111-12) 참조.

Psalterium)의 겸손의 신학과 루터의 성숙한 자세인 오직 그리스도(*solus Christus*)와 오직 믿음(*sola fide*)의 차이는 있지만, 십자가 신학의 기초, 율법과 복음의 구별, 하나님의 낯선 사역과 본래적 사역 사이의 구별 등 루터의 성숙한 신학으로 발아하고 꽃을 피우는 씨앗을 볼 수 있다. 이 겸손의 신학의 핵심은 인간의 교만에 대한 하나님의 심판, 특히 인간이 진정으로 자신은 아무것도 드릴 것이 없다는 하나님의 판단에 동의할 때 우리가 하나님께 무언가를 드릴 수 있다는 가정, 즉 인간이 하나님께 의무를 다할 수 있다는 확신이 있다. 창조된 인간과 죄로 인해 변형된 인간 모두 하나님과의 관계에서뿐만 아니라 존재론적으로도 다음과 같은 핵심에서 아무것도 아니다. 인간 존재는 하나님에 의해 거룩하게 유지되기 때문이다. 마치 루터의 노력은 바울의 질문에 대한 해설과도 같다: "너희가 받지 못한 것이 무엇이냐?"(고전 4:7). 루터는 자신의 신념을 요약했다: "그러므로 하나님은 자신을 고발하고 정죄하고 판단하는 사람 외에는 누구에게도 의롭다 하심을 받지 않는다. 의로운 사람은 무엇보다도 자신을 고발하고 정죄하고 판단하는 사람이다. 그러므로 그는 하나님을 의로우시다 하고 그분으로 하여금 이기게 하고 승리하게 한다."[52]

　　그러나 이 겸손의 신학은 아름다움의 신학에 광범위한 영향을 미친다. 역설적이게도, 가장 추한 사람, 즉 가장 자기 비난적인 사람은 하나님 앞에서 아무런 주장도 하지 않고 오히려 자신을 비난하는 겸손한 사람이다. 하나님과 일치하는 것은 사실 가장 아름다운 것인데, 그러한 죄인들은 하나님의 조명(God's illumination)으로 인해 자신의 죄를 인정할 수 있기 때문이다. 루터는 시편 51편 4절에 대해 언급하며, 이렇게 썼다:

---

[52] *Dictata super Psalterium*, in LW 10:236 (WA 3:288.30-32).

하나님 보시기에 가장 아름다운 사람[*pulcherrimus*]이 가장 추한 사람[*deformissimus*]이며, 그 반대로 가장 추한 사람이 가장 아름다운 사람이다. 그러므로 하나님 보시기에 가장 매력적인 사람[*speciosissimus coram deo*]은 스스로에게 가장 겸손해 보이는 사람이 아니라, 자신을 가장 더럽고 타락한 것으로 보는 사람이다. 그 이유는 그가 거룩한 빛[*lumine sancto*]으로 자신의 가장 깊은 곳에서 깨달음을 얻지 못한다면, 자신의 더러움을 결코 보지 못할 것이기 때문이다. 그러나 그런 빛이 있을 때 그는 매력적이다[*speciosus*]. 그리고 빛이 밝을수록 그는 더 매력적이다. 그리고 그가 빛을 더 밝게 가질수록 그는 자신을 더 추악하고(*deformem*) 합당하지 않은(*indignum*) 존재로 여긴다. 그러므로 자신의 눈에 가장 타락한 사람은 하나님 앞에서 가장 잘생긴 사람[*formosissimus*]이며, 반대로 자신을 잘생겼다고 생각하는 사람은 자신을 볼 수 있는 빛이 없기 때문에, 하나님 앞에서 철저히 추한 사람이다.53

여기서 아름다움은 하나님의 깨달음으로 인한 빛의 미학에 영향을 받는 것이 분명하다. 결론은 죄인들이 스스로 더 많은 영광을 주장할수록 하나님 앞에서 아름다움을 잃어버린다:

그러나 당신이 아름답고 의롭고 강하고 자신에게 선하다면, 이것은 이미 하나님 앞에서 당신 안에 있는 부정과 사악함이 될 것이다. 당신이

---

53 *Dictata super Psalterium*, in LW 10:239 (WA 3:290.23-291.3).

고백을 제거하는 한, 아름다움은 남아 있지 않게 된다. 당신은 자신에게 영광을 구부렸기(have bent) 때문에, 아름다움도 잃었다. 그러므로 하나님께 영광과 고백을 드리면 바로 이 영광이 당신의 장식이 될 것이며, 하나님께 대한 고백이 당신의 아름다움이 될 것이다. 그러나 여러분 자신에 대한 긍정은, 당신이 마음 쓰는 한, 하나님을 욕되게 하는 것이 될 것이다.[54]

핵심을 찔러 말하기를, "누구든지 자신을 아름답게[pulchrum] 만드는 사람은, 추하게[fedatur] 만드는 사람이다. 반대로 자신을 추하게 만드는 사람은 아름답게 된다."[55] 인간의 '아름다움'에서 추함을, 인간의 추함에서 아름다움을 찾는 이러한 역설적인 신념은 전통에서 전례가 없는 것은 아니다. 루터의 사랑(caritas)에 대한 암묵적인 비판에도 불구하고, 우리는 미학에 대한 어거스틴의 기독론적 접근에 주목해야 한다: "가장 공정한 자[그리스도]만이, 더러운 자를 사랑하셔서 그들을 공정하게 만드신 그분만이 우리의 모든 소망이 되게 하소서."[56] 어거스틴의 미학은 루터에게 직접적인 영향을 미쳤는데, 미학에 대한 기독론적 접근은 결국 루터의 손에서 하나님의 은폐성에 대한 두 가지 접근으로 구체화되었다. 하나님은 인간의 생각이나 의지를 완전히 초월하는 하나님의 본성에 대해 완전한 투명성을 추구하는 사람들에게 하나님의 뒷면(posteriora dei)인 숨어계신 하나님(deus abscoditus)으로서 숨겨져 있을 뿐만 아니라, 예수 그리스도의 사역과 설교에서 자비로서도 숨겨져 계신다.[57]

---

54 *Dictata super Psalterium*, in LW 11:262 (WA 4:110.21-26).

55 *Dictata super Psalterium*, in LW 11:263 (WA 4:111.7, 15).

56 Augustine, *Tractates on the Gospel of John* 10.13 (trans. john Gibb and James Innes, NPNE 7.74).

이러한 자기 고발은 죄인들이 하나님께 드리려고 시도할 수 있는 모든 것을 빼앗고, 죄인들에 대한 하나님의 비난적 심판에 동의함으로써 실제로 하나님께 마땅한 것을 드리는 것이다. 겸손해지거나, 나중에 루터가 하이델베르크 논쟁 (*Heidelberg Disputation*)에서 말했듯이, 스스로에게 "완전히 절망"[58]하게 된 죄인들은 그리스도를 필요로 한다. 그러므로 하나님은 죄를 고발하지 않으시고 값없이 용서하신다.[59] 루터는 시편 45:2을 언급하며 그리스도를 "형상이 아름답다"(*speciosus forma*)고 찬양했다.[60] 그리고 그리스도의 아름다움은 신앙의 아름다움으로 전이된다: "왕의 아름다움은 이와 같으니, 속사람은 아름다운 눈, 아름다운 귀, 입술, 뺨, 치아, 얼굴 전체, 손, 발, 배 등 모든 것이 은혜와 덕을 통해 영적인 사람에게 있다."[61] 아마도 여기서 루터는 "속사람"이 이러한 특징들과 적절한 비율과 밝기를 나타낸다고 말하고 있는 것 같다. 그러나 그 비례와 밝기가 "내적"이라는 사실 때문에 그것은 눈에 드러나지 않고 숨겨져 있다.

겸손의 신학은 자기 증오(*odium sui*) 또는 자기 비난을 필수적인 특징으로 포함하기 때문에 신앙에 대한 가혹한 접근 방식으로 특징지어져 왔다. 사실일 수도 있지만, 루터가 그리스도를 가장 아름답고 '영적인 사람'에게 부여된 아름다움으로 찬양한 것은 엄격함을 끝내고 새사람을 해방시키는 것이 분명하다. 한 마디로, 영적인 교만함을 버린 겸손한 사람이 하나님의 은혜와 아름다움을

---

57 Brian Gerrish. "To the Unknown God: Luther and Calvin on the Hiddenness of God," in *The Old Protestantism and the New: Essays on the Reformation Heritage* (Edinburgh: T&T Clark, 1982), 131-49을 참조하라.

58 Thesis 18, LW 31:51 (WA 1:361.23).

59 *Dictata super Psalterium*, in LW 10:147 (WA 3:175.29).

60 *Dictata super Psalterium*, in LW 10:215 (WA 3:258.12).

61 *Dictata super Psalterium*, in LW 10:215 (WA 3:258.19-24).

받을 수 있다. 루터는 하나님께서 겸손한 자, 즉 죄를 자백하는 자에게 은혜를 베푸신다는 베드로전서 5장 5절과 죄인을 정죄하시는 하나님의 공의로운 심판을 인용하여 호소했다. "그러므로 자백이 마음에 있는 한, 아름다움도 오래 있고; 겸손이 있는 한, 은혜도 오래 있다."[62] 궁극적으로 그러한 고백은 하나님 자신의 아름다움과 동일하거나 일치한다:

> 마찬가지로 모든 것이 그분(하나님)의 아름다움[decor]인데, 그 이유는 그분이 찬란하고[decorum] 극도로 아름답다는[pulcherrimum] 것을 보여주기 때문이다. 내면적으로 성령의 아름다움과 찬양을 가진 사람을 제외하고는 사물과 피조물에서 이것을 볼 수 있는 사람이 없다. 그러나 그는 먼저 자기 부정과 자신의 추함에 대한 굴욕감을 갖지 않는 한 이것을 갖지 못한다. 그러므로 자신을 무언가라고 생각하는 사람들은 사물에 많은 추함이 있고 하나님은 아름답지도 않다고 생각한다. 만물은 매우 아름답고(for all things are very beautiful) 올바르게 하나님을 고백하기 때문에, 그들은 아직 추하지 않고 스스로를 부인하지 않는다.[63]

나름대로, 초기 루터는 범칼주의(Pancalism)를 확고히 했지만, 아름다움은 선과 같고 피조물은 아름다움 자체에 참여하기 때문에 어느 정도는 아름답다는 신학적 확신을 형이상학적으로 옹호하지는 않았다. 하이델베르크 논쟁(Heidelberg Disputation)의 루터는 이러한 접근 방식이 주제넘은 영광의

---

[62] Dictata super Psalterium, in LW 11:264 (WA 4:111.38).

[63] Dictata super Psalterium, on Ps 104, in LW 11:317-18(이탤릭체 추가) (WA 4:173.12 -18).

신학이라고 생각했을 것이다. 요점은 형이상학자들조차도 죄로 인해 자신의 내재된 추함을 드러내고 폭로해야 한다는 것이다. 선함, 아름다움, 자유와 같은 신성한 특성이나 속성을 스스로 주장한다는 것은 하나님의 것을 하나님께로부터 빼앗는 것이다. 결론은: 그리스도만이 아름다움이다. 그리고 어떤 것의 아름다움은 그 자체로서는 아무것도 아닌, 오직 하나님에 의해 유지되는 곳에서 그 자리를 찾아야 한다. 루터는 시편 112:3-4을 주석하면서, 이렇게 썼다,

> 아름다움[Decor]은 사람이 명예와 영광을 누리는 모든 아름다움을 보여준다. 그러므로, 영광에 아름다움이 없을 때, 그것은 공허하다. 그러나 그리스도 안에만 오직 아름다움이 있다. 그러므로 그리스도 밖에서는 모든 영광이 공허하다. 그분은 "아름다움으로 자신을 입으셨고"(시 93:1) "영광과 존귀로 면류관을 쓰셨다"(시 8:5). 그러나 우리는 영광 대신 수치로, 명예 대신 부끄러움으로, 아름다움 대신 추함으로 옷을 입어야 한다.[64]

초기 루터에게는 무엇보다도 우리의 인간성, 자기 신격화하는 교만에 반대하는 피조물로서의 우리의 지위가 위험에 처해 있었다. "하나님을 선하다고 부를 때는 자신이 선하다는 것을 부인하고 자신이 악하다는 것을 함께 고백해야 한다. 그분은 자신과 여러분이 동시에 선하다고 불리는 것을 원하지 않으시며, 그분은 자신이 하나님으로 간주되기를 원하시고, 여러분들이 피조물로 간주되기를 원하시기 때문이다."[65]

---

[64] *Dictata super Psalterium*, in LW 11:387 (WA 4:252.10-14).
[65] *Dictata super Psalterium*, in LW 11:411 (이탤릭체 추가) (WA 4:278.37-279.2).

▎ 아름다움과 형태의 문제

이미 루터의 초기 겸손의 신학에서 우리는 그의 독특한 신학 접근 방식의 시작을 볼 수 있다: 하나님은 우리를 죄인으로 죽이시기 전에 우리를 새로운 피조물,[66] 깨끗한 마음을 가진 피조물로 살아나게 하신다. 하나님은 자신의 공로에 근거하여 아무것도 아닌 사람들을 법정적으로 새로운 창조의 원초적인 존재로 간주하신다. 루터의 겸손의 신학에 대한 전체적인 접근 방식은 하나님과 인간의 관계에 대한 법정적인 접근 방식에 의해 점점 더 지배되고 있다. 즉, 하나님과 인간의 관계에서 중요한 것은 하나님이 우리를 어떻게 평가하시는가 하는 것이다. 우리가 우리의 무가치함을 인정할 때, 하나님도 우리를 포용하신다. 루터는 요하네스 타울러(Johannes Tauler, 약 1300-1361년)와 같은 특정 신비주의자들에 대한 연구를 통해 하나님 앞에서 그리스도인의 핵심 정체성, 즉 모든 인간의 정체성은 전적으로 수동적인 정체성이라고 주장했다. 새로운 피조물은 동료 피조물인 이웃에 대해서는 도움이 필요한 다른 사람들을 섬김으로써 능동적이지만, 하나님 앞에서는 전적으로 받는 자라는 것을 알고 있다. 따라서 루터의 신학 경력 초기 단계의 겸손은 시간이 지나면서 십자가의 신학으로 변모한다. 하나님은 다양한 '시련과 고통'[67]과 율법의 꾸짖는 목소리를 통해 옛 아담과 이브를 십자가에 못 박아 인간이 스스로 신격화되고 삶을

---

66 이 주제에 대한 자세한 내용은 Robert Kolb, "God Kills to Make Alive: Romans 6 and Luther's Understanding of Justification (1535)." *LQ*12 (1998), 33-56.

67 *Lectures on Hebrews*, in LW 29: 130 (WA 57/3:122.19).

통제할 수 있다는 옛 존재의 주장에 대한 확신을 잃도록 하신다. 그 결과 죄인들은 예수 그리스도를 통해 주어진 하나님의 선하심과 아름다움을 신뢰하게 되었다. 그러나 그러한 아름다움은 숨겨져 있다. 그것은 오직 믿음의 눈으로만 파악할 수 있다. 잘난 척하는 죄인들은 자신의 생각에는 아름답게 보이지만 사실 하나님 앞에서는 추악하다. 회개하는 그리스도인들은 하나님의 율법에 의해 비난을 받지만, 세상 앞에서 "형체도 없고 멋도 없으셨던"(사 53:2 KJV) 그리스도에 대한 전적인 의존을 알고 그분의 의로움의 아름다움을 부여받는다. 그러한 아름다움은 하나님의 말씀에 대한 신뢰이며, 율법은 죄인을 무의미하게 만들고 복음은 그리스도의 의를 자신의 의로 주장할 수 있게 한다. 따라서 자기 존재의 핵심을 결정짓는 자기 정당화적 자기중심주의에서 벗어나, 먼저 자신의 신뢰의 중심이 되는 그리스도 안에서, 그리고 이제 '그리스도'가 되어 섬기는 이웃 안에서 외적으로, 자신 밖에서 살아간다.[68]

『로마서 강해』(*The Lectures on Romans*, 1515~16)는 우리가 강론에서 보았던 하나님과의 투쟁, 특히 죄인을 고발하는 하나님의 진리가 반드시 승리한다는 진리에 대한 투쟁이라는 주제를 계속 이어간다. "그러므로 겸손히 자신의 의를 부인하고 하나님 앞에서 자신이 죄인임을 고백하는 사람은 진정으로 하나님께 영광을 돌리며 그분만이 의롭다고 선포한다."[69] 이 강론은 자신을 아름답다고 여기는 자기 안전주의자들을 신이 추하게 만들지만, 자기의 의로움이 무의미함으로 드러났기 때문에 추해진 사람들에게 관대하게 자신의 아름다움을 베푸신다는 주제를 계속 이어나간다: "같은 방식으로 하나님의 의가 더

---

[68] "그러므로 나는 그리스도께서 자신을 이웃에게 바치신 것처럼 내 자신을 이웃에게 그리스도로 바치겠다." (*The Freedom of a Christian*, in LW 31:367 [WA 7:66.35]).

[69] *Lectures on Romans*, in LW 25:200 (WA 56:2 15.5-7).

아름다울수록[*pulchrior*] 우리의 불의는 더 더러워진다[*fedior*]. 그러나 이 시점에서 사도는 이러한 사상을 언급하고 있지 않다. 왜냐하면 이것은 하나님의 내적이고 형식적인 의이기 때문이다."[70] 마찬가지로, "반대되는 것들이 단독으로 놓여 있을 때보다 서로 나란히 놓여 있을 때 더 유리하게 드러나는 것처럼, 그분의 의가 더 아름다울수록 우리의 불의는 더 더러워진다."[71]

루터는 인류의 최악의 것뿐만 아니라 인류의 최선의 것까지 제거하는 데 관심을 가졌다. 그는 이를 하나님이 "옛 모습"을 파괴하고 인간에게 "새 모습"을 부여하는 것으로 설명하는데, 이 새 모습은 다름 아닌 신자 안에 있는 그리스도의 대리인이다. 그리스도는 양심을 보호하고 인간에게 봉사할 수 있는 능력을 부여한다. 아리스토텔레스에 이어 중세 사상가들은 질료인(무언가가 만들어지는 재료), 형상인(그것이 만들어지는 패턴), 작용인(만드는 행위자), 목적인(무언가가 만들어지는 목적)의 4중 인과관계를 파악했다. 앞서 언급했듯이 중세 신학자들은 형식적 원인을 아름다움과 연관시켰다. 루터는 죄인이 하나님의 은혜를 받을 수 있고 하나님이 지으실 수 있는 무언가를 간직하고 있다는 사실을 부정하는 급진적인 제안("우리는 전적으로 악에 기울어져 있어서 선에 기울어진 부분이 우리 안에 남아 있지 않다")을 감안할 때,[72] 하나님의 재창조의 사역은 옛 사람이 죄로 인해 너무 기형적이므로 인간에게 새로운 형태를 부여하는 것이라고 제안한다. 루터는 그레고리우스 라이쉬(Gregorius Reisch, 약 1467-1525)의 생각에 호소하며 이렇게 썼다:

---

[70] *Lectures on Romans*, in LW 25:205 (WA 56:220.6-8).

[71] *Lectures on Romans*, in LW 25:205 (WA 56:221.12-14).

[72] *Lectures on Romans*, in LW 25:222 (WA 56:237.5-8).

낮아진 사람 외에는 아무도 높아지지 않고, 비워진 것 외에는 아무것도 채워지지 않으며, 허물어진 것 외에는 아무것도 지어지지 않는다. 철학자들이 말했듯이, 어떤 사물은 먼저 형태가 없거나 이전의 형태가 바뀌지 않는 한 형태를 갖지 않으며, '잠재적 아이디어'는 처음에 모든 형태가 제거되어 백지상태(tabula rasa)로 되지 않는 한 형태를 갖지 못한다.[73]

루터가 '형태'라는 용어를 사용한 것은 신격화에 대한 대안적 이론을 제시하기 위해서가 아니라 새로운 피조물로서의 하나님 앞에서(*coram deo*) 우리의 지위(status)를 말하기 위해서다. 이는 사물이 더 높은 수준의 완전한 형태를 이룰 때, 더 선하고 아름다워진다는 스콜라적 가정을 피한다. 그 대신에, 하나님은 자신의 피조물을 새롭게 만드는 사역을 하고 계신다. 신자들은 십자가에 못 박히신 그리스도의 형상을 닮아가고 있으며, 이는 효과적인 칭의(effective justification)이다. 그들은 완전한 질서, 혹은 율법을 따르지 아니하고, 오직 우리에게 추한(ugly) 그리스도의 형상을 따른다. 루터의 십자가 신학은 미의식을 떠나서는 형성되지 않는다.

그것은 완전한 질서, 즉 율법을 따르는 것이 아니라 우리에게는 추한 그리스도의 형상을 따르는 것이다. 루터의 십자가 신학이 구체화될 때 그것은 아름다움에 대한 감각을 떠나서 이루어지지 않았다. 이것을 더 명확하게 이해하기 위해 우리는 하나님의 일이 무엇을 의미하는지 알아야 한다. 의롭고, 진실하고, 평화롭고, 친절하고, 인내하고, 자비롭고,

---

[73] *Lectures on Romans*, in LW 25:204 (WA 56:218.18-219,2).

기쁨과 건강을 창조하는 것은 그분의 본성에 따라 행동하는 것 외에는
할 수 없기 때문에 의, 평화, 자비, 진실, 인내, 친절, 기쁨, 건강, 인내,
자비를 창조하는 것 외에는 아무것도 없다. 그러므로 하나님은 의롭고,
평화롭고, 인내하고, 자비롭고, 진실하고, 친절하고, 즐겁고, 현명하고,
건강한 사람을 창조하신다. 시 111[:3]에 "그분의 손길, 즉 창조물에는
명예와 위엄이 가득하다."라고 말씀하신 것처럼 그분의 작품이 있다.
즉, 찬양과 위엄 또는 영광과 광채는 하나님의 작품이다. 시 96[:6]이
"존귀와 아름다움[pulcherrimum]이 그 앞에 있고 힘과 위엄이 그의
성소, 즉 그의 교회에 있도다"라고 말한 것처럼, 그것은 칭찬할 만하고
흠이 전혀 없는 매우 아름다운[pulchritudo] 것이다. 그러므로 하나님의
행위는 의인과 그리스도인이며, 그들은 그의 새로운 창조물이다.[74]

자기-칭의(self-justification)와 자기중심성을 무너뜨리는 하나님의 낯선
사역(alien work)은 사람들을 새롭게 만들기 위한 창조적 목적과 결부되어
있다.[75]

따라서 도공이 진흙으로 그릇을 만들 때, 이전 형태는 그릇의 형태에
저항하고 부족하기 때문에, 일반적으로 철학자들이 말하는 것처럼 이전
형태의 진흙을 미리 제공하면서 동시에 그릇을 만드는 것은 불가능하다:
"한 사물의 진화는 다른 사물의 파괴이며, 운동은 반대에서 반대로 이루

---

[74] "Sermon on St. Thomas' Day" (December 21, 1516), LW 51:18-19 (이탤릭체 추가)
(WA 1:112.10-20).
[75] Lectures on Hebrews, in LW 29:135 (WA 57:128.14-15).

어진다."... 따라서 자연 상태, 지혜, 신중함, 목적 또는 하나님이 함께 일하시는 사람의 선한 의도가 그대로 유지되거나 앞으로 나아가는 것은 불가능하다. 말하자면, 이 모든 것은 하나님이 일하기 시작했을 때 정반대의 자리를 내어주는, 원재료이자 형성되지 않은 진흙이다.[76]

그리고 이 새 생명, 새 창조의 모양은 깨끗한 마음의 모양이다.[77] 그리고 말씀의 능력으로 우리 안에 형성되는 새 모양은 다름 아닌 그리스도를 닮은 종의 모양이다.[78]

마지막으로, 우리는 루터가 죄인에 대한 하나님의 법정적 고려에 초점을 맞추면서 그리스도는 아름답고 영혼에 바람직하다는 암묵적인 아름다움에 대한 확신을 가지고 신부 신비주의(bridal mysticism)를 재해석했다는 점에 주목해야한다. 그리스도는 영혼에 아름답고 열망적이다. 그리고 영혼은 그리스도께 아름답다. 루터의 신부 신비주의는 젊은 루터의 초기 작품에서 아름다움에 대한 법정적인 성격을 이어받았다. 즉, 신부는 빚과 부채(debts and liabilities), "죄와 죽음과 저주"를 안고 그 관계에 들어오지만,[79] 신랑으로서 그리스도는 "신부의 것을 취하고 자신의 것을 신부에게 주어야 한다고 말한다. 그가 자신의 몸과 자기 자신을 그녀에게 준다면, 어찌 그의 모든 것을 그녀에게 주지 않겠습니까?"[80] 따라서 루터는 "여기서 우리는 친교뿐만 아니라 복된 투쟁과 승리, 구원과 구속에 대한 가장 감미로운 환상(*dulcissimum*

---

76 *Lectures on Hebrews*, in LW 29:149 (WA S7:143.11-22).

77 *Lectures on Hebrews*, in LW 29:152 (WA S7:147. 18-19).

78 "Two Kinds of Righteousness"(1519), in LW 31:301 (WA 2:148.15).

79 *The Freedom of a Christian*, in LW 31:351 (WA 7:55.1).

80 *The Freedom of a Christian*, in LW 31:351 (WA 7:55.5-6).

spectaculum)을 본다."[81] 그리스도는 "악한 창녀"의 이러한 빚을 흡수하신다.[82] 그녀는 그가 그녀의 빚을 흡수할 때에도, 그의 신분과 재산에 대한 권리를 가지며 주장할 수 있다고 루터는 말한다. 다시 한 번, 우리는 일종의 "법정적 아름다움"을 확립했다. "신성한 신랑인 그리스도는 가난하고 사악한 창녀와 결혼하여 그녀를 모든 악에서 구속하시고, 그의 모든 선[*omnibus suis bonis*]으로 그녀를 아름답게[*omnibus suis bonis*] 장식[*ornans*]한다"[83] "장자권"(birthright)으로, 그리스도는 왕이자 제사장이다. 결혼을 통해 "아내는 남편에게 속한 모든 것을 소유하게 된다. 그러므로 그리스도를 믿는 우리 모두는 그리스도 안에서 제사장이자 왕이다."[84] 행복한 교환(the happy exchange)은 영혼을 그리스도와 결합시키지만 신부가 자신의 정체성을 잃는 방식은 아니다. 그 대신, 신부의 정체성은 결혼에 부여된 모든 권리, 명예, 특권과 함께 관계를 기반으로 확립된다. 이 새로운 관계에 영향을 미치는 것은 말씀의 힘이다. "말씀은 영혼에 그 특성을 부여한다... 마치 달궈진 쇠가 불과 결합하여 불처럼 빛나는 것처럼"[85]

❙ 결론

[81] *The Freedom of a Christian*, in LW 31:351 (WA 7:5S.7-8).

[82] *The Freedom of a Christian*, in LW 31:352 (WA 7:55.26).

[83] *The Freedom of a Christian*, in LW 31:352 (WA 7:55.26-27).

[84] *The Freedom of a Christian*, in LW 31:354 (WA 7:56.35-38).

[85] *The Freedom of a Christian*, in LW 31:349 (WA 7:53.27). 또한 Marc Lienhard, *Luther: A Witness to Jesus Christ: Stages and Themes of the Reformer's Christology*, trans. Edwin H. Robertson (Minneapolis: Augsburg, 1982), 131-36.

형이상학적으로 이해되는 아름다움은 루터의 관심사가 아니었다. 그러나 그리스도 또는 그리스도인 안에 숨겨진 진리로 여겨지는 아름다움이 관심사였다. 성육신하신 하나님의 아들은 죄로 인해 추해진 인간을 하나님 앞에서 아름답게 재창조하기 위해 추하게 되셨다. 어거스틴보다 더 나아가 초기 루터는 아름다움을 하나님의 의와 교환할 수 있는 것으로 주장하는 교만으로 가득 찬 인간을 하나님은 아무것도 아닌 존재로 축소하신다고 강조했다. 하지만 그 길은 그리스도의 아름다움을 형성하거나 빛을 재료로 간주하기 때문에, 세상의 눈에 "아무것도 아닌" 낮은 자들을 하나님께서는 돌보시기 때문이다. 성숙한 루터의 작품에서 볼 수 있듯이, 하나님은 낯선 사역(an alien work)을 하신다는 것, 즉 하나님은 심지어 숨겨진 하나님(deus absconditus)이라는 것은 그의 본성상 하나님이 아름답거나 선하다는 주장과 양립할 수 없는 것이 아니다. 루터의 하나님에 대한 관점은 고도로 관계적인 것이다. 우리가 교만함으로 하나님 앞에 나아가면, 우리의 자기 의(self-justification)를 위협하고 협박하는 하나님으로 만나게 되고, 회개함으로 하나님 앞에 나아가면, 예수 때문에 자비로운 하나님으로 만나게 되는 등 우리가 상대하는 하나님은 변화한다. 하나님은 순전히 선하신 분이라는 것은 자연과 은혜의 빛을 넘어 영광의 빛으로 종말론적으로만 확립될 수 있는 진리이다. 그럼에도 불구하고, 루터는 시편 45편에 대한 그의 후기 주석에서 "이것은 위로로 가득한 하나님에 대한 묘사 또는 정의이다: 하나님은 고통 받는 자를 사랑하시고, 겸손한 자에게 자비를 베푸시며, 타락한 자를 용서하시고, 의기소침한 자(the drooping)를 살리시는 하나님이라는 사실에 대해 확언한다. 하나님에 대해 이보다 더 좋은 그림을 그릴 수 있을까? 하나님은 우리가 믿는 대로 참으로 그러하시다."[86]

루터에게 아름다움은 중요한데, 죄로 인해 추해진 인간이 새로운 피조물로서 하나님의 아름다움을 요구할 수 있도록 외적인 아름다움을 포기하신 그리스도 는 우리에게 길을 보여 준다.

---

86 LW 12:406. Piotr J. Malysz는 다음과 같이 언급한다.
　　루터의 하나님은 그 무엇도 피할 수 없고 결과적으로 인간의 구원도 그 힘에 달려 있는, 자의적으로 운명을 정하는 신일뿐만 아니라 악한 신으로도 나타나야 한다. 이러한 깨달음은 사람을 공포로 가득 채울 수밖에 없다. 그러나 그 공포는 궁극적으로 하나님의 정의에 대한 루터 자신의 고뇌처럼 구원을 위한 '유익한 절망'으로 이어지기 위한 것이다. 위엄 속에 숨어 계신 하나님은 구원의 능력을 행사하시는 하나님이시지만, 세상 구원을 위해 십자가의 연약함으로 자신을 감추신 하나님과는 다른 하나님이시다. 오히려 그분이 자신을 숨기시는 목적은 교만한 인간을 아무것도 아닌 존재로 전락시켜 더 이상 자신을 믿을 수 없게 만드는 데 있다. ... 따라서 하나님의 장엄한 숨으심에 대한 절망은 그분의 구원하시는 숨으심에 대한 진정한 신앙적 감사로 이어진다. ("Luther and Dionysius.: Beyond Mere Negation." In *Re-thinking Dionysius the Areopagite*, ed. Sarah Coakley and Charles M. Stang [Oxford: Wiley-Blackwell, 2009]. 156)
　　또한 Robert Kolb, *Bound Choice, Election, and the Wittenberg Theological Method.: From Martin Luther to the Formula of Concord* (Grand Rapids: Eerdmans,. 2005), 37-38을 참조하라.

05

|

아름다움에 대한 성숙한 루터

성숙한 루터는 『첫 번째 시편 강해』(*Dictata super Psalterium*, 1513-15), 『로마서 강해』(*the Lectures on Romans*)(1515-16), 『하이델베르크 논쟁』(*Heidelberg Disputation*, 1518)에서 초기 연구에서 확립한 아름다움(*Pulchristudo, decus, species, or forma*)에 대한 견해를 바탕으로 이를 확장해나갔다. 어거스틴과 위-디오니시우스에 이어 루터의 중세 선조들(forebears)은 아름다움은 적절한 비율과 빛으로 식별되어야 한다고 믿었다. 또한 그들은 모든 아름다운 것은 진리와 선뿐만 아니라 아름다움 자체에도 관여한다고 믿었는데, 이를 범칼주의(pancalism)라고 불렀다. 토마스 아퀴나스는 아우구스티누스와 위-디오니시우스의 비례와 빛에 대한 기준을 확장하여 아름다움의 세 번째 기준인 완전성 또는 완벽함을 추가했다. 루터는 적어도 죄 많은 인간에 대한 하나님의 평가가 아니라 세상 앞에서(*coram mundo*) 존재하는 아름다움에 대한 평가와 관련하여 아름다움을 볼 때 이 세 가지 미의 기준을 결코 거부하지 않았다. 앞으로 살펴보겠지만, 이러한 기준은 종교개혁자가 그의 후기 『창세기 강해』에서[1] 묘사한 최초의 인간의 본래의 의(*iusticiae originalis*)에 대한 견해에 필수적인 요소이다. 그러나, 종교개혁자는 하나님

---

[1] LW 1:164 (WA 42:123.37).

앞에서(*coram deo*) 죄인에게 요구되는 아름다움을 검토할 때 이러한 기준을 깨뜨렸다. 복음은 이러한 기준을 전복한다(subverts): 아름다움 그 자체이신 그리스도는 죄로 인해 추해진 사람들이 하나님 보시기에 아름다워질 수 있도록 죄인들과 동일시되어 추해지셨다.

루터의 관점에서는 아름다움에 대한 율법적 관점과 복음적 관점을 구분해야 한다. 그래서 그는 비례, 밝기, 완전성이 아름다움을 평가하는 적절한 기준이라고 주장했다. 그러나 하나님 앞(*coram deo*)에서는 이러한 아름다움의 기준이 적용되지 않는다. 왜 그럴까? 회개하지 않는 죄인들은 그리스도가 비천한 자들과 어울려 불쾌감을 느끼기 때문에 그리스도를 추하게 여기며, 자신에게 자비가 필요하다고 믿지 않는다. 그러나 회개한 죄인들은 하나님의 용서와 자비를 갈망하고 절망하기 때문에 그리스도의 아름다움, 즉 그의 긍휼에 영광을 돌린다. 회개한 죄인들은 외부적으로 주어진 선물인 그리스도의 아름다움으로 단장한다. 법정적으로 말하자면(Forensically speaking), 하나님은 예수를 위해 추한 것을 아름답다고 판단하신다. 루터에게, 하이델베르크 논쟁(1518년)의 말에서, 죄인은 매력적이기 때문에(하나님 앞에서 주장할 수 있는 공로로서의 아름다움) 사랑받는 것이 아니라 사랑받기 때문에(하나님의 사랑이 그들을 주장함으로써 그들을 치유하는) 매력적이다.[2] 따라서 루터는 아름다움에 대한 중세의 관점을 전복시킨다.

초기 루터는 하나님 앞에서 죄인은 스스로 선함이나 아름다움을 주장할 수 없기 때문에 죄인의 아름다움을 배제했는데, 물론 죄인은 이것을 원한다. 그러

---

[2] 논제 28의 결론을 생각해 보라: "하나님의 사랑은 그것을 기쁘게[diligibile] 하는 것을 발견하는 것이 아니라 창조한다. 사람의 사랑은 그것을 기쁘게 하는 것을 통해 생겨나게 된다."(LW 31:57 [WA 1:354.35]).

나 그러한 주장은 하나님의 비난하는 법에 의해 산산조각이 난다. 죄인은 그들의 주장 대신에, 전적으로 하나님의 손에 맡겨진다. 중세 신학자들은 아름다움을 삼위일체 제2격의 속성 또는 고유한 특성으로 간주했다. 본질적으로, 루터는 여기서 그의 선조들과 견해를 같이 한다: "사물의 쓰임을 보는 사람은 성령을 보고, 사물의 형태나 아름다움을 분별하는 사람은 성자(the Son)를 보고, 사물의 실체와 지속적인 존재를 고려하는 사람은 아버지를 본다. 이 세 가지, 즉 실체, 형태, 선은 분리될 수 없다."3 그러나 아름다움으로서의 그리스도는 죄인들의 방어 메커니즘(defense mechanisms)에 위협이 되기 때문에 죄인들에게는 아름답지 않다. 그분은 자신의 눈에 아름다운 사람들을 추하게 만들고, 하나님의 율법의 비난을 통해 추하게 만들어진 사람들을 아름답게 만든다. 이로써 그리스도는 자기-칭의(self-justification)에 의해 지배되는 모든 시스템을 전복시킨다. 하나님의 의로운 용서의 말씀이 죄인들 안에 새 생명을 세우면서 그들은 점점 더 십자가에 못 박히신 분의 형상을 닮아간다. 즉, 모든 것보다 하나님을 향한 두려움과 사랑, 신뢰가 더욱 깊어진다.

루터가 하나님의 진노로 위협받는 죄인들에게 하나님의 넘치는 사랑의 표현으로 아름다움을 확립한 더 넓은 결과는 인간 정체성의 핵심으로서 욕망의 중심성을 소멸시키는 것이다. 그 대신에, 루터에게 하나님에 대한 믿음 또는 그 부족(자아에 대한 믿음과 같은)이 인간 본성의 핵심으로서 욕망을 대체하지만, 의심할 여지없이 인간은 욕망의 피조물이며, 궁극적으로 그들의 욕망은 하나님과 함께 미래에서 성취될 것이다. 루터는 영생에 대해 말하면서, "그러나 그분(하나님) 안에서 우리의 모든 필요와 욕구가 충족될 것이다."4 욕망은 우선

---

3 *Lectures on Genesis*, in LW 4:196 (WA 43:276.33-36).
4 *Lectures on 1 Corinthians 15* (1532-33), in LW 28:144 (WA 36:596.25).

마음의 믿음 안에서 성립된다. 마음이 집착하는 것이 인간 욕망의 핵심이다. 이 장에서는 루터의 후기 시편 강의들(1530년대와 1540년대), 『갈라디아서 강해』(*Lectures on Galatians*, 1535년), 『창세기 강해』(*Lectures on Genesis*, 1535년 이후)를 통해 루터가 아름다움, 특히 죄인을 구원하시는 그리스도의 아름다움, 하나님께서 믿음의 사람들에게 세우시는 새 생명의 아름다움, 타락 이전의 인간성의 순수하고 흠 없는 아름다움에 대한 성숙한 시각을 어떻게 발전시켰는지 살펴볼 것이다.

▌ 일부 시편에서 역설적인 아름다움(1530년대)

루터의 아름다움에 대한 초기 관점은 그의 시편 해설서인 『첫 번째 시편 주석』(*Dictata super Psalterium*)을 통해 두드러지게 드러났다. 시편은 종종 하나님과 메시아가 모두 아름다우며 따라서 신뢰할 수 있고 갈망할만하다고 주장한다. 루터는 시편 45편, 51편, 112편을 초기에 주석(exegesis)하면서 아름다움의 본질과 인간이 하나님께 어떻게 표현해야 하는지에 대해 생각하게 되었다. 루터에게 있어 하나님과 가장 가까운 사람은 하나님 앞에서 적극적으로 자신을 낮추거나 다양한 십자가와 시련을 통해 수동적으로 낮아지는 사람이기 때문에 종교개혁자의 이 경건한 단계에서 그의 관점은 '겸손의 신학(theology of humility)'으로 명명되었다. 루터는 『주석』(*Dictata*)과 『로마서 강해』(1515~16년)에서 점점 더 인간의 수동적인 역할인 하나님 앞에서(*coram deo*)를 강조하고, 반대로 하나님의 적극적인 역할인 고발자 또는 자비의 수여자로서의 역할을 강조했다. 아름다움에 관한 그의 작업의 결론은 역설

적인 접근 방식이다: "자신을 아름답게 만드는 사람[*pulchrum*]은 추하게 되고 [*fedatur*], 반대로, 자신을 추하게 만드는 사람은 아름답게 된다."5 하나님께서 은혜를 베푸시는 것은 겸손한 자에게다. 인간에게 선함, 아름다움, 자유와 같은 신성한 특성, 이름, 속성을 스스로 주장한다는 것은 하나님께 속한 것을 하나님께로부터 빼앗는 것이다.

루터가 겸손의 신학에서 벗어나 하나님 앞에서 자신을 낮추는 인간의 능동적 역할이 율법의 고발을 통해 하나님께 낮아지는 수동적 역할로 일관되게 대체되는 십자가 신학으로 나아감에 따라 아름다움에 대한 이러한 역설적인 주제는 더욱 강화된다. 하나님은 부활하신 그리스도를 통해 죄인을 살리시기 위해 죄인을 죽이신다. 그러나 이러한 역학 관계는 외모와 현실 사이에 불일치를 설정한다. 그리스도는 육체적으로는 아니더라도 인격적으로는 적어도 죄인들에게는 추하게 보인다. 하나님 앞에서 자신의 자족을 믿기 때문에 그분의 자비를 혐오하지만, 실제로 그리스도는 참으로 아름다움 그 자체이다. 마찬가지로 죄인은 스스로에게는 아름답게 보이지만 실제로는 추한 존재이며, 죄인의 추함을 대신하여 심판하시는 하나님의 심판은 결정적이고 최종적(definitive and final)이다. 마지막으로, 그리스도인은 스스로 아름다움을 주장할 수 있는 위치에 있지 않으며, 오직 그리스도에 의해 전가된 아름다움을 주장할 수 있다. 이러한 주제는 1530년대와 1540년대의 다양한 시편에 대한 성숙한 루터의 주석에 명시되고 확장된다. 가장 중요한 것은 종교개혁자의 판단에 따르면 믿음에 의한 의는 단순히 하나님의 아름다움의 표현이다. 하나님의 아름다움은 그의 의로움의 표현이다. 하나님 앞에서(*coram deo*), 칭의는 아름다움이며

---

5 *Dictata super Psalterium* (1513-15), in LW 11:263 (WA 4:111.7, 15).

하나님의 전가된 아름다움(그리스도 자신)이 칭의이다. 아름다움의 전가와 관련하여: 보는 사람의 눈 밖의 아름다움은 보는 사람의 눈에 의해 만들어진다. 그것은 하나님의 바라봄의 본질이다.6

　　루터의 후기 시편 주석에서 아름다움에 관한 가장 적절한 자료는 시편 8편과 45편에 대한 그의 발언에서 찾을 수 있다. 시편 8편에 대한 주석은 1537년 11월 1일에 루터가 설교한 내용이다. 종교개혁자는 시편 8편 5절을 언급하면서 반대와 역경에 직면한 예수 그리스도에 대한 하나님의 옹호와 신실한 증인됨을 주장한다. 이사야(53:2)에 나오는 고난 받는 종(그리스도)이 "형체도 없고 매력도 없다"7는 묘사에 근거하여, 루터는 초기나 후기 모두 그리스도의 "추함"을 그리스도가 실제로 육체적으로 잘생기지 않았다는 사실, 또는 죄인들이 단순히 그분을 추하다고 보는 고정된 생각(are hardwired) 때문이라고 인정했다. 여기서 그리스도의 추함에 대한 평가는 특히 그의 반대자들에게 거부당한 것과 관련하여 반복된다. 루터는 회개하지 않는 모든 죄인을 포함하는 그리스도의 반대자들을 공격한다. 그러나, 그리스도의 고난에 동참하고 그리스도와 함께 복음을 고백할 때 핍박에 동참하는 회개한 죄인들을 또한 위로한다. 종교개혁자는 박해와 관련된 주제를 발전시켜 아름다움을 하나님의 백성을 향한 종말론적 목적의 완성과 연결시킨다. 따라서 루터 자신과 많은 복음주의 기독교인들이 그랬던 것처럼, 루터는 역경을 겪고 있는 사람들에게 희망을 선사한다.

---

6 2014년 봄에 Robert Kolb에게 받은 서신에서 얻은 통찰력이다.
7 예를 들면. "Commentary on Psalm 45" (1532), in LW 12:208 (WA 40/2:487.9)을 참조하라.

아무도 지지하지 않고 하나님과 온 세상으로부터 버림받은 그분(그리스도), 그분[하나님]이 고통에서 평화로, 고뇌에서 위로와 기쁨으로 이끌어 내리실 것입니다. 그분이 견디신 멸시와 조롱과 수치로 인해 주님은 그분을 명예롭게 장식하실[zieren] 것입니다. 그분이 지상에서 가졌던 추악한 모습[hesliche Gestalt] 때문에 주님은 그분을 귀하게 입혀[kleiden] 사방에서 옷을 입히고 장식하고 면류관을 쓰실 것입니다. 그분은 자신의 인격을 위해 몸과 영혼이 아름답고[schoen] 영원함으로 가득할 뿐만 아니라 구원과 지혜와 권능과 능력이 충만하고 하늘의 위엄과 신성이 충만하여 모든 피조물이 그분을 존경하고 경배할 것이며, 그분은 또한 지상의(on earth) 그리스도인들과 신자들과 하늘과 이 세상과 오는 세상에서 택하신 천사들과 함께 영광스럽게 장식되고 장식되실 것입니다.[8]

이 구절의 핵심은 그리스도의 아름다움의 핵심을 구성하는 역설인 아름다움과 관련하여 외모와 현실 사이의 구별을 강조하고, 완벽함, 부분, 빛이라는 중세의 아름다움에 대한 긍정을 전복하는 것이다. 죄인들이 거부한 그리스도의 아름다움은 숨겨져 있고, 명백하지 않으며, 따라서 누구도 볼 수 없다. 그럼에도 불구하고, 그리스도는 그의 신자들과 함께 하나님에 의해 옹호되고 영광을 받을 것이다. 종말론적으로 아름다움을 희망과 연결시키는 이 확신에 찬 주제는 루터의 『창세기 강해』(Lectures on Genesis) 에서도 반복된다:

그녀[교회]가 견디는 이러한 비난은 그녀가 지상에서 착용하는

---

8 "Commentary on Psalm 8"(1537), in LW 12:128 (WA 45:241.35-242.10).

아름다운 보석[*schöne Eldestein*], 장신구 및 황금 사슬입니다. 이것들은 그녀의 보옥이자 그녀의 가장 아름답고 귀중한[*pulcherriam et preciosissima*] 보석으로, 하나님이 이생에서 그녀를 장식[*ornat*]합니다. 따라서 이 예에서 하나님께서 개인적으로 그리고 온 교회를 어떻게 시험하는지에 대한 그림이 야곱의 예에 따라 그려집니다. 그분은 그녀와 씨름하고 그녀를 버리고, 제거하고, 실제로 멸망시키려는 대적과 원수처럼 행동하시기 때문입니다.[9]

루터는 순교자들이 간절히 듣고 싶어 하는 위로를 호소하면서, 박해는 피할 수 없는 것이며, 그러한 고통을 통해 하나님께서 교회를 구성하는 신자들에게 그리스도의 정체성의 흔적을 세우실 것이기 때문이라고 주장한다. 인간의 비난이 교회의 정체성을 규정하는 것이 아니라, 그리스도에 대한 신자의 충실도에 대한 하나님의 평가가 시험을 받는다는 것이다. 공격을 받으면서도 흔들리지 않는 그리스도인들은 신앙이 더욱 성장하고 자신을 덜 바라보게 되어 아름다움의 전형이신 그리스도를 더욱 닮아가게 될 것이다. 루터에게 이러한 역경 뒤에는 비록 숨겨져 있기는(albeit hidden) 하지만, 하나님이 친히 임재하시기 때문에, 신자들은 필요할 때, 그리스도께 피하는 법을 다시 배울 수 있다.

1532년에 행한 강의를 바탕으로, 시편 4편에 대한 루터의 주석은 그리스도의 아름다움은 육체적 특성이 아니라 영적 특성에서 찾아야 함을 명확히 한다. 아름다움이 영적 특성, 예를 들어 신실함이라면 아름다움은 아리스토텔레스의 황금률에서 발견되는 것이 아니라 하나님의 약속에 대한 신뢰와 하나님 자신의

---

9 LW 6:147 (WA 44:110.6-11).

자기 내어줌에서 발견된다. 종교개혁자는 초기 겸손의 신학에서 형성된 죄인의 신념을 반복한다. 스스로 아름다움을 주장하는 사람들은 하나님 앞에서 (*coram deo*) 자신의 추함을 무시한다. 다시 말하지만, 하나님 앞에서 공로를 주장하려는 자랑스러운 아름다움의 모습은 하나님 앞에서 추함을 초래하며 죄인의 삶에서 항상 일하고 있다. 죄 많은 인간은 그러한 추함에 눈이 멀고, 더 나아가 그리스도의 아름다움에도 눈이 멀어 있다. 루터는 죄인은 성령의 깨우침을 통해서만 하나님 앞에서(*coram deo*) 그들의 허무함을 볼 수 있다고 지적한다. 진정으로 아름다운 분은 오직 그리스도뿐이다.

유대인들이 특별히 그분의 모습을 존경했다는 기록이 없기 때문에, 어떤 사람들은 그리스도보다 더 아름다운 모습을 가졌을 수도 있다. 우리는 여기서 그분의 자연적이고 본질적인 모습이 아니라 그분의 영적인 모습에 관심을 두고 있다. 그분은 사람의 아들들 가운데서 가장 아름다운 형상을 가지셨기 때문에 마침내 그분만이 정교하게 형성되고 [*solus formosus*] 아름답다. 그 밖의 사람들은 모두 악한 의지, 죄에 대한 저항력의 약함, 그리고 본성적으로 우리에게 달라붙는 다른 악덕에 의해 변형되고, 흐트러지고, 타락한다. 영적인 아름다움이 시각적인 인상을 주지 않는 것처럼, 인간의 이러한 추함[*turpitudines*]은 눈에 드러나지 않으며 눈에 아무런 감흥을 주지 않는다. 우리는 살과 피(flesh and blood)기 때문에 눈으로 보이는 실질적인 형태와 아름다움에 의해서만 감동을 받는다. 우리에게 영적인 눈이 있다면, 사람의 뜻이 하나님으로부터 돌아서는 것이 얼마나 큰 수치인지 알 수 있을 것이다.[10]

---

10 "Commentary on Psalm 45"(1532), in LW 12:207 (WA 40/2:485.5-11).

그러나 그리스도의 아름다움을 구성하는 것은 무엇일까? 죄인들과 달리 그는 율법에 근거하여 진정으로 의롭다는 것인가? 종교개혁자는 이것을 지적하지 않는다. 오히려 그는 그리스도의 아름다움은 죄인들을 돕고 구원하기 위해 죄인들과 동일시하고 그들과 하나가 되신 것이라고 주장한다. 그리스도는 "거룩하고 힘 있고 지혜로운 사람들과 어울리지 않으시고 비열하고 비참한 죄인들, 불행으로 파멸한 사람들, 고통스럽고 불치병으로 짓눌린 사람들과 함께 하셨으며, 이들을 치유하고 위로하고 일으키고 도우셨다. 그리고 마침내 죄인들을 위해 죽기까지 하셨다."[11] 따라서 그리스도를 아름답게 만드는 것은 단순히 비례, 명확성, 완벽함이라는 중세의 표준 기준을 위반하는 것이다. 그리스도는 모든 종류의 죄인들과 자신을 일치시킴으로써 불균형하고 어둡고 불완전한 것들과 어울리셨고, 그 자신도 이 모든 추악함이 되셨다. 따라서 그리스도의 아름다움은 "반대되는 모습 아래에 숨겨져 있는(*sub contraria specie*)" 아름다움이다.[12]

그리스도에게 적용되는 미의 기준이 되는 세 가지 표준 대신, 루터의 새로운 미의 기준은 잃어버린 자, 버림받은 자, 율법의 잣대로는 중요하지도, 강력하지

---

[11] "Commentary on Psalm 45", in LW 12:208 (WA 40/2:486.11-12).

[12] "Commentary on Psalm 45", in LW 12:208 (WA 40/2:487.26). 그 아름다움은 "반대되는 모습 속에 숨겨져 있다"는 말은 루터의 후대 설교에 영향을 미쳤다:
세상은 그리스도가 자신을 보여주신 방식, 즉 십자가와 공격적인 모습으로 그들이 원하는 것, 즉 권세, 명예, 재물, 영광, 자신의 지혜와 거룩함에 대한 칭찬 등을 가져다주지 않는 것을 원할 수도 없고 원하지도 않는다. 세상은 자신의 욕망과 육신의 재물에 대한 사랑에 완전히 침몰하고 익사하고 있다. 그런 것을 보지 못하고 찾지 못하면 더 이상 이해하고, 보고, 알지 못하며, 욕망과 사랑, 희망과 위로가 멈추고, 더 나아가 그러한 재물을 빼앗길 위험에 처할 욕망도 가질 수 없다. 그러나 특히 높은 은사, 즉 지혜와 덕과 거룩함에 대한 칭찬과 영광을 빼앗기고 하나님 앞에서 죄와 수치가 되는 것을 용납할 수 없다.
"Gospel for Pentecost Sunday [John 14:23-31]"(1544), in LW 77:352 (paragraph 67) (WA 21:466.8-17)을 참조하라.

도, 가치 있는 존재로 인정받지 못하는 자들에게 다가가는 그리스도의 동정심과 자기 기원의 사랑이다. 실제로 권력을 가진 자, 비례와 명료함, 완벽함을 갖춘 자들은 그러한 연민에 위협을 느껴 그리스도를 거부하고 추한 존재로 간주할 수밖에 없다. 그렇다면 중세의 미에 대한 기준은 복음이 아니라 법에 의해 만들어진 것처럼 보인다. 그렇다면 루터의 탐구는 아름다움을 복음으로 재구성하는 것, 즉 아름다움이 하나님 앞에서(coram deo) 존재해야 한다는 것이다. 루터는 율법을 의롭게 지키는 바리새인들과 그들이 그리스도를 거부한 것에 대해 말하면서 다음과 같이 언급한다:

> (바리새인들과 제사장들은) 그리스도에 대한 증오로 가득 차서 그분을 쳐다보는 것조차 견디지 못했다. 그분께서 그들 가운데 계셔서 말씀하시는 동안에도 그분의 입에서는 지혜의 광선, 즉 태양이, 손에서는 신성한 능력의 광선이, 온몸에서는 사랑과 모든 미덕의 광선이 뿜어져 나왔다. 그러나 그분의 아름다움[pulchritudinum]이 무엇이든 그분이 보여주신 것은 그리스도의 잘못이 아니라 그들 자신의 잘못으로 인해 그들에게 구역질과 가증스러운 것이었다.[13]

예수 그리스도 안에서, 하나님은 법으로 억압받는 사람들에게 자신의 아름다움을 연민으로, 연민을 아름다움으로 주셨지만, 그러한 선물은 인간의 자기의(self-righteousness)를 지탱하는 권력 구조를 위협한다. "세상은 이 왕을 모든 인간의 아들들보다 더 부끄러운 존재로 판단하고, 그분의 가장 아름다운

---

13 "Commentary on Psalm 45", in LW 12:208 (WA 40/2:487.15-20).

은사와 미덕을 악마적인 악행과 악의라고 규정한다. 오늘도 우리는 같은 일을 마주한다."[14]

　신적인 아름다움(Divine beauty)은 사회 질서나 성장을 지키기 위해 사람들에게 제공하거나 기여한 것에 따라 가치를 부여하는 인간 권력에 대한 위협이기 때문에 역설적(*sub contrario*)으로만 나타날 수 있다. 이와는 대조적으로 하나님의 아름다움은 합당한 사람과 합당하지 않은 사람을 구분하지 않으며, 적어도 하나님에 관해서는 그러한 모든 구분을 훼손하고 파괴하는 연민이다. 따라서 아름다움에 대한 역설적인 접근은 피할 수 없다. 자신의 아름다움을 주장하는 사람들은 사실 하나님 앞에서는 추한 반면, 다른 사람 앞에서 추한 사람은 사실 하나님께 사랑받는 존재이다. 하나님의 아름다움이신 예수 그리스도는 죄인들에게는 추악하고, 그들의 권력 유지 방식과 방어 체계에 위협이 되기 때문에 죄인들에 의해 죽임을 당한다. 이러한 이유로 죄인들은 정죄를 받고 자비를 필요로 한다고 루터는 말한다,

> 이 왕은 반대되는 외모로 숨겨져 있다. 영으로는 사람의 아들들보다 더 아름답다[*pulcher*]; 그러나 육신으로는 모든 사람의 아들들이 그분보다 더 아름답고 이사야 53:2, 3에 묘사 된 것처럼 이 왕만이 추하다.... 그러므로 우리는 시편에서 이 왕에 대해 즐겁고 기분 좋은 것들이 언급되어 있지만 십자가의 외형에 의해 감싸고 가려져 있음을 알 수 있다. 세상은 이러한 은사를 소유하거나 존경하지 않고 오히려 믿지 않기 때문에 핍박한다. 그러나 이러한 것들은 우리에게 그러한 왕이 계시다는 것을 알려주기 위해 우리에게 말씀하신 것이다. 모든 인간은 저주를 받았

---

[14] "Commentary on Psalm 45", in LW 12:208 (WA 40/2:487.22-25).

다. 그들의 아름다움[*pulchritudinem*]은 하나님의 눈에는 아무것도 아니다. 그들의 의는 죄이다. 그들의 힘도 아무것도 아니다. 우리가 스스로 행하고 생각하고 말하는 모든 것은 저주받을 만한 것이며 영원한 죽음을 받아 마땅하다. 우리는 이 왕의 형상을 따라야만 한다.[15]

만약 인간이 하나님 앞에서(*coram deo*) 아름다움을 가지려면, 법정적으로, 외부적으로 하나님으로부터 선물로 받아야 한다. 자연이 아닌 다른 것만이 자연을 자연되게, 인간을 자연으로 회복시키는 은총이 허락될 수 있다. "그러면 여러분은 여러분 자신의 아름다움이 아니라 그분의 의로움과 거룩함, 진리, 힘, 성령의 모든 은사를 부여하신 그분의 말씀으로 여러분을 장식[*ornavit*]하신 왕의 아름다움으로 아름답다[*decora*]."[16] 다시 말해, 종교개혁자에게, 하나님 앞에서(*coram deo*)의 아름다움은 하나님 앞에서(*coram deo*)의 의로움의 다른 표현이며, 하나님의 의로움도 마찬가지로 아름다움이라고 말하는 것은 매우 일관된 표현이다. 오직 믿음으로만 의롭다 함을 얻는다는 것은 하나님께서 죄인에게 자신의 아름다움을 부여하시고 그분의 아름다움으로 옷을 입히시는 것이다. 믿음으로 의롭다 함을 얻는다는 것은 아름답게 만들어지는 것이다. 그리스도 안에서 인간은 "사랑스럽고" "하나님이 받으실 수 있는 존재"로 만들어진다.

우리의 아름다움[*pulchritudinem*]은 우리 자신의 미덕이나 심지어 우리가 미덕을 발휘하고 율법의 삶과 관련된 모든 것을 행함으로 하나님

---

15 "Commentary on Psalm 45," in LW 12:208-9 (WA 40/2:487.26-39).
16 "Commentary on Psalm 45," in LW 12:278 (WA 40/2:580.28-30).

으로부터 받은 은사로 이루어지는 것이 아니다, 그것은 우리가 그리스도를 깨닫고[*Christum apprehendamus*] 그분을 믿는다면, 우리는 참으로 사랑스럽고[*vere formosi*], 그리스도는 그 아름다움[*decorum*]만을 바라보고 그 외에는 아무것도 바라보지 않는다는 것으로 구성된다. 그러므로 우리가 스스로 선택한 종교성과 의로움으로 아름다워지려고 노력해야 한다는 것은 아무것도 가르칠 것이 없다. 사람과 지혜로운 사람들의 법정에서는 이런 것들이 훌륭하지만, 하나님의 법정에서는 또 다른 아름다움[*aliam pulchritudinen*]을 가져야 한다. 바로 주 예수 그리스도를 믿는 유일한 아름다움[*sola pulchritudo*]이 그곳에 있다.[17]

율법이 아니라 그리스도에 의해 정의된 죄인은 아름답다고 여겨진다. 일관성을 유지하기 위해, 우리는 의인은 동시에 죄인(*simul iustus et peccator*)인 것처럼, 동시에 아름답고 추한 존재라고 말해야한다.

▎『갈라디아서 강의』(1535)에서 아름다움

루터의 미에 대한 관점을 직접적으로 다룬 후기 시편 주석과 달리 『갈라디아서 강의』(*Lectures on Galatians*, 1535)는 아름다움이라는 주제를 직접적으로 다루지 않는다. 그럼에도 불구하고, 비례, 선명함, 완벽함이 하나님 앞에서 (*coram deo*) 아름다움에 적용된다는 중세적 관점에는 중요한 도전이다. 마찬

---

[17] "Commentary on Psalm 45," in LW 12:280 (WA 40/2:583.19-27).

가지로, 이 세 가지 요소의 하나님 앞에서(*coram deo*)에 대한 비판은 고(the late) 투오모 만네르마(Tuomo Mannermaa)가 하나님 앞에서 인간의 칭의는 전통적으로 유지되어 온 칭의에 대한 법정적인 접근 대신 신격화(divinization or *theosis*)로 간주되는 하나님의 내주하시는 신자의 결과라는 그의 견해를 지지하기 위해 호소했던 구절을 명확히 하는 데 도움이 될 수 있다. 그리고 우리가 먼저 다룰 것은 바로 이 후자의 과제이다. 논쟁의 여지가 있는 구절은 다음과 같다:

> 이것이 바로 스콜라 철학자들의 꿈이다. 그러나 사랑에 대해 말하는 곳에서, 우리는 믿음에 대해 말한다. 그리고 그들은 믿음은 단순한 윤곽에 불과하지만 사랑은 그 살아있는 색이며 완성[*vivos colores et plenitudinem ipsam*]이라고 말하지만, 우리는 반대로 믿음이 그리스도를 붙잡고 그분이 믿음을 장식하고 알려주는[*ornat et informat*] 형태[*forma*]이시며, 마치 색깔이 벽을 장식하는 것과 같다고 말한다. 그러므로 그리스도인의 믿음은 사랑이 와서 그것을 살아나게 할 때까지 필멸의 죄 상태로 존재할 수 있는 공허한 성질이나 빈 껍질 같은 것이 아니다. 그러나 그것이 참된 믿음이라면 그것은 마음속에서 확실한 신뢰와 확고한 수용이다. 그것은 그리스도는 믿음의 대상[*obietum fidei*], 또는 오히려 대상이 아니라 말하자면 믿음 자체에 현존하시는 그리스도를 붙잡는다[*Christus apprehenditur*]. 따라서 믿음은 아무것도 볼 수 없는 일종의 지식 또는 어둠이다. 그러나 하나님이 시내산과 성전에서 어둠 가운데 앉아 계셨던 것처럼, 믿음이 붙잡는 그리스도는 이 어둠 가운데 앉아 계신다. 그러므로 우리의 '형식적인 의'는 믿음을 알려주는 사랑이 아니

다; 그러나 그것은 믿음 그 자체, 우리 마음속의 구름[nebula], 즉 우리가 보지 못하는 것, 특히 보이지 않을 때에도 현존하시는 그리스도에 대한 신뢰이다.[18]

루터는 사랑이 신앙의 형식이라는 스콜라 철학의 입장에 대한 대안을 제시했다. 가톨릭 반대자들은 루터에게 믿음은 단순한 지적인 동의만을 의미한다고 우려했고, 따라서 믿음은 하나님 앞에서 공로를 쌓는 데 도움이 되는 사랑의 행위로 형성되거나 형성되어야 한다는 스콜라적 신념을 재확인했다. 루터는 믿음이 지적인 동의만으로 환원될 수 없음을 분명히 했다. 그 대신에, 그리스도가 믿음의 형태이다.

믿음의 형태로서의 그리스도는 여러 가지 중요한 방식으로 아름다움에 영향을 미치며, 그 반대의 경우도 마찬가지이다. 우리는 '형식'의 문제를 다루고 있기 때문에 우리는 중세 사상가들이 아름다움과 연관시킨 것을 다루고 있다. 헤일스의 알렉산더(Alexander of Hales, 약 1185-1245)와 그 이후의 사상가들에게 "진리와 아름다움은 모두 형식의 측면에서 정의되었는데, 진리는 사물의 내적 성격과 관련된 형식의 성향이고 아름다움은 사물의 외적 성격과 관련된 형식의 성향이었다. 이런 식으로 진리, 선, 아름다움은 전환 가능한 것이었기 때문에 아름다움에 새로운 개념이 부여되었다. 그들은 단지 이성적(ratione)-개념적, 논리적으로만 달랐다."[19] 보다 구체적으로, 선과 아름다움의 차이와 관련하여, 선의 문제는 최종적 인과성 또는 감정을 다루는 반면,

---

18 *Lectures on Galatians* (1535), in LW 26:129-30 (WA 40/1:228.27-229.21).

19 Umberto Eco, *Art and Beauty in the Middle Ages*, trans. Hugh Bredin (New Haven: Yale University Press, 1986), 23-24.

아름다움의 문제는 형식적 인과성 또는 이해력을 다룬다.[20] 루터가 형이상학적인 방식으로 초월적인 것의 전환 가능성을 주장했다고 추측할 필요는 없다. 그것은 루터의 생애 초기에서 말년에 이르기까지 그의 입장에서는 일관성이 없는 것이 될 것이다. 루터는 형이상학을 포괄적인 연구로 보기를 반대한다. 루터가 진리, 아름다움, 선 사이의 전환성을 단언한다면 그것은 그리스도가 이 세 가지이고, 이 세 가지를 분명히 하기 때문이다. 그리스도를 통해 우리는 하나님을 진리, 아름다움, 선으로 경험한다. 이 입장이 정확하게 그가 유지했던 입장인 것 같다.

이 구절의 논증의 핵심을 파악하기 위해, 루터는 스콜라 신학자들이 "사랑은 신앙의 살아있는 색이며 완성"이라고 주장할 때, 이 신학자들은 중세의 아름다움의 두 가지 기준인 밝음과 완전성에 호소했다고 지적한다. 앞서 살펴본 바와 같이, 루터는 하나님 앞에서(coram deo) 아름다움에 대한 이러한 기준을 배제하고, 대신 죄인들의 거부를 통해 추하게 되신 그리스도가 하나님의 긍휼, 즉 넘치는 선과 자비로서 죄 많은 인간을 변화시키는 진정한 아름다움이라는 역설을 주장한다. 비율, 밝음, 완벽함과는 무관하다. 하나님 앞에서(coram deo) 아름다움의 진정한 밝기를 반영하는 것은 인간의 노력이 아니라, 아름다움으로서 믿음을 형성하고, 실제로 믿음을 "장식"하는 "색"이신 그리스도 그분에 의해서이다.

---

[20] Eco는 John of La Rochelle (약 1200-1245년)에 대해 다음과 같이 기록 한다:
[그는] 단순히 선과 아름다움이 사물 자체에서 동일하다는 것을 당연시했고, 명예나 고귀함(정직함)이 이해할 수 있는 아름다움의 영역에 속한다는 아우구스티누스의 견해에 동의했다. 그럼에도 불구하고 선한 것과 아름다운 것은 달랐는데, "아름다움은 지성을 기쁘게 하는 한에서 선의 성향인 반면, 선은 엄밀히 말하면 우리의 감정을 기쁘게 하는 성향과 관련이 있기 때문"이라고 했다. 그는 계속해서 하나님은 최종적인 원인과 관련이 있고 아름다움은 형식적인 원인과 관련이 있다고 덧붙인다. (Umberto Eco, *Art and Beauty in the Middle Ages*, 23)

마찬가지로, 루터의 '믿음의 형식으로서의 그리스도'에 대한 호소는 사랑의 행위가 더 많은 선과 아름다움을 창출하고 따라서 그 형식의 더 높은 수준의 완성을 달성한다는 스콜라적 가정을 약화시킨다. 그러나 이러한 사고 (thinking)는 신성화 신학에 스며들도록 만든다. 이와는 대조적으로, 종교개혁자는 로마서 강해에서 하나님께서 '옛 모습'을 파괴하고 인간에게 '새 모습'을 부여하신다고 말하면서, 이는 다름 아닌 신자 안에서 그리스도 자신의 대리자, 즉 양심을 보호할 뿐만 아니라 신자들에게 봉사할 능력을 부여하시는 그리스도의 대리자라고 말한다.[21] 자율적인 목적을 가진 성장 감각(a sense of entelechic growth) 없이는 이 구절을 신성을 옹호하는 것으로 말하는 것은 부정확하지는 않더라도 어색한 일이다. 실제로 그러한 본문이 신격화를 옹호하는 것으로 간주된다면, 루터는 나중에 갈라디아서 강해에서 "율법을 지키려는" 사람들이 자신의 신격화를 위해 노력하고 있다고 쓴 것과 모순이 될 것이다:

> 그들은 그것을 지키지 않을 뿐만 아니라 첫 계명, 하나님의 약속, 아브라함에게 약속된 축복을 부인한다. 그들은 믿음을 부인하고 자신의 행위, 즉 자신을 의롭게 하고, 죄와 죽음에서 벗어나고, 마귀를 이기고, 힘으로 천국을 차지하려고 하는데, 이는 하나님을 부인하고 하나님 대신에 자신을 세우는 것이다. 이 모든 것은 천사든 인간이든 어떤 피조물도 아닌 오로지 신성한 위엄의 작품이기 때문이다.[22]

---

[21] *Lectures on Romans*(1515-16), in LW 25:204 (WA 56:218.18-219.2).

[22] *Lectures on Galatians*, in LW 26:257-58(이탤릭체 추가) (WA 40/1:404-5). 또한 "스콜라 신학에 대한 논박"(1517), 논문 17(LW 31:10, WA 1:225), 시편 5:3에 대한 해설(WA 5:128.39-129.4), 선행에 관한 논고(LW 44:32, WA 6:211)에서 죄의 중심은 자기 신격화와 같다는 그의 주장을 볼 수 있다.

의심할 여지없이, "형태"라는 언어는 그리스도가 단순한 경외의 대상이 아니라 실제로 신자들의 삶에서 신앙의 주체 그 자체라는 것을 나타낸다. 그러나 이것은 그리스도인은 누구에게도 종속되지 않고 모든 것을 지배하는 완전한 자유의 주인이자 모든 사람에게 복종하는 완전한 충실한 종이라고 주장했던 『그리스도인의 자유』(*The Freedom of a Christian*)에서 그의 초기 관점 (1520년)과 거의 다르지 않은 것으로 보인다.[23] 신앙의 형태로서의 그리스도에게는 당연히 신성과 인간성 두 본성이 모두 포함된다. 따라서 한편으로는 왕과 제사장으로서의 그리스도인은 신성한 주권자로서의 지위로 승격되지만, 다른 한편으로는 종으로서의 그리스도인은 도움이 필요한 사람들에게 겸손하게 봉사하는 데 적합하다. 어떤 의미에서, 주님이시면서 종이시고, 신이시면서 인간 이신 그리스도 안에는 역설(paradox)이 존재한다, 이는 그의 제자들에게도 중복되어진다. 루터가 가끔 신격화라는 관용구를 사용한 것에 대해 윌리엄 E. 슈마허(William F. Schumacher)는 이렇게 지적한다:

　　[그것은] 신자가 하나님과의 회복되고 새롭게 된 관계를 묘사하는 용어가 아니라, 이웃을 돕고 그를 위해 기도하려는 열정으로 표현되는 다른 사람들과의 결과적인 관계를 가리킨다.... 루터에게 세상에서의 그리스도인의 소명은 영적 생활에 방해가 되거나 장애물이 되는 것이 아니라, 바로 자신이 진정으로 영적이며 "소명 받은 자"(*vergottet*)임을 보여 주는 것이다.[24]

---

23 LW 31:344 (WA 7:49,22-25).

24 Schumacher, *Who Do I Say That You are? Anthropology and the Theology of*

따라서 루터는 『갈라디아서 강의』(*Lectures on Galatians*)에서 믿음 자체를 "그리스도의 인성 전체에 신성이 있는 것과 같은 방식으로 행위 전체에 퍼져 있는 행위의 신성[*divinitatis operum*]으로 묘사한다."[25]

루터는 다른 곳에서와 마찬가지로 여기서도 "이해"라는 용어를 사용하지만 (예: *Christus apprehenditur*), 아우구스티누스와 안셀름의 전통처럼 신앙이 이해를 구하는 운동이라는 의미는 아니다. 그 대신 율법의 비난에 시달리며 죄 자체와 하나님의 비난으로부터 자유를 필요로 하는 죄인, 또는 새 생명을 필요로 하는 죽은 자의 상황과 맥락을 같이한다. 그것은 단순한 지적인 훈련이 아니라 전 존재와 구원이 달려 있는 것이다. 이것은 신앙에 지적인 차원이 없다는 말이 아니다. 그 대신에, 앎(*notitia*)이 신뢰라는 신앙의 전반적인 초상 속에 포함된다는 것을 인정하자는 것이다. 이 갈라디아서 강의와 다른 곳에서 루터는 죄에 억눌리고 하나님의 비난하는 율법에 의해 괴롭힘을 당하는 사람들에게 그리스도를 붙잡거나 알라고 반복해서 촉구한다. 이렇게 할 수 있는 이유는 하나님이 자신을 파악할 수 있는 하나님으로 만드셨기 때문이다. 종교개혁자의 언어는 영적 공격(*Anfechtungen*)을 받는 죄인들이 그리스도께 매달리고 그 안에서 하나님과의 화해와 그에 수반되는 평온을 찾음으로써 그러한 괴롭힘에서 벗어날 수 있도록 돕기 위해 고안되었다. 루터는 "시편 45편 주석"(1532)에서 그리스도를 죄책감과 괴롭힘을 당하는 죄인을 구원하시는 분으로 제시함으로써 이를 설명한다: "그것은 개울 한가운데 빠진 사람과 같다.

Theosis in the Finish School of Tuomo Mannermaa (Eugene, OR: Wipf & Stock. 2010), 124-25. Vergottet는 "신격화"를 뜻하는 독일어 용어이다.

[25] *Lectures on Galatians*, in LW 26:266 (WA 40/1:417.15-17).

그는 어떻게든 나무 가지를 붙잡아 물 위로 몸을 지탱하고 구원을 받는다. 이처럼 우리도 죄와 죽음, 불안 속에서 약한 믿음으로 그리스도를 붙잡는다. 그러나 이 믿음은 비록 작을지라도 여전히 우리를 보존하고 죽음을 다스리며 마귀와 모든 것을 발아래 밟는다."[26]

중세의 밝기 기준과 관련하여, 그리스도 자신이 신앙의 밝음, 즉 신앙의 색을 정립하지만 신앙 자체는 "어둠", 즉 "구름" 속에서 그리스도를 파악하는 것 외에는 만족할 것이 없다. 죄 많은 인간은 스스로 밝음이나 색을 주장할 수 없다. 그것은 외부로부터 부여받아야 한다. 실제로 이 세상에서 인간의 지각이나 "지식" 또는 시각은 어둠에 사로잡혀 있다. 루터의 사고방식에 대한 단서는 그의 초기 작품인 『성모의 찬가에 대한 주석』(*Commentary on the Magnificat*, 1521)에서 찾을 수 있는데, 여기서 그는 인간의 삶을 영, 혼, 육이라는 삼원적 관점에서 옹호한다. 인간 본성에 대한 이 삼분법적 관점이 루터의 최종적인 관점이라고 주장할 필요는 없지만, 우리가 하나님을 아는 방법, 특히 하나님이 우리를 위한 존재라는 것을 아는 방법에 대한 그의 이해를 강조한다. 루터는 "영"에 대해 "첫 번째 부분"인 영은 "인간의 가장 높고 깊고 고귀한 부분이라고 썼다. 그것으로 그는 이해할 수 없고 보이지 않는 영원한 것들을 붙잡을 수 있다. 간단히 말해, 성경은 믿음의 거처이자 하나님의 말씀이다."[27] 다시 말해, 하나님의 말씀을 믿는 믿음 없이는 하나님에 대한 이해나 지식을 가질 수 없고, 우리를 향한 하나님의 성향을 알 수도 없다. 말씀의 선포 없이는 그리스도도 복음도 없다. 우리의 믿음이 "우리 마음속의 구름"이

---

26 "Commentary on Psalm 45," in LW 12:262 (WA 40/2:559.37-560.2 그리고 560.15-19).

27 *Commentary on the Magnificat* (1521), in LW 21:303 (WA 8:550.28-31).

라는 말은 『첫 번째 시편 주석』(*Dictata super Psalterium*, 1513~15)으로 거슬러 올라간다. 시편에서는 종종 구름을 하나님의 임재의 거처 또는 하나님이 인간에게 다가오는 방식으로 표현한다. 루터는 주석(*Dictata*)에서, 다음과 같이 지적한다. "누가 설교자와 신자들 안에서 그리스도를 보겠는가? 아무도 없지만, 그분은 그들 안에 계신 것으로 믿어지고 구름에서처럼 그들을 통해 보내시는 말씀과 행위의 빛에 의해 이해된다. 그러므로 그분은 구름 속에, 즉 그분에 대한 희미한 인식 속에서 다른 사람들 안에 계신 것으로 인식된다."[28]

한마디로, 갈라디아서 강해의 이 구절은 죄인들이 하나님께 바치고자 하는 어떤 선하고 아름다운 행위와는 대조적으로 그리스도 자신이 죄인들에게 진정으로 아름다운 분임을 인정하고 있다. 회개하는 죄인들이 그리스도를 깨달아 하나님의 자비를 알도록 촉구한다. 그러한 이해는 믿음의 표현이다. 죄나 자기 칭의(self-justification)가 아닌 믿음의 "형태"인 그리스도가 신자의 삶에 외적으로 부여된 진리이기 때문에 그것은 "지식"이다. 믿음 자체는 눈에 보이는 행위가 아니라 보이지 않는(들리지만 설교된) 그리스도에 집착하기 때문에 "어둠"이다. 그러나 그러한 믿음은 그 이전에 그리스도를 중개하는 사람, 즉 설교자가 있어야 한다는 것을 의미한다. 기독교 신앙은 실존주의자가 말했듯이, 자아가 결코 자신을 매개하는 것이 아니라 그리스도 자신이 하나님의 말씀을 통해 사람의 핵심을 차지하며 따라서 모든 그리스도인 "자신(self)"은 실제로 단순히 "중심에서 벗어남"이 아니라 실제로 그리스도와 함께 죽었고 묻혔다고 주장한다. 실제로, 믿음 안에서 그리스도 자신이 그리스도인의 활동의 적절한 대리인이다. 우리가 언급하고 있는 구절은 그리스도인이 그리스도와 어떻게

---

[28] *Dictata super Psalterium*, on Ps. 104, in LW 11:321 (WA 4:175.33-35).

연합하는지에 관한 것이다. 그러한 연합은 많은 신비주의자들처럼 신성에 지속적으로 자기 자신을 흡수함으로써 이루어지는 것이 아니라,[29] 신자 안에서 자신의 이질적인 거주와 대리인을 취하시는 그리스도에 의해 자아가 선택됨으로써 성립된다. 다시 말하지만, '어둠 속으로 올라가는 믿음'[30]과 그리스도를 구름 속에 모신다는 것은 투명성이나 광채로 확립된 아름다움이 아니라 역설적(*sub contrario*)인 아름다움을 다루는 것이다.

초기 루터는 하나님은 아름다움이시며 만물은 아름다움을 지니고 있다고 확언했다.[31] 그러나 그의 전반적인 신학에 비추어 볼 때 우리는 그러한 형이상학적 진술에 대한 검증이 필요하다. 『갈라디아서 강의』(*the Lectures on Galatians*)에서 하나님을 아름다움으로 보는 형이상학적 접근은 루터에게 이질적인 것임이 분명하다. 실제로, 종교개혁자는 하나님은 그리스도 밖에서는 아름답지 않으며 실제로 위협적이라고 지적한다. 그가 말했듯이,

> 하나님은 자신의 본성에서 광대하고 이해할 수 없으며 무한하신 것처럼 인간의 본성에서도 참을 수 없는 분이시다. 그러므로 만약 양심과 구원에 대한 위험에서 벗어나 안전하기를 원한다면 이 투기적 정신을 견제하시오.... 그러므로 그리스도께서 동정녀의 태에서, 구유에서, 그리고 그분의 어머니의 가슴에서 시작하신 곳에서 시작하시오. 이를 위해

---

29 "이것은 일부 중세 신비주의자들이 구원을 꿈꾸었던 것처럼 상대방에게 존재론적으로 흡수되는 것이 아니라 남편과 아내가 각자 자신의 정체성을 보존하고 상대방이 자신과 다른 것을 기뻐하는 '한 몸'이 되는 신비로운 결합이다. 이러한 결합에서 자기 추구는 상대방에 대한 상호 약속과 헌신으로 사라진다."(Robert Kolb, *Martin Luther: Confessor of the Faith* [Oxford: Oxford University Press, 2009]. 79).

30 *Lectures on Galatians* (1535), in LW 26:113 (WA 40/2:204.5).

31 *Dictata super Psalterium*, in LW 11:317-18 (WA 4:173.12-18).

그분은 내려 오셔서 태어나셨다. 사람 가운데 사시고, 고난을 받으시고, 십자가에 못 박혀 죽으셔서, 가능한 모든 방법으로 우리 눈에 자신을 나타내셨다. 그분은 우리 마음의 시선을 그분께 고정시켜서 우리가 하늘로 올라가서 신성한 위엄에 대해 추측하는 것을 막기를 원하셨다.[32]

형이상학의 프로젝트는 예수 그리스도 안에 있는 하나님의 자기 내어주심과 무관하게 하나님에게 접근하는 길로서는 실패한다. 루터는 신적 아름다움에 대한 메타-물리적 접근(metaphysical approach)은 안전성을 제공하지 않기 때문에 배제한다. 이성은 성경에 묶여 있지 않을 때 많은 계략을 만들어낼 수 있다. 따라서 묵상은 신앙을 넘어서는 여정이거나 신앙 이외의 여정이 아니다. 그 대신, 우리는 설교된 말씀에 나타난 그리스도에 시선을 고정하도록 부름 받았다. 그리스도만이 인간의 생각이나 행동으로는 극복할 수 없는 하나님의 완전한 초월성을 연결해 준다. 그래서 루터는 우리에게 다음과 같이 권고한다. "그분[그리스도]을 붙잡고 마음을 다해 그분께 매달리고 신성한 위엄에 대한 모든 추측을 버리라. 하나님의 위엄을 조사하는 사람은 그분의 영광에 휩싸일 것이다."[33] 모세처럼, 그리스도 밖에서 우리에게는 하나님의 뒷모습만 주어진다. 루터는 형이상학이 안전하고 중립적이며 과학적인 입장을 취한다고 가정하지만, 그것은 환상으로 판명된다고 생각한다. 신을 해부하려고 하면 할수록 결국 신에 의해 해부 당하게 된다는 것이다. 따라서 형이상학적인 길은 신성한 아름다움에 대한 확신을 제공하지 않고 오히려 그 반대만 만들어낸다. 그 길은 평온을 주지 못하며, 평온은 오직 약속에서만 찾을 수 있다. 이것은

---

32 *Lectures on Galatians*, in LW 26:29 (WA 40/2:77.20-78.13).
33 *Lectures on Galatians*, in LW 26:29 (WA 40/2:78.16-17).

기독론에 형이상학적 함의가 없다는 말이 아니라, 그러한 형이상학적 함의가 성경의 문법에 의해 인도되는 것이지, 그 반대는 그렇지 않다는 것이다.

마지막으로, 그리스도가 이성이나 율법이 아닌 하나님과 인간 사이의 다리라는 사실은 루터가 그리스도를 "보석"으로, 믿음을 이 보석을 둘러싸고 감싸는 "반지"로 지칭함으로써 더욱 강조 된다: "믿음은 그리스도를 붙잡고 그분을 현존하게 하며, 반지가 보석을 둘러싸듯이 그분을 감싸고 있다. 그리고 마음에 사로잡힌 그리스도에 대한 이 믿음을 가진 사람은 누구든지 하나님께서 의롭다고 여기신다."[34] 이 은유(metaphor)는 아름다움의 중요성을 강조한다. 보석이 희귀하고 귀하며 바람직한 것이라면, 그리스도는 완전히 낮아지고 무의미해진 사람들에게 바람직한 분이기 때문이다. 그들은 더 이상 자신의 자원을 바라보거나 의지하지 않고, 자신의 선함이나 아름다움을 확인하려 하지 않으며, 그리스도를 있는 그대로의 아름다움으로 바라볼 수 있다. 아무것도 아닌 존재로 전락한 죄인들은, 그들의 존재, 삶 또는 정체성으로서 그리스도를 영접할 수 있는 위치에 있다. 그러나 분명히 말하지만, 하나님 앞에서 사람을 의롭게 하는 낯선 의(alien righteousness)는 "하나님이 당신을 받아들이거나 당신이 믿는 그리스도 때문에만 당신을 의롭다고 여기신다"는 사실 때문이지, 그리스도께서 그리스도인 안에 내주하시기 때문이 아니다.[35] 실제로 그분의 아름다움은 죄인을 구원하신다는 사실 자체에서 드러난다. 따라서 루터는 믿음으로 의롭게 된 사람들은 "모든 것이 달콤하고 즐겁기 때문에(*suavia et dulcia*)" 모든 것을 쉽게 견딜 수 있다고 묘사한다.[36]

---

34 *Lectures on Galatians*, in LW 26:132 (WA 40/2:233.17-19).
35 *Lectures on Galatians*, in LW 26:132 (WA 40/2:233,22-24).
36 *Lectures on Galatians*, in LW 26:133 (WA 40/2:234.27).

▮ 『창세기 강해』(1535년 이후)

루터의 인간 창조와 인간의 '본래적 의'(*iusticiae originalis*)에 대한 논평에는 아름다움에 대한 광범위한 언급이 있다. 추악해 보이지만 속은 아름다운 그리스도와 스스로 아름답게 보이지만 속은 추악한 인간에 대한 그의 역설적인 이해는 중세의 아름다움에 대한 기준인 비례, 선명도, 완전성을 약화시키고, 하나님 앞에서(*coram deo*)가 배제된 이러한 기준은 루터가 본래 하나님의 손에서 직접 나온 창조물을 돌보는 인간 능력의 적합성을 제시하면서 세상 앞에서(*coram mundo*) 자리를 찾게 된다. 이러한 이유로 우리는 복음과 관련된 아름다움과 율법과 관련된 아름다움을 구분할 수 있다. 전자는 이성이나 감각으로는 분명하지 않다. 그 대신에, 그것은 오직 하나님께서 죄인에게 그리스도의 의를 전가하신 것에 근거해서만 주장된다. 후자는 이 세 가지 중세적 기준에 자리를 잡고 있다. 루터에게 있어 아담의 창조를 다룰 때 중세적 기준인 세상 앞에서(*coram mundo*)의 문제점은 너무 적은 것을 말한다는 것이다. 실제로 아담의 자질에 대한 루터의 전반적인 관점은 알베르트 대제(Albert the Great, 약 1193~1280년)가 아름다움을 "형태의 광채"로 본 것과 유사하다:

> 육체적 아름다움이 그 구성 요소의 적절한 비율과 화려한 색채를 요구하는 것처럼...모든 사물과 그 요소와 원리 사이에 상호 비례를 요구하고 형태의 선명함으로 눈부시게 빛나는 것이 보편적 아름다움의 본질이

다.[37]

루터가 묘사한 타락 전 아담의 육체적, 정신적 특성을 과장된 것으로 보지 않는 것은 어렵지 않다. 루터는 아담 안에 있는 하나님의 형상에 대해 말하면서 기억, 지성, 의지의 아우구스티누스적 트리오(Augustinian trio)를 사용했다:

> 그의 내적 감각과 외적 감각은 모두 가장 순수한 종류였다. 그의 내면
> 은 가장 명료했고, 기억력은 최고였으며, 의지는 가장 강직했다. 이 모든
> 것이 죽음에 대한 두려움이나 불안이 없는 가장 아름다운 마음의 평온
> (*pulcherrima securitae*) 속에서 이루어졌다. 이러한 내면의 자질에 가
> 장 아름답고 뛰어난(*pulcherrima et excellentissima*) 몸과 모든 팔다
> 리의 자질, 나머지 모든 생명체를 뛰어넘는 자질도 더해졌다. 나는 아담
> 이 죄를 짓기 전에는 그의 눈이 스라소니(lynx)와 독수리의 눈을 능가할
> 정도로 예리하고 선명했다고 확신한다. 그는 힘이 매우 강한 사자와 곰
> 보다 더 강했고 우리가 강아지를 다루는 것처럼 그들을 다루었다. 그가
> 음식으로 사용한 과일의 사랑스러움과 품질도 지금보다 훨씬 뛰어났
> 다.[38]

의심의 여지없이, 루터는 아담의 육체적, 정신적 능력이 에덴의 다른 피조물들을 다스리는 정의로운 군주 역할을 하기에 충분하다는 점을 강조했다. 마찬가지로, 루터는 온전한 상태의 인간과 그렇지 못한 상태의 인간 사이의 대비를

---

[37] Eco, *Art and Beauty in the Middle Ages*, 25.
[38] *Lectures on Genesis*, in LW 1:62 (WA 42:46.18-27).

강조했다. 이런 대조의 핵심은 죽음을 두려워하는 타락이후 아담(the postlapsarian Adam)과 달리 타락이전의 아담(the prelapsarian Adam)이 경험하는 마음의 평화와 안전이다.

타락 이전의 아담은 하나님의 자녀로서 경외, 사랑, 신뢰하면서, 하나님과 올바른 관계 가운데 살면서 죽음이나 그 밖의 어떤 것에 대한 두려움도 없었다. 따라서, "죄가 있기 전의 아담은 가장 깨끗한 눈과 가장 섬세하며 기쁨을 주는 향기, 그리고 출산에 매우 적합하고 순종적인 신체를 가졌다. 그러나 오늘날 우리의 팔다리에는 그러한 활력이 얼마나 부족한가!"[39] 심지어 더 강하게, 종교 개혁자는 타락으로 인간이 잃어버린 것을 다음과 같이 적고 있다.

> 가장 아름답게 계몽된 이성[*pulcherrime illuminatam rationem*]과 하나님의 말씀과 뜻에 일치하는 의지. 우리는 또한 우리 몸의 영광을 잃어버렸기 때문에, 그 당시에는 다른 모든 동물보다 가장 아름답고 인간만이 누릴 수 있는 특권[*pulcherrimum et singularis praerogativa*]이었던 나체(naked)가 이제는 가장 수치스러운 일이 되어버렸다. 가장 심각한 손실은 이러한 혜택이 사라졌을 뿐만 아니라, 인간의 의지가 하나님으로부터 멀어졌다는 점이다.[40]

사실, 루터에게 있어 죄의 만연과 타락으로 인해 우리는 인간 안에 있는 하나님의 형상(*imago dei*)의 본질을 이해할 수 없다. 어거스틴과 스콜라 철학

---

[39] *Lectures on Genesis*, in LW 1:100 (WA 42:76.15-18).
[40] *Lectures on Genesis*, in LW 1:141 (WA 42:106.12-17).

자들에게 하나님의 형상은 (1) 하나님에 대한 소망으로 꽃을 피워야 하는 기억, (2) 하나님에 대한 믿음으로 이어져야 하는 지성, (3) 하나님을 사랑하는 데서 발휘되어야 하는 의지로 구성되었다. 참으로 하나님의 형상은 인간이 소망, 믿음, 사랑이라는 은혜로운 은사를 발휘함으로써 완성될 것이다.[41] 루터에게 있어 하나님의 형상에 속하는 결정적인 특성인 기억력, 지성, 의지는 현재 죄로 인해 "완전히 나병에 걸렸고 불결"하다.[42] 그러나 이러한 신념은 인간의 불순종을 징계하는 것뿐만 아니라 본래의 의로운 상태에 있는 인간의 아름다움과 힘을 강조하는 역할을 한다. 아담의 지체들의 비율은 그의 필요와 "기쁨과 즐거움(deliciarum et voluptatis)의 동산"인[43] 에덴을 돌보는 임무에 상응하는 비율이었으며, 따라서 그의 시력은 독수리나 스라소니보다 뛰어났고 힘은 사자와 곰보다 더 컸다는 것은 분명하다. 루터는 에덴에서 아담과 다른 동물들은 먹이를 두고 경쟁하거나 서로를 잡아먹을 계획이 없었다는 점을 분명히 한다. 그 대신 아담과 짐승들은 "공통의 식탁"으로부터 먹었으며, 죄가 없었다면 쌀, 밀, 기타 자연의 산물을 먹고 살았을 것이다.[44]

본래적 의를 가진 인간은 모든 면에서 완전하거나 완벽하다는 것은 의심할 여지가 없다. 히브리어로 "아담"이라는 이름은 그가 채취된 흙의 붉은색을 암시하는 것처럼 보이기 때문에 루터가 이상하게 지나친 것은 색의 기준일 뿐이다. 종교개혁자는 아담과 이브와 관련하여 아름다움의 기준으로서 빛의 적절성을 검토하지는 않지만, 그는 이전에 빛의 창조를 창조의 가장 아름다운

---

[41] *Lectures on Genesis*, in LW 1:60 (WA 42:45.11-17).

[42] *Lectures on Genesis*, in LW 1:61 (WA 42:46.7).

[43] "세상은 처음부터 가장 아름다웠고[*pulcherrimus*]; 에덴은 참으로 기쁨과 즐거움의 동산이었다."(*Lectures on Genesis*, in LW 1:90 [WA 42:68.35-36]).

[44] *Lectures on Genesis*, in LW 1:38 (WA 42:29.4).

장식으로,[45] 해와 달을 "가장 아름다운"것으로 묘사했다.[46] 그럼에도 불구하고, 아담의 창조에 대한 그의 전체적인 초상화는 중세의 아름다움의 기준을 강화하여 피조물의 아름다움을 평가하는 실행 가능한 기준으로 만드는 것으로 보인다.

루터는 창세기 강해에서도 피터 롬바르드(Peter Lombard, 약 1100~1160년)와 마찬가지로 인간이 "우리의 본성이 손상되지 않았더라도, 이 육체적 삶보다 더 나은 미래의 삶을 위해 창조되었다"는 데에 동의하면서 적어도 세상 앞에서(*coram mundo*) 비례에 대한 확신을 강조한다. 종교개혁자는 "성도들의 수가 충만해진 후 미리 정해진 때가 되면, 이러한 육체적 활동이 끝났을 것이며, 아담은 그의 후손들과 함께 영원한 영생으로 옮겨졌을 것"이라고 반복해서 말한다.[47] 이 시점에서 루터는 수학을 현실과 우주, 인간의 본성, 아름다움 자체의 기준을 밝히는 열쇠로 높이 평가한 어거스틴과 어거스틴이 서 있던 피타고라스 전통에 빚을 졌다고 썼다,

> 몸이 힘을 얻고 정신과 이성이 건전한 몸으로 완전히 발달했을 때만 다른 지상 생물에는 존재하지 않는 지성의 삶이 빛을 발한다. 누구도 부인할 수 없는 신성한 계시인 수학적 학문의 도움으로 인간은 마음속으로 땅 위로 높이 날아오르고, 땅 위에 있는 것들을 뒤로하고 하늘의 것들에 관심을 갖고 탐구한다. 소, 돼지, 다른 짐승들은 그렇게 하지 않고 오직 사람만이 그렇게 한다. 그러므로 사람은 천상의 영역[천상계]에

---

[45] *Lectures on Genesis*, in LW 1:39 (WA 42:29.25-26).
[46] *Lectures on Genesis*, in LW 1:40 (WA 42:30.16).
[47] *Lectures on Genesis*, in LW 1:56 (WA 42:42.24-27).

살도록 창조된 피조물이며, 잠시 후 지상을 떠난 후 영원한 삶을 살도록 창조되었다. 이것이 그가 말하고 판단(변증법과 수사학에 속하는 것들) 할 수 있을 뿐만 아니라 모든 과학을 철저하게 배울 수 있다는 사실의 의미이다.[48]

루터에게, 수학을 할 수 있는 인간의 능력은 물론 조화와 리듬의 측면에서 음악을 포함하는 인간의 운명을 나타내며, 이는 육체적인 것 이상의 영적인 것이기도 하다. 인류의 영원한 운명은 가장 확실하게 생각과 묵상과 관련이 있다. 현재 죄인들은 "피타고라스가 천체에 존재하는 운동의 조화에서 나오는 이 훌륭하고 가장 아름다운 음악에 대해 귀머거리가 되어버렸다. 그러나 사람들은 이 음악을 계속 듣기 때문에, 마치 나일강의 폭우에 사는 사람들이 계속 들리는 물의 소음과 굉음에 영향을 받지 않는 것처럼, 이 음악에 귀머거리가 되어버렸다."[49]

마지막으로, 아담과 이브의 본래적 의로움의 아름다움은, 타락 이후, 자연과 은혜가 서로 외부에 있는 것이 아니라, 그 대신에 서로 침투해 있음을 나타낸다.

오히려 의는 인간의 본성에서 분리되어 따로 떨어져 나온 선물이 아니라 진정으로 그의 본성의 일부였으며, 따라서 하나님을 사랑하고, 하나님을 믿고, 하나님을 아는 것이 아담의 본성이었다고 주장한다. 이러한 것들은 눈이 빛을 받아들이는 것이 자연스러운 것처럼, 아담에게도

---

48 *Lectures on Genesis*, in LW 1:46 (WA 42:34.37-35.7).
49 *Lectures on Genesis*, in LW 1:126 (WA 42:94.33-37).

자연스러운 것이었다. 그러나 눈에 상처를 입어서 결함이 생기면 자연이 손상되었다고 말하는 것이 정확하기 때문에, 마찬가지로 사람이 죄로 의로움에서 타락한 후에는 우리의 자연적 자질이 죄로 인해 완전하지 않고 부패했다고[*non integra sed corrupta*] 말하는 것이 정확하고 진실하다. 보는 것이 눈의 본성인 것처럼 하나님을 알고, 하나님을 신뢰하고, 하나님을 두려워하는 것이 아담의 이성과 의지의 본성이었기 때문이다. 이것이 이제 상실된 것이 사실인데, 우리의 타고난 본성이 여전히 완벽하다고 말하는 어리석은 사람은 누구일까?50

확실하게 자연과 은총의 관계에 대한 이러한 특성은 아름다움의 깊이, 아담과 이브가 창조되었던 "모습의 광채"를 나타낸다. 그와 같은 아담의 본성은 은총을 받아 하나님, 아내 이브, 동료 피조물들과 조화롭게 살 수 있었다. 그가 하나님을 사랑할 수 있는 것은 천성이었다. 사실, 어거스틴의 은유처럼, 하나님은 "우리를 충만하게 채우신다."51 루터의 아담은 "하나님을 향한 기쁨에 취했다."52 하나님의 백성과 세상이 다시 새로워지는 그런 상태였다. 고린도전서 15장에 대한 주석에서 루터는 부활의 몸이 아름답게 될 것이라고 반복해서 언급한다.53 그리고 다음과 같은 그의 설명을 상기한다. 그리스도인의 자유에

---

50 *Lectures on Genesis*, in LW 1:165 (WA 42:124.4-13).

51 Augustine, *Confessions* 1.5.

52 *Lectures on Genesis*, in LW 1:94 (WA 42:71.31).

53 루터는 부활의 삶에 대해 "너희는 항상 강하고 활기차고 건강하고 행복하며 해와 달보다 더 밝고 아름다울 것이므로, 왕이나 황제를 장식한 모든 의복과 금은보화는 신성한 눈빛으로만 볼 때 우리에 비하면 한낱 흙일 것이다"(LW 28: 142; WA 36:593.34-38)라고 기록했으며, "온 몸이 아름답고 활기차고 건강하며 참으로 가볍고 민첩하여 하늘에서 제 길을 달리는 태양처럼 작은 불꽃처럼 날아오를 것이다."라고 언급한다.(LW 28:143: WA 36:494.40495.1)

대한 행복한 교환에서 우리는 그리스도인이 공유하는 그리스도의 속성을 설명하기 위해 취함(intoxication)의 동일한 은유를 발견한다:

> 하나님의 이 약속들은 거룩하고 참되고 의롭고 자유롭고 평화로운 말씀이며 선으로 가득 차 있기 때문에, 확고한 믿음으로 그것들에 집착하는 영혼은 그것들과 매우 밀접하게 연합되고 그것들에 완전히 흡수되어 모든 힘을 공유할 뿐만 아니라 그들에 의해 포화되고 취하게 될 것이다. 그리스도의 손길이 치유한다면, 얼마나 더 이러한 가장 부드러운 영적 손길, 말씀의 흡수가, 말씀에 속한 모든 것을 영혼에 전달할 수 있을까.[54]

이 구절을 바로 위의 창세기 구절과 비교해 보면 은혜가 인간의 본성을 본래적 의(original righteousness)로 회복시킨다는 것을 알 수 있다. 하나님의 약속은 영혼을 취하게 하여 본래적 의를 연상시키는 방식으로 하나님을 사랑하게 할 수 있다. 다시 말해, 자연은 자기 주도적 완성이 아니라 해방을 필요로 한다. 그러한 해방을 통해 하나님은 인간을 그들의 성취(fulfillment)에 이르게 하실 것이다. 지성과 의지에 가해진 죄의 상처를 치유하고 성령의 은사를 통해 그들을 고양시키는 것만으로는 죄에 비추어 볼 때, 인간의 필요를 채우기에는 충분하지 않다. 그 대신에, 하나님은 신자들을 새로운 피조물로 다시 만드신다. 결론은 다음과 같다: "이생에서는 우리가 이 목표[하나님의 형상을 닮는 것]를 이루지 못하나 내세에는 온전히 이루리라."[55] 다시 말해,

---

54 *The Freedom of a Christian*, in LW 31:349 (WA 7:53.1 5-20).
55 *Lectures on Genesis*, in LW 1:131 (WA 42:98.22-24).

하나님은 우리의 구원자로서 그의 백성을 아름다움으로 인도하고 계신다.

| 결론

성숙한 루터에게 아름다움은 무엇이라고 할 수 있을까? 한마디로 루터의 생각에서 아름다움은 칭의 교리를 하찮게 여기지 않는 한 하찮은 개념이 아니다. 사실, 루터의 아름다움에 대한 관점은 신자들을 죽음에서 생명으로 부르는 하나님의 전가된 의(God's imputed righteousness)로서의 칭의 교리를 제외하고는 이해할 수 없을 뿐만 아니라, 아름다움을 제외하고는 하나님의 칭의를 완전히 이해할 수 없다. 가장 적절한 형태의 하나님의 아름다움은 그리스도 안에서 부여된 자비로서 드러난다. 루터에게 아름다움이라는 주제가 중요하지 않다고 가정하는 것은 아름다움의 문제가 하나님과 함께 하는 인간의 삶에 결정적이라는 루터 자신의 확신에 반하는 것이다: 하나님은 죄인이 아름답기 때문에 사랑하시는 것이 아니라, 그들이 사랑받기 때문에 아름답다.

분명히, 루터의 전임자들은 하나님이 비난하고 죽이는 율법과 약속하고 생명을 주는 하나님의 복음을 구분하지 않았다. 그들에게 아름다움은 연속선상에 있었다: 하나님은 아름다움 그 자체이며, 모든 피조물은 이 아름다움에 참여함으로써 어느 정도 아름다워진다는 것이다. 루터는 이러한 아름다움에 대한 관점을 그대로 긍정할 수 없으며, 바로 이 점에서 전임자들과 차별화된다. 그는 하나님과 그의 피조물이 아름답다는 것을 확실히 인정한다. 그러나 그는 죄 많은 피조물들은 선이나 아름다움(그리고 자유)과 같은 것들을-피조물 스스로가 아닌 하나님께 속한 이름이나 특성-주장하기 쉽다고 지적한다. 사실,

궁극적으로 그들은 하나님 앞에서 의로움을 주장하기 위해 그러한 특성을 주장한다. 따라서 그들은 하나님의 관대함이나 자비가 필요하다고 생각하지 않고, 그 대신에 하나님의 은혜를 받을 자격이 있다고 믿는다. 루터는 그런 생각을 하지 않고, 결국 창조의 아름다움과 복음의 아름다움을 구별한다. 창조세계의 아름다움은 하나님 앞에서(*coram deo*) 자신의 지위를 확보하기 위해 존재하는 것이 아니다. 피조물은 영생을 얻는 길로 도약할 수 있는 디딤돌 역할을 하지만, 죄인들이 피조물을 오용한다고 해서 피조물의 아름다움이 위태로워지는 것은 결코 아니다. 죄인들이 경계를 내려놓고 하나님의 선물인 피조물의 경이로움과 신비, 존엄성에 감사할 수 있게 하는 것이 바로 복음이다.

　피조물을 피조물답게 평가하는 방법으로 적절한 창조의 아름다움에는 비율, 밝기, 완벽성 또는 완전성과 같은-그것들이 피조물의 아름다움을 평가하기에 적합하지 않음에도 불구하고-중세의 전통적인 미의 기준이 포함된다. 그러나 이러한 기준은 그리스도의 아름다움을 인정할 때 부적절하다. 그분의 아름다움은 긍휼과 자비, 용서이며, 죄인들은 하나님의 자비만으로 살기를 거부하기 때문에 죄인의 눈에는 감춰져 있다. 그들은 그들 자신의 의를 원한다. 사실, 그들은 자신을 신으로 세우고 그들의 삶에서 하나님의 신성과 함께 이루어지기를 원하기 때문에 그리스도는 그들에게 아름답지 않고 추한 것으로 보인다. 그리고 하나님의 법은 하나님 앞에서(*coram deo*) 인간의 공허함을 드러낸다.-죄인들은 하나님께 드릴 수 있는 어떤 "아름다움"도 없다. 대신, 죄인으로서 그들은 추악하다. 그들이 주장할 수 있는 유일한 아름다움은 외부에서 주어지는 그리스도의 의로 옷을 입거나 장식하는 것이다. 그리스도의 아름다움은 그들에게 전가되며, 그것이 바로 하나님 앞에서 그들의 의로움이다. 이것이 그리스도인으로서의 정체성의 기초이다: 아름답기 때문에 사랑받는 것이 아니라 사랑받기 때문에 아름다운 하나님의 자녀들이다.

어떤 의미에서, 루터는 전임자들의 범칼주의(pancalism)를 긍정하지만, 형이상학적 근거에서 선과 미의 초월적 전환 가능성을 확립하는 데 기초한 것은 아니다. 사실, 인간이 경험하는 것은 종종 하나님의 아름다움이 아니라 하나님의 무관심이나 노골적인 적대감으로 보이는 것이기 때문에 하나님은 숨겨져 있다. 만약 아름다움에 관하여 확실한 것이 있다면, 그것은 오직 그리스도 안에서만 간직될 것이다(will be had). 그리스도는 선과 아름다움이시며, 그리스도를 통해 인간은 세상을 창조물로서, 선물로서, 그리고 하나님이 우리에게 전하는 소통으로서 이해하고 감사할 수 있다. 다시 말해서, 복음은 지적인 논증에 근거한 것이 아니라, 신앙이 인류를 스스로 어떤 신적 지위를 주장하려는 경향에서 벗어나 창조주로부터 인간에게 다가오는 창조의 선함을 받아들이는 어린아이 같은 신뢰로 전환시키기 때문에, 다시 창조를 아름답게 열고 그 아름다움에 대한 인간의 직관을 확인시켜 준다.

간단히 말해서, 루터의 아름다움에 대한 견해가 역설적이라고 해서 그것이 모호하다는 것을 의미하지는 않는다. 너무 자주, 신학자들은 루터의 역설 사용을 잘못 이해하여 그것이 교리의 명확성을 훼손한다고 생각한다. 전혀 그렇지 않다. 그리스도께서 누구든지 제 목숨을 구원하고자 하는 자는 잃어야 하고 누구든지 그를 위하여 제 목숨을 잃는 자는 찾으리라(막 8:35)고 말씀하신 경우를 예로 들 수 있다. 여기에는 모호함이 전혀 없다. 루터에게 있어서는 죄인들이 언제나 그들 스스로 신성의 지위를 변함없이 주장한다는 것은 단순한 사실이다. 즉 그들 스스로 신성한 이름을 마치 그들 자신의 아름다움이나 자유로 주장하는 것 자체가 하나님의 법을 거슬리는 것이고 죽음을 경험하게 될 것이다. 그러나 창조주 하나님께서는 무로부터 창조하시고, 무에 속한 자들을 그리스도 예수를 신뢰함으로써 새 생명으로 부르신다. 아름다움에 대한 루터의 역설적 접근은 모호함을 의미하는 것이 결코 아니라, 원죄와 창조주로서의 하나님의 활동에 대한 그분의 개념을 강화한다.

　마지막으로, 루터의 아름다움에 대한 관점에 비추어 인간의 삶은 어떻게 달라질 수 있을까? 매우 간단히 말해서, 죄인이 하나님과 세상 앞에서 아름다워지는 의로 옷을 입었다는 것은 죄인이 하나님과 세상 앞에서 주장할 수 있는 특성이다. 신자들은 그리스도 안에서 새로운 정체성, 즉 아름다움을 갖게 된다. 마찬가지로, 그리스도 안에서 이 아름다움을 누리면서, 그들은 하나님께서 세상에서 그들을 둘러싸고 계시는 아름다움에 개방적일 수 있으며, 따라서 하나님께 "감사하고 찬양하고 섬기고 순종"할 수 있다.56 한마디로, 부모는 항상 자녀를 아름답게 생각한다. 하나님의 경우처럼. 그리고 아이들은 어른들이 당연하게 여기는 모든 종류의 아름다운 것들에 대해 경외심과 경이로움을 느낀다. 그렇다면 믿음의 남녀는 하나님께서 세상에 만드신 아름다움에 얼마나 더 열려 있어야 할까.57

---

56 BC 355 (BSELK: 870:16-18).
57 다시 한 번, Robert Kolb에게 그의 통찰력에 감사드린다.

06

|

루터의 신학과 음악의 아름다움

루터가 음악을 높이 평가했다는 것은 잘 알려져 있다. 루터에게 아름다움이 얼마나 중요했는지 알 수 있는 대목이다. 지상의 어떤 활동이 아름다움을 선사한다면 그것은 바로 음악이다. 다성 성악(polyphonic vocal music)에 대해 루터는 "이보다 더 훌륭하고 아름다운 것은 존재하지 않는다."고 썼다.[1] 루터는 음악에 대한 그의 찬사(encomium)를 이렇게 요약했다: "음악은 인간의 선물이 아니라 하나님의 은총이자 선물이다. 나는 음악을 신학 옆에 놓고 최고의 찬사를 보낸다."[2] 루터의 아름다움에 대한 관점을 연구한다고 해서 루터가 의도했던 대로 음악의 본질에 대한 체계적인 연구를 완성하지 못했음에도 불구하고, 그가 음악에 부여한 중요성을 무시하거나 잊어버릴 수 없다.[3] 루터의 서신, 탁상 담화, 찬송가 서문 및 저술에서 음악에 대한 글들과 루터의 견해를 배울 수 있다. 음악과 미완성의 초안들(sketches)로부터 루터의 음악에 대한 견해를 알 수 있다. 비록 불충분하지만, 루터의 음악에 대한 견해는 인상적이고

---

[1] *Praefatio d. M. Lutheri in Harmonias de Passione Christi,* E, Opera Latina VII, 551-54; St. Louis ed., XIV, 428-31을 참조하라; Walte Buszin, "Luther on Music." MQ 32 (1947), 81.에서 재인용:

[2] WA TR 6:348.23; Ewald. Plass, *What Luther Says: A Practical In-Home Auhology for the Active Christiantian* (St. Louis: Concordia, 1959), 980 (no. 3091).에서 번역되었다.

[3] Robin Leaver, *Luther's Liturgical Music: Principles and Implications* (Grand Rapids: Eerdmans, 2007), 86을 참조하라.

설득력이 있다. 음악에 대한 그의 체계적인 탐구는 제한적이지만, 음악의 아름다움이 복음과 어떻게 연결되어 있는지를 증언한다. 음악은 하나의 주제, 즉 정선율(cantus firmus)을 중심으로 춤추는 다성의 목소리로 표현되는 자유로운 변주로 구성되어 있으며, 마찬가지로 복음은 죄인을 해방시키고 하나님에 대한 자발적인 감사와 이웃에 대한 선행으로 정의되는 새로운 삶으로 그들을 세워준다.

음악의 본질 자체가 복음과 유사하다. 어떻게 그럴까? 음악은 질서와 자유 사이의 복잡한 상호작용이다. 음악의 질서는 리듬의 숫자 패턴과 화음 내의 숫자 비율을 기반으로 한다. 피타고라스(Pythagoras)[4]와 아우구스티누스의 영향을 받은 중세 초기 사상가들에게, 화성 내의 수학적 비율은 우주의 수학적 본질을 증명했으며, 실제로 아름다움은 이러한 비율로 구성된다. 하지만 음악에는 "또 다른 측면, 즉 자유라고도 불리는 움직임의 측면이 있다. 음악에는 음악을 음악답게 만드는 자유가 있다."[5] 루터가 강조한 것은 바로 이 후자의 차원이며, 루터가 인간의 성향과 그에 따른 인간의 삶을 효과적으로 변화시킬 수 있다고 본 것이다. 루터에게 음악은 양심을 해방시키는 복음에 대한 자연스럽고 자발적인 반응이다. 음악은 복음이 그리스도 안에서 새로운 인간을 세움으로써 효력을 발휘하는 삶의 새로움과 연결되어 있다. 요컨대, 음악은 송영적일(doxological) 뿐만 아니라 복음을 선포한다.

---

[4] Albert Seay, *Music in the Medieval World* (Englewood Cliffs, NJ: Prentice Hall, 1965), 20-21을 참조하라.

[5] Theodore Hoelyi-Nickel, "Luther and Music." in *Luther and Culture*, ed. George Wolfgang Forell, Harold J. Grimm, and Theodore Hoelty-Nickel. Martin Luther Lectures 4. (Decorah, IA: Luther College Press, 1960),151을 참조하라.

❙ 창조로서의 음악과 하나님의 선물

루터만큼 음악을 중요하게 여긴 신학자는 거의 없다. 루터에게 음악은 하나님의 창조물이자 선물이다. 루터는 "게오르그 라우(Georg Rhau)의 심포니에 루쿤데(*Symphoniae Iucundae*) 서문"(1538)에서 "나는 음악을 하나님의 탁월한 선물로 온 마음을 다해 찬양하고 모든 사람에게 칭찬하고 싶다."라고 썼다...그리고 나의 젊은 친구여, 이 고귀하고 건전하며 명랑한 하나님의 창조물이 당신에게 칭찬을 받게 하소서...동시에 이 창조물을 통해 창조주를 인식하고 찬양하는 데 익숙해지기를 바란다."[6] 루터는 음악에 귀를 막는 사람들에 대해 인내심이 거의 없었다: "그러나 영향을 받지 않는 사람은 참으로 음악적이지 않으며, 어떤 추잡한 시인이나 돼지의 음악을 들어야 마땅하다."[7] 루터가 찬양한 것은 음악의 텍스트만이 아니다. 실제로 음표는 신의 선한 선물로 간주한다.

> 시편은 사람이 음을 부르지 않고 단지 말씀을 암송하고 발음할 때에도 메시아를 노래하고 선포하기 때문에 감미롭고 즐거운 노래이며, 특히 사람들이 따라 부르고 경건하게 참여할 때 하나님의 놀라운 창조물이자 선물인 음악, 즉 음이 크게 도움이 된다.[8]

---

[6] LW 53:321, 324 (WA 50:368.17-18, 373.20-23).

[7] LW 53:324 (WA 50:373.5-6).

[8] *The Last Words of David* (1543), in LW 15:273-74 (WA 54:33).

반복해서, 루터는 신학 용어로 음악을 "창조물과 하나님의 선물"로 정의한다. 따라서 그는 음악을 주로 예술이 아니라 중세 후기의 관점이나 중세 초기의 지배적인 관점인 과학으로서의 음악은 아니지만, 음악 연구에는 이 두 가지가 모두 포함된다. 대신 루터에게 음악은 하나님의 창조물이며, 따라서 신이 인간을 형성하는 것이다. 음악은 인간이 얻을 수도, 받을 자격이 있어서 받는 것 아니라 그 대신 무상으로(gratuitously) 주어진 선물이다. 선물은 정확히 다음과 같은 용도로 제공된다. 인간의 즐거움, 즉 "순수한 쾌락"이라고 말했지만, 하나님이 음악을 사용하여 인간의 삶을 변화시키는 방법을 명시하는 음악에 대한 신학적 이해만이 그 의미에 적절히 접근할 수 있다.

　　음악은 단순히 세속적인 노력으로 환원될 수 없다. 음악은 지성을 일깨우는 본문(text)과 정서를 자극하는 음을 통해 신이 인간을 형성하고 개혁하는 수단이다. 음악은 인간 전체를 감동시킨다. 물론 음악은 제작, 리허설, 연습, 연주되는 한 인간의 창작물이다. 그러나 루터에게 음악의 인간적 창조는 전적으로 하나님께서 인간의 삶을 변화시키고 재구성하는 힘을 가진 선물로 음악을 제공하셨다는 사실에 달려 있다. 음악이 신성한 선물이라는 사실은 오직 믿음으로만 은혜로 의롭게 된다는 칭의 교리와 연결된다. 로빈 리버(Robin Leaver)의 다음과 같은 말처럼;

　　　음악이 신으로부터 선물로 왔다는 것은 인간의 예술이나 과학을 훨씬 능가하는 의미, 힘, 효과의 차원을 지니고 있다는 것을 의미한다. 음악은 인간의 작품인 발명품이 아니라 하나님의 작품인 창조물이다. 게다가 칭의 교리와 유사점이 있다. 칭의가 인간의 노력에 대한 보상이 아니라 하나님의 은혜의 선물인 것처럼, 음악은 본질적으로 인간의 업적이 아니

라 하나님의 창조의 선물이다.[9]

실제로, 음악은 하나님의 지혜를 엿볼 수 있게 해준다: "이 모든 것에 [음악적] 학습이 더해지고 자연 음악을 수정하고 발전시키고 다듬는 예술 음악이 더해지면, 마침내 음악이라는 경이로운 작품 속에서 하나님의 절대적이고 완전한 지혜를 경이로움으로 맛볼 수 있다."[10] 복음 밖에서 보면, 음악은 창조 세계 안에서 하나님을 경험하는 방법인 것 같다. 더 중요한 것은 음악이 복음을 노래하고 신자들의 마음과 가정(homes)에 내면화하여, 인간의 삶을 거룩하게 하는 방법이다.[11]

▎고대 교회의 음악에 대한 혼합적 수용에 대한 루터의 반응

음악이 기독교 예배의 특징이라는 사실을 감안할 때, 기독교 전통에서 음악에 대한 반응이 엇갈린다는 것은 놀라운 일이 아닐 수 없다. 기독교인들은 음악, 특히 찬양이 진리를 더욱 기억에 남고 강력하게 만드는 능력으로 인해 음악의 가치를 존중해 왔지만, 많은 사람들은 음악이 예배를 너무 감정적으로 만들며, 소리가 말씀을 강화하는 것이 아니라 오히려 말씀을 방해하여 사람들을 진정한 하나님 경배에서 멀어지게 한다고 우려해 왔다. 신은 인간의 능력과

---

9 Leaver, *Luther's Liturgical Music*, 89.

10 "Preface to Georg Rhau's *Symphoniae Iucundae*" in LW 53:324 (WA 50:372.11-13).

11 더 자세한 논의는 Christopher Boyd Brown, *Singing the Gospel: Lutheran Hymns and the Success of the Reformation* (Cambridge, MA: Harvard University Press, 2005)을 참조하라.

관련하여 (플라톤적 편견에 따르면) 감정보다는 이성에 더 가깝다는 점에서, 음악이 사람들을 하나님으로부터 멀어지게 할 수 있다는 것이다. 이러한 우려에 대한 간단한 조사는 적절하다. 순교자 저스틴(Justin Martyr, 약 100~165년)은 로마의 명절에 연주되는 음악을 음탕하다고 비판했다: "나는 너희의 [이교도] 대중 집회를 증오하게 되었다. 과도한 연회와 교묘한 피리가 사람들을 음탕한 움직임으로 자극하기 때문이다."12 알렉산드리아의 클레멘트 (Clement of Alexandria, 약 150~215년)도 이와 같은 글을 썼다;

> 만약 사람들이 피리(pipes), 시편, 성가대, 춤, 이집트식 손뼉 치기 및 그러한 무질서한 경박함으로 시간을 보내면, 그들은 매우 자만해진다. 피리는 목자들에게서 그만두게 하시요, 그리고 플룻은 우상 숭배에 몰두하는 미신적인 사람들에게서 그만두게 하라. 사실 그런 악기들은 온화한 연회에서 추방되어야 한다. 인간은 참으로 평화로운 악기이다. 그러나 조사해 보면, 다른 악기들은 호전적이고, 정욕을 불러일으키고, 열정을 불태우며, 분노를 불러일으키는 악기라는 것을 알게 될 것이다.

이러한 거리낌에도 불구하고, 클레멘트(Clement)는 만약 은유적으로 말한다면, 기악(instrumental music)을 사용하는 데 자비로운 구성(charitable construction)을 넣을 수 있다:

> 성령은 신성한 예배를 그러한 환희와 구별하면서 "나팔 소리로 그분을 찬양하라"고 말씀하신다. 나팔 소리로 그분은 죽은 자를 살리실 것이

---

12 Justin Martyr, *The Discourse to the Greeks* 4 (ANF 1:272).

기 때문이다. "시편으로 그를 찬양하라." 혀는 주님의 시편이기 때문이다. "그리고 거문고로 그를 찬양하라." 거문고는 성령으로 소리 내시는 입을 의미한다.[13]

다시 말하지만, 클레멘트에게 허용되는 음악과 허용되지 않는 음악을 구분하는 기준은 절제이다: "절제된 화음은 허용되어야 한다. 그러나 우리는 가능한 한 우리의 강인한 정신에서 이러한 액체 같은 화음을 추방해야 한다. 왜냐하면, 음조의 변조를 통한 사악한 예술은 사람들을 나약함과 외설로 이끌기 때문이다."[14] 따라서 클레멘트에게 음악은 도덕적인 발달과 에티켓에서 중요한 위치를 차지한다.: "음악은 … 매너의 장식과 침착함을 위해 연구되어야 한다. 예를 들어, 연회에서 우리는 음악이 연주되는 동안 서로에게 서약한다. 노래로 우리는 욕망의 간절함을 달래고, 인간의 즐거움이라는 풍성한 선물을 주신 하나님께 영광을 돌린다."[15]

음악에 대한 거리낌은 키프리안(Cyprian, 약 200~258년)도 마찬가지이다: "하나님도 인간에게 목소리를 주셨다. 그러나 사랑 노래와 음란한 것들은 단지 그 이유만으로 불러서는 안된다."[16] 여기서 루터는 식탁의 동료들과 함께 조스킨 데 프레즈(Josquin des Prez, 1450/55-1521)의 모테트(motets)뿐만 아니라 때때로 대중적인 사랑의 발라드를 부르며 휴식을 취했기 때문에 키프리안의 불쾌감이나 심지어 분노를 샀을 것이다."[17] 실제로 루터의 관점과는 달리

---

[13] Clement of Alexandria, *The Instructor* 2.4 (ANF 2:248).

[14] Clement of Alexandria, *The Instructor* 2.4 (ANF 2:249).

[15] Clement of Alexandria, *The Stromata, or Miscellanies* 7.40 (ANF 2:500).

[16] Cyprian, *Treatise* 2, chap. 11 (ANF 5:433).

[17] 루터 가정에서 저녁 식사 후 찬양을 통한 휴식의 매력에 대한 설명은 Paul Nettle, *Luther*

키프리안에게 음악은 사람들을 절제된 그리스도인의 삶에서 멀어지게 하는 악마의 도구가 될 수 있었다: "[사탄은] 매혹적인 형태와 안락한 쾌락을 눈에 보여줌으로써 순결을 파괴할 수 있다. 그는 조화로운 음악으로 귀를 유혹하여 달콤한 소리를 들음으로써 그리스도인의 활력을 약화시킨다."[18] 그에 비해 루터에게 음악은 마귀를 쫓아내고 음악을 만드는 사람의 성향을 슬픔에서 기쁨으로, 고독에서 친교로 바꾸어 준다.

어거스틴은 그의 『고백록』에서, 루터에게 가장 친숙했을 음악에 대해 "때때로" 그는 음악을 "마땅히 받아야 할 것보다 더 명예롭게" 대한다고 느꼈다고 썼을 때, 음악에 대한 유보적인 태도를 요약했다. 어거스틴은 찬송가를 부르거나 성경을 외울 때 "이 거룩한 말씀들이 내 마음을 더 큰 종교적 열정으로 자극하고, 부르지 않았을 때보다 더 강렬한 경건의 불꽃을 내 안에 불러일으킨다"고 인정했다. 저스틴, 클레멘트, 키프리안과 마찬가지로 그는 "내 마음이 감각의 만족으로 인해 마비되어 종종 길을 잃는 것을 허용해서는 안 된다는 유보적인 입장을 취했다. 감각은 두 번째를 차지하는 데 만족하지 않기 때문이다. 단지 내가 이성의 보조물로서 감각을 허용하기 때문에 감각이 이성의 우선순위를 차지하고 앞서 나가려고 하며, 그 결과 나는 때때로 이런 식으로 죄를 짓지만 나중에야 깨닫게 된다."라고 말했다. 그럼에도 불구하고, 그는 자신의 회심에 있어 음악의 역할을 인정했다. 기독교 집회에서의 찬양이 주는 감미로움은 그를 신앙으로 받아들이는 구도자의 방향으로 이끌었다.

***

and *Music*, trans. Frieda Best and Ralph Wood (Philadelphia: Mullenburg, 1948), 13-14를 참조하라.

[18] Cyprian, *Treatise* 10, chap. 1. (ANF 5:491).

감각을 만족시키는 데 따르는 위험과 내가 경험으로 알고 있듯이 노래를 통해 얻을 수 있는 혜택 사이에서 흔들린다. 돌이킬 수 없는 의견에 집착하지 않고, 나는 관습을 인정하는 편이다. 귀를 즐겁게 함으로써 연약한 영혼들이 헌신의 감정으로 감화될 수 있도록 교회에서 찬송을 부른다. 그러나 노래가 전하는 진리보다 노래 자체가 더 감동적일 때, 나는 이것이 심각한 죄임을 고백하며, 그럴 때 나는 그 가수의 노래를 듣지 않기를 원한다.[19]

이 점에서 루터는 어거스틴의 양심의 가책을 공유하지 않았다. 루터는 이 구절에 대해 "성 어거스틴은 음악에서 즐거움을 얻고 그로 인해 행복해졌다는 사실을 발견할 때마다 양심의 가책으로 괴로워했으며, 그러한 기쁨은 불의하고 죄악이라고 생각했다고 썼다. 그는 훌륭한 경건한 사람이었지만, 오늘날 살아있다면 우리와 같은 생각이었을 것이다."[20] 루터에게 음악은 사람을 죄에서 벗어나게 하는 것이지 죄에 빠지게 하는 것이 아니었다. 그는 "고상한" 이성에 맞서 "원초적인" 감정을 연주하지 않았다.

그러나 어거스틴과 초대 교회 교부들이 제기한 이 질문은 신앙의 정서적 측면을 매우 중시하는 우리 시대에 지적인 측면을 희생하면서까지 주목할 만한 가치가 있다. 우리 시대는 하나님의 중심성과 그분의 구원 능력에 초점을 맞추는 대신 예배에서 인간의 감정을 드러내는 것을 좋아한다. 예배의 중심이 되는 외적인 말씀과 대조적으로 내적인 삶을 기념하는 슈베르메라이(Schwämerei)

---

19 Augustine, *Confessions*, 10. 33 (trans. R. S. Pine-Coffin [Harmondsworth, UK: Penguin 1961], 238-39).

20 *Tischreden*, no. 2641; Buszin, "Luther on Music," 89쪽에서 인용.

정신이 지배하는 오늘날의 예배에 대해 루터는 어떻게 반응했을까? 루터 자신의 찬송가 중 몇 곡이 십계명, 주기도문, 신조에 초점을 맞춘 교리적인 성격을 띠고 있다는 사실에서 단서를 찾을 수 있다. 마찬가지로 루터의 다른 찬송가들도 주관적인 경험이 아니라 하나님의 객관적인 임재와 돌보심에 초점을 맞추고 있다. "강한 요새", "사랑하는 그리스도인들아 모두 함께 기뻐하라", "깊은 곳에서", "주님, 우리를 굳건히 지키소서" 등이 그 예이다. 루터의 경향은 자신의 감정이나 주관을 드러내는 것이 아니라 하나님의 객관적인 약속의 진리에 근거하여 그 말씀과 음정(notes)이 자신을 벗어나 그리스도와 이웃으로 나아가도록 하는 것이다.

❙ 음악에 관한 개혁파의 유보에 대한 루터의 반응

종교개혁 당시, 음악이 이성을 자극하는 대신 신자들의 기본 열정을 움직여 신자들을 타락시킬 수 있다는 문제가 종교개혁자들과 재세례파 사이에서 제기되었다. 가장 먼저 루터가 바르트부르크(Wartburg)에 격리되어 신약 성경을 번역하는 동안 비텐베르크에서 성상 파괴 운동을 주도한 루터의 동료 안드레아스 보덴슈타인 폰 칼슈타트(Andreas Bodenstein von Karlstadt, 1486-1541)가 그 선봉에 섰다. 칼슈타트뿐만 아니라 그는 교회의 성상을 우상이라고 반대하면서도 "오르간은 연극이나 왕자의 궁전에나 어울릴 법한 것"이라고 주장했다.[21] 여러 악기를 연주할 수 있고 자작곡 두 곡을 4부 음악으로

---

21 Ernes G.t Schwiebert, *Luther and His Times* (St. Louis: Concordia, 1950), 536.

작곡한 울리히 츠빙글리(Ulrich Zwingli)는 음악이 회중이 말씀에 집중하는데 방해가 될 수 있다고 주장했다. 잘 알려진 대로 츠빙글리는 "취리히의 오르간이 산산조각 나도록 냉혈하게 내버려 두었고, 오르간 연주자는 옆에 서서 울고 있었다."[22] 존 칼빈(1509-64)도 "예배에서 오르간 사용, 파트 노래, '성경과 시편에 나오는 시편'을 제외한 모든 노래를 배제했다."[23] 그가 기악과 성가대의 노래를 중단하거나 제한한 성경적 근거는 구약에서 허용된 의식이 이제 그리스도 안에서 대체되고 성취되었다는 것이었다. 그는 사무엘상 18장을 주석하면서, 이렇게 썼다:

> 교회를 장식하고 오르간을 사용하면서 하나님께 더 고귀한 봉사를 하고 있다고 믿는 것은 너무 우스꽝스럽고 무능한 교황의 모방일 것이다.... 필요한 것은 마음과 입에서 나오는 신성한 찬양이며, 단순하고 순수한 노래이며, 저속한 혀로 부르는 것이다. 율법 시대에는 당시 사람들이 유아기였기 때문에 기악이 용인되었다.[24]

알렉산드리아의 클레멘트(Clement of Alexandria)와 같은 고대 교부들과 마찬가지로, 칼빈은 음악을 위한 자리를 되찾았다:

> 음악 자체는 정죄할 수 없지만 세상이 거의 항상 그것을 남용하는

---

22 Nettle, *Luther and Music.* 4-5.

23 Kurt J. Eggert,, "Martin Luther, God's Music Man." Wisconsin Lutheran Seminary. Essay File. http://www.wlsessays.net/bitstream handle/123456789/1274/EggertLuther.pdf.

24 Robert M. Stevenson, *Patterns in Protestant Church Music* (Durham, NC: Duke University Press, 1953), 14.

만큼 우리는 훨씬 더 신중해야 한다.... 하나님의 성령은 사람들이 음악에서 저지르는 허영심을 너무 많이 기뻐하기 때문에 정죄한다. 그들이 이러한 기본적이고 지상의 것들에 기쁨과 즐거움을 둘 때, 그들은 하나님을 조금도 생각하지 않는다.[25]

고대 교회와 종교개혁자들 사이에서 음악에 대한 이러한 유보의 내적 논리는 잠재된 플라톤주의로, 열정을 이성에 종속시켜야 한다고 주장한다. 플라톤은 『국가』(the Republic)에서, 공동체의 도덕성을 확립하는 방법은 이상적인 공동체를 구성해야 하는 세 가지 계급, 즉 생산자, 수호자(경찰), 통치자 또는 철학자인 왕 사이에서 적절한 조화 또는 균형을 이루는 것이라고 주장했다.[26] 철학자인 왕은 생산자들과 수호자들을 통치해야 하는데, 생산자들과 수호자들은 정열보다 이성을 가장 잘 확립할 때 통치를 잘 할 수 있기 때문이다. 플라톤에게 있어 개인은 호소력, 정신, 이성을 가진 존재로 공동체와 연관되어 있다. 공동체에서 윤리를 확립하는 것은 개인의 윤리와도 관련이 있다. 공동체와 마찬가지로 개인도 삼위일체적이다. 개인의 욕망은 공동체의 생산자, 개인의 정신은 수호자, 이성은 철학자-왕에 해당한다. 어쨌든 개인이든 공동체이든 이성이 감정보다 우선한다.[27] 단순한 취향의 문제보다 더 깊은 문제가 루터교와 개혁파를 차별화한다. 개혁주의 유산에는 플라톤으로 거슬러 올라가는 일종의 신앙의 지성화가 잠재되어 있지만 루터교 개혁가들은 공유하지 않는다. 실제로, 비르기트 스톨트(Birgit Stolt)는 루터에게 지성(intellectus)은 정서

---

25 Stevenson, *Patterns in Protestant Church Music*, 17.
26 Plato, *The Republic*, 434d.
27 Plato의 *Philebus* (28c)에서 이성은 "하늘과 땅의 왕"으로 묘사된다.

06 루터의 신학과 음악의 아름다움   229

ectus, emotions)와 균형을 이루며, 그 반대의 경우도 마찬가지라고 말한다.[28] 루터는 감각을 경멸하지 않으며, 의심하지도 않는다.

일반적으로, 개혁주의 전통의 경향은 중세 가톨릭 유산에서 발생한 의식에 대해 특정한 "성경적" 예배 패턴을 제시하는 것이다. 따라서 예배에 대한 의문(question)은 단순한 "외적인" 문제가 아니다. 복음이 선포되는 한 기독교인들이 의견을 완전히 일치시켜야 할 필요는 없는 문제이다. 그 대신 성경에서 발견되는 패턴에 충실히 하는 것이 중요하다. 루터는 예배에 대한 구체적인 패턴을 제공하는 성경보다는 성경과 충돌하지 않는 중세 미사 전통의 측면을 받아들였다. 게다가, 이러한 성상파괴주의(iconoclasm)는 "유한은 무한을 감당할 수 없다"(*finitum non capax infiniti*)는 개혁주의 기독론의 신념을 바탕으로 한다. 따라서 성례전은 그 자체로 은혜의 수단이 아니라 은혜의 상징이다. 물이나 빵과 포도주 같은 물리적인 것들은 구체화되거나 들리는 말로서 은혜를 매개하는 것이 아니라 그 너머에 있는 은혜를 증언하거나 증거할 뿐이다.[29] 대조적으로, 루터에게 이러한 물성(physicality)은 은혜에 객관성과 실체성을 부여하여 사람이 믿음 안에서 말씀에 담긴 약속을 이해할 수 있게 한다. 루터에게 성육신은 "유한한 존재가 무한한 존재를 품을 수 있다"(*finitum capax infiniti*)는 것, 즉 그리스도가 성만찬에 실제로 임재하신다는 것을

---

[28] Stolt, "Joy, love, and trust-Basic ingredients in Luther's Theology of Faith of the Heart," *SRR* 4 (2002), 37.

[29] 세례의 물성(physicality)에 대해 루터는 이렇게 기록한다,

그런데 이 사람들은 믿음의 대상이 외부적인 것이라는 이유만으로 믿음을 믿음의 대상과 분리하는 어리석음을 범하고 있다. 그렇다, 복음 전체가 외부적이고 구두로 선포되는 것처럼 그것은 외부적이어야 감각으로 인식하고 파악할 수 있고 따라서 열(heat) 속으로 가져올 수 있다. 요컨대, 하나님께서 우리 안에서 행하시고 이루시는 모든 일은 그러한 외적인 의식을 통해 이루어지기를 원한다. 그분이 어디에서 말씀하시든, 실제로 어떤 목적으로 어떤 수단을 통해 말씀하시든, 거기서 믿음은 바라보아야 하고 믿음은 그것을 붙잡아야 한다.(The Large Catechism, in BC 460:30 [BSELK 1118:5])

확증하는 근거가 된다.

이러한 지성과 정서의 통합은 루터가 정서에 중점을 둔 수도원과 지성에 중점을 둔 대학에서 모두 경험한 것에서 비롯되었다. 오스발트 바이어(Oswald Bayer)는 이 두 기관에서 루터의 약속의 신학이 어떻게 발전했는지를 잘 설명했다.30 루터는 이성을 하나님의 "가장 위대한 선물"로 찬양했지만, 잘 알려진 것처럼 이성이 자신의 한계를 넘어 구원의 조건을 설정하려 할 때는 끊임없이 "악마의 창녀(devil's whore)"라고 꾸짖었다. 루터에게 음악이 인간의 본성을 타락시키거나 악마의 도구가 될 수 있다는 생각은 전혀 일어나지 않은 것 같다. 정반대로, 음악은 악에 대한 해독제였다. 그는 1530년 코부르크 성(Coburg castle)에 격리된 루터는 음악가 루드비히 센플(Ludwig Senfl, 약 1486-1542)에게 편지를 보냈다: "신학을 제외하고는 [음악]만이 신학만이 할 수 있는 것, 즉 평온하고 즐거운 기질을 만들어냅니다. 슬픈 염려와 불안한 걱정의 창조자인 마귀가 신학의 말씀에 날아가는 것처럼 음악 소리에도 날아간다는 사실이 [이에 대한] 명백한 증거입니다."31 루터에게 음악은 안팎의 시련(*Anfechtungen*, 영적 고난)에 맞서 싸우는 데 중요한 자원이었다. 실제로 그는 음악이 비슷한 아픔을 겪고 있는 사람들을 목회적으로 상담할 수 있는 자원이라는 사실을 발견했다. 그는 프라이베르크(Freiberg)의 오르간 연주자 마티아스 벨 러(Mathias Weller)에게 조언을 해주었다,

---

30 "루터는 신학의 '수도원적' 측면은 신성한 예배에 근거한 성례적 영성이 신학에 그 내용을 제공한다는 점에서 구성적이라고 주장한다. 반면에 그는 신학의 내용을 질서화하고 분석하고 반성하며 필요한 구분과 연결을 만든다는 점에서 신학의 '학문적' 측면은 순전히 규범적이라고 말한다. 신학의 이 두 측면은 명상(meditatio)을 통해 특별한 방식으로 결합된다."(Bayer, *Theology the Lutheran Way*. trans. Jeffrey Silcock and Mark Mattes (Grand Rapids. Eerdmans, 2007], 83).

31 LW 49:428 (WA BR 5:639.12-16).

슬플 때는 스스로에게 "이리 오너라! 나는 내 주 예수 그리스도께 [휴대용 소형 오르간]으로 너는 하나님을 찬양하고 찬미하라(*Te Deum Laudamus or Benedictus*)라고 하면서 찬양을 올리겠다. 왜냐하면, 내 주 예수 그리스도께서 기쁜 노래와 현악기 소리를 기뻐하신다고 성경이 가르치기 때문이다. 그러므로 다윗과 엘리사처럼 새 힘을 내어 클라베스를 잡고 슬픈 생각이 사라질 때까지 노래하라.32

신앙 문제에서 이성의 범위를 제한했던, 루터의 인간론은 종교개혁자들에 비해 플라톤이 감정보다 이성을 선호한 것에 덜 따르고 있다. 이성은 신앙의 문법에 따라 이 세상과 신학에 관한 문제를 해결하는 방법으로서 인간의 삶에서 그 자리를 차지한다.33 인간의 능력으로서 이성은 마음이라는 인간의 핵심 정체성 안에 포함되어 있다. 그러므로 그것은 하나님의 말씀에 따라야 하며, 그 말씀이 마음을 지배해야 한다. 마음은 신뢰할 수 있는 것에 맞춰져 있다. 불행히도 그것은 종종 (자신이 통제할 수 없는) 하나님 대신 자신이 만든 우상을 신뢰하는 경향이 있다.

▮ 구체화된 말씀으로서 음악의 정서성

---

32 *Luther: Letters of Spiritual Counsel*, trans. and ed. Theodore, G. Tappert (Philadelphia: Westminster, 1955). 96-97 (WA BR 7:104-5).

33 위의 chap. 2를 참조하라. 그리고 Mark Mathes, "A Contemporary View of Faith and Reason in Luther." in *Propter Christum: Christ at the Center: Essays in Honor of Daniel Preus* (St. Louis: Lutheran Academy, 2013), 145-68. 참조.

앞서 언급했듯이, 루터는 말씀뿐만 아니라 악보도 하나님의 창조물이자 선물이라고 주장했다. 성례전의 물과 성만찬의 떡과 포도주 같은 물리적 수단을 통해 인간에게 오는 선물로서의 복음의 약속에 대한 루터의 성례전적 접근을 고려할 때, 하나님의 말씀이 구체화되거나 물리적 수단을 통해 죄인에게 오는 것처럼, 말씀도 음표로 포장되어 온다는 것을 확인할 수 있다. 선포는 항상 혀, 후두, 성대 등 날숨을 의미 있는 단어로 만들어내는 신체적 수단을 통해 이루어진다. 마찬가지로, 복음에 대한 반응으로서, 음악은 자연스럽고 원초적이며 자발적이다. 말씀과 음악의 관계를 원칙적으로 구분하는 것은 현명하지 않지만(물론 하나님의 말씀은 찬송과 분리될 수 있기 때문에), 선포와 음악이 연결되어 있다는 사실은 여전히 인정해야 한다. 루터는 사중주(수학, 기하학, 천문학, 음악)의 네 가지 학문 중 선지자들이 메시지를 전달한 것은 음악이었다고 언급했다.[34] 구체화(embodiment)는 복음에 대한 루터의 접근 방식에서 중요한 차원이며, 음악에 대한 그의 견해에서 놓치지 않고 있다.

왜 그렇게 구체화를 강조할까? 성만찬의 성례전과 관련하여 빵과 포도주는 "우리의 인간 본성이 하나님을 더 확실히 붙잡고 그분을 붙잡을 수 있는 하나의 표징을 붙잡아 끝없는 사색에 빠지지 않도록 하기 위해 주어진다."[35] 마찬가지로, 성만찬도 마찬가지이다. 영적 시련(Anfechtungen)에 시달릴 때, 하나님

---

[34] LW 49:427-28 (WA BR 5:639)을 참조하라:
나는 신학을 제외하고는 음악과 같은 수준에 놓을 수 있는 예술은 없다고 분명히 판단하고 긍정하기를 주저하지 않는다. 왜냐하면 신학을 제외하고는 음악만이 신학만이 할 수 있는 것, 즉 평온하고 즐거운 기질을 만들어 내기 때문이다 ... 이것이 선지자들이 음악을 제외한 다른 예술을 사용하지 않은 이유이다. 신학을 정립할 때 기하학도 산술도 천문학도 아닌 음악으로 했기 때문에 신학과 음악을 가장 긴밀하게 연결 시켰다. 시편과 노래를 통해 진리를 선포했다.

[35] "Sermo de testamento Christi"(1520), in WA 9:448.34-36 (trans. Bayer, *Theology the Lutheran Way*, 46).

의 말씀을 노래할 때, 인간의 마음은 하나님의 말씀에 더 잘 고정되고 안전해지며, 그 결과 그 진리가 인간의 마음에 새겨지고 매일 적용을 위해 유용하다.

따라서 루터는 음악이 마음을 움직이는 방식에 관심을 가졌다. 그는 완성하지 못한 음악에 관한 논문의 스케치를 다음과 같이 남겼다.[36]

> 나는 음악을 좋아한다.
> 광신도들의 비난은 나를 기쁘게 하지 않는다.
>
> 1. [음악]은 인간의 것이 아니라 하나님의 선물이다.
> 2. 즐거운 마음을 만들어주기 때문에
> 3. 마귀를 쫓아내기 때문이다.
> 4. 그것은 순진한 기쁨을 창조하고 분노와 비순결과 다른 극단적인
>   것을 파괴하기 때문이다.
>   나는 음악을 신학 옆에 배치한다.
>   이는 다윗과 모든 선지자들이 모두
>   시와 노래를 만들어낸 본보기에서 잘 알려져 있다.
> 5. 평화의 시대에는 [음악]이 지배하기 때문이다.
>   이 유쾌한 기술을 계속 끈질기게 말하기는 어려울 것이다.
>   바바리아 공작(the Dukes of Bavaria)은 음악을 존중한다는 점에
>   서 찬사를 받아야 한다. 우리의 색슨사람들(Saxon) [공작들] 사이에
>   서 무기와 대포는 존중받는다.

---

36 WA 30/2:696; translated in Leaver, *Luther's Liturgical Music*, 86.

반복적으로 루터는 음악이 할 수 있는 일; 즉 즐거운 마음을 만들고, 악마를 쫓아내며, 순수한 기쁨을 불러일으키는 일에 반복해서 집중했다. 그는 음악이 어떻게 새로운 소식을 전하고 삶에 활력을 불어넣는지에 중점을 두었다. 실제로, 종교개혁가에게, 음악은 모든 감정에 영향을 미치는 힘을 가지고 있었다:

> 당신이 위로받기를 원하는 것이 무엇이든 간에, 슬픈 사람을 위로하고, 안일한 사람을 놀라게 하고, 절망한 사람을 격려하고, 교만한 사람을 낮추고, 정열적인 사람을 진정시키고, 증오로 가득 찬 사람을 달래고 싶을 때, 인간을 악이나 선으로 이끄는 감정, 성향, 애정 등 인간 마음의 주인들을 누가 다 셀 수 있겠는가? 음악보다 더 효과적인 수단을 찾을 수 있겠는가? [37]

루터에게, 복음을 통해 변화된 인간의 자연스러운 반응은 감사와 기쁨을 자연스럽게 표현하는 것이었다. 예를 들어, 『선행에 관한 논제』(*Treatise on Good Works*, 1520년)에서 루터는 다음과 같이 언급했다,

> 믿음 다음으로 두 번째 일은 하나님의 이름을 공경하고 헛되이 여기지 말아야 한다는 두 번째 계명의 일(work)이다. 이것도 다른 모든 일과 마찬가지로, 믿음 없이는 할 수 없다. 그러나 믿음 없이 행한다면 그것은 그저 가식이고 쇼에 불과하다. 믿음 후에 우리는 찬양하고, 설교하고, 노래하고, 모든 면에서 하나님의 영광과 존귀와 이름을 찬양하고 영화롭

---

[37] "Preface to Georg Rhau's *Symphoniae Iucundae*" in LW 53:323 (WA 50:371.5-9).

게 하는 것보다 더 큰 일을 할 수 없다.[38]

　우리는 그의 전집(corpus)을 통해 이러한 강조를 본다.[39] 어린이 성탄 찬송
가 "하늘 위로부터(From Heaven Above)"에 나오는 천사는 다음과 같이 강
조하고 있다: "큰 기쁨의 기쁜 소식/ 온 세상에 전하네, 기쁜 마음으로 노래하
세: / 이 밤에 당신에게 아이가 태어났도다."[40]

　음악이 인간의 감정에 미치는 영향에 대한 루터의 관심은 음악을 더 이상
사변적인 과학으로 보지 않고 실용적인 예술로 재정의한 장 거슨(Jean
Gerson, 1363-1439)과 요하네스 틴토리스(Johannes Tinctoris, 약
1435-1511)가 주장한 중세 후기 광범위한 운동에 발맞춰 나갔음을 보여 준다.
그렇다고 음악에 "과학"이 관여하지 않는다는 말은 아니다. 그 대신, 이 사상가
들에게 음악은 더 이상 우주론("harmony of the spheres, 구의 조화")이거
나 수학적 근거("sounding number, 소리 나는 수")에 얽매이지 않고 그 진리
의 근거가 된다는 점에 주목해야 한다. 그 대신, 중세 후기 음악 이론가들의

---

38 *Treatise on Good Works*, in LW 44:39 (WA 6:217.11).

39 루터는 고린도전서 15장에 대한 주석에서 "이제 성 바울은 노래로 마무리한다: '우리에게 승
리를 주신 하나님께 감사와 찬양을 드립니다!' 우리는 그 노래에 동참하여 항상 부활절을 축하
하며, 우리가 전투에서 승리하거나 성취한 것이 아니라 하나님의 자비로 우리에게 선물로 주어
진 승리에 대해 하나님을 찬양할 수 있다." (LW 28:213; WA 36:695.30-35). 루터는 시편
45:17을 언급하면서 "노래와 글과 설교로 이 하나님의 아들을 기념하고 찬양하는 것은 신약성
경에서 단 하나뿐인 뛰어난 예배이다" (LW 12:300; WA 40/2.909.29-31)라고 언급했다. 루
터는 이사야 강해에서, 이사야 12장 2절 ("보라, 하나님은 나의 구원이시라")을 언급하면서 "이
것은 죄 사함을 받은 후에 오는 평화에 대한 설명이다. 따라서 마음이 굳건히 서고 이것이 선
포된다. 이제 나는 의지하고 신뢰할 수 있는 분, 바라볼 수 있는 분, 즉 더 이상 노하시고 벌
하지 않으시며 모든 위험과 악에서 구원하시는 하나님을 바라볼 수 있다." 따라서 "나는 그리
스도 외에는 노래하고 찬송할 사람이 없으며, 그분만이 나의 모든 것을 가지고 계신다. 그분만
이 나의 구원, 즉 나의 승리가 되셨기에, 나는 그분만을 선포하며, 그분 안에서만 영광을 돌린
다." (LW 16:129; WA 31/2:92.22-24).

40 LBW, no. 51.

경향은 음악이 인간의 감성을 건드리는 능력을 존중하는 것이었다. 마찬가지로, 음악을 과학 그 자체가 아니라 주로 예술로 보았다.

음악에 대한 사변적 접근 방식은 앞서 언급했듯이 피타고라스(Pythagoras)가 음악의 하모니를 수치적 비율의 표현으로 해석한 것으로 거슬러 올라간다. 그는 또한 수적 비율이 단순할수록 소리가 더 아름답다고 주장했다. 실제로, 이 견해는 어거스틴(Augustine)과 보에티우스(Boethius, 약 480~524년)에 의해 채택되었으며, 이들의 음악 연구는 중세 시대 전체에 영향을 미쳤다. 이러한 관점에 대해, 알버트 세이(Albert Seay)는 "음악은 순수한 수의 세계를 소리로 보여주고 그 세계로부터 아름다움을 이끌어낸다."[41]라고 적고 있다. 이러한 피타고라스와 어거스틴의 관점에서는, 연주 음악은 음악에 대한 연구보다 낮은 수준에 있었다. 이는 무엇보다도 피타고라스 전통이 "구의 음악(the music of the spheres)"이라는 개념을 지지했기 때문인데, 이에 따르면 천체는 지구를 돌면서 귀에는 들리지 않지만 내면의 감각으로 들을 수 있는 조화로운 진동을 만들어낸다. 이러한 관점에서, 만물의 아름다움은 모든 것이 수에 의존한다는 사실에 기인한다. 따라서 "가장 아름다운 것은 신이며, 인간의 아름다움이 세상의 아름다움을 반영하는 것처럼 세상은 신의 아름다움을 반영하는 것에 불과하다. 이 모든 아름다움은 음악에서 귀로 쉽게 감지할 수 있는 비율, 즉 수적 비율의 형태로 표현될 수 있다. 따라서 음악은 신과 그의 피조물, 세상과 인간의 아름다움과 완전함을 묘사하는 한 방법으로 존재한다."[42] 이러한 사고방식은 루터에게는 그대로 적용되지 않았다:

---

[41] Seay, *Music in the Medieval World*, 20.
[42] Seay, *Music in the Medieval World*, 21.

우리는 피타고라스가 천체의 움직임의 조화에서 나오는 이 놀랍고 가장 아름다운 음악에 대해 귀머거리가 되었기 때문에 창조의 다른 무수한 선물들에 대해 경탄하지 않는다. 그러나 사람들은 이 음악을 계속 듣기 때문에, 그들은 그것에 대해 들리지 않게 된다. 비록 물의 소음과 굉음에 익숙하지 않은 다른 사람들에게는 견딜 수 없지만, 마치 나일강의 큰 폭포(cataracts)에 사는 사람들이 지속적으로 들리는 물의 소음과 굉음에 영향을 받지 않는 것과 같다.[43]

마찬가지로 음악에 우주적 차원을 부여한 루터의 음악관에도 이러한 측면이 내재되어 있다. 음악은

모든 피조물에게 개별적으로나 집단적으로 주입되고 심어졌다. 소리나 조화가 없는 것은 없다. 눈에 보이지 않고 우리의 모든 감각에 감지되지 않는 공기(air)며, 모든 것 중에서 가장 음악적이지 않은 목소리와 언어조차도, 그것이 움직이면 소리가 나고 들리고 이해할 수 있게 된다.[44]

다시 말해, 음악은 피할 수 없는 창조의 차원이다. 반복해서 말하지만, 루터에게 있어 이 우주적 차원의 음악의 메아리는 새와 새의 노래를 통해 발화되며, 이는 사려 깊은 사람이라면 누구나 경이로움을 불러일으킬 수밖에 없다.

이 우주적 차원은 중요하지만, 루터의 음악에 대한 주된 접근 방식은 아니다.

---

[43] *Lectures on Genesis*, in LW 1:126 (WA 42:94.32-37).
[44] "Preface to Georg Rhau's *Symphoniae Iucundae*," in LW 53:322 (WA 50:369.23).

그 대신, 그의 견해는 음악을 지적인 과학이 아닌 실용적인 예술로 강조하고 심지어 천체의 음악 이론을 완전히 부정하는 데까지 나아간 중세 후기 관점을 더 많이 반영한다. 이 새로운 관점은 마음을 움직이는 음악의 힘을 강조했다. 음악이 인간의 부정적인 성향을 해방의 기쁨으로 대체할 수 있다는 루터의 주장에서 반복해서 볼 수 있는 강조점이 바로 이것이다.

음악을 사변적인 측면이 아닌 예술로 이해하려는 움직임은 여러 가지 요인에 의해 영향을 받았다. 우선, 클레르보의 베르나르(Bernard of Clairvaux)는 하나님에 대한 지식에 도달하는 방법으로 경험을 강조했는데, 이는 신부인 영혼과 신랑인 그리스도 사이의 연합으로 이해되었다. 베르나르에게 음악은 경험의 언어이다.[45] 마찬가지로, 토마스 아퀴나스도 인간의 정서가 하나님을 향해 나아가는 데 도움이 되는 모든 것이 기독교 예배에 유용하며, 가장 중요한 것은 "인간의 영혼이 소리의 다양한 선율에 따라 다양한 방식으로 움직인다는 것이 분명하다"는 점이다.[46] 장 거슨(Jean Gerson)은 『음악의 찬미』(De laude musica)에서 음악을 찬양하면서, 한 세기 후 루터가 반향을 일으킬 음악의 정서적 힘을 나타내는 요소에 호소했다. 거슨에게 음악은 정신을 상쾌하게 하고, 근심을 쫓아내며, 지루함을 달래주고, 순례자에게 동반자가 되어준다: 눈이 내리는 한가운데서, [타오르는] 태양 아래서, 나는 노래에 의지하여 희망 안에서 인내하며, 행복하고, 열렬히 쾌활하게 갈 것이다. 비참한 근심은 [노래 소리에] 달아나고, 기다리는 모든 적대적인 재앙은 쫓겨난다.[47]

---

45 Mikka E. Antila, *Luther's Theology of Music: Spiritual Beauty and Pleasure* (Berlin: de Gruyter, 2013), 37-38을 참조하라.

46 *Summa Theologiae* II-II, q. 91, a. 2 (trans. Fathers of the English Dominican Province.[Westminster, MD: Christian Classics, 1948]. 3:1584).

47 Antila, *Luther's Theology of Music*, 47.

▌음악에서 아름다움의 기준

음악을 우주론적인 것이 아닌 정서적인 것으로 새롭게 인식하면서, 음악의 아름다움에 대한 기준도 달라졌다. 중세 시대에는 음악의 아름다움의 기준으로 수치적 비율을 꼽았다. 반면, 거슨(Gerson)의 새로운 관점에 충실했던 루터는 음악의 아름다움의 기준을 단순함(*simplicitas*)과 감미로움(*suavitas*) 사이의 상호작용으로 파악했다. 루터는 1538년 앙투안 드 페뱅(Antoine de Févin)의 모테트(motet. 역주; 성경의 구절 등에 곡을 붙인 악곡)를 주제로 한 탁상 담화(table talk)에서 이 두 가지 미의 기준을 제시했다(1470~1511/12년경). 그는 드페뱅 모테트의 네 부분으로 이루어진 대위법이 "달콤함과 단순함의 경이로움"이라고 평가했다.[48]

---

[48] WA TR 4:216. 1-2 (no. 4316) (Leaver, Luther's Liturgical Music, 56). 다른 사람들이 지적했듯이, 여기서 글레리아의 미학(Glarean's aesthetics)과 루터 사이에는 유사점이 있는 것처럼 보인다:

인본주의자 헨리쿠스 글라레아누스(Henricus Glareanus)는 음악 보존법의 첫 이론가 중 한 명으로, 루터가 죽은 지 1년 후인 1547년에 『12선법』(*Dodekachordon*)을 출판했다. 그 내용에 따르면, 실제로는 1510년에 발표되었기 때문에 루터와 조스킨(Josquin)과 동시대의 작품이다. 그는 거의 독점적으로 조스킨의 작곡을 자신의 이론의 물질적 기초로 삼았으며, 현대 이탈리아 음악을 완전히 무시했다. 글레어런(Glarean)에 따르면, 예술 작품에는 *ars*[숙련된 기술]와 *ingenium*[타고난 재능]이라는 두 가지 전제 조건이 필요하다. *ars*는 가르치고 배울 수 있는 음악의 법칙과 규칙으로 그는 해석한다. 그에게 *ingenium*은 음악가의 독창적이고 창의적인 충동을 의미하며, 이는 순전히 선물이다. 작곡 과정에서 *ars*와 *ingenium*이 만나는 곳에는 반드시 완벽한 예술 작품이 탄생한다. *ars*만으로는 충분하지 않으며, *ingenium*만으로는 모든 음악적 질서 위에 자신을 배치하고 *ars*의 타당성을 부정함으로써 음악을 불가능한 주관적 상황으로 끌어들이기 때문에 비열하다. (음악은 항상 *ars musica*에서 발견되는 객관적 상황의 표현이어야 한다.). 따라서 *ingenium*은 ars를 창작 과정의 기준으로 받아들여야 하며, *ars*의 규칙과 규정이 정한 객관적 한계를 존중해야 한다. (Hoelty-Nickel, "Luther and Music," 147-48)

앞서 언급했듯이, 음악은 넓은 의미에서 질서와 자유 사이의 상호작용을 표현한다. 이전의 피타고라스와 어거스틴의 접근 방식은 자유를 희생시키면서 질서를 강조했는데, 이는 음악의 아름다움을 수치적 비율에만 기반을 두었고, 정선율(*cantus firmus*)을 중심으로 춤추는 화성의 조화로운 교환이라는 창의적이고 예측 불가능하며 놀랍고 매력적인 요소를 무시한 것이다. 대조적으로, 후자는 루터가 강조하고 기뻐하는 것이다. 루터가 암시하는 단순함이나 질서는 더 이상 수치적 비율에 의해 정의되지 않는다. 그 대신 정선율은 때때로 더욱 강렬하게, 때때로 더욱 압도적이며 음악 전체에 흐르는 중심 주제 그 자체이다. 그것은 다성음악을 하나로 묶어주고 일관성을 제공하며 다른 부분들이 번창할 수 있게 해주는 실과도 같다. 대위법을 "한계까지 발전시킬 수 있다."[49]

루터의 관심을 사로잡은 것은 이 정선율(*cantus firmus*)을 중심으로 노래하는 네다섯 명의 다른 목소리들의 "끊임없이 변화하는 예술과 조율된 소리"였다. 이것이 바로 음악이 표현하는 자유이며, 루터에게 있어 그리스도인이 그리스도 안에서 누리는 자유와 유사하다. 루터에게 이러한 음악적 자유는 다른 어떤 지상적 현실보다도 복음이 부여하는 자유와 유사하며, 이는 축하받아야 할 자유이다. 따라서 복음은 다성적 그리스도인의 삶의 정선율(*cantus firmus*)이다. 루터와 같은 동시대의 음악학자들은 조스킨(Josquin)을 이러한 창조성을 음악의 전면에 내세운 지도자로 인정했다.[50] 존 콜드웰(John

---

[49] Jeremy Begbie, "Theology and Music," In *The Modern Theologians*, ed. David Ford (Oxford: Blakewell, 2005), 726. 여기서 Begbie는 Dietrich Bonhoeffer의 신학에 대한 접근 방식을 설명하고 있는데, 여기에는 *cantus firmus*의 은유를 적절히 사용하는 것이 포함된다. 또한 H. Gaylon Barker, *The Cross of Reality: Luther's* Theologia Crucis and *Bonhoeffer's Christology* (Minneapolis: Fortress, 2015), 119-20.

[50] Josquin에 대한 자세한 내용은 다음을 참조하라. Howard Mayer, Brown, and Louise K. Stein, *Music in the Renaissance* (Upper Saddle. River, NJ: Prentice Hall, 1999). 103-33; Patrick Macey, and Jeremy Noble. "Josquin des Prez," in *New Grove*

Caldwell)이 지적했듯이, 조스킨이 "미사라는 표현을 만든 것은 작곡가들을 정선율의 폭압으로부터 해방시키고 주어진 소재로부터 독립적인 구조를 만들어낼 수 있게 해 주었다...단어의 전체적인 정신에 대한 새로운 관심이 생겼다. 외적 형식이 작곡가의 지침이 되어야 한다."라고 말한다.[51] 실제로, "1495년에 발생한 오케겜(Ockeghem)의 죽음에 대한 애도에서, 조스킨은 후반부에 자신의 라틴어 정선율(*cantus firmus*)을 버리고(전반부에서는 큰 제약이 없었지만) 동시대인들에게 단순하지만 애틋한 문구로 스승을 위해 울어달라고 호소한다."[52] 루터가 조스킨을 음표에 지배당하는 다른 음악가들과 달리 음표의 주인이라고 표현한 것은 당연한 일이다.

루터에게 음악적 다성적 혁신의 달콤함은 복음주의적 자유와 유사하다. 루터는 기독교인의 자유를 위해 싸웠다는 것이 그의 경력의 특징이다. 하지만 그가 말한 복음주의적 자유는 무엇을 의미했을까? 분명히 그의 가톨릭 전임자들과 반대자들 역시 복음주의적 자유를 위해 노력했다고 믿었다. 그들에게 자유란 악마, 세상, 심지어 우리 자신의 육체의 유혹으로부터의 보호를 의미했다. 이것은 새로운 영적 삶에 대한 의로움의 해방으로 이어져야 했다. 반면 루터는 자유를 율법으로부터의 양심의 자유로 보았고, 그 결과 하나님과 이웃을 사랑하고자 하는 자발적인 의지가 생겨난다. 선행은 구원의 선물에서 자연스럽게 흘러나온다. 그리스도의 의가 낯선 의(alien righteousness)로서 우리의 의로 전가(*imputatio*)되기 때문에, 우리는 자신을 죄인으로 받아들이면서

Dictionary of Music and Musicians. ed. Stanley Sadie and John Tyrrell, 2nd ed. (Oxford: Oxford University Press, 2001), 13:220-66.

51 Caldwell, *Medieval Music* (Bloomington: Indiana University Press, 1978). 255. The paraphrase Mass는 평송(plainsong)이나 다른 신성한 출처에서 선택된 정교한 cantus firmus(정선율)를 기본으로 사용하는 미사의 평범한 음악적 설정이었다.

52 Caldwell, *Medieval Music*, 256.

도 그리스도의 의를 통해 새로운 눈으로 자신을 볼 수 있다.[53] 우리는 더 이상 율법에 대한 충성을 빚지지 않는 자유로운 주인이자, 모든 사람에게 복종하는 충실한 종으로서 도움이 필요한 사람들에게 기꺼이 봉사할 수 있다. 음악에 깃든 아름다움은 바로 이러한 자유에 귀를 기울인다. 그리스도인의 자유와 봉사는 그러한 봉사를 위해 자유를 주는 복음의 정선율(*cantus firmus*)에 기반을 둔 만큼 다성적("누구에게도 종속되지 않는 완전한 자유의 주", "모두에게 종속되는 완전한 충실한 종")이다. 조스킨(Josquin)이 제안한 것처럼 우리에게 정선율로부터의 자유가 필요한 것이 아니라, 자유를 주시는 그리스도 자신이 바로 이 정선율이며, 그리스도인은 자유와 봉사라는 그리스도인 존재의 다성성(polyphony)을 열어준다. 실제로 복음이 이 정선율이라면 그리스도인 존재의 양면인 자유와 섬김이 모두 작동한다.

▮ 루터의 음악관에 대한 시적 요약

이러한 복음주의적 자유의 진리는 루터의 매력적인 시적 서문인 "모든 좋은 찬송가를 위한 서문(A Preface for All Good Hymnals)"(1538)에 요약되어 있다. 이 서문은 요한 발터(Johann Walther)의 운율 찬사(encomium)인 "찬미할 만한 음악 예술의 영광과 찬양"을 위해 작곡된 것으로, 발터는 음악에 대한 루터의 흩어진 발언을 바탕으로 음악 신학을 발전시켰다.[54] 루터는 음악

---

53 Berndt Hamm, *The Early Luther: Stages in a Reformation Reorientation*. trans. Martin J. Lohrmann (Grand Rapids: Eerdmans, 2014), 154-71를 참조하라.
54 LW 53:319-20 (WA 35:483-84) 참조.

의 단순한 의인화가 아니라 위에서 언급한 것처럼 루터가 음악에 부여하는 우주적 차원을 반영하는 *Dame Music*의 입술에 그의 말을 담았을 것이다.[55]

이 땅의 모든 기쁨 중에서 내가 내 울림과 달콤한 노래하는 목소리보다 더 큰 가치 있는 것은 인간에게 없도다. 선한 노래가 있는 곳에는 악한 기분이 있을 수 없네. 시기도 미움도 분노도 없네. 모든 슬픔은 나를 통해 사라졌네. 탐욕, 걱정, 외로움도 더 이상 마음을 억압하지 않네. 각 사람은 그의 기쁨 속에서 자유로울 수 있다. 그러한 기쁨은 죄가 될 수 없기 때문이다. 그러나 내 안의 하나님은 지상의 마음에서의 모든 기쁨보다 더 큰 기쁨을 찾는다. 나의 밝은 힘을 통해 악마는 그의 죄 많고 살인적이고 사악한 일을 피한다. 다윗 왕은 사울 왕을 그토록 잘 달래 거문고를 연주하여 그의 살인적인 분노를 피했는지 말해준다. 신성한 진리와 하나님의 구속을 위해 겸손한 믿음의 마음이 인도하리니, 엘리사가 거문고를 칠 때 성령이 그를 발견했을 때 그렇게 예언했네. 일 년 중 가장 좋은 시간은 모든 새들이 노래할 때. 하늘과 땅에 그들의 목소리가 울려 퍼지네. 좋은 노래와 선율이 아름다운 지저귐(tuneful trill)으로. 모든 새들의 여왕 나이팅게일, 사내들의 마음은 너무나 매력적이고 화려한 음악으로 즐겁게 기뻐할 것입니다. 그러나 먼저 우리 주 하나님께 감사드립니다, 그분의 말씀으로 그녀를 창조하신 분 그분의 사랑하는 노래하는 여인 그리고 음악의 여주인. 사랑하는 주님을 위해 온종일 주님을 찬양하며 노래하네. 그분께 내 멜로디를 바치네. 영원토록 감사하네.

---

55 Leaver, *Luther's Liturgical Music*, 89.

이 운율에서 루터는 음악이 아름다움을 전달하는 방식에 대한 자신의 이해를 창의적으로 요약했다. 그는 음악이 기분을 절망에서 희망으로 바꾸고 경쟁적인 질투와 악의에서 협력적인 선의와 건전한 공동체의식으로 행동을 변화시키는 실질적인 결과를 이끌어내는 능력에 대해 강조했다. 어떤 의미에서 음악의 효과는 복음과 마찬가지로 자기 안에 갇혀 있는 죄인들을 그리스도 안에서, 그리고 이웃 안에서 살아가는 해방된 하나님의 자녀로 다시 만드는 것이다. 세 번째 줄의 "주다"라는 단어 안에 잠재되어 있는 것은 법정적(forensic) 이신칭의이다. 루터는 소교리문답에서 신조의 첫 번째 조항을 설명할 때 하나님의 창조 사역을 주심(giving)과 연관시킨다. "나는 하나님께서 존재하는 모든 것과 함께 나를 창조하셨다고 믿습니다. 하나님은 저를 주셨고 지금도 보존하고 계십니다." 그리고 이 창조의 일은 구속의 일과 연결되어 있다: "이 모든 것은 나의 공로나 합당함이 전혀 없이 순수하고 아버지 같은 신성한 선과 자비로 이루어진 것입니다!"[56] 즉, 우리의 창조는 (무에서) 선행을 통해 공로를 이룰 수 있는 우리의 능력에 근거한 것이 아니라 전적으로 선물로 주어지는 것이다. 또한 주님의 식탁에 들어갈 자격도 마찬가지로 우리의 합당함에 근거한 것이 아니라 전적으로 선물로 주어진다.

그러나 이러한 법정적 칭의는 효과적인 칭의, 즉 우리 마음을 변화시키거나 새롭게 하여 "각 사람이 즐거움 속에서 자유로워질 수 있도록 한다." 죄인은 더 이상 하나님의 심판이나 죄의 결과로 인해 억압받는 것이 아니라, 방어벽이 무너진 상태에서 내면에 거하는 말씀으로 인해 감각이 열려 더 많은 세상을

---

[56] The Small Catechism, in BC 354:2 (BSELK 870:10).

경험하게 된다. 그리스도 안에서 새로운 존재는 더 이상 자기 자신에게만 집중하지 않고 외부의 말씀과 이웃의 필요를 지향한다. 그리스도를 위한 용서를 통해 확립된 유쾌함을 누리면서 이웃의 필요를 향해 열린 마음을 가질 수 있다. 여러 교부들과 달리 루터는 음악이 비도덕적이고 비이성적인 정열의 흥분을 불러일으킨다고 생각하지 않는다. 그 대신에, 음악은 고뇌하는 영혼을 진정시키고 복음이 불러일으키는 해방과 마찬가지로 인간성을 해방시킬 수 있다.

루터의 시에서, "지상의 마음"에 대한 언급은 많은 전통과는 달리 루터의 지성과 정서의 동등화, 즉 지성을 정서보다 선호하지 않고 둘 다 각자의 고유한 특성을 누리도록 허용하는 것을 재확인한다. 마찬가지로 악마가 음악의 힘으로 자신의 작품을 회피한다는 점에 주목하면서, 일찍이 보여준 엑소시즘의 주제가 반복된다. 마지막으로, "나이팅게일(nightingale, 노랫소리가 아름다운 새)"에 대한 언급은 단순한 문학적 암시가 아니라 크리스천의 은유이다. 그것은 "[하나님의] 말씀에 의해...창조된" 하나님의 영광을 위해 자유롭게 살며 끊임없이 하나님을 찬양하는 크리스천이다. 그리스도인은 말씀에 의해 진정으로 새로워지고 그리스도 안에서 새로운 사람으로 세워진다. 루터는 『갈라디아서 강의』(the Lectures on Galatians, 1535년)에서 이를 이렇게 설명한다,

> 새로운 창조는 새로운 지성과 의지를 심어 주시고 육체를 억제하고 세상의 의와 지혜에서 벗어날 수 있는 능력을 부여하시는 성령의 역사이다. 이것은 가짜나 단순히 겉모습만 바뀌는 것이 아니라 실제로 일어나는 일이다. 새로운 태도와 새로운 판단, 즉 영적인 판단이 실제로 생겨나서 한때 동경했던 것을 이제 싫어하게 된다.[57]

---

57 LW 27:140 (WA 42/2:178.21-25).

루터는 이러한 마음의 혁신이 "감각의 갱신"으로 이어진다고 말한다.

> 복음을 통해 마음이 새로운 빛, 새로운 판단력, 새로운 동기를 얻으면 감각도 새로워지기 때문이다. 귀는 더 이상 인간의 전통과 관념에 귀를 기울이지 않고 하나님의 말씀을 듣기를 갈망한다. 입술과 혀는 자신의 행위와 의로움, 그리고 수도원적 규칙(monastic rule)을 자랑하지 않고 오직 그리스도 안에서 드러난 하나님의 자비만을 기쁘게 선포한다. 이러한 변화는 말하자면 언어적인 것이 아니라 실제적인 것이다. 그들은 새로운 마음, 새로운 의지, 새로운 감각, 심지어 육체에 의한 새로운 행동을 만들어내어 눈, 귀, 입술, 혀가 예전과는 다르게 보고, 듣고, 말할 뿐만 아니라 마음 자체가 사물을 다르게 평가하고 행동한다.[58]

아무쪼록, 죄인을 하나님의 소유라고 주장하는 의로운 말씀은 사람의 전 존재를 새롭게 한다. 하나님은 믿음을 창조하여 사람을 살리고 거듭나게 한다. 이러한 갱신은 삶의 방식에도 영향을 미친다. 물론 루터에게 있어서 그리스도인의 삶은 언제나 성자와 죄인의 삶이라는 것을 명심해야 한다-죄인이면서 동시에 의로운 자이다(*simul iustus et peccator*). 따라서 그리스도인의 삶에서 말씀은 죄인을 죄인이라고 주장하며, 그들을 믿음의 사람으로 다시 만들어 준다. 그리스도 안에서 새로워진 사람들은 말씀이 그들의 삶에서 원하는 대로 행하도록 허용되지만, 언제나 하나님의 말씀에 대한 더 큰 갈망과 그에 수반되

---

[58] LW 27:140 (WA 42/2:178.32-179.15).

는 감각의 새로움에 도움이 된다. 음악은 음악 안에서 그 자체를 표현하는데, 음표는 정서를 자극하여, 슬픔에서 환희로 고독에서 공동체로 나아가게 하면서, 음악적 텍스트(musical texts)는 하나님의 관대하심과 선하심에 대한 마음을 확립하기 때문이다.

▌결론

루터에게, 음악은 아름다움을 표현한다. 음악에 참여하는 우리는 아름다움의 그릇이며, 루터에게 음악은 어떤 의미에서 복음 그 자체와 동의어(synonymous)이다. 음악의 아름다움은 질서와 자유, "단순함"과 "달콤함" 사이의 상호작용에서 발생하며, 루터가 이해한 음악의 핵심은 바로 이 두 가지이다. 죄인이 죄와 그에 수반되는 율법의 비난에서 해방되면 목소리와 혀로 감사하는 기쁨을 표현하는 것 외에는 아무것도 할 수 없기 때문에 음악은 오직 믿음으로만 은혜로 받는다는 칭의 교리와 관련해서 이해할 때 가장 잘 드러난다.

하지만 음악은 하나님께 감사하는 마음을 표현하는 수단 그 이상이다. 그것은 마찬가지로 그리스도 안에서 새로운 삶에 대한 은유(metaphor)이기도 하다. 복음의 말씀에 따라 사는 크리스천은 마음이 깨끗해져서 자연스럽게 하나님과 이웃에 대한 사랑을 표현하고자 한다. 음악은 이러한 쇄신의 표현이며, 하나님의 창조물이자 선물인 음악은 또한 쇄신을 형성한다. 루터는 많은 전임자나 동시대 사람들과 달리 음악의 장점이나 가치에 대해 의심하지 않았다. 그가 보기에 음악은 기쁨을 만들어내고 악마를 쫓아내며 순수한 기쁨을 만들어

내기 때문에 긍정적인 역할을 한다. 그럼에도 불구하고, 그는 음악에 교훈적 또는 교리적인 측면을 높이 평가했다. 음악의 텍스트는 종교적 또는 신비적 경험의 주관성이 아니라 인간의 행복을 위한 하나님의 행동의 객관성에 초점을 맞춰야 한다. 이러한 진리는 현대 예배 생활에서 찬송가나 노래의 적절성을 평가하는 기준이 될 수 있다. 음악은 순수한 기쁨으로서 그리스도인들이 이 선한 창조물을 즐기도록 손짓한다. 음악에 대한 루터의 입장은 하나님의 말씀이 지상의, 물리적, 육체적 수단을 통해 전달된다는 그의 확신을 보완한다. 그것은 지상의 것은 나쁘고 하늘의 것은 좋다는 마니교적 분리(Manichaean separation)를 거부한다. 그 대신에, 신학과 삶에 대한 루터의 깊은 기독론적 접근을 강화한다: 유한한 것은 무한한 것을 품을 수 있고, 육체와 세속적인 것은 말씀에 의해 적절히 활용될 때 은혜의 통로가 될 수 있다.

루터의 시각적 조각상에 관하여

시각 예술에 대한 루터의 평가는 음악에 대한 이해보다는 더 관계가 없고 덜 명시적인 것처럼 보인다. 그러나 루터가 단어나 장인 정신으로서 더 넓은 범주의 이미지에 대해 말한 내용을 살펴보면, 신학과 시각 예술 사이의 관계를 어떻게 구성했는지 알 수 있다. 루터에게 있어 이미지화는 우상을 지어내거나 하나님을 공경하는 등 인간의 마음이 하는 일의 핵심일 뿐만 아니라, 선포된 말씀이 일차적으로는 하나님의 은총을 받는 신자들에게 선물로, 이차적으로는 모범으로 그리스도를 묘사하거나 그림으로 표현하는 방식이기도 하다. 따라서 이미지는 신학적 인류학의 중심 범주일 뿐만 아니라 복음이 전달되는 수단이기도 한데, 바로 그것은 예수 그리스도를 죄인에게 유익한 분으로 묘사하기 때문이다. 루터는 음악의 아름다움을 평가하는 구체적인 기준을 제시했던 음악에 대한 짧은 언급과 달리, 시각 예술의 아름다움에 대해서는 성상 숭배나 성상 파괴가 낳는 독선과 대조적으로 해방하시는 그리스도를 전달하는 능력 외에는 구체적인 판단 기준을 제시하지 않았다. 이러한 구체성이 결여된 것은 루터가 "자신이 살아 숨 쉬는 음악을 하면서 예술을 받아들이고 승인"했기 때문일 수 있다.[1] 그럼에도 불구하고, 재세례파나 종교개혁자들의 성상파괴주의와는

---

[1] John Tonkin, "Words and Images: Luther and Art," *Colloq* 17 (1985), 52.

달리 루터는 교회 생활에서 예술적 표현에 대한 자신의 입장을 확고히 주장했다. 그는 성상파괴자들을 비판하면서 "일부 사이비 종교인들이 주장하는 것처럼 복음이 모든 예술[alle Kuenste]을 파괴하고 황폐화시켜야 한다고 생각하지도 않는다. 하지만 나는 모든 예술, 특히 음악을 주시고 만드신 분을 섬기는 데 사용되는 것을 보았다."2 여기서 "예술"은 음악이 포함된 인문학뿐만 아니라 예술적 표현 전반을 의미하는데, 그 맥락은 건전한 교육의 핵심 교과과정이 아니라 공적 예배를 다루고 있기 때문이다. 루터교도들은 개혁파 및 다른 기독교인들과 함께 일상생활에서 예술을 환호했다. 그러나 개혁파(Zwingli)나 열광주의자(Karlstadt)의 성상파괴주의와는 달리 루터는 공적 예배에서 시각 예술의 역할을 긍정했다.

루터의 시각 예술에 대한 관점은 기껏해야 영적 교화를 위해 성경의 인물이나 사건을 묘사하는 교육적인 "실용주의"(utiltarian)적으로 묘사되어 왔지만, 예술 그 자체를 위한 예술은 중요하게 생각하지 않았다.3 하지만 이러한 해석은 너무 단순하다. 예술을 그 자체로 소중히 여기는 현대의 개념은 루터에게서 옹호자를 찾을 수 없다. 그러나 종교개혁자는 시각 예술이 복음을 전하는 데 중요한 역할을 하며, 이미지로 가득 찬 말씀이 인간의 상상력을 재생하고 변화시켜 죄인의 마음과 생각을 변화시킨다고 생각했다. 이러한 이미지는 그리스도인의 상상력을 재조정하고 지배하며, 생각과 의지를 일깨우고, 그리스도 안에서 자신의 정체성을 확보하여 모든 것 위에 하나님을 공경하고 이웃을 그리스도처럼 섬기는 데 도움을 준다. 루터에게 시각 예술에서 아름다움을 분별하는

---

2 "Preface to the Wittenberg Hymnal"(1524), in LW 53:316 (WA 35:475.4-5).
3 Carl Christensen, "Luther's Theology and the Use of Religious Art," LQ 22 (1970), 147.

기준이 명시적으로 드러난다면 그것은 다름 아닌 모든 인간 활동을 평가하는 말씀 그 자체이다. 루터가 『창세기 강해』에서 아담의 특성이 어거스틴의 비례, 디오니소스의 색채 또는 빛, 토마스주의의 완전함 또는 완벽함을 따르거나 능가하는 것과 같은 시각 예술의 아름다움을 판단하는 보다 구체적인 기준을 항목화하지 못했다고 해서, 기독교 예배에서 시각 예술의 가치가 감소되는 것은 결코 아니다. 루터는 장로이며, 그의 자녀들의 대부(godparents)였던 화가 루카스 크라나흐(Lucas Cranach)와의 우정과4 비텐베르크의 성상을 정화하려는 성상 파괴자들에 대한 반대는 시각 예술에 대한 그의 전반적인 인식을 보여준다. 당연히 크라나흐의 공방에서 제작된 목판화는 복음주의 신앙을 전파하는 데 도움이 되었다는 점에서 루터의 운동에 잘 부합했다. 그러나 앞서 설명한 '복음의 아름다움'에 대한 루터의 헌신은 예배에서 시각 예술을 승인한 것으로 해석할 수 있다.

모든 인간의 이해를 위해 이미지를 피할 수 없는 것으로 간주하는, 그의 관점은 하나님의 계시가 오직 물리적 사물을 매개로 온다는 확신과 더불어 시각 예술을 억제하기보다는 육성하는 신학적 배경을 강화하고 공적 예배와 사적 헌신(private devotion)에서 시각 예술이 자리 잡을 수 있는 자리를 찾았다. 따라서 루터의 신약성경 번역서인 9월 성경(the September Testament, 1522년)은 루터의 체류의 결실이다. 자신의 은신처인 바르트부르크(Wartburg)에서 성경 전체를 번역했고(1534년), 크라나흐의 공방에서

---

4 Steven Ozment, *The Serpent and the Lamb: Cranach, Luther, and the Making of the Reformation* (New Haven: Yale University Press, 2011). 오즈먼트는 크라나흐가 루터의 멘토로서 루터가 16세기 유럽의 복잡한 정치를 현명하게 헤쳐 나갈 수 있도록 도왔으며, 마찬가지로 크라나흐의 공방(workshop)은 루터를 '표상'함으로써 종교개혁을 도왔다고 강조한다. 또한 Christoph Weimer, "Luther and Cranach on the Justification in Word and Image," LQ 18 (2004), 387-405.

컬러 목판화로 삽화를 그렸다.[5] 마찬가지로 소교리문답도 로빈 리버(Robin Leaver)가 지적했듯[6]이 찬송가와 함께 삽화가 자주 사용되었고, 루터는 성 크리스토퍼(St. Christoper)에 대해 설교할 때, 이미지를 사용하면서, 그의 지팡이를 우리가 배우는 말씀으로 삼았다.[7] 재세례파나 개혁파 모두 예배에서 시각 예술의 자리를 인정하지 않았지만, 루터는 행위적 의로움이나 신성한 마법의 힘을 가진다는 분위기(aura)에서 벗어난 후에는 그 타당성을 주장했다. 따라서 루터가 "예술이 교육적이라는 그레고리우스적 관념을 넘어선 적이 없으며, 궁극적으로 예술은 중심적인 역할이 아닌 보조적인 역할에 머물러 있다고 주장하는 것은 과장된 표현이다."[8] 루터에게, 하나님은 항상 예배의 중심이다. 그리고 그 말씀은 항상 구체화 된다.[9] 따라서 인간의 예술적 창조물을 포함한 물리적 사물은 하나님께서 죄인에게 말씀하시는 데에 적합한 수단이다. 하나님은 인간의 예술성을 통해 인간에게 일하실 수도 있지만, 자연, 역사적 사건, 성례적 수단 또는 인간의 인공물 등 물리적 수단을 통해서 오직 인간에게만 작용할 수 있는 것을 선택하신다.

루터는 두 명의 반대자들과 논쟁을 벌이며 성상 신학을 발전시켰다:

(1) 유물, 성상, 성화를 규범적 영성의 필수적인 특징으로 소중히 여기고 교회에서 오랫동안 선례를 가지고 있던 성상 애호가들,[10] 그리고

---

[5] 1534년 루터 성경의 전체 컬러 팩시밀리 판본은 *Biblia, das ist die ganze heilige Schrifft Deudsch*, 마틴 루터 역 (Wittenberg, 1534; 재출간, Cologne: Taschen, 2002).

[6] Robin Leaver, "Luther's Catechism Hymns." *LQ* 11 (1997), 397-410; 12 (1998), 78-99. 161-80, 303-23.

[7] Johann Anselm Steiger, "Luther on the Legend of St. Christopher." *LQ* 25 (2011), 125-44.

[8] Tonkin, "Words and Images", 48.

[9] Oswald Bayer, *Theology the Lutheran Way*, Trans. Jeffrey Silcock and Mark Mattes (Grand Rapids. Eerdmans, 2007). 101, 139.

(2) 에라스무스(Erasmus) 같은 인문주의자나 안드레아스 보덴슈타인 폰 칼슈타트(Andreas Bodenstein von Karlstadt)나 츠빙글리(Ulrich Zwingli) 같은 종교개혁자이든 우상 파괴자들을 포함한 성상반대자들은 그런 관행들을 우상숭배와 미신으로 보았다. 첫 번째와 관련하여, 루터는 이러한 관습이 행위에 대한 잘못된 신뢰로 이어진다고 주장했는데, 이러한 관점에서는 신자들이 성상(icon)으로 대표되는 성인(saint)이나 거룩한 자를 숭배하는 대가로 공로를 받기 때문이다. 두 번째 그룹인, 성상 반대파는 말씀에만 호소하고 미사를 간소화하고자 했던 루터의 의제인 "형식의 재구성"과 같은 맥락에 있다고 생각했다. 그러나 루터와 달리 성상 반대론자들은 성상이나 유물이 전통적인 미신적 사용과 분리될 수 없다고 보았기 때문에 성상 금지에 대한 성경의 금지를 위반하는 것으로 여겼다. 결국, 이로 인해 성상 금지를 두 번째 계명으로 분류한 종교개혁자들 사이에서는 십계명의 숫자가 달라졌는데, 어거스틴에 이어 루터는 이를 제1계명에 포함시켰다.[11] 따라서 성상 파괴자들은 말 그대로 성상을 부수기 위해 거리로 나섰던 사람들이다. 그리고 그들의 사용에만 반대

---

10 가장 최근에는 Caroline Walker Bynum은 *Christian Materiality: An Essays on Religion in Late Medieval Europe* (New York: Zone Books, 2011)에서는 중세 후기 유럽인들의 성상 숭배가 많은 독실한 신자들에게 사실상 살아있는 힘을 가지고 있었다는 점을 강조했다. Bynum은 더 넓은 범위에서 이러한 성상 숭배가 유럽 기독교인들이 물질의 중요성과 가치를 긍정하는 방식이었다고 주장한다. 그녀는 "(아이콘이) 자신의 물질성을 집요하게 드러내고 심지어 언급할 때, 아이콘은 자신이 물질이라는 것을 보여준다. 다시 말해, 아이콘은 자신이 신이 아니라는 것을 보여준다. 그러나 물질은 하나님이 창조하시고 그 안에서 활동하시는 하나님의 피조물이다. 물질은 강력하다. 따라서 이미지들은 그 고집스러운 물질성 속에서 신에 대해 언급하거나, 신에 대한 징후를 제공하거나, 신을 향한 몸짓을 하는 것 이상의 역할을 한다. 그것은 물질을 신을 향해 들어 올리고 물질을 통해 신을 드러낸다."(Bynum, *Christian Materiality*, 35).

11 Heidelberg Catechism 98번 질문은 "그러나 배우지 못한 사람들을 위해 책 대신에 이미지들을 예배당에 두는 것은 허용되지 않습니까?"라고 묻고 "아니요, 우리는 하나님보다 더 섬기려고 해서는 안 됩니다."라고 답한다. 하나님은 기독교 공동체가 말조차 할 수 없는 우상이 아니라 그분의 살아 있는 설교를 통해 교훈을 받기를 원하신다.(http://www.crcna.org/welcome/beliefs/confessions/heidelberg-catechism).

하는 다른 사람들은 성상이나 심지어 스테인드 글라스(stained glass)가 제공하는 모든 물질적 도움으로 영성이 정화되기를 원했다. 성상 파괴자들에게 하나님은 영이시며 육체에 대한 언급을 제외하고는 인간의 영성과만 관련이 있으며, 더 깊은 수준에서 성상 파괴자들은 유한한 사물이 무한한 진리를 전달할 수 있는 능력을 부정했으며(*finitum non capax infiniti*), 결국 이것은 주의 만찬에서 그리스도의 실제 임재를 둘러싼 루터와의 논쟁에서 날카롭게 표현되었다.[12]

성상 숭배에 반대하는 루터의 입장은 성상 숭배를 노골적인 미신으로 보았던 에라스무스와는 달랐다. 그 대신, 루터의 반대는 그리스도만이 아니라 성상에 대한 잘못된 신뢰에 초점을 맞추었다.[13] 그러나 루터는 성상 파괴주의와 관련하여 복음주의의 자유가 위태로워졌다고 생각했다. 그림이나 조각상이 구원의 의미를 상실하더라도 말씀을 가르치고, 설명하고, 장식하기 때문에 예배와 영성에서 허용될 수 있고, 심지어 환영받을 수 있다. 결국 말씀이 그리스도를 묘사할 때, 그림이나 조각상을 통해 신자들에게 그리스도를 전수함으로써 신자

---

12 성상이 마치 그리스도의 효능을 보완할 수 있는 것처럼 숭배하는 것을 전적으로 거부하면서도, 루터와 루터교 전통의 *finitum capax infiniti* 에 대한 확언은 물질적인 것이 "물질적 실체를 통해 성스러운 것을 드러낼 수 있다"는 중세 후기 성상 전통을 반영한다(Bynum, *Christian Materiality*, 41). 실제로 Bynum은 이렇게 말한다. 루터 전통은 신과 인간 사이의 절대적 불균형이라는 관점에서 무한에 대한 유한자의 무능력을 치열하게 옹호했다. 잃어버린 인간 본성은 완전히 *non est capax divinitatis*라는 루터의 견해에 따라, 후대의 루터 전통은 간단히 말해서 *finitum non est capax infiniti*(유한한 것은 무한한 것을 수용할 수 없다)라고 말할 수 있다. 그러나 루터교도들은 자연이 하나님의 현존으로 가득 차 있다고 가정하는 데에도 루터와 동의한다. 모든 사물은 신이 자신을 숨기고 있는 가면의 역할을 할 수 있다. 이러한 관점에서 볼 때, *finitum capax infiniti*(유한한 것은 무한한 것을 수용할 수 있다)도 유효하다. (415-16)

13 "미신은 에라스무스에게 종교의 외형적 형태에 대한 잘못된 믿음을 의미했다. 그는 특히 신성한 것을 마치 마술처럼 취급하는 관습에 화가 났다. 정해진 공식을 따르면 호의를 얻을 수 있었다."(Carlos M. N. Eire, *War Against Idols: The Reformation of Worship from Erasmus to Calvin* [Cambridge: Cambridge University Press, 1986], 37).

들을 거듭나게 하고, 각자의 소명에 맞는 선한 일을 하도록 인도한다. 루터 이후의 전통에서 이러한 이미지화가 구체적이고 실체적인 형태를 취하여 경건을 강화할 수 있다는 것은 수많은 유물에서 볼 수 있는데, 비텐베르크 도시 교회에 있는 1547년 루카스 크라나흐의 제단화가 그 한 예로, 4개의 패널에서 복음을 가르치고 분명하게 제시하는 것을 볼 수 있다.[14] 은혜의 촉지 (tangibility, 觸知)는 루터의 성례전 신학의 필수적인 특징이다: "그러나 그분 (하나님)께서 요구하시는 가장 높은 예배의 형태는 그분이 진리시라는 확신이다...그분은 영적인 증거로 이것을 확인하지 않으시고, 가시적인 증거로 그것을 확인하신다. 나는 물을 보고, 빵과 포도주를 보고, 목사(the minister)를 본다. 이 모든 것은 육체[*corporalia*]이며, 이러한 물질적 형태[*figures carnalibus*]로 그분은 자신을 드러내신다."[15]

따라서 루터와 성상 파괴자들과의 논쟁은 복음의 본질에 대한 더 깊은 문제를 제기한다. 종교개혁자에게는 이미지가 없는 말씀은 없다. 말씀은 실제로 그리스도를 묘사하거나 그림 또는 이미지로 표현할 수 있는 유일한 수단이다. 종교개혁자는 이미지로서의 말씀과 이미지로서의 예술적 창작물 사이에 어떠한 명확한 구분도 인정하지 않았다. 그러나 이는 하나님이 인간과 어떻게 관계하는지에 대한 훨씬 더 광범위한 질문을 제기한다. 그리고 루터의 인간에 대한 정의를 형성하는 구체성과 시간 및 물질에 대한 경계에 대한 더 큰 이해의 일부이다. 루터에게 하나님은 오직 인간과 관계하며 항상 물리적 수단을 통해서만 인간과 관계한다. 그가 『창세기 강해』에서 언급했듯이, "마찬가지로 육체적 존재인 인간에게도 하나님에 대한 순종으로 자신의 몸을 따라 훈련받을

---

14 Tonkin, "Words and Images," 51.
15 *Lectures on Genesis,* in LW 5:49 (WA 43:462.15-21).

수 있는 물리적 또는 외적인 예배의 형태가 필요했다"16

영으로서의 하나님이 물질의 방해를 받지 않고 오직 영을 통해서만(좋아하는 것을 아는 것처럼) 인간과 관련된다는 견해는 개혁자에게 가브리엘 비엘 (Gabriel Biel) 학파에서 옹호된 독선만큼이나 문제가 되는 것이다. 그러한 "열정"은 구원의 확신을 줄 수 없는데, 그 이유는 그 말씀이 은총을 주시겠다고 약속하셨던 사죄의 구두 말씀(the oral word)이나 세례의 물이나 성만찬의 빵과 포도주라는 육체적 표징에 대한 것이 아니기 때문이다. 따라서 불안한 양심의 상상력은 하나님의 실체적 약속에서 벗어난 자신의 영적 황홀경이나 관행 속에서 위안을 찾으려고 표류하게 된다. 이는 더 큰 절망으로 이어질 수 있을 뿐만 아니라 더 큰 독선을 부추길 수 있다.

루터는 자신의 신학을 발전시키면서 (1) 인간은 죄가 있고 거룩하신 하나님께 직접 접근할 수 없으며, (2) 길버트 라일(Gilbert Ryle)이 데카르트의 정신과 육체의 관계에 대한 이론을 설명하면서 말한 것처럼, 인간은 본질적으로 육체적 피조물이지 "기계 속의 유령"이 아니기 때문에 하나님은 오직 물리적 수단을 통해 "가려진" 모습으로 인간에게 다가온다고 점점 더 확신하게 되었다,17 (3) 인간은 상상력이 뛰어나기 때문에 양심이 은혜에 묶여 있어야 하며, 은혜는 약속대로 우리에게 파악 가능하고 실체적인 방식으로 다가오기 때문이다. "열광주의자"들과는 반대로, 그는 우리를 위하시는(*pro nobis*) 하나님의 은총은 항상 육체적 표징을 동반하기 때문에 물질을 배제하는 영성의 비전(a vision of spirituality)에 반대했다. 에라스무스, 칼슈타트, 가브리엘 츠빌링

---

16 *Lectures on Genesis*, in LW 1:94 (WA 42:72.10-12).

17 Ryle, *The Concept of Mind*, New ed. (Chicago: University of Chicago Press, 2002), 22-32.

(Gabriel Zwilling, 1487-1558)의 성상숭배 반대와 성상파괴주의, 더불어 그들의 이상주의적이고 심지어 유토피아적인 사회 및 도덕 개혁 프로그램에는 영지주의가 내재되어 있었기 때문에 루터는 양심에 위험하다고 생각했다.18 하나님은 자기를 내어주시는 분으로서 지상의 것, 특히 성례에 자신을 부여하신다. 그러나 앞으로 살펴보겠지만, 루터가 하나님을 "덮어 감추어진" (covered) 분으로 보았을 때, 하나님은 모든 피조물뿐만 아니라 인간의 장인의 솜씨와 아름다움의 인공물에도 감추어져 계신다.

▌ 초대 교회에서 조각상의 역할

기독교의 모태가 된 유대 신앙은 하나님에 대한 어떤 표현도 용납하지 않는다는 의미에서 성상 반대적이었다. 이러한 입장은 우상 숭배에 대한 성경적 금지(출 20:3-5)뿐만 아니라 하나님이 인간의 인격을 초월하는 신격화론에 대한 인정과 함께 우상 숭배에 대한 신학적 반대의 결과이기도 하다고 설명한다.19 따라서 고대 이스라엘에 예술적으로 장식된 성전과 매력적인 디자인의

---

18 에라스무스에 대해 Richard Klahn은 "에라스무스의 문화 프로그램의 일부는 종교의 인간화, 즉 기독교 신앙을 인류의 향상을 위한 일반 프로그램으로 전환하는 것이었는데, 이는 18세기 계몽주의 지도자들의 목표와 본질적으로 다르지 않았다. 선택은 도덕적 훈련과 고대가 물려준 문학적, 철학적 보물의 동화 과정을 의미한다."("Human Claims to Freedom and God's Judgment," *CTQ* 54 (1990), 247). 그리고 이러한 현대 철학적 영지주의는 칸트 철학에서 이어진다. Mark Mattes and Roy A. Harrisville, "Translators' Epilogue,"in *A Contemporary in Dissent: Johann Georg Hamann as Radical Enlightener*. by Bayer, Oswald, trans. Roy A. Harrisville and Mark Mattes (Grand Rapids: Eerdmans. 2012) 209-23를 참조하라. 또한 Bayer *Contemporary in Dissent*의 7장 9장을 참조하라.

19 루터가 apophatic theology의 영향을 받았다는 것은 의심의 여지가 없다. 그럼에도 불구하고, 그의 설교자는 설교할 때 의인화 할 필요가 있음을 인정했다. 신 의인화에 대해 그는 *Lectures on Genesis*에서 이렇게 썼다: "참으로 사람들이 어떻게 사람들 사이에서 하나님에

예복을 입은 제사장들이 있었다는 사실은 언약의 약속을 구체화하여 예배에 가시적이고 즐겁게 포함시키기를 원하시는 하나님을 증거한다. 기독교적 관점에서 이러한 예배는 예수 그리스도 안에서 성육신하신 약속의 한 유형이다. 고대에 유대인과 기독교인 모두 성경에서 가져온 테마로 예배 장소를 장식했다. 하지만 초기 기독교인들은 로마 제국에서 핍박받는 소수였기 때문에 시각 예술은 그들 사이에서 번성하지 못했다. 초기 기독교인들은 차별을 받았기 때문에 그들의 예술은 각광을 받지 못한 채 제작되고 전시되었다. "기독교 미술이 암호와 묘지의 어두운 세계에서 벗어나 기독교 생활의 일부로 자리 잡은 것은 5세기에 이르러서였다."[20]

시각 예술을 옹호하는 기독교인들은 성경 자체가 예배에 적합한 예술적 표현의 예를 제시하고 있다는 점에 주목했다. 따라서 모세의 청동 뱀(민 21:9), 언약궤 위의 그룹(출 25:18-20), 솔로몬 성전의 다양한 장식 가구(왕상 6-7)가 기독교 초상화집(iconography)을 정당화하는 데 사용되었다. 루터도 성상 파괴자들과의 논쟁에서 이러한 논리를 사용했다.[21] 고대에 기독교 시각 예술에

대해 달리 말할 수 있겠는가. 하나님을 이런 식으로 생각하는 것이 이단이라면, 하나님을 이런 어린아이 같은 방식으로 생각하고 말하는 모든 자녀들의 구원에 관한 판결이 내려졌다"(LW 1:14; WA 42: 12. 10-12).

[20] John A. McGuckin, "Art." in *The SCM Press A-Z of Patristic Theology* (London: SCM. 2005), 32-33.

[21] "비텐베르크에서의 여덟 가지 설교"(1522), in LW 51:82(WA 10/3:27.30-28.6)를 참조하라: 하지만 더 나아가 보겠다. 그들은 말한다: 노아, 아브라함, 야곱이 제단을 쌓지 않았는가? [창 8:20; 12:7; 13:4, 18; 33:20]. 누가 그것을 부정할 수 있을까? 우리는 그것을 인정해야 한다. 다시 말하지만, 모세는 그의 네 번째 책(민 22 [21:9])에서 읽은 것처럼 청동 뱀을 세우지 않았는가? 그렇다면 모세가 직접 만들었을 때 어떻게 형상 만들기를 금지했다고 말할 수 있는가? 그런 뱀도 형상인 것 같다. 어떻게 대답해야 할까? 다시 말하지만, 우리는 또한 두 마리의 새가 속죄소(출 37:7-9)에 세워졌다는 것을 읽지 않는가? 여기서 우리는 우리가 형상을 가질 수 있고 형상을 만들 수는 있지만 숭배해서는 안 되며, 만약 숭배한다면 히스기야 왕이 모세가 세운 청동 뱀을 깨뜨린 것처럼(왕하 18:4) 그것을 치우고 파괴해야 한다는 것을 인정해야 한다.

는 성인(saints) 이미지, 선한 목자이신 그리스도의 동상 또는 부조, 장식된 석관(손바닥, 공작새, 포도나무 또는 치로 모노그램; 역주-그리스도를 나타내는 그리스어 두 글자의 첫 번째 "Chi (X)"와 "Rho (P)"), 로마의 히폴리투스(Hippolytus)나 사도 베드로 같은 지도자의 동상이 포함되었다.22 그러나 알렉산드리아의 클레멘트(Clement of Alexandria) 같은 초기 기독교인들은 예술에 대한 기독교의 기여가 이교도 이웃보다 더 높은 윤리적 기준을 추구하기를 원했다: 예술은 외설적이어서는 안 된다.23 기독교인들 사이에 약간의 차이를 주목해야 한다: 성화는 동서방에서 모두 발전했지만 라틴어를 사용하는 서방에서는 조각상의 사용이 발전했지만 그리스어를 사용하는 동방에서는 결코 받아들여지지 않았으며, 이는 계속해서 로마 가톨릭과 동방 정교를 구분하는 특징이 되고 있다.

기독교인들 사이에서 널리 퍼지고 루터가 승인한 성화에 대한 표준적인 정당화는 문맹과 가난한 사람들(*biblia pauperum*)에게 "평신도를 위한 성경"을 제공함으로써 그들의 기억을 강화하고 헌신을 자극하는 데 도움이 될 수 있다

---

22 최초의 기독교인들은 황제 동상, 이교도 신과 영웅의 동상, 이교도 벽화를 보는 데 익숙했다. 그래서 그들은 우상 숭배에 대한 일말의 두려움이나 의심도 없이 자신들의 종교에 대한 그림을 그렸고, 여유가 생기면 주님과 영웅들의 동상을 만들었다."(Adrian Fortescue, "Veneration of Images." in *The Catholic Encyclopedia* [New York: Appleton, 1910]. http://www. newadvent.org/cathen/07664a.htm).

23 알렉산드리아의 클레멘트는 로마 예술의 음탕함을 공격했다:
다른 이미지에는 어떤 것들이 있는가? 아주 작은 그릇, 벌거벗은 소녀, 술 취한 사티로스, 남근 상징물, 알몸으로 그려진 그림들이 불명예스럽다. 그리고 이보다 더: 공공장소에서 묘사된 모든 형태의 음탕한 모습을 보는 것을 모든 사람의 눈에 부끄러워하지 않는다, 그것을 꼼꼼하게 세우고 지킨다. (*Exhortation to Heathen* 4 [*ANF* 2:189]) 그렇다고 해서 클레멘트에게 장식이나 삽화의 가능성을 배제하지는 않았다:
우리의 인장은 비둘기나 물고기나 바람을 가르는 배나 폴리크레스가 사용한 거문고나 셀류쿠스가 장치로 새긴 배의 닻이 되게 하라. 만일 낚시하는 자가 있거든 사도(apostle)와 물에서 건져 올린 아이들을 기억하리라. 우리는 우상의 얼굴을 묘사하지 말며, 우상을 새기는 것이 금지된 우리는 칼이나 활도 우리처럼 평화를 따르지 않으며, 술잔도 절제해야 한다. (*The Instructor 3.11* [*ANF* 2:285-861])

는 성화에 대한 정당화이다. 그레고리 대제(Gregory the Great)는 성상 파괴자 주교였던 마르세유의 세레누스(Serenus of Marseilles)에게 이렇게 표현했다:

> 고대로부터 성인들의 이야기가 성지(holy places)에 그려지는 것을 허용한 것은 이유가 없는 것이 아니다. 그리고 우리는 그들을 숭배하는 것을 허용하지 않은 것에 대해 전적으로 주님을 찬양하지만, 그것을 깨뜨린 것에 대해 그들을 비난한다. 그림을 숭배하는 것과 그림의 모습에서 우리가 숭배해야 할 것을 배우는 것은 전혀 다른 문제이기 때문이다. 읽을 줄 아는 자에게는 책이, 무지한 자에게는 그림이 되고, 배우지 못한 자도 그림에서 따라야 할 모범을 볼 수 있으며, 문자를 모르는 자도 그림에서 읽을 수 있다. 따라서 특히 야만인에게는 그림이 책을 대신한다.24

성인과 순교자를 기억하는 전통에서 성화를 숭배하는 관습이 점차 발전하여 성상는 단순히 성인이나 그리스도의 재현이 아니라 그 성인이나 거룩한 존재에 대한 접근으로 간주되었다. 이러한 관점에서 성상(icon)은 그것이 나타내는 현실에 참여하여 성스러운 것이 신자에게 다가가는 창구 역할을 한다. 동서방 모두 성상은 "우리가 예배에 다가가기 위한 매개적 표징으로 간주되었다. 하나님을 경외하고 그분의 성인들을 숭배한다."25 구체적으로 성화는 "기도와 숭배의 통로이며, 성상 뒤에 서 있는 천상의 향기로운 실재와 지상에 묶인 예배자

---

24 Epistle 9.105 (PL 77:1027); Fortescue의 "Veneration of Images"에서 인용.
25 Lawrence S. Cunningham, *The Catholic Heritage* (New York: Crossroad, 1983), 132.

사이를 매개한다. 신자가 성상을 바라보는 것은 말 그대로 구원의 신비의 세계를 창문을 통해 들여다보는 것과 같다."[26] 루터에게 이러한 성상과의 연관성은 그리스도가 아닌 다른 것을 구원으로 인도할 수 있으므로 거부되어야만 한다. 그러나 루터가 이러한 성상애호와 비슷한 입장을 견지한 것은 성상이 은혜를 매개하거나 거룩한 것을 조작하는 통로를 제공하지 않음에도 불구하고, 인간이 만든 예술품을 포함한 모든 현실이, 죄인에게 하나님의 말씀 선포를 가면으로 가리고 전달한다는 그의 확신에 기인한다.

7세기에 부상한 이슬람은 동방이나 서방의 기독교인들 사이에서 발전한 것보다 더 엄격한 성상 반대 입장을 취했다. 아이콘에 대한 이슬람의 비판에 대해 많은 동방 기독교 지도자들은 아이콘이 성경의 성상 제작 금지 규정을 위반한다는 무슬림의 의견에 동의했다. 그러나 단순한 성경적 금기보다 더 큰 문제가 걸려 있었다. 성상 파괴자들은 종종 "타락한 상태에서 발견되는 물질과 하나님으로부터 소외된 것은 진리, 특히 구원적이고 신성한 진리를 표현하는 수단이 될 수 없다."고 가정했다.[27] 이는 성상 애호가들뿐만 아니라 루터에게도 전적으로 공감하는 감정이다. 성상 옹호자들은 그리스도 자신이 하나님의 "정확한 성상"(골 1:15)이라는 점에 주목했다. 그들은 성상(icons)이 그리스도의 성육신을 연장하기(extend) 때문에 새겨진 이미지에 대한 금지에도 불구하고, 하나님께서 성상 제작을 허용하신다고 생각했다. 하나님은 예수님의 지상 사역에서 육체를 가진 인간이 되셨고, 당시에는 원칙적으로 시각적으로 묘사될 수 있었기 때문에 아이콘을 만드는 행위는 정당화된다. 아이콘을

---

[26] Cunningham, *The Catholic Heritage*, 133.

[27] Ambrosios Giakalis, *Images of the Divine: The Theology of Icons at the Seventh Ecumenical Council* (Leiden: Brill, 2005), 65.

숭배하는 것은 예수 자신의 부활한 몸이 숭배되었다는 사실에 의해 보장된다. 한 세기 동안 동방 기독교인들 사이에서 격렬한 논쟁이 이어졌고, 결국 제7차 에큐메니칼 공의회인 2차 니케아(787년)에서 성상 찬성파가 승리하게 되었다. 이 공의회는 다마스쿠스의 요한(John of Damascus, 약 676-749년)과 같은 신학자들의 생각을 따랐는데, 그는 성상 숭배와 예배를 구분하여 성상 숭배를 옹호했다.[28] 따라서 존 맥거킨(John McGukin)은 "예배는 오직 하나님께만 기인하지만 숭배(veneration)는 성상이라는 매개체를 통해 이루어질 수 있다"고 지적한다.[29]

▮ 중세의 성상 숭배에 대한 비판

현대 개신교도들은 중세 후기 기독교인들에게 동상과 성상 숭배가 얼마나 큰 영향력을 행사했는지, 그리고 그러한 관습이 인문주의자들과 다양한 개신교도들에게 불러일으킨 반대를 상상하기 어렵다. 카를로스 엠엔 아이레(Carlos M. N. Eire)는 이렇게 말한다:

> 간구하는 사람의 마음속에서 이미지와 원형은 종종 구별할 수 없게 되었다. 울리히 츠빙글리는 나중에 성상 앞에서 일반적으로 행해지는 행위를 나열했다: 사람들은 무릎을 꿇고 절하고, 모자를 벗고, 향과 양초

---

[28] John of Damascus, *Apology against Those Who Decry Holy Images*. in St. *John Damascene: On Holy Images*. trans. Mary H. Allies (London: Thomas Baker, 1898). http:// legacyfordham.edu/Halsall/basis/johndamascus-images. asp.

[29] McGuckin. "Art.," 33.

를 태우고, 입 맞추고, 금과 보석으로 장식하고, 자비롭고 은혜롭다고
부르며, 죄를 실제로 치유하거나 용서할 수 있는 것처럼 만지곤 했다.
에라스무스는 "그들 앞에 고개를 숙이고, 땅에 엎드리고, 무릎을 꿇고,
조각에 키스하고 애무하는 사람들에 대해 불평했다."30

에라스무스에게, 이러한 관습은 미신에 불과했다. "미신은 에라스무스에게
종교의 외형적 형태에 대한 잘못된 믿음을 의미했다. 그는 특히 정해진 공식을
따르면, 마치 신의 은총을 얻을 수 있는 것처럼, 신성한 것을 마술처럼 취급하
는 관습에 화가 났다."31

초기 루터는 성상과 유물을 숭배하는 것이 양심을 불안하게 한다고 생각했
고, 이것이 이러한 관행에 도전하는 요인이 되었다. 그러나 종교개혁자에게
있어 핵심적인 문제는 성상 그 자체의 존재가 아니라, 신성한 힘을 어떤 것에
귀속시키는 우상숭배의 문제, 즉 의문을 제기하는 것이었다: 마음은 궁극적으
로 무엇에 의지하는가?32 그러한 숭배에 대한 종교개혁자의 비난은 에라스무스
처럼 미신의 문제라기보다는 마음이 무엇을 의지하는가에 대한 내적 문제이다:
오직 그리스도인가 아니면 다른 무엇인가? 좀 더 구체적으로 말하자면, 그밖에
어떤 것은 숭배의 선한 일을 성취함으로써 얻게 되는 공로일 것이다. 그러나
우리는 좋은 작품, 특히 이미지에 대한 숭배를 신뢰해서는 안 된다. 그는 현대
의 우상 숭배에 반대하면서, 이 점을 강조한다:

---

30 Eire, *War Against the Idols*, 21.

31 Eire, *War Against the Idols*, 37.

32 우상 숭배에 대한 초기 루터의 우려는, 그의 *Lectures on Romans* (1515-16), in LW 25:1
   S8-59, 164 (WA 56:178-79, 183)를 참조하라.

교회에 성상을 모시는 사람은 자신이 하나님께 봉사하고 선한 일을 했다고 생각하는데, 이는 명백한 우상숭배이다. 그러나 여러분은 성상을 폐지해야 하는 가장 크고, 가장 중요하고, 가장 높은 이유인 이 점을 지나치고, 가장 덜 중요한 이유에 집착하고 있다. 저기 십자가가 나의 십자가가 아니라는 것을 이해하지 못하는 사람은 아무도 없거나 확실히 거의 없다고 생각한다. 하나님, 나의 하나님은 하늘에 계시지만 이것은 단지 표징일 뿐이다. 그러나 세상은 다른 남용으로 가득 차 있다. 그렇게 함으로 하나님을 섬기고 있다고 생각하지 않는 한 누가 은이나 나무 성상을 교회에 두겠는가? 할레(Halle)의 주교 프레드릭 공작(Duke Frederick)과 다른 사람들이 은으로 만든 성상이 하나님 앞에서 아무 의미가 없다고 생각했다면 교회에 그토록 많은 은으로 만든 성상을 끌어 들였을까? 아니다, 그들은 그렇게 하지 않았을 것이다. 그러나 이것이 모든 성상을 폐지하고 파괴하고 불태워야 할 충분한 이유는 아니다. 왜 그럴까? 비록 소수이기는 하지만 여전히 그런 잘못된 생각을 갖고 있는 사람들이 있다는 것을 인정해야 하기 때문이다. 그럼에도 불구하고, 우리는 어떤 식으로든 사람에게 유용할 수 있는 것을 비난할 수도 없고 비난해서도 안 된다.33

루터에게, 그리스도는 모든 영적 문제에서 필요할 뿐만 아니라 충분하신 분이셨다. 성상 숭배는 성인(saints) 숭배와 더불어 신자들을 그리스도로부터 멀어지게 하고, 스스로 공로를 쌓을 수 있다고 믿게 하여, 하나님의 선하심과

---

33 "Eight Sermons at Wittenberg," in LW 51:84(WA 10/3:31.3-32.7).

은혜를 훼손하는 행위이다. 그러나 루터가 주장했듯이, 성상 자체가 우상 숭배를 필요로 하는 것은 아니며, 일부 기독교인에게는 성상이 유용할 수도 있다. 예배에서 이미지의 적절성을 판단하는 기준은 이미지가 그리스도를 예배하는지 여부이다. 진 베이트(Gene Veith)가 지적한 것처럼, "루터는 그리스도의 형상을 방해하는 예술만을 거부했다. 마리아와 전설적인 성인들의 이미지는 그들과 관련된 모든 경향적인 헌신과 "작품"과 함께 제거되었다. 죄에 대한 모든 속죄를 묘사하는 십자가와 다른 성경 그림과 교회 장식은 그대로 유지되었다."[34]

┃ 성상파괴주의에 대한 비판

루터가 보름스 종교회의(Diet of Worms, 1521년)에서 종교재판을 받은 후 자신을 보호하기 위해 바르트부르크에 격리된 동안, 그의 오랜 친구이자 동료였던 칼슈타트(Karlstadt)와 가브리엘 츠빌링(Gabriel Zwilling) 등의 사람들은 비텐베르크에서 자신들의 개혁안을 실행하려고 노력했다. 여기에는 무엇보다도 교회에 있는 성화를 파괴하고 스테인드글라스 창문을 깨는 일이 포함되었다. 이러한 성상 파괴는 루터를 목회적으로나 정치적으로 혼란스럽게 만들었다. 목회적으로 루터는 이러한 움직임이 성상의 공과를 둘러싼 신학적 논쟁을 이해할 수 없는 문맹인 신자들에게 무감각하고 신앙을 훼손할 수 있는 가능성을 내포하고 있다고 생각했다. 정치적으로는 평화를 어지럽히고 반란과

---

34 Veith, *State of the Arts: From Bezalel to Maplesthorpe* (Wheaton: Crossway, 199), 62.

사회 격변을 초래할 수 있다고 보았다. 그는 바르트부르크의 안보를 떠나 비텐베르크로 돌아와 개혁을 위한 이러한 접근을 막았다. 카를로스 아이레에 따르면, 루터의 동료로 추정되는 이들은 로마의 우상을 쫓아내려고 노력했다. 루터 자신도 비텐베르크에서 우상파괴자들을 쫓아내기 위해 움직였다.35 더 정확히 말하면, 루터는 우상파괴자들을 설득하고 복음주의적 단결을 회복하려고 노력했다. 츠빌링(Zwilling)은 결국 알텐부르크(Altenburg)에서 충성스러운 루터교 목사가 되었다. 루터에게 위태로운 것은 복음주의적 자유의 문제였다. 성상에는 인간의 영혼을 구원하거나 저주하는 본질적인 힘이 없으므로 숭배하지 않는다면, 허용되어야 한다는 것이었다. 루터의 접근 방식은 칼슈타트나 조금 후(a little later) 스위스 종교개혁자들과는 매우 달랐다. 그들은 "성경에서 승인되지 않은 모든 것을 금지한 반면, 루터는 성경에서 금지하지 않은 모든 것을 승인했다. 이 두 관점 사이에는 엄청난 차이가 있었다. 하나는 청교도주의로, 다른 하나는 개혁된 가톨릭으로 이어졌다."36 따라서 로마서 14:23에 비추어 볼 때, 루터는 불신앙에서 비롯되지 않은 모든 것을 허용했다.

신학자들은 자신들이 깊이 동의하지 않는 입장에 대해 이빨을 드러냈다. 루터의 경우, 그의 반대자들은 시각 예술이 만들어지는 물질에 대한 자신의 견해를 구체화하도록 강요했다. 지극히 플라톤적인 칼슈타트의 입장은 물질적 연관성이 없는 순수한 영성을 추구했으며, 따라서 이미지란 순수하고 단순한 우상이라고 생각했다. 그는 이미지의 존재 자체가 예배의 불순함을 보장한다고 믿었다. 이미지의 덫이나 미사의 전통적인 특징과는 별개로 예배의 중심이자 인도자인 성령에 대한 그의 호소는 퀘이커교의 창시자인 조지 폭스(1624-91)

---

35 Eire, *War Against Idols*, 2.
36 Tonkin, "Words and Images," 47.

가 훗날 취한 입장을 떠올리게 한다. 이는 르네 데카르트(René Descartes, 1596~1650)의 이성에 대한 접근 방식에서도 마찬가지로 물질과 역사에서 분리되어 있다.37 현대 영지주의와 달리 루터는 물질적 연관성 외에는 영성을 생각할 수 없었다. 인간은 순수한 영혼으로 설계되지 않았다. 위에서 언급했듯이, 하나님이 인간과 관계를 맺는다면 그것은 육체적 수단을 통해서일 것이다.

루터에게, 이 모든 문제는 하나님께서 죄인들과 어떻게 일하시는지에 대한 중요한 원칙을 제기한다:

> 이제 하나님께서는 거룩한 복음을 전하실 때, 먼저 외적으로, 그 다음에는 내적으로 두 가지 방식으로 우리를 대하신다. 외적으로는 구전되는 복음의 말씀과 물질적 표징, 즉 세례와 제단(altar)의 성찬을 통해 우리를 다루신다. 내적으로는 성령, 믿음 및 기타 은사를 통해 우리를 다루신다. 그러나 그 방법이나 순서가 무엇이든 외적인 요소가 선행되어야 하고 또 반드시 선행되어야 한다. 내적인 경험은 외적인 것에 의해 뒤따르고 영향을 받는다. 하나님께서는 외적인 것을 통하지 않고는 내적인 것을 누구에게도 주지 않기로 결정하셨다. 누가복음 16장[:29]에서 "모세와 선지자들의 말을 듣게 하라"고 말씀하신 것처럼 그분은 자신이 제정하

---

37 따라서 Decartes는 그의 "Third Meditations" in *Meditations on First Philosophy*에서 이렇게 썼다. 나는 이제 눈을 감고, 귀를 막고, 모든 감각을 거두겠다. 나는 내 생각에서 육체적 사물에 대한 모든 이미지를 제거하거나 오히려 이것이 거의 불가능하기 때문에 그러한 모든 이미지를 공허하고 거짓되고 무가치한 것으로 간주할 것이다. 나는 나 자신과 대화하고 나 자신을 더 깊이 면밀히 조사할 것이며, 이런 식으로 나 자신에 대해 더 친밀한 지식을 조금씩 얻으려고 노력할 것이다. 나는 생각하는 것, 즉 의심하고, 긍정하고, 부정하고, 몇 가지를 이해하고, 많은 것을 모르고, 의지가 있고, 마음 내키지 않는, 또한 상상하고 감각적 지각을 가진 존재이다. (*Classics of Philosophy. Vol. 2, Modern and Contemporary*, ed. Louis P. Pojman [New York: Oxford University Press, 1998], 471)

신 외적인 말씀과 표징 외에는 누구에게도 성령이나 믿음을 주지 않기를 원하시기 때문이다.[38]

명백하게, 외적인 것을 내적인 것보다 우선시하는 이러한 입장은 예배와 영적 생활에 광범위한 영향을 미친다. 한 마디로, 그것은 확실히 반영지주의적이고 친 물질적이다. 하나님의 계시(revelation)는 항상 덮여 있고, 하나님의 은혜는 항상 육체적 수단을 통해 매개된다. 루터에게 칼슈타트는 하나님이 죄인을 대하는 순서가 완전히 반전되거나 뒤집어졌다:

그는 "성령, 성령, 성령"이라는 말을 입에 달고 살면서 성령이 여러분에게 올 수 있는 다리, 길, 사다리 및 모든 수단을 허물어 버린다. 세례라는 물질적 표징과 하나님의 말씀의 구두 선포라는 하나님의 외적인 질서 대신에, 성령이 여러분에게 어떻게 오는지가 아니라 여러분이 어떻게 성령에게 오는지를 가르치고 싶어 한다. 그들은 구름을 타고 바람을 타고 여행하는 법을 배우게 할 것이다. 그들은 여러분을 언제, 어떻게, 어디로, 무엇을 할지는 알려주지 않지만, 여러분은 그들이 하는 일을 경험해야 한다.[39]

루터에게는 하나님이 어디에 계시기로 약속하셨는가 하는 문제, 특히 예배에서 그 약속이 이루어질 것인가 하는 문제가 걸려 있었다.[40] 하나님은 자신을

---

38 *Against the Heavenly Prophets* (1524-25), in LW 40:146 (WA 18:136.9-19).

39 *Against the Heavenly Prophets*, in LW 40:147 (WA 18:137.12-19).

40 Bayer는 "신성한 봉사(Gottesdienst)는 우리를 향한 하나님의 처음이자 마지막 봉사이며, 그리스도 안에서 우리를 위해 희생하신 그분이 특별한 신성한 봉사를 통해 우리에게 나누어 주신

유형의 것들에 묶어두신다. 그렇지 않으면, 인간의 상상력은 거칠어지고 하나님과의 관계에 대한 확신을 가질 수 없다. 그 결과는 양심에 재앙을 가져올 수 있다. 루터의 추론에는 물질적이고 유한한 것들도 하나님의 자비를 담는 그릇이 될 수 있으며, 마찬가지로 시각 예술의 견고한 신학을 위해 중요한 물질에 대한 긍정이 내포되어 있다.

칼슈타트의 반물질 영성(antimatter spirituality)에 대한 루터의 반응은 성만찬에서 그리스도의 육체적 임재를 놓고 칼슈타트의 성상파괴주의를 공유했던 츠빙글리와의 논쟁에서 비롯되었다. 이 논쟁은 잘 알려져 있으며, 한층 더 어떤 상세한 설명이 필요하지 않다. 그러나 칼슈타트의 거부는 다음과 같은 점을 인식하는 것이 중요하다. 이미지를 진정한 영성에 해로운 육체적인 것으로 보는 것은 츠빙글리가 성만찬에서 그리스도의 영광스러운 몸의 실제 현존을 거부한 것과 유사하다. 두 관점 모두 육체로부터 해방된 영성을 추구한다. 츠빙글리의 관점에서는 "육체와 영은 본질적으로 다른 것이기 때문에 어느 하나를 취해도 다른 하나가 될 수 없다."[41] 이러한 이분법에서는 영이 육체보다 우선시되어야 한다. 이러한 견해는 성찬에서 영적 실재에 수반되는 육체적 표징의 필요성을 평가 절하한다. 요약하자면, 츠빙글리에게 있어서 육체와 영은 근본적으로 다른 실체라는 이분법은 성만찬에서 그리스도의 육체적 임재를 수반할 필요도 없고, 유익하지도 않기 때문에 그리스도는 성만찬에 육체적으로 임재하실 수 없다. 중요한 것은 그리스도와의 영적 친교이므로 주의 만찬은 일차적으로 기념식이다.

희생입니다."라고 썼다: "받아라! 내가 너희를 위해 여기 있다!"(고전 11:24와 창 2:16 비교). (*Theology the Lutheran Way.* 90).

[41] Ulrich Zwingli, *Commentary on True and False Religion.* ed. Samuel McCauley Jackson and Clarence Nevin Helle (Durham, NC: Labyrinth, 1981), 214.

개혁파에 대해 루터는 칼슈타트에게 했던 것과 같은 논리를 사용했다. "성령은 말씀, 물, 그리스도의 몸과 같은 물질적이고 육체적인 것들과 지상에 있는 성도들 외에는 신자들과 함께할 수 없다."[42] 이는 하나님께서 지상의 요소들 안에 계시겠다고 약속하셨기 때문이다. 실제로 인간의 구원은 전적으로 그리고 절대적으로 물질, 즉 그리스도의 육신에 의존한다:

> 그리스도의 육신이 영이 아니므로 영만이 유익한 것이므로 아무 소용이 없다면, 우리를 위해 주어졌을 때, 어떻게 유익할 수 있을까? 그것이 하늘에 있고 우리가 그것을 믿는다면 어떻게 유용할 수 있는가? 그리스도의 육체는 영이 아니기 때문에 아무 소용이 없다는 추론이 정확하고 적절하다면, 십자가 혹은 천국에서도 아무 소용이 없을 수 있다! 십자가와 하늘에서 영이 되는 것은 만찬(the Supper)에서와 마찬가지로 영과는 거리가 멀기 때문이다. 그러나 우리를 위해 십자가에 못 박힌 영이 없었기 때문에, 그리스도의 육신은 우리를 위해 십자가에 못 박혀도 아무 소용이 없다. 그리고 영이 아니라 그리스도의 육체가 하늘로 올라갔기 때문에 우리는 하늘에 있는 무익한 육체를 믿는다. 그리스도의 육체가 어디에 있든 그것은 영이 아니기 때문이다. 만약 영이 없다면, 그것은 아무 소용이 없고 생명을 주지 못한다고 츠빙글리는 결론을 내린다.[43]

여기서 주목해야 할 점은, 하나님의 말씀이 구체적으로 표현되었다는 루터

---

[42] 그리스도의 이 말씀, "이것은 내 몸이다." 등., 여전히 광신자들에 맞서 굳건히 서라, in LW 37:95(WA 23:194).

[43] *Confession concerning Christ's Supper* (1528), in LW 37:246-47 (WA 26:369.26-370.5).

의 주장이 단순히 이미지에 초점을 맞춘 부수적인 주장이 아니라 복음에 대한 그의 전체 접근 방식의 핵심이라는 점이다.[44] 종교개혁자에게, 만약 말씀이 불안한 양심이 쉴 수 있는 안식처로서 확보되려면, 인간은 그리스도의 몸과 피를 동반한 떡과 포도주로 받는 것과 같은, 하나님의 은혜의 가시적인 표징이 필요한 육체적인 피조물이다.

이제 종교개혁자들이 칼슈타트와 같은 성상 파괴자였음에도 불구하고, 예배에서 그러한 성상 파괴가 일상생활에서 예술의 거부로 이어지지 않았다는 점에 유의하는 것이 중요하다. 베이트(Veith)는 이렇게 말한다:

> 칼빈과 츠빙글리의 개혁 교회는 예술의 종교적 사용에는 반대했지만 예술 그 자체에 대해서는 반대하지 않았다. 칼빈은 "나는 어떤 형상도 절대 허용되지 않는다는 미신에 사로잡히지 않는다", "조각과 그림은 하나님의 선물이기 때문에 순수하고 합법적인 사용을 추구한다"고 썼다. 극단적인 성상파괴주의자(iconoclast)였던 츠빙글리는 교회에 전시되거나 경외심을 불러일으키는 그림이 아니라면, 그리스도의 그림을 허용하기도 했다. 츠빙글리는 "어떤 이가 그분의 인성에 대한 초상화를 가지고 있는 곳에는, 다른 초상화를 갖는 것과 마찬가지로 갖는 것이

---

44 루터교에서 성찬의 역할에 관한 루터의 성찬관에 대한 유용한 논의는 Kurt K. Hendel, *"Finitum Carfax Infiniti:* Luther's Radical Incarnational Perspective." Cur TM 35 (2008), 420-33. Hermann Sasse는 이렇게 썼다: 유한한 인간 본성이 어떻게 무한한 신적 본성을 구성할 수 있느냐는 오래된 질문에 대한 대답은 요한복음 1장 14절에 따르면 말씀이 육신이 되었다는 것일 뿐, 말씀의 일부가 육신이 되지 않았다는 의미는 아니다. "유한"과 "무한"이라는 용어의 사용은 성육신이 양적인 측면에서 이해되고 있음을 보여준다. 성육신의 기적은 모든 수학을 초월하고 모든 철학을 초월한다.(*This Is My Body: Luther's Contention for the Real Presence in the Sacrament of the Altar.* Rev. Australian ed. [Adelaide: Lutheran Publishing House. 1977], 120)

합당하다"고 말했다.[45]

루터에게, 성상파괴자들은 하나님이 만드신 인간의 본성에 어긋나는 영성을 추구하는 것이다. 인간은 피할 수 없게 실질적으로 육체적인 존재이다. 하나님은 인간에게 그분과 교제하기 위해 자신의 육체를 벗어나 다른 존재가 되라고 요구하지 않으신다. 그 대신, 하나님은 죄의 해로운 영향으로부터, 이 선한 피조물을 구속하고 창조 세계를 새롭게 하시기 위해 인간의 육체 안에 깊게 온전하게 들어오신다. 하나님이 육신이 되신 것과 피조물의 선한 지위에 비추어 볼 때, 물질은 하나님이 자신을 드러내는 데 적합한 매개체가 될 수 있다. 이러한 관점에서는, 교회 밖의 시각 예술과 교회 안의 시각 예술을 구분할 수 없다. 그 안에서 그리스도가 영광을 받으신다면, 시각 예술은 공적인 예배와 사적인 헌신에서 모두 환영받는다.

▎ 그림으로서 말씀

이미지를 숭배하거나 공로의 체계에 멍에를 메지 않는 한, 이미지를 보존해야 한다는 루터의 주장은 말씀 자체가 이미지를 통해 전달된다는 점을 강조할 때 가장 강력하다. 즉, 말씀의 묘사는 그림들을 통해 그 진리를 묘사한다. 따라서 루터는 말과 이미지 사이의 엄격한 이분법을 약화시킨다. 그 대신, 그는 둘 사이에 연속성이 있다고 본다. 만약 언어적으로 형성된 이미지로 말씀이

---

45 Veith, *State of the Arts*, 59.

스며든다면, 비록 이미지가 말씀을 통해서만 이해되고 설명될 수 있다고 하더라도 그러한 이미지를 표현하는 시각 예술을 배제할 수 없고, 실제로 배제해서는 안 된다. 실제로 루터에게는 이성조차도 이미지를 통해서만 사고할 수 있다. 마찬가지로, 이미지가 없는 진정한 영성은 존재할 수 없다. 물론 루터는 성상(icons)이 인간에게 이 세계 너머의 더 높은 세계로 들어가는 입구나 시선을 제공한다고 생각하지 않는다. 그 대신에, 진정한 시선은 다름 아닌 말씀을 통해 인간을 해석하시는 하나님의 시선이며, 그 이미지들은 그리스도를 현시하고 인간 자신의 진정한 정체성을 드러낸다.

그 책들에는 하나님과 천사, 사람과 동물, 특히 요한계시록과 모세와 여호수아에 대한 많은 그림이 있다. 그래서 이제 우리는 그들에게 그들이 하는 일을 우리가 할 수 있도록 허락해 달라고 간청할 것이다. 이 책들에 있는 그림들은 기억하고 더 잘 이해하기 위해 벽에 그려도 좋을 것이다. 책에 있는 그림과 마찬가지로 벽에 그린다고 해도 아무런 해가 되지 않을 것이다. 하나님께서 세상을 어떻게 창조하셨는지, 노아가 방주를 어떻게 만들었는지, 그 밖의 좋은 이야기들을 벽에 그리는 것이 뻔뻔한 세속적인 것들을 그리는 것보다 더 낫다는 것을 확실히 하기 위해서다. 내가 부자와 권력자들을 설득하여 성경 전체를 집 안팎에 그려서 모든 사람이 볼 수 있도록 허락해 달라고 하나님께 기도할 수 있다면 좋겠다. 그것은 기독교적인 일이 될 것이다.[46]

---

46 *Against the Heavenly Prophets*, in LW 40:99 (WA 18:82.23-83.5).

루터에게 이미지화는 마음이 움직이는 본질적인 방식이다:

> 그러나 내 마음속에 정신적 이미지를 형성하지 않고는 그것을 듣고
> 마음에 새기는 것은 불가능하다. 내가 원하든 원하지 않든, 내가 그리스
> 도에 대해 들으면 물속을 들여다볼 때 내 얼굴이 자연스럽게 물에 비치
> 는 것처럼, 십자가에 매달린 사람의 형상이 내 마음속에 형성된다. 내
> 마음속에 그리스도의 형상을 갖는 것이 죄가 아니라 선이라면, 내 눈에
> 그리스도의 형상을 갖는 것이 왜 죄가 될까? 특히 마음은 눈보다 더
> 중요하고, 하나님의 참된 거처이자 거하는 곳이기 때문에 죄로 더럽혀지
> 지 않아야 한다.[47]

루터의 이야기 속 성경의 사건들에 대한 스케치는 움직이는 그림을 보여준
다.[48] 루터에게 순수한 영성이나 이미지 없는 믿음은 환상에 불과하다. 그러나
그러한 생각은 당연한 것 같다. 그 대신, 성경이 정신적으로 마음속의 이미지를
형성할 때 새로운 삶의 기초를 제공한다. 이러한 이미지는 마음과 의지를 지배
한다. 마음과 의지를 새롭게 하여 그리스도 안에서 새 사람을 세운다. "그러므
로 우리는 하나님이 창조에서 자연에 부여한 자연적 애정을 거부하시지도 폐하
시지도 않으시며, 그분은 그것들을 일으키고 육성하신다는 것을 알아야 한다
."[49]

더 넓은 맥락에서 보면, 루터에게 청각과 시각, 귀와 눈 등 감각이 인간의

---

[47] *Against the Heavenly Prophets*, in LW 40:99-100 (WA 18:83.7-15).

[48] Robert Kolb, *Luther and the Stories of God: Biblical Narrative as the Foundation for Christian Living* (Grand Rapids: Baker Academic, 2012).

[49] *Lectures on Genesis*, in LW 8:20 (WA 44:594.4-9).

구원에 어떻게 관여하는지에 대한 통찰을 얻을 수 있다. 다시 말하지만, 루터는 하나님의 은혜의 실재성과 "귀와 눈과 마음"을 충만하게 하는 그 능력을 강조하고 싶었다. 그는 『창세기 강해』에서 이렇게 표현 했다:

> 여러분은 아브라함이나 이삭보다 덜 방문 받았다고 불평할 이유가 없다. 여러분에게도 감각할 수 있는 외관(appearances)이 있으며, 눈과 마음을 열고 그것을 붙잡는다면 어떤 면에서는 그들보다 더 강하고, 더 선명하고, 더 많은 외관이 있다. 너희에게는 세례가 있다. 여러분에게는 성만찬 성례가 있는데, 성만찬 성례는 빵과 포도주가 그 종류와 형상, 형태가 되어 하나님께서 친히 말씀하시고, 여러분의 귀와 눈과 마음에 역사하시는 성례이다. 또한, 여러분에게는 하나님께서 여러분과 말씀하시는 말씀과 교사의 사역이 있다. 여러분에게는 그분이 여러분을 용서하고 위로하는 열쇠의 사역이 있다.[50]

잘 알려진 것처럼, 루터에게 청각(귀)은 하나님의 말씀을 들을 수 있는 능력이 있고, 그러한 청각을 통해 믿음이 생겨나기 때문에 가장 중요한 감각이었다. 초기 루터는 『히브리서 강의』(1517년)에서 "그리스도인이 의롭다함을 받고 그리스도인이라고 선언되는 것은 어떤 지체의 행위 때문이 아니라 믿음 때문이므로, 오직 귀만이 그리스도인의 기관"이라고 주장했다.[51]

그는 스콜라 신학의 결을 거슬러 신학에서 시각의 중심성을 배제하고 신비주의에서 배운 "어둠의 은유"를 자주 사용하여 복음을 받아들이는 기관으로 눈이

---

[50] *Lectures on Genesis*, in LW 5:21 (WA 43:443.15).
[51] LW 29:224 (WA 57:222.7-9).

아닌 귀를 자리 잡게 했다. 예를 들어, 5장에서 살펴본 것처럼, 그는 『성모의 찬가에 대한 주석』(1521)에서 인간을 영, 혼, 육으로 구성하는 삼분법적 인간학(tripartite anthropology)에 호소함으로써 이를 수행했다. 그는 "인간의 가장 높고 깊고 고귀한 부분"인 영을 "인간은 이해할 수 없고, 보이지 않으며, 영원한 것들을 붙잡을 수 있게 한다."고 대조했다. 간단히 말해, "신앙의 거처이자 하나님의 말씀인 영과 이해할 수 없는 것을 이해하는 것이 본성인 영혼을 대비시켰다"–"이성이 알고 이해할 수 있는 것들이다."[52] 그는 "그의 영은 지성소이며, 빛이 없는 믿음의 어두움에 하나님이 거하시며, 그는 보지도 못하고 느끼지도 못하고 이해하지도 못하는 것을 믿는다."라고 언급했다. 그의 영혼은 일곱 등불이 있는 거룩한 곳, 즉 가시적이고 육체적인 것에 대한 온갖 이성, 분별력, 지식, 이해력이다.[53] 즉, 하나님 앞에서(*coram deo*) 인간의 칭의와 같은 궁극적인 문제에서 인간의 시력은 흔들린다; 하나님이 생각과 말과 행동이 자신과 가장 닮지 않은 사랑할 수 없는 죄인들을 사랑한다는 것은 인간의 이성으로는 이해할 수 없는 일이다. 그러나 성령의 역사로 이루어진 믿음은 이 복음을 받아들이며, 이는 구원과 관련하여 믿음은 필요조건일 뿐만 아니라 충분조건이기도 하다는 것을 의미이다.

그러나 그가 훨씬 후에 『갈라디아서 강해』(1535)와 『창세기 강해』에서 말했듯이, 비난하는 율법에 직면한 신자들은 시각과 관련된 은유, 즉 그리스도를 파악하고, 붙잡아야 한다. 그러나 그리스도는 오직 복음에 묘사되거나 이미지화되어 있기 때문에 눈에 보이거나 알 수 있다. 복음 밖에서 하나님은 전적으로 숨겨져 있지만, 복음 안에서 믿음의 눈이 열린다: "그래서 하나님은 우리에게

---

52 *Commentary on the Magnificant*, in LW 21:303 (WA 7:538.28-30).
53 *Commentary on the Magnificant*, in LW 21:304 (WA 7:539.19-24).

숨겨져 있고, 우리도 그분과 함께 숨겨져 있기 때문에 하나님이 우리를 완전히 단념하시고 버리시는 것처럼 보인다. 그러나 믿음과 말씀과 성례전 안에서 그분은 계시되고 보여진다[conspicitur]."[54] 복음은 청각으로 받아들이지만 그것은 시력을 인정한다. 즉, 지식을 부여한다. "그러므로 믿음은 아무것도 볼 수 없는 일종의 지식 또는 어둠이다. 그러나 믿음을 붙잡는 그리스도는 하나님이 시내산과 성전에서 어둠 가운데 앉으신 것처럼, 이 어둠 속에 앉아 계신다."[55] 그리스도를 묘사하는 복음의 말씀은 신자들을 그리스도와 결합시켜 하나님에 대한 바른 지식을 부여한다.

『갈라디아서 강의』의 맥락에서 보면, 신자는 그리스도의 형상을 공유하기 때문이며, 아리스토텔레스 이후 중세 사상에서 형상은 아는 자와 알려진 자 사이에 공유되는 것이기 때문이다. 과감하게 말하자면, 루터는 신앙은 지식이라고까지 말했기 때문에 신자들에게 신앙의 핵심이자 내용인 그리스도를 "파악", "붙잡고", "이해"하라고 끊임없이 권면했다. 그리스도의 초상은 귀를 통해 받아들여져서 마음에 심어진다. 그 구전으로 전해지는 그리스도의 초상화는 믿음에 유용하게 사용되며, 믿음은 그리스도를 붙잡고 그에게 집착하여 그 다음에 보거나 그리스도를 안다. 이러한 신앙과 지식에 대한 견해는 믿음(*fides*)보다 지성(*intellectum*)을 중시했던 전근대적 어거스틴 유산뿐만 아니라 임마누엘 칸트(Immanuel Kant, 1724-1804)로부터 비롯된 근대적 유산이다. 칸트는 "믿음을 위한 공간을 마련"하기 위해 지식의 한계를 확립하고자

---

54 *Lectures on Genesis*, in LW 6:148 (WA 44:110.32-33). 루터는 이것을 확장한다: "이성 과 지혜, 육체의 의로움, 이 태양의 빛은 하나님이 어둡고 안개 낀 것으로 여기지만, 여기서 말씀은 어둠 가운데서 비추는 작은 불꽃처럼 다가와 교리와 성례를 통해 그 광선을 흩뿌리는 데, 하나님은 이 광선을 붙잡으라고 명령하신다. 우리가 그것들을 받아들인다면, 하나님은 더 이상 영으로 숨겨지지 않고 육신으로만 우리에게 드러낸다." (LW 6:148: WA 44:110.34-38).
55 *Lectures on Galatians*, in LW 26: 129-30 (WA 40/1:229. 1-2).

했지만,56 그렇게 함으로써, 신학을 지식이나 실재에 대한 주장 자체로부터 단절시켰다. 하지만 이는 신앙이 곧 지식이라는 루터의 견해와는 정반대이다.

▌ 가려진 하나님

루터가 복음 밖에서 하나님은 항상 숨어 계시며(*deus absconditus*), 종종 인간의 곤경에 분노하거나 심지어 무관심한 모습으로 나타난다고 본 것은 잘 알려져 있다. 그러나 이미지의 주제와도 관련이 있는 하나님의 숨어 계심보다 더 넓은 범주는 인간에게 결코 적나라하게 드러나지 않는 "가려진" 하나님이다. 종교개혁자가 말했듯이, 하나님은 모든 시간과 장소, 모든 사물 속에 현존하신다. 의식하든 의식하지 못하든, 인간은 모든 일과 거래에서 하나님을 상대한다. 루터에게는, 현대인들과 달리 우리가 생각하는 세속적인 공간은 존재하지 않는다: 하나님은 만물 속에 가려져 있다. 따라서 어떤 의미에서, 모든 피조물은 하나님을 형상화하지만, 복음을 제외하고는 어떤 방식으로도 명확하게 드러나지 않는다. 하나님은 피조물, 사건, 그리고 놀랍게도 특정한 인공물과 인간의 창조물을 통해 사람들에게 자신을 전달하신다. 따라서 루터는 이렇게 썼다:

> 아마도 하나님은 아담에게 덮개 없이 나타나셨지만, 죄에 빠진 후에
> 는 마치 덮개에 싸인 것처럼 부드러운 바람을 타고 나타나셨을 것이다.

---

56 Kant, *Critique of Pure Reason*, trans. Norman Kemp Smith (New York: St. Martin's Press, 1929), B xxx, p. 29.

마찬가지로 나중에 성막에서는 속죄소에, 광야에서는 구름과 불에 둘러싸여 나타나셨다. 그러므로 모세는 이 사물들을 하나님께서 자신을 나타내신 "하나님의 얼굴"이라고도 부른다. 가인도 이전에 제사를 드렸던 장소를 "하나님의 얼굴"이라고 부른다(창 4:14). 우리의 본성은 죄로 인해 너무 기형적으로 변했고, 타락하고 완전히 부패하여 덮개가 없이는 하나님을 인식하거나 그분의 본성을 이해할 수 없다. 이러한 이유로 그러한 덮개가 필요하다.[57]

따라서 하나님은 창조물뿐만 아니라 성막의 속죄소(the mercy seat)와 같은 인간의 인공물을 통해서도 항상 명확하지는 않지만 항상 확실하게 사람들과 소통하신다.[58] 때때로 하나님의 메시지는 위협, 즉 우리가 통제할 수 없는 문제에 직면한 인간의 무력함이다. 때때로 그것은 고발이다: 나뭇잎의 바스락거림을 통해 인간의 죄책감이 드러난다. 때때로 그것은 보호이다: 홍수를 통해 지구를 멸망시키지 않겠다는 하나님의 구체적인 약속으로서의 무지개는 보호의 약속이다.[59] 이처럼, 모든 사람은 하나님에 대해 알고 있지만, 그리스도를 제외하고는 하나님이 자신을 사랑하시는지에 대해 확신을 갖지 못한다. 그 문제에 대한 분명함은 오직 복음, 즉 예수 그리스도 안에서 하나님이 우리를 위한 분이라는 약속의 말씀 안에서만 주어진다. 여기서 하나님은 창조물이나 인간의 사건, 역할, 인공물에 가려진 인류를 향한 자신의 선하심과 뜻, 목적을 드러내신다. 그러나 하나님이 포장된 모습으로 우리에게 오셔야 한다는 것은

---

57 *Lectures on Genesis*, in LW 1:11 (WA 42:9.34-10.2).
58 *Lectures on Genesis*, in LW 3:8 (WA 42:127.26).
59 *Lectures on Genesis*, in LW 2:148 (WA 42:365.33).

인간과의 관계에서 우연이 아니라 본질적인 것이다.[60] 이는 두 가지 이유 때문이다. 첫째, 죄 많은 인간은 하나님과 직접적인 관계를 맺을 수 없다. 둘째, 인간은 육체적 존재이고 물질적 징표를 요구하기 때문에 하나님은 자신을 인간에게 만져질 수 있는 방식으로(in tangible ways) 주신다.

창조세계와 인간의 사건과 인공물에서 하나님의 임재를 "성례전적"이라고 말하는 것은 적절하지 않다. 왜냐하면, 그러한 가면을 쓴 하나님의 말씀은 항상 은혜로운 것이 아니라 종종 위협적이거나 방향을 잃게 하거나 무관심한 것처럼 보이기 때문이다. 그러나 앞서 언급했듯이, 루터의 우주는 세속적인 장소가 아니다. 비록 그것은 만물이 가장 높은 존재인 신에게 어떤 식으로든 순응하거나 참여하는 존재의 유비(an analogy of being)를 옹호하는 신플라톤적 관점을 위반하더라도, 그것은 매우 "매력적"이다.[61] 루터는 창조물에서 가장 낮은 것에서 가장 높은 것으로 이어지는 이 사다리나 계단을 약화시킨다. 왜냐하면 그것이 우리가 신의 영광에 더욱 모방적으로 참여할 때 은혜로 인해 본성이 완전해질 수 있다는 자기칭의를 부여하기 때문이다.

루터는 신플라톤주의의 선조들이 주장한 것 또는 후대의 유럽인들과 미국인들이 주장한 세속적인 에피쿠로스적(Epicurean) 접근(물질을 불활성, 영혼 없는 원자 기계로 환원하는)과는 다른 하나님과 세상의 관계 모델을 우리에게

---

60 "하나님께서 우리에게 자신을 드러내실 때, 그러한 베일(veil)이나 포장지를 통해 그렇게 하시고 이렇게 말씀하실 필요가 있다: 보라! 이 포장지 아래에서 너는 반드시 나를 붙잡을 것이다. 우리가 이 포장지를 받아들여 그곳에서 하나님께 경배하고 기도하고 희생할 때, 우리는 하나님께 제대로 기도하고 희생하는 것이라고 말한다."(*Lectures on Genesis*, in LW 1:15 [WA 42:12.21-251]).

61 On "disenchantment"에 대해서는 Weber, Max. *Essays in Sociology*, trans. and ed. H. H. Gerth (London: Routledge, 2009), 139. 이에 대한 답변은 Taylor, Charles. *The Secular Age* (Cambridge, MA: Belknap Press of Harvard University Press, 2007). 25-27, 29-43 등을 참조하라. 물론 테일러의 요점은 루터가 의도치 않게 환멸을 불러일으킨 사람이었다는 것이다. 다음 장에서 살펴보겠지만 이 결론은 타당하지 않다.

제공한다.[62] 신플라톤주의에서처럼, 하나님은 만물 안에 존재하며 만물은 하나님의 목적을 표현한다. 하지만 그리스도 외에는 어떤 사물이 다른 사물보다 하나님에 더 많이 또는 덜 참여하는지 판단할 수 있는 기준이 없다. 따라서 우리는 하늘의 사다리에서 자신의 지위가 어디에 있는지 등급을 매길 근거가 없다. 이러한 모든 자기칭의를 저지하는 것은, 오직 믿음으로만 의롭게 되는 신자는 의인이며 동시에 죄인(*simul iustus et peccator*)이라는 사실이다. 그러나 세속적인 관점과 달리, 세상의 모든 것이 어떤 식으로든 하나님에 대해 말하고 있기 때문에, 우리가 세상에서 만나는 어떤 것도 하나님이 없는 것은 아니다. 모든 것이 하나님을 말하고 하나님을 전하는 것은, 신성에 대한 인류의 모방적 참여의 지위를 확보할 수 있는 어떤 유비가 있기 때문이 아니라, 하나님께서 자신의 피조물인 인류를 궁극적으로 신앙에 의해 정의되고 근거를 둔 피조물로 재위치 시키기를 원하시기 때문이다.[63] 피조물은 실제로 창조주에 대해 증거하고 있다. 만물은 영원한 계단에서 등급을 매기는 비유가 아니라 하나님의 가면으로서, 그리고 회개하지 않는 죄인을 위협하거나 참회하는 자를 자비로 보호하는 메시지를 보내시는 하나님에 의해 하나님 안에 참여한다. 창조물에서 우리가 다루는 모든 것은 가장 깊은 수준에서 하나님이다. 그러므로 창조는 영원한 세계로 가는 계단이 아니라 하나님의 백성을 향한 하나님의 강연이다.[64]

---

[62] Mattlhew Stewart, *Nature's God: The Heretical Origins of the American Republic* (New Yok: Norton, 2014).

[63] 대조적으로, Hans Boersma, *Heavenly Participation: The Weaving of a Sacramental Tapestry* (Grand Rapids: Eerdmans, 2011).

[64] 여기 *Theology and Social Theory: Beyond Secular Reason* (Oxford: Blackwell. 1990) 에서 John Milbank의 신념이 있다: "허무주의적 단일성과 가톨릭적 유추(진리, 아름다움, 선의 "전환 가능성"을 포함하는) 사이에는 더 이상 제3의 자유주의적 길은 없다"(318)고 주장한 것에 도전할 필요가 있다. 제3의 자유주의적 길은 없을지 모르지만 신학적 길은 존재하

▮ 결론

루터의 관점은 시각 예술의 아름다움에 대한 구체적인 기준을 제시하지는 못하지만, 그리스도를 증거해야 한다는 것 외에는 그러한 예술품이 구원의 지위를 상실했을 때, 그러한 예술품을 만드는 데 도움이 되는 환경을 제공한다. 아우구스티누스의 비례, 디오니소스의 빛과 색, 토마스의 완전성 또는 완벽성에 반하여 복음은 비록 잘못하고 방탕하더라도 부모가 자식에게서 보는 기쁨과 비슷한 아름다움을 부여한다. 종교개혁이 시각 예술에 미친 영향은 우리가 신플라톤주의적 계획에 따라 이 세상을 넘어서는 것이 아니라 평범하고 일상적인 삶에서 하나님의 역사를 보아야 한다는 것을 인정하는 것이었다. 올바르게 이해하면, 종교개혁은 예술을 세속화하는 것이 아니라 평범한 것을 성화하여 하나님이 일하시는 장소로서 예술의 위상을 높인 것이다. 세속적/성스러움의 구분은 창조주의 인격과 인격적이지 않은 피조물과의 관계에서 구체적으로 보아야 할 것을 추상화하려는 시도이다.

"하늘의 선지자"가 옹호하는 이미지 없는 영성에 반대로, 복음은 이미지를 그린다. 설교에서 귀에 외부적으로 주어지는 그대로 복음을 듣는 것은 상상력을 사로잡는 구세주 그리스도의 이미지를 제시한다. 비록 그것이 최고 수준일지라도, 삐뚤어진 상상력은 "인간의 이성"과 "자유 의지"의 정신적 비뚤어짐을 보장(guarantees)한다.[65] 그것은 철학자들과 신학자들이 성육신하신 그리스

며, 그것은 바로 루터의 길이다.

[65] *Lectures on Genesis*, in LW 2:41(WA 42:291.26)의 강의.

도에 매이지 않는 대신에 "신적 존재의 미로"에서 길을 잃게 되는 것이다.[66] 루터는 신자들에게 그들이 그분을 이해하고, 바라보고, 참으로 알 때 이 형상화된 그리스도를 붙잡는 것임을 끊임없이 권고한다. 이런 식으로, 그리스도의 은총이 우리의 죄의 부채와 교환되고 신자는 그리스도와 연합하게 된다. 따라서 그러한 이미지화(imaging)는 교훈적인 것일 뿐만 아니라, 회생, 심지어 변혁적이다. 설교 또는 성경의 말씀은 단지 인간의 모방을 위한 것이 아니라 주로 신자가 확신을 갖고, 그리스도 안에서 새 사람으로서의 정체성을 갖도록 하기 위해 그리스도와 하나님의 구원 행위에 대한 이미지를 제시한다.

---

[66] *Lectures on Genesis*, in LW 2:45 (WA 42:293.30-31).

08

—

루터와 새로운 신학

지난 반세기 동안 신학에서 아름다움이라는 주제는 한스 우르스 폰 발타자르 (Hans Urs von Balthasar, 1905~88)와 데이비드 벤틀리 하트(David Bentley Hart)[1]의 연구를 따르고, 앙리 드 루박(Henri de Lubac) 등의 새로운 신학(Nouvelle théologie)을 따르는 사람들에 의해 새롭게 재조명되어 왔다. 이 신학자들은 주로 미학이 아닌 인식론, 즉 앎의 조건이 충족될 수 있는지에 초점을 맞춘 근대 및 포스트모던(postmodern)적 사고에 대응하여 아름다움을 회복하고자 노력했다. 근대 철학을 지배해 온 칸트에게 인간은 세계를 경험하는 방식(현상적)은 알 수 있지만, 그 자체로 존재하는 실재(본체

---

[1] Hans Urs von Balthasar, *The Glory of the Lord: A Theological Aesthetics.* 7 vols. (Edinburgh: T&T Clark, 1982-91)을 참조하라.; 그리고 David Bentley Hart, *The Beauty of Infinity: The Aesthetics of Christian Truth* (Grand Rapids: Eerdmans, 2003). 다른 연구에 대해서는 다음을 참조하라. Frank Burch Brown, *Good Taste, Bad Taste, and Christian Taste: The Aesthetics of Religious Life* (Oxford: Oxford University Press, 2000); Anthony J. Ciorra, *Beauty: The Path to God.* (New York: Paulist Press. 2013); Thomas Dubay, *The Evidential Power of Beauty* (San Francisco: Ignatius, 1999); Robert MacSwain and Taylor Worley, eds. *Theology, Aesthetics, and Culture: Rsponses to the work of David Brown* (Oxford: Oxford University Press. 2012); Richard Viladesau, *The Beauty of the Cross: The Passion of Christ in Theology and the Arts, from the Catacombs to the Eve of the Renaissance* (Oxford: Oxford University Press, 2008). Viladesau, *Theological Aesthetics: God in Imagination, Beauty, and Art* (Oxford: Oxford University Press, 1999); 그리고 개혁주의적 관점에 대해, Belden C. Lane, *Ravished by Beauty: The Surprising Legacy of Reformed Spirituality* (Oxford: Oxford University Press, 2011).

적)에는 접근할 수 없다. 이 견해에서 아름다움은 실재에 제대로 속하는 것이 아니라 인간의 정신이 경험에 가져다주는 특징인 반면,[2] 폰 발타자르와 하트에게 있어 현대와 포스트모더니즘의 회의론은 알 수 없는 것과 알 수 있는 것을 판단하기 위한 근거로 적어도 어느 정도의 지식을 전제로 한다: 회의론은 부당한 것이며 비생산적이다. 실제로 회의주의에 덜 취약한 학문인 수학과 자연과학은 그 표현 방식에 관계없이 현실의 기본 구조에 대한 추론을 이끌어내는 일종의 존재론이 필요하다는 것을 암시한다. 고대 그리스의 많은 교부들(그리고 아마도 어거스틴과 아퀴나스도 마찬가지였을 것이다)처럼, 이 사상가들에게 모든 아름다운 것은 아름다움 그 자체의 초월적 실체를 가리킨다. 기독교 신앙은 이 아름다움을 증거한다. 복음은 본질적으로 매력적이다. 하나님은 인류가 가장 깊은 굶주림과 욕망의 충족을 찾을 수 있는 궁극적인 결말 또는 목적이다. 은혜는 피조물이 완전함에 도달하도록 도와준다. 아름다운 것을 감상하는 것은 아름다움의 원천이자 목표인 하나님을 찾도록 우리를 "위로" 향하게 한다. 아름다움을 올바른 신학적 주제로 회복하기 위해, 폰 발타자르와 하트는 16세기부터 "자연"과 "초자연"을 분리하여 현대 철학의 흐름과 함께 의도치 않게 공적 영역과 사적 영역을 양분한 토마스주의 스콜라주의에 반대한다. 이러한 분기에서, 공적 영역은 세속적이며 최종 목적이 하나님과 무관하고,

---

[2] Immanuel Kant, *Critique of Judgement*, trans. J. H. Bernard (New York: Hafner, 1951). 37-81을 참조하라. 칸트에게 아름다움은 네 가지 측면으로 정의된다. 첫째, 그것은 무관심하다: 우리는 아름답다고 판단하기 때문에 즐거워하는 것이지, 우리가 즐겁기 때문에 아름답다고 판단하는 것이 아니다. 둘째와 셋째, 보편적이고 필요하지만 이러한 특징은 아름다운 것의 객관적인 속성이 아니라 마음이 사물을 인식하는 방식이다. 마지막으로, 아름다움은 목적이 있는 것처럼 보이지만 목적이 없다. 아름다운 것들은 마치 목적이 있는 것처럼 우리에게 영향을 미치지만, 그 목적을 찾거나 확립할 수는 없다. 자세한 내용은 Douglas Burnham, "Immanuel Kant: Aesthetics," *Internet Encyclopedia of Philosophy* ed. James Fieser and Bradley Dowden. http://lwww.iep. utm. edu/kantaest. 루터는 이 명제 중 두 번째, 세 번째, 네 번째 명제에 대해 분명히 문제를 제기했을 것이다.

종교적 경험은 사적이며 공적 삶과는 무관하게 사람들의 내면에 영향을 미친다.

로마 가톨릭의 새로운 신학(*nouvelle théologie*)의 영향을 받은 앙리 드 루박 등의 신학자들은 제4차 라테란 공의회(1215년)에서 공식화된 존재 유비(*analogia entis*)라는 렌즈를 통해 아름다움을 해석한다: "창조주와 피조물 사이의 유사성이 아무리 크다고 해도, 그 사이에 더 큰 차이점을 주목하지 않고는 그 유사성을 주목할 수 없다."[3] 예를 들어 에리히 프르지바라(Erich Przywara, 1889~1972)[4]의 연구에서 발전된 존재의 비유는 신에 대해 존재론적으로 현실적인 명제를 제시하는 동시에 신에 대한 접근 방식을 인정하는 동시에 하나님의 부정신학적 신비로움(apophatic mysteriousness)을 존중한다. 아름다움을 되찾으려는 시도, 현대 신학에서는 다양한 방식으로 교부 신학에 잠재된 신플라톤주의 유산을 적절히 활용하고자 노력해 왔다. 기독교화된 신플라톤주의를 통해 아름다움은 모든 현실을 계량화하거나 조각내어 우주를 허무주의적으로 평면화하여 해부를 위한 시체로 만드는 현대의 경향에 맞서 세계의 신비를 되찾는 방법, 즉 "성례전적 존재론"(sacramental ontology)으로서 회복된다. 기독교화된 신플라톤주의는 신이 모든 현실에 존재하는 신비이기 때문에 허무주의와는 대조적으로 깊이와 의미를 제공한다고 한다. 모든 구체적인 사물은 어떤 식으로든 하나님의 아이콘이며, 하나님 안에서 우리의 궁극적인 행복을 찾도록 우리를 인도한다. 따라서 이 신학자들은 아름다움을

---

[3] Steven H. Webb, "The End of the Analogy of Being: Przywara's Proportionality Problems." *First Things*, January 27, 2015. http://www. firstthings.com/web-exclusives /2015/01/the-end-of -the-analogy-of-being.

[4] Przywara, *Analogia Entis: Metaphysics: Original Structure and Universal Rhyhm*, trans. John R. Betz and David Bentley Hart (Grand Rapids: Eercmans. 2014).

초월적인 것으로서 모든 유한한 사물을 묘사하고 구체화하는 것이라고 주장한다. 아름다움을 사적이고 주관적인 것으로 간주하는 현대의 경향과는 반대로, 아름다움은 현실이 아닌 정신의 작용 방식에만 잠재되어 있다. 따라서 데이비드 벤틀리 하트(David Bentley Hart)는 모든 관계의 핵심에 있는 것으로 알려진 경쟁적 폭력에 대한 포스트모던적 설명을 잠재울 수 있는 근거인 아름다움이 무한의 결정체라는 것을 형이상학적으로 보여주기 위해 존재의 비유(the analogy of being)를 사용한다.5 이 모든 것이 루터에 대한 현대적 해석에 대해 의문을 제기한다: 루터가 존재 유비에 대해 이 학자들과 같은 입장이 아니라면, 그는 우리를 우주에 대한 매혹적인 견해로 이끄는가? 그는 세속주의의 공헌자인가? 존재 유비와는 별도로, 루터는 아름다움이 현실과 일치하고 인간의 정신적 과정의 단순한 우연한 현상이 아닌 아름다움에 대한 만족스러운 설명을 제공할 수 있을까? 이 장의 목적은 루터의 접근 방식에 비추어 현대의 미에 대한 신학을 비판하는 것이다. 루터의 관점을 현재의 사고와 대조함으로써 루터에 대한 실존주의적 해석이 무시한 루터 신학의 측면을 드러내고, 종교개혁자가 최근의 아름다움의 신학자들보다 복음에 더 충실한 길을 제시했다는 점을 자리매김하는 데 도움이 될 것이다. 다음과 같이 플라톤주의로 귀결되는

---

5 Hart가 다음과 같이 썼다.
　그 존재 자체가 사랑이고, 무한한 형상의 영광스러운 광채를 한없이 사랑스러운 영의 빛으로 바라보며 기뻐하시는 하나님, 그리고 그의 작품들이 불필요하지만 그 기쁨을 완벽하게 표현하는 표징이며, 그의 기쁨을 위해 그리고 그가 필요로 하지 않는 피조물들과 그의 기쁨을 은혜롭게 나누기 위해 창조하신(그러나 그들이 필요하지 않을 때에도 사랑받는) 하나님은 상상 가능한 가장 완전한 의미에서 아름다움의 하나님이시다. 그러한 신에게 있어서 아름다움과 무한은 완전히 일치하는데, 왜냐하면 신의 삶 자체가 기이하게도 무한한 형태이기 때문이다; 그리고 그러한 하나님이 창조할 때, 창조된 아름다움과 그것이 반영하는 신적 아름다움 사이의 차이는 다중성과 특이성, 형태와 단순성, 유한성과 불확정성의 양면성에 있는 것이 아니라 세계의 억제된 특수성과 그 화려함에 참여하는 항상 크고 탁월한 결정성 사이의 유비 속에 존재한다. (*Beauty of the Infinite*, 131) 다시 말하지만, 루터에게 무한과 아름다움의 일치가 형이상학적 근거로 명확하게 결정될 수 있다는 것은 문제가 있다.

경향이 있는 새로운 신학(*nouvelle théologie*)과는 대조적이다. 또는 주류 개신교와 같은 칸트주의에 대해 루터는 제 3의 길을 제시한다.

▌ 무한의 모호함

존재의 유비는 루터 정교회 등의 신학에서 오랜 역사를 가지고 있지만,[6] 루터 사상의 중요한 한 가닥은 존재의 유비를 죄인이 자신의 것을 하나님께 바침으로써 하나님 앞에서 공로를 쌓으려는 "영광의 신학"의 한 형태, 즉 죄인을 낮추고 자비에 이르게 하시는 하나님의 사역인 "십자가 신학"과 대조되어야 하는 신학으로 파악할 수 있다. 초기 루터가 하이델베르크 논쟁(1518년)에서 공격했던 "존재의 유비"가 바로 그 범인이 아닐까? 구체적으로 논제 19와 20을 읽어보라: "그 사람은 보이지 않는 하나님의 일을 마치 실제로 일어난 일들에서 분명히 인식할 수 있는 것처럼 보는 신학자라고 불릴 자격이 없다. 그러나 그는 고난과 십자가를 통해 드러난 하나님의 가시적이고 명백한 것들을 이해하는 신학자라고 불릴 자격이 있다."[7] 따라서 루터에게 있어 다윗과 달리 무한에 대한 벤틀리 하트의 형이상학적 접근에 따르면, 그리스도 밖에서 또는 그리스도를 떠나서 무한은 모호하며, 그것이 선하거나 아름답다는 것은 분명하지

---

[6] Heinrich Schmid, *The Doctrinal Theology of the Evangelical Lutheran Church*, trans. Charles Hay and Henry Jacobs (Minneapolis: Augsburg, 1961), 115-16. Gerhard, Johann는 존재의 비유를 암시한다. 그 자체로 존재하고 그 자체를 통해 존재하는 것은 무엇이든 참여에 의해 존재[*sunt*]하는 것들의 원인이다. 그러므로 하나님은 '여호와'라고 불린다. 그분은 그분이기 때문일 뿐만 아니라 모든 만물의 존재의 원인이기 때문이다. 그는 무한하고 광활한 존재의 바다이다.(*On the Nature of God and the Trinity*, trans. Richard Dinda. St. Louis: Concordia, 2007.], 8).

[7] *Heidelberg Disputation* (1518), theses 19, 20, in LW 31:40(WA 1:354.17-20).

않다. 그것은 헤겔의 "나쁜 무한"과 같은 것, 즉 한 가지가 다른 것을 끝없이 따르는 것과 같을 수 있다.[8] 루터가 유명론자인 스승들과 마찬가지로 형이상학의 문제 해결 능력에 회의적이었다고 해서 그를 "포스트 형이상학적"인 인물로 만들지는 않는다. 그의 세계와 칸트의 세계는 광년(light years)이나 떨어져 있다. 칸트와 달리 루터의 사상에서는, 우리는 하나님께 나아갈 수 있다.

그러나 약속 밖에서 하나님은 숨겨져 계신다. 하나님은 "역설적인 기호 아래에"(*sub contrario*), 특히 그리스도의 십자가에서 숨겨져 계신다.[9] 약속 밖에서 하나님을 확실하게 알 수 있는 우리의 능력은 도전에 열려 있다. 이는 신적인 문제에 대한 인간 지식의 한계뿐만 아니라 신이 적극적으로 자신을 숨기면서 은혜 이외의 다른 하나님과의 관계를 원하는 사람들을 좌절시키기 때문이다. 그러나 칸트에게, 신에 대한 접근은 전혀 없다. 대신 신은 규제적 관념,[10] 즉

---

8 Hegel, G. W. F. *The Science of Logic*, trans. A. V. Miller (London: Allen & Unwin, 1969), 137.: 그러나 무한은 유한에 대한 부정으로 명시적으로 결정되기 때문에 무한은 자격 없이 절대적인 것으로 간주되며, 따라서 무한의 제한성에 대한 언급이 명시적으로 이루어진다..... 그러나 그럼에도 불구하고 무한은 아직 제한과 유한성에서 실제로 자유롭지 않다; 요점은 진정한 무한의 개념과 가짜 무한, 이성의 무한과 이해의 무한을 구별하는 것이다; 그러나 후자는 유한화된 무한이며 무한을 순수하고 유한으로부터 냉담하게 유지하는 모든 행위에서 무한은 단지 유한하게 될 뿐이라는 것을 발견하게 될 것이다.

9 Brian A. Gerrish. "To the Unknown God: Luther and Calvin on the Hiddenness of God," *The Old Protestantism and the New: Essays on the Reformation Heritage* (Edinburgh: T&T Clark, 1982), 131-49. 루터는 하나님의 사랑이 어리석음 속에 지혜로 또는 그리스도의 죽음 속에 생명으로 역설적으로 숨겨져 있는 숨김 I과 하나님의 선하심이 항상 드러나지 않는 하나님의 불가해한 뜻 안에서 예수님의 구원이나 십자가 뒤에도 하나님이 숨어 있는 숨김 II를 구별한다. 숨겨진 하나님에 대한 최근 연구는 Joshua C. Miller, *Hanging by a Promise: The Hidden God in the Theology of Oswald Bayer* (Eugene. OR: Pickwick, 2015)을 참조하라.

10 Kant는 이렇게 썼다: "이 조건 없는 것은 사실 그 자체로 실재하는 것도 아니고, 단순한 개념으로부터 뒤따르는 실재를 갖는 것도 아니다; 그러나 우리가 이러한 조건들을 그 근거로 추적해 나갈 때, 그것만이 일련의 조건들을 완성할 수 있는 것이다. 이것이 바로 인간의 이성이 본질적으로 우리 모두를 이끄는 과정이다."(*Critique of Pure Reason*, trans. Norman Kemp Smith. [New York: St. Martin's Press, 1929]. A 584/B612; 참조, A584/B612n).

"순수한 실천적 이성의 가정"에 불과하다.[11] 따라서 칸트가 신앙을 위한 공간을 마련한다고 말할 때,[12] 그는 루터와는 완전히 다른 일을 염두에 두고 있다. 루터에게 믿음은 사도적 증언에 근거하고 전승되는 약속의 말씀에 대한 신뢰인 반면, 칸트에게 믿음은 상상력의 발휘이다.

데이비드 벤틀리 하트(David Bently Hart)를 통해서 볼 때 우리는 무한이 아름다움이며, 모든 유한한 것들을 위한 공간을 만들어 서로 부딪히거나 상처를 주거나 침해할 필요가 없다는 것을 확실히 짐작할 수 있다. 하지만 확신할 수 있을까? 철학자들은 형이상학적 문제를 해결하기 위해 고도로 창의적인 전략을 고안하는 경향이 있다. 하지만 루터에게 그러한 길은 어떤 확신도 주지 않는다. 아름다움의 영원한 지위에 대한 확신을 원한다면, 예수 그리스도를 바라보아야 한다. "예수 그리스도의 직분은 우리로 하여금 하나님을 확신하게 하는 것이다."[13] 루터는 "세 가지 빛"에 대한 그의 유명한 묘사와 함께 『노예의지론』(De servo arbitrio, 1525)에서 이를 이렇게 표현했다:

> 자연의 빛으로 보면 어떻게 선한 사람은 고난을 받고 악한 사람은 형통할 수 있는가 하는 것은 풀리지 않는 문제이지만, 은혜의 빛으로 보면 이 문제는 해결된다. 은혜의 빛에 비추어 볼 때, 자신의 힘으로는 아무것도 할 수 없는 사람을 어떻게 하나님이 저주하실 수 있는지, 그리고 죄를 짓는 것 외에는 아무것도 할 수 없는 사람을 어떻게 저주하실

---

11 Kant, *Critique of Practical Reason*, trans. Lewis White Beck (Indianapolis: Bobbs-Merrill, 1957). 137-39.

12 Kant, *Critique of Pure Reason*, B xxx, p. 29.

13 Oswald Bayer, *Theology the Lutheran Way*, trans. Jeffrey Silcock and Mark Mattes (Grand Rapids. Eerdmans, 2007), 75.

수 있는지는 풀리지 않는 문제다. 여기서 자연의 빛과 은혜의 빛은 모두 불행한 사람의 잘못이 아니라 불의한 하나님의 잘못이라고 우리에게 말한다; 왜냐하면 경건하지 않은 사람에게 공로와 상관없이 자유롭게 면류관을 씌워 주시고, 덜 경건하거나 적어도 그 이상은 아닌 다른 사람을 저주하는 하나님에 대해 달리 판단할 수 없기 때문이다. 그러나 영광의 빛은 우리에게 다르게 말한다. 그리고 그것은 여기서 이해할 수 없는 의의 심판의 하나님이 가장 완전하고 명백한 의의 하나님이라는 것을 장차 우리에게 보여줄 것이다. 그때까지 우리는 자연의 빛과 관련하여 비슷한 기적을 행하는 은혜의 빛의 본보기(example)를 통해 훈계와 확신을 받아 이것을 믿을 수 있다.14

이제 "가장 완전하고 명백한 의의 하나님", 그리스도 안에서 그분 자신의 신실함에 근거한 의(righteousness)인 복음을 주시는 하나님은 복음의 아름다움, 아름다움의 하나님이시다. 그러나 하나님의 의와 같은 아름다움은 유한하고 죄 많은 피조물인 우리에게 형이상학을 통해서가 아니라 종말론적으로, 영광 안에서 명백하게 드러나거나 의심할 여지 없이 분명하게 드러날 것이다. 그때까지 우리는 눈으로 보지 않고 믿음으로 걸어간다(고후 5:7).

그런데 아름다움과 관련하여, 스티븐 존 라이트(로버트 젠슨의 미학을 해석한)는 우리에게 적절한 통찰을 제시한다: "아름다움은 순진한 이상주의에서처럼 그것이 지각되는 대상과 이질적인 것이 아니라, 그리스도의 생명 안에서 존재하기 때문에 각 피조물에게 적절한 것이다. 피조물의 아름다움은 초월적이

---

14 *The Bondage of the Wil* (1525), in LW 33:292 (WA 18:785.28-38).

고 영원한 형태나 신적 관념에 참여하는 것이 아니라 예수님의 삶과 죽음, 부활에 참여하는 것이다."15 또는 예수님은 예수님의 정체성을 "형태"가 아니라 "형상"의 범주를 정의하신다고 말할 수 있다. 예수 그리스도는 아름다움을 누리고 창조물 또는 인간의 창조성에서 아름다움의 상태, 즉 "하나님과의 협력"16을 분별할 수 있는 렌즈이며 종말론적으로 입증될 것이다.

▌ 매혹적인 세상

루터는, 세상은 모든 피조물의 활동이 하나님을 감추고 있기 때문에 환멸의 장소가 아니라고 생각했다: 하나님은 특정 피조물을 통해 다른 피조물에게 자신의 통로 또는 도구로 일하신다.17 따라서 하나님은 만물 안에서 죄인을 다루시는 분으로서 피조물 속으로 접근하실 수 있다. 따라서 루터에게 있어 초자연적인 것은 신토마스주의 스콜라주의자들처럼 분리되어 있지 않기 때문에, 세상을 경이로움과 신비로움이 없는 것으로 본다면, 우리는 세상을 제대로 이해하지 못하는 것이다. 그러나 이것은 죄인이 하나님에 대한 적절한 "명령"을 받았기 때문에 진리, 아름다움, 선함을 모방함으로써 완전해질 수 있다는 사실 때문이 아니다. 타락하기 전의 인류는 참으로 하나님과의 연합을 누리도록 설계되었다. 그러나 안타깝게도 죄인들은 하나님께서 값없이 주시고 은혜로

---

15 Wright, *Dogmatic Aesthetics: A Theology of Beauty in Dialogue with Robert W. Jensen* (Minneapolis: Fortress, 2014), 26.

16 *The Bondage of the Will,* in LW 33:242 (WA 18:753.33).

17 비슷한 입장에 대해서는 Ronald E. Thiemann, "Sacramental Realism: Martin Luther at the Dawn of Modernity." in *Lutherrenaissance Past and Present,* ed. Christine Helmer and Bo Kristian Holm (Göttingen: Vantenhoek & Ruprecht, 2015). 156-73.

만 누리게 하신 것을 자신의 것으로 대가를 치르려고 한다. 루터는 『노예 의지론』에서 "사람이 창조되어 사람이 되기 전에는 피조물이 되기 위해 아무것도 하지 않으며, 창조된 후에는 피조물로 남기 위해 아무것도 하지 않으며 시도하지도 않지만, 이 두 가지는 우리의 도움 없이 우리를 창조하시고 보존하시는 하나님의 전능하신 능력과 선하심의 유일한 뜻에 의해 이루어진다."고 말했다.[18] 모든 피조물 안에 존재하는 신적 깊은 현존은 하나님 앞에서 피조물이 스스로를 완전하게 하려는 추구에 편승하는 것이 아니라, 하나님께서 다른 피조물을 부양하고 그 안에서 그리고 그들을 위해 자신의 뜻을 이루기 위해 어떤 피조물 안에서 그리고 그들을 통해 일하신다는 점에서 성립된다. 따라서 루터에게 있어서 칼 바르트와는 달리 "신앙의 유비"는 "존재의 유비"에서 벗어나지 않는다.[19] 자연신학에 진리가 없는 것은 아니다. 유추를 통해 피조물은 참으로 창조주를 증거한다(롬 1:19-23). 하나님 앞에서 인간의 의로움을 고취시키기 위한 것이 아니라 죄인들의 우상 숭배와 불의를 고발하기 위한 것이다. 따라서 자연신학에서 하나님이 은혜롭다는 것은 확실하거나 모호하지 않다. 앞으로 살펴보겠지만, 루터는 신학과 설교에서 유비적 추론(analogical reasoning)의 확실성과 명료성을 하나님의 자비와의 사후적 만남으로서의 복음에서 찾는다. 율법과 달리 복음은 사람들이 하나님의 사랑과 아름다움의 유비를 분명하게 분별할 수 있는 경험의 지평을 열어준다: "노래하는 새는 참 그리스도인을 위한 복음 설교자"[20] "좋은 나무는 좋은 열매를 맺는다"는

---

[18] *The Bondage of the Will*, in LW 33:242-43 (WA 18:754.1-5).

[19] 이 논쟁은 여러 곳에 기록되어 있으며, 가장 최근에는 D. Stephen Long, *Saving Karl Barth: Hans Urs von Balthasar's Preoccupation* (Minneapolis: Fortress, 2014).에 수록되어 있다.

[20] *The Sermon on the Mount* (LW 21:197-98, WA 32:462.26-35)을 참조하라: 그러므로 나이팅게일의 노래를 들을 때마다 여러분은 훌륭한 설교자의 말을 듣고 있는 것이다.

것이다.[21] 따라서 우리는 현대의 마력 상실을 개탄하는 신학자들의 의견에 동의해야 한다. 결국, "하늘은 하나님의 영광을 선포하고 / 하늘 위의 하늘은 그의 솜씨를 선포한다. / 낮에는 말씀을 부으시고 밤에는 지식을 드러내신다" (시 19:1-2). 더 중요한 점은, 거룩한 성령은 복음의 아름다움("그의 은사로 나를 깨우쳐 주심")을 통해[22] 죄인들을 믿음으로 인도하고 새 생명을 주신다. 이 새 생명은 이름뿐인 것이 아니다. 그 대신, 말씀은 현실을 새롭게 재창조한다. 말씀은 믿음의 사람들에게 세상의 아름다움에 눈을 뜨게 하고, 그것을 소중히 여기고 누리게 하며, 하나님께 감사하고 도움이 필요한 사람들에게 하나님을 대신하여(하나님과의 시너지 효과로) 봉사하도록 움직인다.

즉, 우리는 근대적 관점과 포스트모던적 관점에서 생겨난 아름다움의 본질에 대한 잘못된 인식에 도전해야 한다. 폰 발타자르와 하트와 같은 현대적 미의 관점은 작은 도서관을 꽉 채울 만큼 많은 출판물을 남긴 새로운 신학 또는 자원화 운동에 빚을 지고 있다. 그럼에도 불구하고, 우리는 개신교 신학을 위한 "성례전적 존재론"을 확립하기 위해 드 루박(de Lubac)의 연구를 재발견한 현대 복음주의 학자 한스 보어스마(Hans Boersma)의 연구에서 새로운 신학의 정확한 개요를 찾을 수 있다.[23] 편의를 위해 여기서는 루터의 사고와

그는 단순한 단어들이 아니라 살아있는 행동과 모범으로 이 복음으로 여러분을 권면한다. 그는 밤새도록 노래하고 실제로 폐가 터지도록 소리를 지른다. 그는 끊임없이 보살핌을 받아야 하고, 잘 지내지도 못하며, 심지어 살아남기도 힘든 새장에 갇혀 있는 것보다 숲에서 더 행복해한다. 마치 그가 이렇게 말하는 것 같다: "나는 주님의 부엌에 있는 것이 더 좋다. 그분은 하늘과 땅을 만드셨으니까." 그분 자신이 요리사이자 주인이시다. 그분은 매일 그분의 손에서 무수히 많은 작은 새들에게 먹이와 영양을 공급하신다. 그분에게는 단순히 곡식이 가득한 포대를 갖고 계신 것이 아니라 하늘과 땅을 소유하고 계시기 때문이다.

21 *The Freedom of a Christian*, in LW 31:361 (WA 7:61.30-31).

22 *The Small Catechism*, in BC 355:6 (BSELK 872: 15).

23 Boersma, Nouvelle Théologie *and Sacramental Ontology: A Return to Mystery* (Oxford: Oxfor University Press, 2009). 참조; 그리고 Boersma, *Heavenly*

관련하여 재세례파의 사고를 상황화 하려는 시도에서 보어스마의 연구에 의존할 것이다. 한마디로 존재의 유비(the analogy of being)에서 비롯된 아름다움에 대한 현대적 관점을 비판하기 위해서는 새로운 신학을 비판할 필요가 있다. 앞서 언급했듯이, 이 접근법에 대한 루터의 비판은 "십자가의 신학"이 아니라 "영광의 신학"을 제공하는 것으로 보는 것이 타당하다. 그러나 신약학자 루돌프 불트만(Rudolf Bultmann, 1884-1976)과 대조적으로[24], 제대로 이해된 십자가 신학은 피조물로서의 세계에 대한 진정한 감사를 하게 된다. 요한 게오르크 하만(Johann Georg Hamann, 1730-88)이 말한 것처럼, 피조물을 통해 피조물에 대한 하나님의 말씀,[25] 감각 경험과 얽힌 아름다움에 대한 개방성, 즉 자기 만족과 달리 하나님이 원하시는 것을 원하고, 하나님이 소중히 여기는 것을 소중히 여기도록 욕망을 새롭게 재구성한다.[26] 공로를

Participation: The Weaving of a Sacramental Tapestry (Grand Rapids: Eerdmans, 2011). 첫 번째 책은 좀 더 학술적인 접근을, 두 번째 책은 좀 더 대중적인 접근을 시도하고 있다. 그럼에도 불구하고, 두 책 모두 우리의 목적에 유익하다.

[24] David Bentley Hart의 불트만에 대한 비판은 *The Beauty of Infinit*, 21-24를 참조.

[25] Hamann은 "Aesthetica in nuce,"에서 다음과 같이 썼다. "말하라, 내가 너를 볼 수 있게!- 이 소원은 피조물을 통해 피조물에게 말을 건네는 창조에 의해 이루어졌으며, 낮에는 낮에 말을 하고 밤에는 밤에 지식을 보여주기 때문이다. 그 표어는 세상 끝까지 모든 기후를 가로지르며, 모든 방언으로 그 목소리를 들을 수 있다." (*Writings on Philosophy and Language*, trans. and ed. Kenneth Haynes (Cambridge: Cambridge University Press, 2007), 65). 더 자세한 논평은 Oswald Bayer, *A Contemporary in Dissent: Johann Georg Hamann as Radical Enlightener*, trans. Roy A. Harrisville and Mark Mattes (Grand Rapids: Eerdmans. 2012), 74-77. 또한 마틴 루터의 신학에서 루터의 ephphatha의 설교에 대한 바이엘의 논의를 참조하라.: *Martin Luther's Theology: A Contemporary Interpretation*. trans. Thomas Trapp (Grand Rapids: Eerdmans. 2008), 108, 112-14. 또한 Mattes, Mark, and Ron Dodge, "Ephphatha: Be Open," in *Imaging the Journey* (Minneapolis: Lutheran University Press, 2006), 50.

[26] *Lectures on Genesis*, in LW 1:337 (WA 42:248.12-13). *De servo arbitrio*에서 루터는 복음 안에서 성령이 어떻게 인간의 의지를 변화시키는지에 대해 언급한다.: "하나님께서 우리 안에서 일하실 때, 의지는 하나님의 영의 달콤한 영향력 아래 변화된다. 다시 한 번 그것은 강박이 아니라 자신의 욕망과 자발적인 성향에 따라 욕망하고 행동한다. 그 구부러진 의지는 어떤 반대에도 변할 수 없고, 지옥의 문으로도 지배하거나 설득될 수 없지만, 한 번 악을 의지하

쌓아야 한다는 강박에서 해방된 신자들은 자유의 미학을 누리며 하나님을 사랑하고, 다른 사람을 사랑하며 창조물을 선물로 인식할 수 있다.

▌ 십자가의 기묘한 아름다움

새로운 신학(Nouvelle théologie)의 미적 경험 분석에서 묻지 않는 것은 무한성이 은총으로 경험되는가, 율법으로 경험되는가, 자비로 경험되는가, 기대로 경험되는가 하는 것이다. 이 이론은 이 두 가지를 일치시킨다. 하지만 그래야 할까? 이 이론에 따르면, 아름다움은 욕망을 불러일으키고, 욕망은 모든 인간 노력의 핵심, 즉 욕망을 성취하고 욕망을 만족시킬 수 있는 일을 하려는 탐구, 특히 신과의 결합에 대한 우리의 욕망이다. 이 관점에 따르면, 인간이 인식하든 인식하지 못하든 궁극적으로 인간의 욕망은 신 안에서 성취감을 찾고 자신을 완성하는 것이다. 그러나 아름다움에 대한 이러한 관점은 바울보다는 플라톤에게 훨씬 더 많은 빚을 지고 있는 것처럼 보인다. 그것은 신을 관조하는 자세에서 작동하며 신과 충돌하지 않는다.27 죄인이 하나님과 갈등하고 있다는 사실을 인정하려면, 아름다움에 대한 관점을 바꿔야 하는데, 루터의 설명에 따르면 죄인은 하나님보다 그들 자신의 신성(*ambitio divinitatis*)을 확립하고자 하기 때문에 하나님과 갈등하고 있다는 것이 성경 전체의 증언이다.28

고 원하고 사랑했던 것처럼 계속 선을 의지하고 원하고 사랑한다." (*The Bondage of the Will*, trans. J. L. Packer and O. R. Johnston [New York: Revell, 1957], 103 WA 18:634.37-635.2]).

27 Bayer, *Theology the Lutheran Way*, 59-65.

28 신성한 신성에 대해서는 위의 *De servo arbitrio*를 참조하라. 또한 LW 49:337(WA BR S:415.41-46); LW 31:10(WA 1:225); 및 LW 26:257-58(WA 40/1:404-5)을 참조하라.

이러한 이유로, 하나님의 비난하는 율법은 죄인들을 짓밟아 그들이 자립심을 잃고 하나님에 대한 믿음에 열릴 수 있도록 한다. 바울은 이렇게 썼다,

> 하나님께서 세상의 지혜를 어리석게 하신 것이 아닌가? 하나님의 지혜에 있어서는, 세상이 지혜로 하나님을 알지 못했기 때문에, 하나님은 우리의 선포의 어리석음을 통해, 믿는 사람들을 구원하기로 결정하셨다. 유대인은 표적을 요구하고 헬라인은 지혜를 원하지만 우리는 유대인에게는 걸림돌이고 이방인에게는 미련한 것이지만 부름 받은 자에게는 유대인이나 헬라인이나 하나님의 능력과 하나님의 지혜가 되시는 그리스도를 선포한다. 하나님의 어리석음은 인간의 지혜보다 지혜롭고, 하나님의 약함은 인간의 힘보다 강하기 때문이다.(고전 1:20b-25 NRSV)

지혜나 힘은 아름다움과 연관될 수 있고, 어리석음이나 약함은 추함과 연관될 수 있는 한, 우리는 바울의 말을 의역할 수 있다: "하나님의 추함은 인간의 아름다움보다 더 아름답다." 그러나 분명히, 우리가 보았듯이 기형, 어둠, 죽음으로 그리스도를 표시했기 때문에 중세의 아름다움을 판별하는 기준(비례, 선명도 및 완전성)이 결여된 십자가의 아름다움은 참으로 이상함이다. 기다리던 아버지가 탕자에게 준 아름다움(눅 15:11-32)이나 그리스도께서 간음하다 잡힌 여인에게 주신 아름다움(요 8:2-11)과 같은 은혜의 아름다움, 죄인을 자신의 소유로 삼고 죄인에게 새롭고 영원한 생명을 주시기 위해 죽음의 형벌을 감내하신 하나님에 근거한 아름다움, 사랑스럽고 그럴만한 가치가 있어서가 아니라 사랑하는 자의 용서와 구원의 관대함에 기초한 아름다움이 바로 이 작품의 아름다움이다. 탕자와 간음한 여인의 욕망의 결과는 둘 다 파멸로 이어

졌다. 그러나 이 죄인들은 용서를 받고 주님과의 관계를 맺음으로써 새로운 갈망, 즉 자신이 용서받았고 새로운 인생의 길이 열렸다는 말을 반복해서 들으며("가서 다시는 죄를 짓지 말라") 새로운 갈망을 다시 일깨워 준다. 그것은 순결에 대한 바리새인의 추구나 대적의 정죄에도 불구하고, 이 세상에서 자신의 위치와 지위를 확인하는 아름다움이다. 그것은 이 세상에서 집에 있는 선물을 확보하는 아름다움이다.[29]

그러므로 십자가에서 비움(kenōsis)은 죄인들이 스스로를 위해 세울 수 있는 겸손이 아니라 죄인들이 용서와 영생을 얻을 수 있도록 정확히 죄인을 위해 죄가 되시고 그들을 위해 죽으신 그리스도로 표현되는 이상한 아름다움이 부여됨이다. "정반대의 표징" 속에 숨어 있는 하나님은 죄인이 가져올 수 있는 최악의 상황까지 흡수하여 죄를 아무도, 특히 하나님도 찾을 수 없는 무덤에 묻어 버리는 관대함이기 때문에, 이상하고도 기이하게 아름다운 존재이다. 하나님의 아름다움은 바로 죄의 노예가 되고 율법에 의해 괴롭힘을 당하는 사람들을 향한 그분의 관대함과 헌신이다. 새로운 신학(Nouvelle théologie)과 그것의 부산물(spin-offs)인 급진적 정통신학에서, 플라톤은 어디에나 내포되어 있다.[30] 사실상(de facto) 플라톤은 권위로서 인정 되었고(canonized) 성인과 순교자들과 함께 그의 자리를 차지하고 있다. 사실, 이러한 관점에서,

---

[29] Roger Scruton의 작품에서 플라톤주의와 칸트주의에 대한 의구심을 가지고 있는 나는 "집에서"라는 그의 은유가 아름다움이 우리에게 주는 혜택을 설명하는 유용한 방법이라고 생각한다. Scruton, *Beauty* (Oxford: Oxford University Press, 2009)), 174-75.

[30] 예를 들어, Catherine Pickstock, *After Writing: On the Liturgical Consummation of Philosophy* Oxford: Blackwell. 1998). 특히 3-46 참조. 플라톤이 프랑스의 포스트모더니스트 철학자 자크 데리다(1930-2004)보다 더 선호되는 것은 의심할 여지가 없지만, 이 장에서 제시하는 노력은 신플라톤주의 기독교에 잠재된 신인협력적 코람데오(coram deo)에 반대하고 포스트모던 허무주의에 반대하여 은혜를 긍정하는, 이 둘에 대한 더 나은 대안을 제시하는 것이다.

"세속주의"가 주로 의미하는 것은 서양 사상에 대한 플라톤의 영향력을 해체하는 것이다. 그러나 플라톤은 율법 없이는 왕국이나 신을 생각할 수 없었고, 그 율법은 당연히 그 자체로 무한한 질서 또는 아름다움의 패턴이어야 했다. 이런 식으로, 세상의 신비와 경이로움은 위계적인 용어로 거대한 규모로 정의된다. 가장 낮은 곳의 하찮고 사소한 것에서 하늘의 영원한 높이까지 뻗어나가는 것을 의미한다.

루터를 통해, 우리는 물질적 현실에 대한 깊이를 확인할 수 있고 또 확인해야 한다. 그의 관점은 어떤 원형 세속주의(protosecular)적 관점이 아니다. 실제로, 하나님은 가면을 쓴 존재로서 피조물을 통해 피조물의 필요를 충족시키거나 한계를 넘어선 피조물에게 결과를 부과하기 위해 항상 일하고 계신다. 그러나 율법만으로는 현실을 정의할 수 없다. 현실은 복음에 의해서도 정의된다. 특히 복음이 죄인이 하나님께 올라갈 수 있는 사다리로 해석될 때, 복음은 현실을 가로지르는 척도로서의 위계적 체계를 약화시킨다. 복음의 관점에서 볼 때, 우주적 사다리가 현실을 해석하는 유용한 경험적 도구로 존재해야 한다면, 그것은 하나님으로부터 죄인에게 이르는 일방적인 사다리가 될 수밖에 없다. 실제로 비난으로서의 율법은 그리스도 안에서 종말을 고했다(롬 10:4). 그러므로 아름다움은 초자연적인 도움으로 자연을 스스로 완성하는 것이 아니라, 은혜를 통해 새로운 피조물을 불러내는 것이다(고후 17:17). 오직 은혜만이 피조물을 미래의 삶에서 궁극적인 성취에 이르게 하고, 새로운 피조물로 완성한다. 하나님의 행동은 죄인이 할 수 없는 일을 하나님이 하시기 때문에 자유를 확립한다. 그것은 자신의 기준에 따라 자신의 공로를 통해 완전을 이루려는 방어적인 시도로 표현되는 자신의 피조성을 경멸하는 인간의 성향을 소멸시킨다.[31] 역설적이게도, 자신을 위해 그러한 안정을 더 원할수록 모든 우연과 예측할 수 없고 통제할 수 없는 요소들로 가득한 세상을 더 즐길 수 없다. 하나님의 아름다움은 죄인에게 그리스도로 충분하다는 것을 깨닫게 해준다는 점에서 죄인에게 주어진다. 이런 식으로, 그것은 적어도 인간의 성취로서 완벽함이 아닌 자유의 아름다움이다. 그리스도는 인간을 옛 피조물의 나쁜 욕망뿐만 아니라, 죄인이 자기 정당화를 시도하는 선한 욕망으로부터도 해방시켜 주신다. 그 결과 모든 삶은 하나님의 선하신 손 안에 놓이게 되었다. 그러면 인간은 세상에서 편안하게 지낼 수 있다. 하나님께서는 안식일에 쉬는, 하나님의 선한 선물의 무제약적 향유, 순수한 기쁨이 합당한 장소인 창조세계를 진정으로 선하게 만드셨다.

자유의 아름다움은 완벽함의 아름다움과는 다른 모습과 느낌으로, 성취가 아닌 선물로 다가온다. 이 아름다움은 청각으로 시작되며, 다른 감각으로 인식되기 전에 복음의 약속에 의해 깨어난다. 그것은 마음에서 하나님을 향한 사랑, 즉 믿음으로 하나님께 바쳐진 마음을 열어주고, 하나님이 원하시는 것을 소망하게 한다.[32] 그러나 이것은 앤더스 니그렌(Anders Nygren)이 제시한 에로스(eros)와 아가페(agapē) 사이의 대립적 위치를 바꾼다고 윌프리드 헬레(Wilfried Härle)는 지적한다,

> 아가페가 "마음에서 우러나오는", 즉 신성한 사랑으로서 열정으로
> 불타는 것은 아가페의 빼놓을 수 없는 특징이다(호 11:8-9, 눅 15:20).
> 따라서 아가페 자체에 에로틱한 요소가 내재되어 있다. 성경의 아가페는

---

31 "욕망을 치유하는 치료법은 욕망을 충족시키는 것이 아니라 욕망을 소멸시키는 데 있다."(*Heidelberg Disputation*, in LW 31:54 [WA 1:363.9-14]).

32 *Lectures on Genesis*, in LW 1:337 (WA 42:248.12-13).

다른 사람을 향한 헌신, 다른 사람을 위해 마음에서 우러나오는 헌신이다. 상대방의 행복이 자신의 행복으로 경험되는 곳, 그곳에서 아가페와 에로스는 합일에 도달한다. 그곳에서 하늘과 땅이 서로 맞닿는다.[33]

자신의 운명을 확보하려는 시도에서 자유로운 에로스는 기쁨과 창의성을 표현하며 타인의 기쁨을 통해 기쁨을 얻는다. 플라톤과는 달리 인간을 이 세상 너머로 인도하는 능력은 없다. 그러나 구속받은 자에게 "미래의 삶"[34]은 에로스에게 의미와 방향을 제시해 준다. "미래의 삶"은 에로스를 자기중심의 안정과 성취에서 벗어나 타인의 선을 존중하는 하나님의 지속적인 창조의 일부가 되게 한다. 따라서 아가페는 나쁜 부분을 제거할 뿐만 아니라, 시간이 지남에 따라 하나님의 낯선 사역(alien work)을 통해 병든 몸 전체를 제거하는데, 이 수술은 죽음에서 부활로 끝나기 때문에 어떤 의사도 할 수 없는 수술이며, 그 갱신에 하나님을 향한 기쁨과 사랑이 수반된다.[35] 새로운 존재(new beings)는 창조세계로 회복되어 비례, 빛, 완전성을 통해 주어진, 창조의 경이로움과 아름다움을 새롭게 볼 수 있게 된다.

▎ 새로운 신학의 목표

---

[33] Wilfried Härle, *Outline of Christian Doctrine: An Evangelical Dogmatics*, trans. Ruth Yule and Nicholas Sagowsky (Grand Rapids: Eerdmans ,2015), 201-2.

[34] *Lectures on Genesis*, in LW 1:131 (WA 42:98.22-24).

[35] 여기서 에로스와 아가페의 관계에 대해 논의한 내용은 2015년 7월 16일 Steve Paulson과의 이메일 서신에서 논의한 내용을 바탕으로 작성되었다.

보어스마(Boersma)의 설명에 따르면, 새로운 신학(*Nouvelle théologie*)의 목표는 세 가지 목표를 달성함으로써 신학과 삶 사이의 단절을 극복하려는 시도이다: (1) 하나님을 객체가 아니라 탁월한 주체인 하나님으로 대하는 것, (2) 교회 교부들, 특히 이레네우스, 오리겐, 니사의 그레고리 등 그리스 교부들과 (너무 개인주의적이라고 여겨졌던) 어거스틴 이전의 라틴 교부들의 성경 주석으로 돌아가는 것, (3) 성례적 표징 뒤에 가려진 영적 실재를 존중하는 전례적 예식의 이전 패턴을 다시 도입하는 것이었다.[36] 이 운동은 자연과 은혜 또는 초자연을 분리하는 토마스주의 스콜라주의에 대한 반작용으로, 아리스토텔레스에 근거한 하나님의 존재에 대한 "증거"(*praeambula fidei*)로서 초자연적 복음의 진리로 분리하는 데서 그 예를 들어 볼 수 있다. 드 루박(de Lubac)의 관점에 따르면, 신토마스주의 스콜라철학의 자연과 은총의 분리는 자연을 신으로부터 자율적이거나 독립적인 것으로 해석할 수 있다는 견해를 정당화함으로써 의도치 않게 세속주의에 기여했다. 이러한 관점에서, 피조물은 하나님 안에서 초자연적 목적을 발전시킬 때, 궁극적 목적이 달성된다는 점에서 하나님과 내적으로 관련되어 있다.[37] 다시 말해, 세속성은 현대 사회에서 "최종 인과관계"를 거부하는 것과 관련이 있다. 이러한 거부는 현대인이 자기 주도적이고 자기 정의적인 존재가 되도록 허용한다. 반면 루터에게 인간의 선은 하나님의 은사를 받는 데서 찾을 수 있다. 인간에게 "최종 인과"는 사죄의 말씀으로 현재에 내려진 하나님의 심판이며, 피조물을 영생의 완성까지

---

[36] Boersma, *Nouvelle Théologie and Sacramental Ontology*. 2. Oswald Bayer는 루터가 수도원의 영성과 스콜라 학문을 함께 엮어 마음의 삶과 정신의 삶을 일치시켰다고 말한다 (*Theology the Lutheran Way*, 83).

[37] de Lubac, *A Brief Catechism on Nature and Grace*, trans. Richard Arnandez (San Francisco: Ignatius, 1980).

인도하는 효력을 가진 것이다.

토마스주의 스콜라주의는 창조물을 신이 아닌 지상의 목적이나 목적 달성과 관련하여 정의하는 "순수한 자연"(*natura pura*)에 대한 믿음을 지지함으로써, 세속을 신으로부터 독립된 공간으로 만드는 데 기여했다. 그러나 동시에 그러한 세속적 공간이 창조된 인간을 사회학, 심리학, 인류학, 정치학, 생물학 등의 학문 분야에서 신과 분리하여 올바르게 이해할 수 있다면, 신앙은 삶과 단절된 사적인 문제(a private matter)가 된다. "다시 말해, [장] 다니엘루(Jean Daniélou)와 다른 새로운 신학자들(*Nouvelle* théologians)에 따르면, 신토마스주의(neo-Thomism)는 결국 자연의 자율성에 대한 근대성의 수용과 자연의 독립적(또는 내재적) 영역에서 인간의 진보에 대한 계몽주의적 믿음을 지지하는 결과를 낳았다."38 다른 말로 표현하자면, 신토마스주의는 지구나 우주의 지도, 인간 게놈, 원소 주기율표 등 자연이 인간의 지도 제작에 종속되고 그 안에서 경이감이나 신비감이 사라진 매혹적인 세계에 기여했다는 것이다.39 신토마스주의자들의 이론적 근거는 "인간이 초자연적인 시현, 즉 지복직관(beatific vision)에 대한 타고난 욕망을 갖기 위해서는 그것을 달성할 수 있는 자연적인 수단이 없이는 불가능하다"는 것이었다.40 루터교 용어로 말하면, 복음이 아닌 율법의 추론에 기초하여, 신토마스주의자들은 "초자연적인 목적에 대한 어떤 자연적인 욕망(desiderium naturale)은 없다"고 결론지었

---

38 Boersma, *Nouvelle Théologie and Sacramental Ontology*, 5.

39 고인이 된 Klaus Schwarzwäller는 경이로움과 신비는 예수님의 십자가에서 가장 확실하게 표현된다고 말했다: "우리가 내적으로 십자가와 부활에 의해 정의되고 외적으로 십자가와 부활에 맞추어져 있지 않는 한, 우리의 일반적인 인식은 예수 그리스도의 십자가와 부활이 실제로 하나님 자신의 경이로움과 신비를 담고 있다고 의심하지 않을 것이다." (*Cross and Resurrection: God's Wonder and Mystery*. trans. Ken Jones and Mark Mattes. [Minneapolis: Fortress, 2012] 95; 이탤릭체 원문).

40 Boersma, *Nouvelle Théologie and Sacramental Ontology*, 92.

다.[41] 이것이 은혜의 은총을 보호하는 그들의 방식이었다.

왜냐하면, 원천 회복의 관점(*ressourcement* view)에 따르면, 인간의 본성은 초자연적인 최종 목적, 즉 성화적 비전에서 하나님과의 궁극적인 연합이라는 관점에서만 이해할 수 있기 때문에 자연은 은총에 기여할 수 있는 무언가를 가지고 있다. 보어스마는 폰 발타자르를 바탕으로 "계시는 원초적이고, 초자연적인 성격을 지니며, 위로부터 온다고 말한다. 동시에 그리스도를 통한 초자연적 계시의 선물은 모래시계를 거꾸로 뒤집는 것을 정당화하여 자연 역시 그리스도 안에서 그리고 그리스도를 통해 진정한 공헌을 했다."[42] 에리히 프르지바라(Erich Przywara)는 하나님 앞에서 자유 의지의 부정은 인간 자신의 초자연적 목적에 도달하는 데 기여할 수 있는 인간의 능력을 거부하기 때문에 루터의 사고방식을 "신의 현현주의(theo-pan-ism)"로 특징지을 수 있다고 했다.[43] 드 루박과 앙리 부야르(1908-81)는

> 둘 다 초자연을 가리키는 자연 세계의 "상향" 방향을 강조했다.... 드 루박의 신의 비전에 대한 자연적 욕망에 대한 주장과 "순수한 자연"이라는 개념에 대한 반대는 자연과 초자연 사이의 신토마스주의의 이원론을 극복하는 데 도움이 되었다. 이러한 방식으로 그는 각각의 인간존재의 핵심을 구성하는 신비에 대한 감각을 회복하고자 했다.[44]

---

[41] Boersma, *Nouvelle Théologie and Sacramental Ontology*, 92.

[42] Boersma, *Nouvelle Théologie and Sacramental Ontology*, 5.

[43] Erich Przywara, *Analogia Entis*, 165, 218-19.

[44] Boersma, *Nouvelle Théologie and Sacramental Ontology*, 32.

선행에 대한 논의에서 살펴보았듯이, 루터는 우리의 선행을 필요로 하는 것은 하나님이 아니라 이웃이라고 주장했다. 따라서 원천 회복의 신학자들 (*ressourcement* theologians)이 바라보는 하나님과 루터가 바라보는 하나님은 확연히 다르다. 루터에게 하나님은 우리가 공로를 바칠 수 있는 분이 아니라 구원의 모든 문제는 그리스도를 중심으로 이루어진다. 원천으로 돌아가려는 신학자들과 루터 모두 구원이 그리스도에게 달려 있다는 데는 동의하지만, 자연이 스스로 공로를 하나님께 드릴 수 있는지에 대해서는 서로 다르다. 원천회복 신학자들에게 그리스도는 필요하지만 충분하지 않으며, 자연 역시 인간의 완전성을 위해 기여해야 한다. 루터에게 그리스도는 구원을 위해 필요할 뿐만 아니라, 우리의 지혜와 의로움과 성화와 구속을 위해 충분하신 분이시다(고전 1:30). 구속받은 본성은 하나님을 위해 위로(upward) 공로를 세우는 것이 아니라, 도움이 필요한 사람들을 위해 밖으로(outward) 선행을 베푸는 것이다. 그리스도인은 완벽에 가까운 행위를 통해(마치 그것이 더 이상 관심사가 아닌 것처럼) 신앙의 삶에서 전진하는 것이 아니라, 날마다 그들을 지탱해 주시는 그리스도의 충분하심을 신뢰함으로써 전진한다. 마찬가지로, 루터는 "가면"이라는 은유를 통해 자연 속 신비와 경이로움을 자신만의 방식으로 표현했지만, 우리가 은총에 기여한다는 의미는 전혀 담지 않았다. 자유 의지는 결국 자아의 욕망을 표현할 뿐이지 자유로워지는 것은 아니다. 그것은 자기 의지이다. 대신에, 오직 그리스도만이 사람을 자유케 한다. 자유 의지를 고집하는 것은 자유가 아니며, 자신의 삶이 전적으로 하나님의 은혜로운 돌봄 안에서 펼쳐진다고 보는 신뢰가 진정한 자유이다.

인간의 본성은 자기완성이 아니라 해방을 필요로 한다. 인간의 목적론이나 성취는 인간의 손 밖에 있지만, 손톱에 상처가 나더라도 최고의 손, 즉 하나님의 손 안에 있다.[45] 하나님과 영원히 함께 사는 우리의 성취는 "지금은 미약하나 장차 우리가 온전히 이루리라."[46] 우리가 참으로 하나님의 "솜씨"(엡 2:10)라면, 어떻게 그렇지 않을 수 있겠는가? 그러한 성취는 이생이나 내세에서 공로를 쌓는다고 해서 이루어지지 않을 것이다. 진정으로, 우리는 행위로 완성되는 완전함에서 해방되어 오직 믿음으로만 성취되는, 매일 죽고 부활함으로써 십자가에 못 박히신 분의 형상을 닮아가는 성취를 기다린다. 물론, 그러한 해방이 나태로 이어지지는 않는다. 이웃을 위해 우리는 매일 죄와 싸우며 친구뿐만 아니라 원수까지도 사랑하기 위해 노력한다.[47] 하나님의 약속에 따라, 옛 아담이나 이브가 완전히 죽고 그리스도 안에 있는 새 사람이 옛 사람에게서 완전히 자유로워질 때, 인간의 삶은 이 형상과 일치하게 될 것이며, 따라서 인간의 삶에서 하나님은 모든 것이 되실 것이다(고전 15:28).

▎ 참여의 문제

보어스마가 새로운 신학(*Nouvelle théologie*)에 필수적이라고 보는 새로

---

[45] 루터는 인간의 완성은 내세에서 이루어진다고 본다. *The Freedom of a Christian* in LW 31:358 (WA 7:59.31)을 참조하라.

[46] *Lectures on Genesis*, in LW 1:131 (WA 42:98.22-24).

[47] *The Sermon on the Mount*, in LW 21:129 (WA 32:406.31-39)를 참조하라.:
그래서 나는 진정으로 완전한 사람, 교리를 온전히 가지고 있는 사람이라고 불린다. 내 삶이 모든 면에서 이에 미치지 못한다고 해도-실제로 그럴 수는 없다. 육체와 피가 끊임없이 방해하기 때문이다.-그것이 완전함을 훼손하는 것은 아니다. 오직 우리는 그것을 위해 계속 노력하고 매일 그것을 향해 움직이고 발전해야 한다. 이것은 영이 육체의 주인이 되어 육체를 억제하고 정복하고 제지하여 이 가르침에 반하는 행동을 할 여지를 주지 않을 때 일어난다. 사랑은 모든 사람을 똑같이 대하고 누구도 배제하지 않고 진정한 중도 노선을 따라 움직일 때 일어난다. 그럴 때 진정한 그리스도인의 완성이 이루어진다.

운 신학의 핵심 개념은 "참여"다.[48] 실제로, 세속성은 다음과 같은 결과이다. 피조된 모든 실재들의 하나님에 대한 참여를 긍정하지 못하는 우리의 무능력은 실재들의 존재 자체에 부합하지 않는 독립성이나 자율성을 부여한다. 보어스마는 개신교가 칭의를 인간의 마음에 영적 은사를 주입하는 것이 아니라 죄인에게 행해지는 용서의 외적 신적 심판으로 해석할 때 그러한 참여를 약화시킨다고 말한다.[49] 보어스마는 성경에서 그리스도를 통한 인간의 하나님 참여에 대한 언급을 찾고자 한다. 아마도 우리는 먼저 다양한 "형태"에 참여하고, 그 형태가 참여하는 초월적인 것에 참여하며, 초월적인 것을 통해 그리스도 안에 참여한다. 그러나 보어스마의 참여에 대한 초점은 우리가 그리스도의 죽음과 부활(롬 6:5-11)에 구체적이고 직접적으로 참여하는 것은 형식이나 보편적인 것이 아니라 말씀(롬 10:14-15)을 통해서라는 바울의 말에 동의할 때 가장 강력해진다. 바울에게 그리스도는 죄인을 정의하고, 그들을 자신의 것으로 주장하며, 그리스도로 "옷 입을 때"(갈 3:27) 그리스도께서는 그들을 통해 세상에서 봉사하기 위해 일하신다. 이러한 모순에도 불구하고, 보어스마는 "천국 참여는 지상 위의 삶을 변화시킨다: 역설적으로, 다른 세계성만이 이 세상에 대한 올바른 참여를 보장한다고 주장한다."[50] 우주는 공간과 시간을 부여한 창조주

---

[48] Boersma는 *Heavenly Participation*에는 이 개념에 대한 많은 언급이 있지만, 참여와 바울을 연결 짓는 것은 다음과 같다: 바울에 따르면 신자의 천국 정체성은 이미 현재의 현실이다. 에베소서와 골로새서 서신에서 다소 실현된 종말론은 다음과 같은 내용을 강조한다. 바울에게 있어, 이 땅의 신자들은 "천국"이라는 먼 곳에 있는 장소와 어떻게든 동일시되는 것이 아니다. 오히려 그들은 천국과 실제적으로 또는 참여적으로 연결되어 있다. 그리스도의 죽음, 부활, 승천이라는 중심적인 유월절 사건(The central paschal event)은 그리스도인들이 참여하는 사건이다: 하나님은 "그리스도와 함께 우리를 살리셨다"고 바울은 주장한다.(4)

[49] Boersma는 "우리는 단순히 명목상의 관계를 원하는 것이 아니라 참여적인 관계를 원한다. 사실 성례전 존재론은 전자는 후자 때문에 가능하다고 주장한다: 진정한 언약적 유대는 언약의 파트너가 분리되거나 분열된 개인이 아니기 때문에 가능하다"(*Heavenly Participation*, 25).

[50] Boersma, *Heavenly Participation*, 5.

와 관련해서만 그 의미를 찾는다,

보어스마에게, 드 루박에 이어 지상의 것이 천상의 것에 참여한다는 신념에 가장 부합하는 철학은 신플라톤주의이다. 예를 들어, 우주가 신으로부터 "나갔다가" 신에게 "돌아온다"는 출구-돌아옴의 체계에 대한 신플라톤주의적 견해는 바울 기독교(Pauline Christianity)와 "광범위하게 양립"하는 것으로 간주된다.51 기독교 신앙이 세속주의에 보다 강력하게 대항하려면, 이 신플라톤적 접근법을 되찾아야 한다. 눈에 보이는 세계 이면에 깊이와 의미를 인정하는 것이 신플라톤주의이며, 현대의 지식 접근 방식은 아마도 인간의 사리사욕을 위해, 더 많은 자원을 활용하기 위해 정량화와 분석을 통해 증감하지 않는 (flatline) 경향이 있다. 신플라톤적 계획에서 모든 물질적인 것들은 물질적인 것들에 의미를 부여하는 더 깊고 진실한 하늘의 실체에 참여한다. 물질적인 것은 "성례적으로" 다음을 가리킨다. 그 자체를 넘어 초월적인 실재에 이르는 것이다. 모든 피조물이 더 깊은 영적 실재를 상징하는 숨겨진 깊이의 형이상학이 신플라톤주의를 아름다움의 이론으로 가치 있게 만드는 것이다. 성상(icon)으로서, 모든 피조물은 자신의 잠재력을 최대한 발휘하여 아름다움, 진리, 선에 부합하도록 자신의 수준에서 최대한의 잠재력을 개발함으로써 위를 향하게 된다. 보어스마는 기독교 신플라톤주의가 비기독교적 버전보다 물질을 훨씬 더 높게 평가한다고 주장하고 싶어 한다.52 그러나 아무리 좋다고 해도 창조된

---

51 Boersma, *Heavenly Participation*, 5.

52 Hans Boersma는 플라톤주의의 기독교적 변용을 다음과 같이 분류한다. 첫째, "하나님은 창조를 해야만 하는 의무가 없었고, 창조할 자유가 있었다." 둘째, "기독교인들은 플라톤주의자들보다 물질에 대해 훨씬 더 높은 관심을 가지고 있었다."("물질은...존재의 위계에서 가장 아래에 위치했다."). 마지막으로, "신플라톤주의는 절대적 단일성의 원리에 기초하여 기능했다." 기독교인들은 "성경이 위계의 원리를 반영한다는 데 동의했고, 따라서 그 점에서 신플라톤주의와 동맹을 맺을 준비가 되어 있었다. 그러나 그들은 하나가 완전함을 내포하는 반면 다수는 불완전함을 내포한다는 것을 받아들이지 않았다. 삼위일체 교리는 건강하지 못한 형태의 신군주제에

물질의 가치에 대한 미묘한 훼손이 있는 것 같다. 따라서 보어스마가 어거스틴의 아름다움에 대한 관점에 대해 언급했듯이, "육체적 아름다움은 … 신이 창조한 선이지만 현세적이고 육적인 선이며, 재화의 척도가 매우 낮다."[53] 무게 중심은 완전히 육체적인 것에서 지적인 것, 궁극적으로 영원한 것으로 이동한다. 우주가 신에 참여하는 것으로 이해될 수 있지만 비-유다이몬주의적으로 (non-eudaimonistically), 즉 완벽을 향해 자신의 잠재력을 발휘하여 자기 성취를 우선시하고 성취하려는 시도와 그에 수반되는 위계질서를 제거할 수 있는지에 대한 질문이 제기될 필요가 있다. 비-유다이몬주의적인 하나님에 대한 참여가 루터가 이끄는 방향이다.

보어스마는 창조를 주로 "하나님의 생명에 대한 성례전적 공유 또는 참여"로 해석하는 플라톤적 신학의 뿌리를 되찾는 것이 "창조 질서는 그 자체의 진리, 그 자체의 선, 그 자체의 아름다움을 지니고 있다"[54]는 세속적 가정과 창조 질서를 우상으로 만든 현대성을 상쇄하는 최선의 방법이라고 확신한다.[55] 여기에는 근대성이 역설적으로 피조물을 "희생"이자 "우상"으로 만드는 경향이 있다고 지적한 하만(Hamann)의 비판과 강한 유사점이 있다.[56] 하만에게, 자연은 우리가 그것을 계획하고 정량화하고 통제하기 위해, 데카르트의 "확장된 것"(*res extensa*)으로 환원한다는 점에서 "희생"으로 만들어진다. 반대로 자연을 시체로 환원하는 우리 자신의 모습에 경악하면서, 우리는 자연을 상상력

강력한 균형을 제공했다.…하나와 다수 모두 하나님이 누구인지의 핵심으로 돌아갔다."(*Heavenly Participation*, 33-35).

[53] Boersma, *Heavenly Participation*, 7.

[54] Boersma, *Heavenly Participation*, 31.

[55] Boersma, *Heavenly Participation*, 31.

[56] Hamann, "Aesthetica in nuce," in *Writings on Philosophy and Language*, 78.

을 발휘하고 대화하고 심지어 숭배할 수 있는 파트너로 낭만적으로 가치 있게 여긴다.[57] 하지만 새로운 신학에서 적절하게 적용하고자 하는 플라톤주의가 세속주의에 대한 해답처럼 보이지만, 복음을 전하는 도구로서는 문제가 되지 않을까? 플라톤주의는 육체보다 지성을, 물질보다 형상을, 시간보다 영원을, 내재적인 것보다 초월적인 것을 선호하는 위계질서를 내재하고 있다. 루터에게 이러한 모든 양극성은 하나님의 낯선 사역과 하나님의 고유한 사역이라는 렌즈를 통해 해석되어야 한다.

복음의 관점에서 볼 때, 하나님이 인간이 되신 것은 인간이 신성화(divine)가 될 뿐만 아니라 "누구에게도 복종하지 않는 완전한 자유의 주(lords), 모든 사람에게 복종하는 충실한 종"이 되게 하기 위해서이다. 우리가 진리, 아름다움, 선에 참여하는 것이 아니라 그리스도와 함께 죽고 부활하는 것이다. 그래야만 진리, 아름다움, 선의 본질에 대한 실마리를 얻을 수 있다. 인간은 동일한 플라톤적 형태나 보편성을 공유하기 때문이 아니라, 십자가에 못 박히신 그리스도를 따라 서로를 섬겨야 하기 때문에 서로 관련되어 있다. 플라톤이 그런 신앙에 따라 옛 아담과 이브의 죽음을 수용할 수 있었는지는 분명하지 않다; 율법을 실천 가능한 것으로 인정하지 않고 오히려 고발과 살인으로 인정하는 것이기 때문이다.

▌ 계층 구조의 문제

---

[57] Bayer, *Contemporary in Dissent*, 82-84.

우리는 드 루박과 그의 추종자들이 모든 피조물의 중심에 있는 경이로움과 신비를 재확인하려는 시도에 감사할 수 있다. 그러나 신비의 숨겨진 깊이에 들어갈 때 우리는 질문해야 한다: 우리는 평온을 제공하는 안전한 존재로 들어갈 것인가, 아니면 모든 것을 잃어버리는 위협적인 심연으로 들어갈 것인가? 이 신비가 선한지 아름다운지 (그리스도 밖에서) 진정으로 알 수 있는가? 자연이 성례적이라면, 우리가 그 안에 들어갈 때 우리는 그것을 먹고 마셔서 저주나 구원에 이르는가(고전 11:29-32)?[58] 마찬가지로, 신비에 대한 긍정에는 인간과 신 사이의 일련의 중개자, 즉 신성은 인간성을 넘어서는 도달할 수 없는데도, 인간을 신으로 상승하도록 초대하는 위계가 있어야 하는가? 우리는 신비에 대한 긍정의 신비에 대해 어떤 위계가 있는가를 물어야 한다. 계층이 있다고 해도 우리가 그 계층을 오를 수 있다고 어떻게 확신할 수 있을까? 우리가 진전을 이루었다면 다른 사람들이 더 나은 진전을 이루었다는 점을 감안할 때, 다른 사람들을 무시할 근거가 있는가? 의심할 여지없이 하나님은 만물 안에 계실 뿐만 아니라 무엇보다도 위에 계신다. 그러나 복음의 관점에서 볼 때, 예수 그리스도의 인성은 단순히 하나님의 성상(icon)이 아니라(골 1:15) 하나님의 화신(embodiment)이다(요 1:14). 하나님과 우주 사이에 사다리가 있다면, 그것은 하나님이 죄인 대신 죄인들에게 내려오시는 "내려가는 계단"이다.[59] 따라서 자기 의를 키우는 위계에 대한 접근 방식은 그리스도의 성육신과 사역에서 약화된다. 핵심은 육체적, 물질적, 내재적, 우연적, 특수한 것의 무결성을 암묵적으로 훼손하는 위계적 접근 방식에 세례를 주지 않고 모든 것의 중심에

---

[58] 예를 들어, *the Catechism of the Catholic Church*, 2판 ed. (Rome: Liberia Editrice Vaticana, 2000), 350.(1457번)을 참조하라.

[59] Gerhard O. Forde, *Where God Meets Man: Luther's Down-to Earth Approach to the Gospel* (Minneapolis: Augsburg, 1972), 7-31.

있는 신비를 긍정하는 방법을 찾는 것이다.

종교개혁자에게, 위계질서에 대한 도전과 옛 아담과 이브가 가지고 있는 암묵적인 자기 의로움은 고대인들보다 훨씬 더 깊은 곳에 자리 잡고 있다. 놀랍게도 루터는 우리가 완전에 도달할 수 있는 길로서 위계질서를 약화시켰다. 그는 "하나님이 저울의 균형을 잡아주시지 않는다면, 우리는 저울의 밑바닥으로 가라앉을 것이다. …하나님이 우리를 위해 죽지 않고 사람만 죽었다면 우리는 길을 잃게 된다. 그러나 하나님의 죽음과 사람이 죽은 것이 반대 저울에 놓여 있다면, 그의 쪽은 아래로 내려가고 우리는 가볍거나 빈 저울처럼 위로 올라간다."[60] 루터는 하나님의 초월적 차원이 하나님과 흥정하거나 협상할 목적으로 하나님을 들여다보고, 그의 일을 속속들이 알고자 하는 통제 욕구를 방해한다고 주장했다. 그러나 동시에 종교개혁자에게, 예수 그리스도라는 인간은 하나님의 현존이지, 하나님을 가리키거나 반영하는 단순한 존재가 아니다. 그리스도의 인성은 신성의 단순한 유비(anologue)가 아니라 삼위일체의 두 번째 위격의 성육신이다.

보어스마의 새로운 신학(*Nouvelle théologie*)에 대한 해석은 아름다움에 우선적으로 초점을 맞추지는 않지만, 이 개념은 피할 수 없이 드러난다. 예를 들어, 그는 C. S. 루이스의 말을 인용한다. "우리는 우리가 보는 아름다움과 하나가 되고, 그 안으로 들어가서 그 아름다움을 우리 자신으로 받아들이고, 그 안에서 목욕을 하고, 그 일부가 되기를 원한다."[61] 비록 다른 방식으로 전개되기는 했지만, 루터의 아름다움에 대한 관점을 연구하면 보어스마와 함께 "모든 피조물의 진리, 선함, 아름다움은 하나님의 영원한 로고스이신 그리스도

---

[60] *On the Councils and the Church*(1539년), in LW 41:103(WA S0:590.11-16).
[61] Boersma, *Heavenly Participation*, 25.

안에 근거를 두고 있다는 사실을 확인할 수 있다. 다시 말해, 창조는 하나님의 존재를 공유하는 것이기 때문에 하나님과의 관계는 외적인 관계, 즉 명목상의 관계가 아니라 참여적인 관계, 즉 실제적인 관계이다."62 루터와 함께 우리는 진정한 말씀(*verbum reale*)을 다룬다. 말하는 대로 행동하고, 행동하는 대로 말하는 말씀과63 세례 성사를 통해 우리는 그리스도의 죽음과 부활에 참여하기 때문에 죄인을 그리스도 안에 확고하고 안전하게 두는 것이다. 루터의 칭의 교리는 법정적인 것일 뿐만 아니라 효과적이다.64

그러나 이 말씀은 죄인들과 관련하여 "외부적"이기 때문에 유효하다. 말씀이 외부(*verbum externum*)에서 온다는 것은 죄인들이 하나님께 가져올 것이 아무것도 없다는 사실, 즉 진리, 선, 아름다움에 대한 그들의 인식이 아니라 단순히 그들을 정죄하기 때문이다(그들은 그러한 문제를 사용하여 하나님과 흥정하기 때문에 어떤 흥정도 충분할 수 없다). 그러나 루터와 신플라톤주의의 가장 큰 차이점은 참여에 있지 않다. 그 대신, 우리가 진정으로 하나님께 희생적으로 바칠 수 있는 무언가를 가지고 있다는 확신에 관한 것이다. 만약 그것이 사실이라면 우리는 천국으로 가는 사다리를 오를 수 있는 근거를 갖게 될 것이

---

62 Boersma, *Heavenly Participation*, 24. 그러나 자원화 운동에 대한 피터 라이트하트의 비판을 언급하면서, Kevin Vanhoozer는 은혜가 자연에 "외부적"이라는 주장에 반박한다:
[라이하르트에 따르면,] 문제는 신스콜라주의철학자들과 그들의 새로운 비평가들 모두 인류가 타락한 것이 아니라 창조된 것에서 하나님과의 거리를 좁히는 것처럼 보인다는 것이다. 오히려 문제는 하나님(또는 초자연적인 것)이 피조물로부터 "외부"에 있다는 것이 아니라 피조물 전체가 죄로 인해 하나님으로부터 멀어졌다는 것이다. 다르게 말하면, 복음은 인간의 본성이 은혜로 "고양"되었기 때문이 아니라 인간 죄인(사람)이 은혜로 용서받았기 때문에 남성과 여성이 하나님의 자녀로 입양될 수 있다는 기쁜 소식이다.(*Biblical Authority after Babel: Retrieving the Solas in the Mere Protestant Christianity* [Grand Rapids: Brazos, 2016], 49).

63 "하나님의 경우 말하는 것은 행하는 것이고 말씀은 행동이다"(LW 12:33; WA 40/2:231.28).

64 Mark Mathes, "Luther on Justification as Forensic an Effective." In *The Oxford Handbook of Martin Luther's Theology*, ed. Robert Kolb, Irene Dingel, and L'ubomir Barka (Oxford: Oxford University Press, 2014), 264-73.

다. 전자의 경우, 이 가정에 잠재된 하나님에 대한 견해는 잘못된 것이지만, 유명론자들이 주장하는 것처럼 하나님이 순전히 자의적인 의지가 있기 때문이 아니다.[65] 결국 하나님의 올바른 사역에는 자의적인 것이 없으며, 그것은 잃어버린 자를 찾고 구원하는 것이다. 하지만 신에 대한 이러한 관점은 잘못된 것으로, 신이 다시 창조할 때 창조하는 방식과 마찬가지로 무에서(*ex nibilo*) 창조하기 때문이다. 따라서 모든 피조물은 그 존재가 매 순간 하나님의 끊임없이 창조하시는 말씀에 전적으로 의존하기 때문에 하나님께 직접 참여한다: "하나님의 본성은 무에서 유를 창조하는 것이다. 그리고 그의 가장 적절한 본성은 존재하지 않는 것을 존재로 부르는 것이다."[66] "피조물이 무에서 존재한다"는 사실은 "피조물이 할 수 있는 모든 것은 무"라는 진리를 강화한다.[67] 이런 의미에서, 창조는 칭의의 패턴을 따른다: "하나님은 어둠에서 빛을 만드시는 것을 기뻐하신다. 무에서 .... 그래서 그는 잊혀진 자를 돕고 죄인을 의롭게 하며 죽은 자를 살리고 정죄받은 자를 구원한다."[68]

의심할 여지없이 루터에게, 존재 유비(*analogia entis*) 신학에 따르면, 하나님은 항상 더 위대하신 분이라는 부정신학적 성격(an apophatic character)

---

[65] 물론 우리는 루터의 신의 뜻에 대한 접근 방식에 "자발주의"라는 요소가 있다는 것을 인정해야 한다. 따라서 루터는 *Antinomian Disputations* (1537년)에서 "모든 사람은 율법 아래 있다. 율법의 주님은 누구를 위해, 어떻게 원하는 대로 분배를 허락하실 수 있으며, 그분의 뜻은 곧 율법이다. 그러므로 그들이 성령의 승인을 받아 여러 여자와 결혼한다고 했을 때 그들은 죄를 짓지 않았고 율법은 중지된다. 그 판결은 하나님으로부터 나온 것 같지 않다. 만일 그가 간음하라고 명령했다면 그것이 율법이 될 것이다."(Holger Sontag, ed. and trans. *Solus Decalog est Aeternus: Martin Luther's Complete Antinomian Theses and Disputations.* [Minneapolis: Lutheran Press, 2008.], 389).

[66] "On Psalm 125:1" (1540) (WA 40/3:154.1 1; Hans Schwarz, "Creation," in *Dictionary of Luther and the Lutheran Traditions,* ed. Timothy Wengert, et al.,[Grand Rapids: Baker Academic, 2017], 176).

[67] *Lectures on Genesis,* in LW 4:61(WA 43:178.42-179.1).

[68] "On Psalm 125:1" (WA 40/3:154. 15; trans. Schwarz, "Creation").

이 있다. 그러나 루터에게, 그것은 우리가 심지어 그리스도의 도움으로도 하나님께 제공할 수 있는 공로가 없다는 것을 의미한다. 우리가 무언가를 제공할 수 있다면, 그리스도는 더 이상 필요하지 않을 것이다. 하나님의 이해 불가능성은 하나님께 무언가를 바칠 수 있다는 인간의 추측을 무너뜨린다. 하나님의 선하심은 하나님 자신으로 충분하다는 것이다. 마찬가지로, 신플라톤주의 기독교는 죄인이 하나님의 용서의 말씀을 통해 어떻게 전적으로 죄 많은 세상에 있으면서 동시에 전적으로 하나님 앞에서 정의로울 수 있는지 알 수 없다. 그 대신에, 신플라톤주의에 따르면, 우리는 점점 더 신처럼 성장하기 위해 계층적 여정에 오르도록 초대받는다. 그것은 영원한 율법을 제시하지만 영원한 복음을 위한 자리는 없다.[69] 루터에게, 계층 안에서의 성장은 죄인을 품어주시는 하나님에 의해 그리고 그리스도의 의로 옷을 입히시는 하나님에 의해 외면당한다. 하나님께 드릴 것이 아무것도 없기 때문에, 우리는, 가진 것을 이웃, 즉 도움이 필요한 사람들에게 자유롭게 베풀 수 있다.

변명하자면, 신플라톤주의의 비전에는 의심의 여지가 없다. 그것은 창조된 현실을 포함한 모든 현실의 핵심인 경이로움과 신비를 되찾으려는 것이다. 신비는 "감각을 통해 관찰할 수 있는 겉모습 뒤에 있는 실재를 말한다. 즉, 우리의 손, 눈, 귀, 코, 혀는 현실에 접근할 수 있지만, 이 현실을 완전히 파악할 수는 없다. 그들은 그것을 이해할 수 없다."[70] 이러한 관점의 결론은 "피조세계를 측정 가능하고 관리 가능한 차원으로 축소할 수 없다는 것이다."[71] 종교

---

[69] 율법에는 적어도 신자들에게는 한계가 있다. "바울은 저주받은 율법에 대해 말한다. 우리가 천국에 도착하면 더 이상 율법을 설교하지 않을 것이다."(Sonntag, *Solus Decalogus est Aeternus*, 214).

[70] Boersma, *Heavenly Participation*, 21.

[71] Boersma, *Heavenly Participation*, 21.

개혁자는 지각된 모든 것이 신의 현현이라는 중세의 가정에 동의하지만, 그는 플라톤주의가 아닌 다른 접근 방식을 모델로 삼는다. 실제로 그는 신플라톤주의에 반대하는데, 신플라톤주의는 물질을 지성이나 정신으로 대체해야 할 것으로 보는 경향이 있으며, 이는 칼슈타트, 츠빙글리, 슈베르메라이에게서 작용한다. 루터에게는 마법에 걸린 세계관이 없다. 그러나 그의 매혹적인 세계관에는 영적 사다리의 여정을 오르며 공로를 통해 자기 정당화를 시도하려는 시도가 없다. 이미지에 대한 장(the chapter on images)에서 살펴본 것처럼, 루터에게 있어서 "광신도"나 "예언자"의 반물질적 입장에서 작동하는 플라톤주의와 달리, 성령은 "물질적이고 육체적인 것 외에는 우리와 함께할 수 없다."[72] 따라서 "우리 몸이 외적으로 하는 모든 일과 육체적으로도 하나님의 말씀이 더해지고 믿음으로 행해지면, 실체와 이름에서 영적으로 행해지는 것이다. 말씀과 믿음으로 행할 때, 영적인 것이 되지 않을 만큼 물질적이고 육적이며 외적인 것은 없다."[73] 루터에게 있어서, 물리적 "알맹이"는 물질적 "껍질"과 분리되어서는 안 된다.[74] "하나님은 모든 피조물 안에 현존하시며, 돌이나 불이나 물이나 심지어 밧줄에서도 그분을 찾을 수 있는데, 그분은 분명히 거기에 계시지만, 내가 말씀과는 별도로, 그곳에서 그분을 찾고 물이나 불 속에 나를 던지는 것을 원하지 않으시기 때문이다.... 그분은 어디에나 계시지만, 그분은 당신이 모든 곳에서 그분을 더듬는 것을 원하지 않으신다. 오히려 말씀이 있는 곳을

---

72 *That These Words of Christ*, "This Is My Body," 등 그리스도의 이 말씀은 광신자들에 대하여 여전히 확고하게 서 있다(1527), in LW 37:95(WA 23:193.31-33). 또한 Richard Strier, "Martin Luther and the Real Presence in Nature." *JMEMS* 37 (2007), 271-303.참조.

73 "This Is My Body"라는 그리스도의 이 말씀은 여전히 일반신도들에게 굳건히 서 있다. in LW 37:92 (WA 23:188.8-11).

74 *Confession concerning Christ's Supper* (1528), in LW 37:219 (WA 26:333.17).

더듬어 찾으라. 그곳에서 그분을 바로 붙잡을 수 있다."[75]

루터는 역설적으로 모든 곳과 모든 구체적인 것 속에서 하나님의 임재를 하나님의 은밀함이라고 표현한다. 때때로 이 은밀함은 위협적이지만 종종 섭리적인 것으로 여겨지기도 한다. 하나님이 지상의 모든 것을 통해, 일하신다는 것은 루터가 세상을 바라보는 매혹적인 관점을 확증한다. "우리의 부모와 모든 권위자, 그리고 이웃인 모든 사람은 우리에게 모든 종류의 선을 행하라는 명령을 받았다. 따라서 우리는 그들에게서 축복을 받는 것이 아니라 그들을 통해 하나님으로부터 축복을 받는다. 피조물은 하나님이 모든 축복을 주시는 손, 통로, 수단일 뿐이다. 예를 들어, 어머니에게 가슴과 모유를 주셔서 아기를 먹이시고, 땅에서 곡식과 온갖 열매를 주셔서, 어떤 피조물도 스스로 생산할 수 없는 것들을 지탱하게 하신다."[76] 따라서 "모든 피조물은 하나님께서 함께 일하시기를 원하시는 하나님의 가면이자 의상이지만, 하나님께서는 그것 없이도 일하실 수 있고 또 그렇게 하신다."[77] 마찬가지로 복음의 관점에서 자연은 하나님을 비유할 수 없는 존재가 아니다. 루터는 심지어 들판과 나무도 교회에서 설교하는 것보다 더 좋은 설교가 될 수 있다고 주장할 정도이다. 이에 대해, 비토르 베스트헬레(Vítor Westhelle)는 다음과 같이 경고한다: "그러나 이러한 지식은 모범적인 성격일 뿐이다. 우리가 올바른 방향으로 인도받은 후, 이미 돌아선 후에는 이 길을 따르는 것이 옳고 적절하다."[78]

---

[75] "그리스도의 몸과 피의 성례전-광신자들에 대하여"(1526), in LW 36:342(WA 19:492.19-24).

[76] The Large Catechism, in BC 389:26-27 (BSELK 938:20-25).

[77] "마태복음 4:1-11에 대한 설교", in *Fastenpostille* (1525) (WA 17/2:192.28-30; Translation from Hans Schwarz, *True Faith in the True God: An Introduction to Luther's Life and Thought*. Rev. and exp. ed. [Minneapolis: Fortress, 2015], 101).

[78] Westhelle, *The Scandalous God: The Use and Abuse of the Cross* (Minneapolis:

복음을 통해, 인간은 거듭남을 얻게 되며, 이를 통해 창조 세계를 정복하거나 숭배해야 할 대상이 아닌 선물로 받아들일 수 있게 된다. 창조에 눈을 뜬 인간은, 창조를 소중히 여기고 하나님께 감사하며 이를 통해 이웃을 섬길 수 있다. 선물로서, 창조는 보다 더 신과 같은 경험으로 나아가는 디딤돌이 아니다. 죄인으로서 우리는 우주가 목적론의 지배를 받거나 아름다움의 반영이라는 것이 항상 명확하지 않은 하나님의 감추어짐을 경험한다. 이러한 신적 감추어짐은 신플라톤주의 미학이 수용하는 범칼주의(pancalism, 모든 것은 아름답다)에 대한 도전이다. 반대로, 우리는 오직 복음을 통해서만 우주가 아름답고 선하다는 것을 무조건적으로 긍정할 수 있다. 범칼주의는 그리스도 밖이나 약속의 렌즈를 벗어나서는 긍정할 수 없다. 동시에 즐거움과 쾌락을 확보하기 위해 가진 것이 없이, 내내(all the while) 하나님의 선물의 한 측면으로서, 우리는 이 세상에서 즐거움과 쾌락을 얻는다. 하나님께서 우리에게서 좋은 것을 보류하시려는 것은 아니다. 영생에 대한 안전은 우리가 이 삶이 제공하는 것에서 최선을 긍정할 수 있게 해준다. 새로운 피조물로서 인간의 욕망은 하나님으로부터 어떤 보상을 받을 것인가가 아니라 하나님이 원하시는 것을 원하게 된다. 따라서 하나님은 자신을 위해 사랑받으시며, 마찬가지로 우리 이웃도 보상을 얻기 위해 이용되는 것이 아니라 그들 자신을 위해 사랑받을 수 있다. 복음에서 즐거움은 감사와 동시에 주어지며, 그것은 본성에 부합한다. 하나님께 공로를 얻기 위해 다른 사람을 이용하는 것은 자연과 일치하지 않는다. 그럼에도 불구하고, 여전히 의문이 제기된다: 하나님은 우리가 그를 원하기를 바라시는가? 그러나 그 질문은 너무 약하다. 결국 우리는 하나님을 사랑하라는

Fortress, 2006), 52. 앞 문장에서 루터의 주장은 WA 42:156.24-26에서 찾을 수 있다.

명령을 받았다! 그러나 그러한 명령은 죄 많은 인간 본성에서 하나님을 미워하고 그분에 대해 괴로움을 품고 있는 사람들을 변화시킬 수 없다는 것이 계속해서 입증되고 있다. 그러한 마음의 쇄신은 오직 그리스도를 위해 죄인들이 사랑받고 있음을 인정하고 안심시키는 말씀을 통해서만 일어난다. 그래야만 하나님을 향한 사랑과 소망이 마음에서 저절로 생겨난다.

▌ 순수한 자연에 대한 질문

새로운 신학(*Nouvelle théologie*)은 16세기 토마스주의자들이 초자연적인 것에서 자연적인 것을 추출하거나 분리함으로써 세속주의의 발흥에 얼마나 기여했는지 탐구한다. 후안 프란시스코 수아레스(1548-1617)와 로버트 벨라민(1542-1621) 같은 학자들은, 은총의 은혜를 확인하고자 타락 이전의 인간은 '순수한 자연'(*natura pura*) 상태에 존재했다고 가정했다. 이러한 상태에서는 인간의 궁극적인 성취로 이어지는 성화적 비전을 얻고자 하는 욕망은 인간본성에 필수적인 것이 아니라 은총에 의해 추가되어야 한다는 것을 인정한다. 이 견해에서, 인간은 이 세상적인 행복에 도달할 수 있지만, 오직 은총만이 인간을 영원한 행복에 도달하도록 고양시킬 수 있다. 인간이 이 은총을 받을 만한 합당한 것은 아무것도 없다. 새로운 신학은 순수 자연론의 의도하지 않은 결과는 자연을 세속화한다고 주장한다-자연이 그 나름대로 하나님과 무관하게 독자적으로 이해될 수 있도록 허용하는 것이다-이는 자연의 최종 선(final good)인 하나님으로부터 자연 영역에 자율성 또는 독립성을 일치시키기 때문이다. 새로운 신학의 경우, 인간 본성에 내재된 것으로 이해되는 지복직관적 비전(beatific vision)에 대한 욕망은 "마법에 걸린" 자연을 유지하는 데 필요한 연결 고리이다.

루터의 접근 방식은 이러한 토마스주의자들과는 완전히 다르다. 루터에게 있어 『창세기 강해』에서 태초의 아담은 하나님의 사랑으로 충만하고 만족스러웠다. 즉, 에덴에서는 은혜가 이미 자연에 완전히 스며들어 있었고, 의가 인간 본성의 진정한 일부였으며, 하나님의 임재 안에서, 순수한 기쁨이 있었다.[79] 타락 이전이나 이후나 자연은 하나님과 무관하게 그 자체로 이해되는 것이 아니라, 하나님의 생동감과 기쁨을 일깨우는 임재의 장소로 이해되기 때문에 자율적인 것은 아무것도 없다. 아담의 수학적 능력(5장 참조)[80]으로 나타난 아담의 마지막 종말은 타락 이전의 자연이 하나님의 임재에 의해 살아 움직이기 때문에 자연과 하나님 사이의 유일하거나 필수적인 유대가 아니다. "순수한 자연"의 신학은 은총에 대한 반펠라기우스적 관점(non-Pelagian view)을 의도하지만, 은총을 통해 이미 하나님과의 지위가 확보되었다는 진리에 기초하여 이웃을 자유롭게 섬김으로써 바깥으로 나아가는 여정과는 대조적으로, 인간이 하나님께 더 가까이 나아가는 사다리로 정의되는 인간 순례(*viatores*)의 관점을 계속 고수하고 있다.

마찬가지로, 잘 알려진 바와 같이, 루터는 "두 왕국" 또는 영역, 즉 지상과 천상을 구분했다. 이러한 구분은 지상의 것을 부차적인 것으로, 하늘의 것을 궁극적인 것으로 지정하지만, 자연과 은총을 분리하거나 자연을 어떤 식으로든

---

[79] "의로움은 저절로 주어지는 선물이 아니라는 사실을 잊지 말자. 인간의 본성과는 별개의 것이 아니라 진정으로 본성의 일부였기 때문에 하나님을 사랑하고, 하나님을 믿고, 하나님을 아는 것 등이 아담의 본성이었다. 이러한 것들은 눈이 빛을 받아들이는 것이 자연스러운 것처럼 아담에게도 자연스러운 것이었다." (LW 1:165, WA 42:124.4-7).

[80] *Lectures on Genesis*, in LW 1:46 (WA 42:35-36); 1:126 (WA 42:94.33-37).

자율적으로 만드는 방식으로 정의하지는 않는다. 앞서 언급했듯이, 하나님은 세속적 영역에 "가리워진" 또는 숨겨져 있으며, "도피한" 신이라는 불길하고 위협적인 의미뿐만 아니라, 통치 권위를 통해 질서를 섭리적으로 제공하고 모든 피조물이 그러한 보살핌을 인식하든 그렇지 않든 그들의 삶이 번성할 수 있도록 아낌없이 생계를 제공한다는 의미에서도 숨겨져 있다. 따라서 모든 거래의 표면 아래에는 항상 하나님과 거래하는 것이 존재한다. 물론 육의 영역은 하나님께서 피조물을 통해 다른 피조물의 필요와 욕구를 돌보시는 수단으로서 온전성을 가지고 있지만, 복음을 통해 하나님 앞에서 죄인의 지위를 확보하고 깊은 기쁨을 주는 것은 하늘의 영역이다. 따라서 이 두 영역이 평행선을 달리는 것으로 이해해서는 안 되며, 지상 영역에는 어느 정도의 자율성이 부여된다. 그 대신에, 지상은 하늘을 위해 존재하며, 어떤 면에서는 하늘에 종속되어 있다: 하나님은 인간을 구속하기 위해 정확하게 인간을 창조하셨다.[81] 하나님은 복음을 듣고 믿고 하나님의 은혜를 받을 수 있는 상황으로서 지상 영역의 피조물을 은혜롭게 공급하고 유지해 주신다.

그럼에도 불구하고, 새로운 신학(*nouvelle théologie*)에서 주장하는 자연에 잠재되어 있거나 내재된 초자연적인 것에 대한 욕망은 죄인이 하나님을 대하는 일차적인 방식이 갈등적이고 사색적이지 않다는 사실을 거칠게 다루고 있다. 『창세기 강해』에서 아담에 대한 루터의 논의를 통해, 우리는 인간의 수학적 능력에서 알 수 있듯이, 인간은 태초부터 하나님과의 영생이라는 더 큰 것을 향해 "명령"을 받았다는 사실을 확인할 수 있다. 물론 문제는 타락의 이면에는 그리스도의 죽음과 부활에 참여하는 것 외에는 하나님을 기쁨의 충만

---

[81] The Large Catechism, in BC 439:64 (BSELK 1068:5).

함으로 받아들이지 못한다는 점이다. 즉, 지상의 목표에는 두 번째 의미가 있는데, 감사하는 마음에서 하든 율법의 강요에 의해 하든, 이웃에 대한 봉사가 반영되기를 바란다.

　루터에게 있어, 창조주와 피조물, "존재"와 "존재자" 사이의 차이점은 창조주와 피조물, 무한과 유한이 하나이신 그리스도를 제외하고는 둘 사이의 유사성보다 더 크다. 신적 존재론과 관련하여 루터의 비평가들은 그를 존 둔스 스코투스(John Duns Socotus)를 따라 "존재의 일의성(univocity of being)"을 확증한 유명론 학파와 동일시하는 것이 적절하지만, 이는 잘못된 생각이다. 존재의 일의성 이론에서 존재는 하나님의 존재와 피조물을 모두 포괄하는 객관적이고 중립적인 범주이며, 존재의 척도로 볼 때 하나님은 유한한 실재보다 논쟁의 여지없이 우월하고 더 크거나 더 강력하지만 그 종류는 동일하다. 보어스마는 "존재의 일의성"이라는 교리가 자연계에서 하나님의 실제적이고 성례적인 현존을 자르는 근대성의 가위날 중 하나로 작용했다고 주장한다.[82] 이 교리는 존재가 신과 피조물 모두가 공유하는 가장 중요한 범주라고 가정했다. 따라서 지상의 사물들은 자율적으로 자신의 존재를 소유한다. 보어스마와 새로운 신학에서, 유비의 상실은 자연에서 성례성의 상실과 동일하다.

　스코투스의 일의성 이론(theory of univocity)을 옹호하는 사람들은 신과 피조물, 무한과 유한을 이해할 수 있는 중립적인 제3자로서의 새로운 신학(*nouvelle théologie*)의 단일성 개념에 대해 중요한 비판을 제기해 왔다.[83]

---

[82] Boersma, *Heavenly Participation*, 74.

[83] Daniel Horan은 가장 최근에 스코투스가 유추를 거부한 것이 아니라 유추 담론을 유지하기 위해서는 어떤 종류의 명확한 개념이 공리적으로 필요하다는 논리학자의 관점에서 설득력 있게 주장했다고 썼다. "유추는 선험적으로 명확하게 예측할 수 있는 개념이 없는 단순한 모호함일 뿐"이라고 스코투스는 주장한다(*Postmodernity and Univocity: A Critical Account of Radical Orthodoxy and John Duns Scotus* [Minneapolis: Fortress. 2014], 185).

하지만 이 일의성 이론을 진지하게 받아들인다면, 그러한 일의성은 사실상 신을 없애고 언어를 인간에게 단순하게 넘겨주는 것처럼 보이거나, 자연과 계시를 분리하는 변증법적 신학을 낳는 것처럼 보일 것이다. 이에 대해 새로운 신학에서 "참여"는 불완전한 것이 완전한 것이듯, 자연과 초자연이 연결될 수 있는 그 중간이 되어야 한다고 주장한다. 그러나 이것은 말 그대로 영광으로서의 아름다움, 수용성이 아닌 완전성의 미학, 신으로의 상승을 시도하는 미학이다. 루터는 일의성의 렌즈나 유비의 렌즈를 통해서 해석해서는 안 된다. 그 대신에, 하나님은 존재를 포함하여 존재하는 모든 것의 조건을 설정하신다. 오직 그리스도를 통해서만 우리는 자비롭고 사랑스러운 하나님께 접근할 수 있다. 또한 루터는 감각적 대상을 초월적 기원과 분리되어 서로 경쟁하는 것으로 간주하는 "유명론적 창조 질서의 분열"에 기여했다는 비난을 받을 수 없다.[84] 루터에게 피조물은 신앙을 통해 하나님과 적절히 관련되어 있으며, 이는 하나님이 피조물을 위해 하나님이 되게 하며, 앞서 언급한 것처럼 어머니가 아기에게 젖을 먹이는 것과 같이, 서로 봉사할 때(즉, 서로 끊임없이 적대적 관계가 아닐 때) 서로 적절히 관련되어 있다.

　새로운 신학(*nouvelle théologie*)의 주장처럼 세속화가 최종 인과성의 상실로 인한 결과라는 것이 사실일까? 위에서 언급했듯이, 루터에게 수학은 인간이 하나님 안에서 궁극적인 성취를 이루도록 설계되었음을 나타낸다. 마찬가지로, 우주는 매혹적이지만, 그리스도 밖의 모든 피조물 뒤에 숨겨진 신비가 투명하게 자비로운지는 분명하지 않다. 오직 그리스도를 통해서만 확실해진다. 그렇다고 해서 플라톤의 목적론이 비세속적인 세계의 열쇠라고 가정해서는

---

84 Boersma, *Nouvelle Théologie and Sacramental Ontology*, 16.

안 된다. 기독교 신앙이 등장하기 이전의 플라톤주의를 성경의 하나님과 무관한 "세속적"이거나 적어도 세례를 받지 않은 이교도적인 영원에 대한 접근 방식이 아니라면 어떻게 생각해야 할까?

의심할 여지없이, 플라톤의 관점은 많은 초기 기독교인들이 그리스도와 삼위일체 교리의 여러 측면을 정리하는 데 도움이 되었지만, 기독교인들이 플라톤 철학의 가치에 대한 입장을 취해서는 안 된다. 현재 북미의 종교적 환경은 무엇보다도 각 개인 안에 있는 "신성한 자아" 또는 핵심을 존중하는 "영지주의"로 묘사되어 왔다.[85] 사실, 많은 현대 영지주의자들은 고대 "영혼"이라는 범주 대신에 모호하고 무형적이며 영원한 "자아"를 중요시하는 상당히 플라톤적이지만 분명히 기독교적이지 않다. 세속성 문제의 핵심은 플라톤주의가 비성경적인 용어로 포장될 수 있다는 사실에 있는 것 같다. 따라서 세속성은 플라톤주의가 해체되는 것이 아니라 (알프레드 노스 화이트헤드가 말했듯이 플라톤에 대한 일련의 각주), 성경적 세계관의 해체라고 할 수 있다. 현대의 철학자들과 문인들은 "자아"가 "전통", "권위", 궁극적으로는 신에 의해 방해받지 않도록, 성경적 세계관에 대한 끊임없는 비판을 제시해 왔다. 다른 사람에게 해를 끼치지 않는 한, 더 큰 자기 발견과 자기 인식을 위한 탐구에 그러한 문제가 개입해서는 안 된다.

물론 모든 세속적 견해는 성경에 의해 형성된 세계관을 거의 또는 전혀 고려하지 않는다. 토마스 홉스(1588-1679)와 바룩 스피노자(1632-77)의 사상에서 보듯이, 성경적 세계관을 훼손하거나 제거하는 것은 플라톤에 집착하는 것보다 훨씬 더 세속적인 관점을 보장한다. 따라서 플라톤(그의 저작이 기독교

---

[85] Harold Bloom, *The American Religion: The Emergence of Post-Christian Nation* (New York: Touchstone, 1992).

신학에 큰 영향을 미쳤음에도 불구하고)이 아니라 성경이 계시하는 다양한 세계 경험 방식이 세속주의에 대한 대안이다. 기독교는 프리드리히 니체 (1844-1900)가 말했듯이, 민중을 위한 플라톤주의[86]가 아니라, 제대로 이해한 다면 대중을 위한 그리스도이다. 따라서 성경은 이질적이거나 억압적인 외부 권위가 아니며, 수천 년에 걸쳐 기록된 성경의 페이지 안에는 애도와 지혜, 위협과 약속, 시와 산문을 통해 인류와 하나님과의 관계를 증언하는 인간의 경험이 목소리를 내고 있다.

┃ 결론

루터의 아름다움에 대한 관념은 복음과 연결되어 있기 때문에 자유와 연결된 다. 복음은 양심을 자유롭게 하지만, 그렇게 함으로써 인간이 자연을 창조물로 서, 선물로서, 그리고 이 선물이 감각을 통해 주어지는 것으로 받아들이도록 열어준다. 인간과 하나님 사이의 사다리는 아름다움이 우리를 완전함을 향해 올라가도록 유혹하는 사다리가 아니다. 그 대신, 그것은 죄인들이 하나님이 창조하신 풍성한 선한 것들로부터 자신을 잃어버리는 독선, 배은망덕, 무감각 함을 내려놓는 하향 계단이다. 창조세계는 하나님께서 다른 피조물을 풍성하고 은혜롭게, 참으로 아름답게 돌보시는 통로인 피조물들로 구성되어 있다. 따라 서 피조물이 죄로 인해 훼손되었음에도 불구하고, 그리스도의 기이한 아름다움 이나 믿음의 의로 신자들을 입히는 새 창조의 아름다움에는 적용되지 않지만,

---

[86] Nietzsche, *Basic Writings*, trans. Walter Kaufmann (New York: Modern Library, 2000). 193.

명확성과 진실성은 여전히 피조물의 아름다움을 분별하는 기준으로 적용된다. 유비(analogy)는 종종 하나님의 사역을 설명하기에는 너무 적은 말을 한다. 그의 섭리적 돌봄은 단순한 유비적 관계가 아니라 아름다움을 통한 하나님의 사랑의 수단이며, 예수님의 죽음과 부활에서 가장 분명하게 드러나며, 창조세계와 인간의 창조성에서 아름다움과의 만남을 확인시켜 주는 하나님의 창조물인 피조물이 이 세상에서 자신의 집에 있음을 확인시켜 준다. 만물은 하나님을 가린다(mask). 그러나 모든 것이 아름답지는 않다. 예수 그리스도를 통해, 신자들은 궁극적으로 현실이 진리요, 선이며, 충만한 아름다움이라는 것을 알게 될 것이고, 우리의 성취에 이르게 될 것이라는 확신을 가질 수 있지만, 현재 그것은 종말론적으로 보게 될 것이라는 믿음의 확신이다.

09

|

현대 아름다움의 신학을 위한 루터

개신교 신학은 이미지가 아닌 말씀을 중요시하기 때문에 아름다움이나 신학적 미학에 대한 이론을 거의 제공하지 않는다고 주장하는 것은 흔한 일이다. 마찬가지로, 루터가 그리스도에 대한 세례 참여가 인간의 삶과 관련하여 연속성이 아닌 불연속성으로 그리스도와 함께 죽고 부활한다는 바울의 이해를 되찾은 것은 보는 사람을 아름다움과의 연합으로 이끄는 주체로서의 욕망을 위반하거나 약화시킨다. 안타깝게도 아름다움에 관한 한 개신교적 사고가 황무지라는 오해를 불러일으키는 일부 개신교적 관점들이 실제로 존재 한다.

예를 들어, 그러한 정서는 루돌프 불트만(Rudolf Bultmann)의 신학에서 강하게(with a vengeance) 반향되고 있다:

아름다운 것에 대한 관념은 기독교 신앙의 삶을 형성하는 데 아무런 의미가 없으며, 아름다운 것에서 "저 너머"에서 시선을 분산시키는 세상의 거짓된 변형의 유혹을 본다. ...아름다운 것이 어떤 의미에서 삶의 난처하고 혼란스러운 움직임을 멈추고 그것으로부터 멀리 떨어진 곳에 놓인 눈(eye)이 측량할 수 있게 하여 그에게(즉 인간에게) 더 깊은 의미를 드러내는 이미지라면, 현실의 깊이를 드러내는 것은 예술이 아니라 오히려 고통 속에서 파악되는 것이 기독교 신앙에 있어서 사실이며, 이것은 멀리 떨어져 보는 행위에서 파악되는 것이 아니라 고통 속에서 파악되는 것이다. 인간에게 던져진 질문에 대한 답은 예술 작품에서 결코 객관화될 수 없으며, 항상 고통 그 자체를 견뎌내는 것에서 찾을 수 있다. 그러므로 아름다운 것은... 기독교 신앙에 관한 한 항상 이 세상 너머에 있는 어떤 것이다.[1]

불트만은 아름다움을 죄인들이 자신의 죽음으로 이어지는 고통을 피하기 위해 십자가를 회피하려는 수단으로 오해하여 십자가를 장미로 장식한다. 루터의 영향을 받은 신학자라면 자기만족과 자기 안위를 추구하는 죄인들을 짓밟는 하나님의 낯선 사역이 불가피하고 피할 수 없는 것임을 인정할 것이다. 불트만은 세례를 통해 그리스도와 연합한 죄인은 그리스도와 함께 죽는다는 진리에 대한 감각을 가지고 있다. 어떤 죄인은 자연이든 예술이든 사랑하는 사람이든 아름다움에 집착함으로써 그러한 죽음을 막고 죽음으로부터 자신을 방어하고자 할 수 있다. 사실, 그것은 자기 연속성을 유지하기 위해 사용되는 죄인의 회피 전략일 수 있다. 하지만 문제는 아름다움이 아니라 죄인에게 있다. 아름다움은 하나님이 만드신 것이다. 사소하게 여기거나 비웃을 대상이 아니다. 불트만에게 물어야 한다: 인간이 그리스도와 함께 부활하는 것, 그리스도와 함께 죽는 것의 반대면(flip side)은 무엇일까? 죽음으로부터 자신을 보호하기 위해 쌓아올린 방어막을 벗어던진 이들이 그리스도와 함께 죽음을 경험한 후 세상을 어떻게 새롭게 경험할 수 있을까? 그들은 세상을 다르게 경험할 수 있을까?

---

1 Bultmann, *Glauben und Verstehen: Gesammelte Aufsätze* (Tübingen: J. C. B. Mohr, 1975), 2:137, David Bentle Hart, *The Beauty of Infinity* (Grand Rapids: Eerdmans, 2003), 23에서 인용.

죽음과의 만남을 경험한 사람들은 매일매일 삶에 대한 감사가 새로워지는 것을 발견하는 경우가 드물지 않다, 인생의 경험을 진한 디저트처럼 음미하며 무방비 상태로 살아간다. 세례의 물속(롬 6장)에서 죽음 자체에 뛰어든 사람들에게 얼마나 더 큰 감사를 기대할 수 있을까? 죽음 앞에서 자신의 정체성을 확보하기 위해 세상의 것들을 (잘못)사용할 필요가 없다면, 그들은 똑같은 것들을 새롭고 다른 시각으로, 즉 청지기 정신이나 아름다움에 대한 순수한 기쁨을 불러일으키는 선물이나 물질로 볼 수 있지 않을까? 사실, 그들은 그러한 아름다움을 순수한 선물로 경험하고 그것에 대해 하나님께 영광을 돌릴 수 있을까?

불트만의 글을 고려할 때, 예술과 자연에서 마주치는 아름다움이 기만이나 착각에 지나지 않는지 묻는 것은 당연하다. 신앙 여부와 상관없이 사람들은 아름다움을 소중히 여기며, 그러한 아름다움은 결국 하나님께 영광을 돌리지 않는 사람들을 정죄한다. 그러나 불트만이 잘못한 부분은 무엇보다도 복음이 아름답다는 것을 인정하지 않는 데 있다. "기쁜 소식을 전하는 자, / 평화를 전하는 자, / 행복의 기쁜 소식을 전하는 자의 발이 산 위에 어찌 그리 아름다운지요."(사 52:7). 전도자의 발은 복음의 아름다움을 전하기 때문에 아름답다. 그 아름다움은 무엇으로 구성될까? 바로 자유의 기쁜 소식이다. 그것은 죄인들을 품어 주시는 하나님의 품이다: 즉 "낮은 자를 높이신"(눅 1:52 KJV) 하나님의 품이다. 미카 안틸라(Mikka Anttila)의 말처럼,

그리스도의 십자가 안에는 가장 가증스러운 추함 속에 지극한 아름다움이 숨겨져 있다. 그러나 하나님 안에는 추함이 없다. 십자가의 추함은 우리의 것이지만 아름다움은 하나님의 것이다. 하나님은 우리와 비교할 때만이 아니라 가장 아름답다. 그는 우리를 아름답게 만드실 때, 즉 우리

에게 자신의 아름다움을 주실 때 가장 아름답다는 것을 증명하신다. 이 것은 칭의 교리에 대한 미학적 변형이다.2

율법에 짓눌린 죄인들은 이 기쁜 소식을 충분히 받아들일 수 없다! 복음은 사역하는 사람들을 매혹하고 위로한다. 복음이 참으로 "구원을 위한 하나님의 능력"(롬 1:16)이라면, 그 능력(역동성)에는 아름다움의 요소가 포함되어 있지 않겠는가? 예수께서 자비를 베풀고 도움이 필요한 사람들을 해방시키는 데서 그 힘이 작용하는 것을 보지 않는가? 안틸라는 불트만보다 루터에게 훨씬 더 충실하다: "하나님의 가장 위대한 선물은 너무 명백해서 우리는 종종 그것에 대해 감사하는 것을 잊어버린다. 태양의 빛이 잠시라도 우리를 비추지 않는다면 어떻게 될까? 믿음은 인간의 마음을 열어 모든 것에서 하나님의 선하심을 보고 감사할 수 있게 한다. 따라서 믿음은 세상을 바라보는 심오한 미학적 (*deeply aesthetic*) 방식이다."3

불트만은 복음을 받는다는 것은 고통이 없는 것이 아니며, 자아가 죽고 그리스도와 함께 부활하는 것이라는 점을 지적한 것이 옳다. 그러나 그것은 단지 요점일 뿐이다. 부활의 생명이 있다. 십자가 신학의 이면은 부활의 신학이다.4

---

2 Antilla, "Music," in *Engaging Luther: A (New) Theological Assessment*, ed. Olli-Pekka Vainio (Eugene, OR: Cascade, 2010), 218.

3 Antilla, "Music," 219 (이탤릭체 추가).

4 James Nestingen이 십자가 신학에 관한 세미나 강의(루터신학교, 1984년 봄)에서 한 말이다. 그러나 우리는 십자가에 대한 설교나 십자가에 대한 믿음은 추상적으로 있을 수 없다고 주장한 칼 바르트(Karl Barth)를 경계해야 한다. 그런 이유로 십자가에 못 박히신 그리스도에 대한 모든 표현에는 심각한 반대가 있다. 부활절 아침 뒤로 돌아갈 수 없다. 그러한 회귀를 포함하거나 표현하는 한도 내에서, 십자가를 중심으로 하는 모든 신학이나 경건이나 운동이나 미학은 - 그것이 아무리 단호하게 진지할지라도 - 즉시 거부되어야 한다.(*Church Dogmatics*. Vol. 4/1. trans. Geoffrey Bromiley [Edinburgh: T&T Clark, 1956], 344). 부활하신 분이 자신의 상처를 지니지 않는 것은 아니다. 매일 계속되는 죽으심과 부활을 전하는 세례론에서 죄인들은 점

그렇다면 부활의 삶의 윤곽은 어떤 모습일까? 죄와 상처와 고통에 사로잡혀 자신의 삶을 단조 키로(*in a minor key*) 노래하는 많은 그리스도인들이 루터의 십자가 신학에 공감을 느끼고 자신의 삶의 경험을 설명할 수 있을 것이다. 그러나 "윤곽"에 대한 이야기는 율법과 복음을 적절히 구분하는 일부 사람들에게는 반감을 불러일으킬 수 있다: 그리스도 안에서의 새로운 삶의 윤곽에 대한 질문은 단순히 질서, 더 많은 율법에 대한 후퇴일까? 그것은 자유와 양립할 수 없는, 우리가 지켜야 할 일종의 표준과 같은 것이 아닌가? 그러나 이러한 질문은 하나님이 만드신다는 것을 고려하지 않는다. 그리고 그 새로운 창조는 실제로 삶과 세상에 영향을 미친다. 루터는 새 생명은 다름 아닌 "하나님의 형상"이라고 말한다.5 빌립보서 2장에 따라서, 루터는 이것이 삶에서 의미하는 바를 이렇게 설명한다. "그리스도인은 모든 행위에서 자유롭지만, 이 자유 속에서 자신을 비우고 종의 형체를 가져 사람의 모양을 취하고 사람의 모양으로 나타나서, 그리스도를 통해 하나님이 그를 다루셨고 지금도 다루시는 것처럼 이웃을 섬기고 돕고 모든 방법으로 다루어야 한다. 그는 신성한 승인만을 고려하여 자유롭게 해야 한다."6 성육신하신 그리스도(Christ)와 성육신한 그리스도인(Christian) 사이에는 유비(analogy)가 있다. 내면의 논리는 풍요의 논리이다. 하나님은 사람들에게 매우 관대하시기 때문에, 그리스도인들도 마찬가지로 관대할 수 있다. 죄인은 합당하지 않지만, 하나님은 "의와 구원의 모든 풍성한 것을 아무런 공로 없이... 순수하고 자유로운 자비"로 그들에게 주신다.7

점 더 그리스도의 죽음과 부활에 순응하게 된다. 바르트의 근본적인 오류는 율법과 복음이라는 두 가지가 아닌 하나님의 말씀 하나만 인정한다는 것이다.

5 *The Freedom of a Christian* (1520), in LW 31:366 (WA 7:65.27).

6 *The Freedom of a Christian*, in LW 31:366 (WA 7:65.32-36).

그리스도인은 자신의 정체성을 세상이나 율법, 고발자로부터가 아니라 그리스도로부터 받는다. 그러나 그 정체성은 그들로 하여금 방향을 바꾸고 재조정하여, 그리스도처럼 살도록 만든다. 그것은 그들의 전체 기질을 형성한다: "보라, 믿음으로부터 주 안에서 사랑과 기쁨이 흘러나오고, 사랑에서 이웃을 기꺼이 섬기며 감사나 배은망덕, 칭찬이나 비난, 이익이나 손실을 고려하지 않는 즐겁고 기꺼이 자유로운 마음이 흘러나온다."[8] 그러나 복음은 이웃에게 그리스도가 되게 할 뿐만 아니라, 세상을 선물로 창조함으로 열어주는 사람이 된다. 복음은 "세상으로의 회심, 피조물로의 전환"을 수반한다.[9] 루터의 말을 빌리자면, "하나님을 더 친밀하게 알면 알수록, 피조물을 더 많이 이해하고 그것에 애착을 갖게 된다."[10] 복음은 신자들을 "열려라"(Ephphata, 막 7:34)라는 말씀으로 열어주며, 창조세계 안에 있는 하나님의 선에 대한 감각을 깨워 그리스도 안에서 인간의 방어막이 죽었기 때문에 그리스도인의 삶을 규정할 필요가 없도록 해준다.[11] 믿음의 사람들은 새로운 눈과 열린 귀로 세상을 경험한다. 우리는 이생의 "저 너머"에서도 그 경이로움과 신비를 경험한다. 감각이 열린다는 것은 중생이 더 이상 그리스도 안에서 새로운 존재를 정의하지 않는다는 사실의 결과이다. 그것은 우리가 스스로 이룰 수 있는 중생의 기준이 아니라, 하나님의 말씀 안에서 안전과 안식을 찾는 마음이 감각에 미치는 영향이다.

---

[7] *The Freedom of a Christian*, in LW 31:367 (WA 7:65.37-38).

[8] *The Freedom of a Christian*, in LW 31:367 (WA 7:66.7-9).

[9] Oswald Bayer, *Martin Luther's Theology: A Contemporary Interpretation* (Grand Rapids: Eerdmans. 2008), 107.

[10] *Lectures on Genesis*, in LW 4:195 (WA 43:276. 18-20).

[11] Bayer, *Martin Luther's Theology*, 108. Bayer의 해석은 WA 46:494.15-495.21에 수록된 루터의 설교인 "Predigt am Sonntag nach Trinitas" (1538년 9월 8일)에 근거한 것이다.

그러한 새 생명은 많은 사람들에게 인생은 종종 단조로(in a minor) 살아간다
는 사실을 단지 대체하는 것만 아니다. 그러나 그것은 "말로 다 할 수 없는
깊은 탄식으로"(롬 8:26) 기도하도록 돕는 분은 종말론적 희망과 능력의 삼위
일체이신 성령이시기에 그 단조의 아름다움을 감상하는 데 도움이 된다.

　　부자와 가난한 자, 힘 있는 자와 힘없는 자 사이의 생태적 도전과 불평등,
경이로움과 신비에 대한 회의로 얼룩진 오늘날의 세상에서, 루터의 아름다움에
대한 견해는 시사하는 바가 크다. 이 마지막 장에서는 루터의 아름다움에 대한
관점이 오늘날 신학과 사역에 주는 생명력을 보여주기 위해 루터의 관점을
이끌어낼 것이다. 우리는 루터의 신학적 미학에 대한 연구 결과를 요약하고
그것이 구원적인 아름다움에 대한 낭만주의적 관점, 아름다움과 숭고함(종종
아름다움에 대한 위협으로 여겨지는)의 관계, 형식으로서의 아름다움에 대한
반복되는 질문, 아름다움이 설교에 미치는 영향과 같은 현대 미학적 관심사와
어떻게 관련되는지 보여줄 것이다.

▌ 결과들에 대한 요약

　　우선 지금까지의 연구 결과를 요약하는 것이 가치가 있을 것이다. 루터의
작업은 웅장하고 통일된 미에 대한 이론에는 미치지 못한다. 그러나 우리가
보았듯이 아름다움이라는 주제는 오직 믿음으로만 은혜로 말미암는 칭의가
교리와 영성에 미치는 영향에 대한 그의 평가에서 중요한 시점에 나타난다.
비록 아름다움이 그의 사역의 주된 소재는 아니지만, 중세 영성의 중요한 측면
을 반박했기 때문에 그의 작품 전체에 영향을 미친다. 중세의 영성은 인간의

구원을 이해하는 근거로 매력적인 것을 갈망하는 인간의 성향에 주목했다. 루터는 율법과 복음의 렌즈를 통해 신학을 평가하고 그 교리가 그의 모든 사고에 미치는 영향을 끌어내기 때문에 중세의 미에 대한 관점은 그의 신학에서 재구성된다. 하나님은 천하고 보잘것없고 매력적이지 않은 자를 사랑하시며, 그들의 마음을 하나님의 약속을 신뢰하도록 재조정하고, 욕망을 하나님 자신을 위해 하나님을 소중히 여기고 상대방의 안녕을 갈망하는 것으로 재정립한다. 그러므로 앞 장의 내용을 통해 얻은 결론은 다음과 같이 요약할 수 있다:

• 십자가 신학은 영광의 신학과 달리, 하나님이 십자가에 못 박힌 예수 그리스도와 비난하는 율법으로 인한 치욕과 같은 매력적이지 않은 수단을 통해 죄인에게 다가가신다는 것을 인정하며, 이는 죄인이 자신의 욕망을 충족하면 궁극적으로 하나님과 연합할 것이라는 추정을 좌절시킨다.

• 십자가 신학에 기초하여 우리는 완전성의 신학적 미학과 자유의 신학적 미학을 구분할 수 있다. 완전성의 미학은 율법을 성취하는 것을 지복직관적 비전(the beatific vision)에서 하나님과의 궁극적 연합의 소망을 이루는 방법으로 바라보는 반면, 자유의 미학은 신부가 신랑과 연합하듯 죄인에게 주어진 하나님의 은총을 받아 그리스도와 연합하는 것을 말한다. 이 세상을 하나님의 선하심이 깃든 장소로 인식하고 천국에 비해 부차적이거나 중요하지 않은 것으로 폄하하는 것을 거부한다. "미래의 삶에서" 하나님이 그의 피조물을 성취하게 하실 것임을 인정한다.

• 약속으로서의 그리스도는 본질적으로 매력적이어서 죄인들을 자신에게로 이끌고, 그리스도를 통해 하나님은 하나님의 아름다움으로 보여진다. "십자가의 추함은 우리의 것이지만 아름다움은 하나님의 것이다."[12]

• 하나님의 약속은 죄인들이 자신을 벗어나 하나님 안에서, 그리고 다른 사람들과 피조물을 그리스도로 여기고 그 아름다움을 소중히 여기며 살도록 열어준다.

• 사람이 지는 십자가, 단조로(in minor keys) 연주하거나 부르는 멜로디를 포함한 모든 삶이, 거룩하고 아름다운 이유는 그러한 십자가를 통해 하나님은 도공이 항아리를 빚듯, 신자들을 끊임없이 하나님이 가장 기뻐하시는 믿음의 사람으로 빚어 가신다는 점이다.

• 인간의 욕망은 가장 고조된 상태일지라도 다시 자리 잡았고, 인간의 삶은 더 이상 자기 성취가 주된 목적이 아니다. 그러나 그럼에도 불구하고, 이 약속은 실제로 하나님과 하나가 되고자 하는 인간의 갈망을 충족시켜 준다. 이것은 신자들의 정체성을 없애는 연합이 아니라 하나님이 그들을 위한 것일 뿐만 아니라 그리스도께서 그들 안에 계시다는 것을 확신시켜주는 연합이다. 지상의 피조물에게 천국이 주어지고, 따라서 피조물로서의 창조가 회복된다.

• 유한한 것들은 하나님의 무한한 은혜를 전달할 수 있다. 아름다움은 은혜와 유사하며 풍요롭다. 보화가 묻혀 있는 밭을 사기 위해 자기가 가진 모든 것을 팔 것이다(마 13:44).

• 그리스도 안에 거하는 그리스도인은 은혜로 하나님의 아름다움을 공유한다.

• 우상 숭배는 눈(또는 귀)이 아니라 마음속에 있는 것이 맞다. 귀는 올바른 믿음의 기관이지만, 하나님을 신뢰하는 그리스도인은 믿음의 눈이 결국 영생에서 하나님을 직접 대면하게 될 것이라는 사실을 믿을 수 있다.

---

12 Antilla, "Music," 218.

• 죄인이 그리스도로 옷을 입는 복음의 아름다움 외에도 우주를 닮은 창조의 아름다움이 있으며 비례와 선명함, 완전함이 특징이다. 죄로 인해 변형되었지만 은혜로 새 생명을 얻은 사람들은 이 아름다움을 보고 누릴 수 있다.

• 존재 유비(the analogy of being)는 너무 적게 말한다. 대요리문답에서, 어머니는 단순히 하나님의 부모적 보살핌에 비유되는 것이 아니라, 그 대신에, 바로 하나님께서 아기에게 젖을 주신다는 뜻이다. 아름다움은 선과 마찬가지로 유한한 피조물을 통해 주어진다: "곡식조차도 우리에게 '하나님 안에서 기뻐하고, 먹고, 마시고, 나를 사용하고, 나와 함께 이웃을 섬기라'고 말한다."13

• 아름다움은 영광의 신학적 맥락에서 시작되지 않는다. 왜냐하면 영광의 관점은 아름다움을 온전히 인식할 수 없게 만드는 이기주의를 조장하기 때문이다. 그 대신, 순례자(viatoes)로서 그들의 지위(status)를 잃은 사람들에게 위로뿐만 아니라 성취감을 선물로 주는 십자가 신학에서 아름다움은 열린다. 십자가 신학자는 아름다움을 선물로 받기 때문에 아름다움을 예찬할 수 있으며, 이 선물은 그들을 밖에서 안으로 변화시키고 새롭게 하며 감사와 섬김으로 이끈다. 십자가 신학자들의 순례는 섬김의 순례이다.

• 음악은 인간이 즐길 수 있는 순수한 즐거움이며, 그리스도는 기독교인을 식별하고 힘을 실어주는 정선율(cantus firmus), 즉 명확하고 인식할 수 있는 멜로디이다.

• 이미지(images)는 예배에 반드시 필요한 것은 아니지만, 하나님의 성육신하신 은혜를 보여주는 교구이자 가시적인 지표로서 가치가 있다.

---

13 Bayer, *Martin Luther's Theology*, 109. 참고는 WA 46:494.15-17에 있는 루터의 ephphatha에 대한 설교이다.

분명히 루터에게서 잘 정제된 신학적 미학 이론을 찾는 사람들은 실망할 것이다. 종교개혁자의 미학 연구는 기독교 교리에 대한 그의 주요 작업에서 파생된 경향이 있다. 그러나 루터가 모든 시대와 장소에 적용 가능한 단일 원칙 또는 일련의 원칙에 의해 지지되는 포괄적인 미학을 제시하지 못했다는 사실은 실제로 "아름다움"이라는 단어에 대한 데이비드 벤틀리 하트(David Bentley Hart)의 주장에 부합한다.

> 아무것도 나타내지 않는다(indicates nothing): 정확히 어떤 특성이나 속성, 기능, 심지어 대상이나 사건에 대한 주관적인 반응도 아니며, 미적 경험에 대한 어떤 현상학적 구매를 제공하지 않는다. 하지만 그 어떤 것도 그토록 놀라운 힘과 즉각적인 느낌으로 우리의 주의를 끌지는 못한다. 아름다움은 사물의 질서 속에, 똑같이 무례하게 묘사와 부정(denial)을 정의하는 방식으로 반복해서 주어진다.[14]

이해의 부족에도 불구하고, 루터의 아름다움에 대한 생각의 실타래(threads)에는 우리가 그 질감을 느끼고 볼 수 있는 충분한 가족 유사성(family rsemblances)이 있다.

┃ 그리스도의 아름다움, 재조명

---

[14] Hart, *Beauty of Infinit*, 16.

루터의 영향을 받은 아름다움에 대한 현대적 관점을 탐구하면서, 그리스도는 어떻게 아름다운지, 인간은 어떻게 아름다운지, 하나님은 어떻게 아름다운지를 설명함으로써, 우리는 위의 결론을 확장할 수 있다. 먼저, 그리스도의 아름다움에 대해 자세히 설명하기 위해, "본디오 빌라도(Pontius Pilate) 시대 이전의 유대 총독이 편지에 쓴 것으로 추정되는" 그리스도의 특징에 대한 설명이 담긴 "13세기 또는 14세기에 라틴어로 번역된 그리스어 사본"을 바탕으로, 일부 중세 사람들이 그리스도의 신체적 특성에 대한 목격자 보고서를 가지고 있다고 믿었다는 사실을 알게 되면 흥미로울 것이다.[15] 그것은 이렇게 적혀 있다:

> 　　평균 또는 보통 키의 남자로 매우 뚜렷한 인물이다. 그는 인상적인 외모를 가지고 있어서 그를 바라보는 사람들은 그를 사랑하고 두려워한다. 그의 머리카락은 잘 익은 헤이즐-넛(hazel-nut) 색이다. 그것은 거의 귀 높이까지 똑바로 떨어지고; 거기에서 아래로 두껍게 말리고 오히려 더 무성하며 어깨까지 아래로 매달려 있다. 그의 앞머리는 두 갈래로 나뉘며 중앙의 가르마는 나사렛 방식으로 나뉜다. 그의 이마는 넓고 매끄럽고 평온하며, 얼굴에는 주름이나 자국이 없다. 약간 붉은 빛이 도는 희미한 색으로 우아하다. 그의 코와 입은 흠이 없다. 턱수염은 젊은 남자의 첫 수염처럼 두껍고 머리카락과 같은 색이며 특별히 길지 않고 가운데가 나뉘어져 있다. 그의 용모는 간결하고 성숙하다. 그의 눈은 빛나고 표정이 풍부하고 맑고 훌륭하다. 꾸짖을 때는 끔찍하고, 훈계할 때는

---

15 Richard Viladesau, *The Beauty of the Cross: The Passion of Christ in Theology and the Arts, from the Catacombs to the Eve of the Renaissance* (Oxford: Oxford University Press, 2008), 57.

조용하고 친절하다. 그는 움직임이 빠르지만 항상 품위를 유지한다. 아무도 그가 웃는 것을 본 적이 없지만 우는 것을 본 적이 있다. 그는 가슴이 넓고 꼿꼿하며 손과 팔은 품위가 있다. 말투는 정중하고 말을 아끼며 겸손하다. 그는 인간의 자녀들 중에서 가장 아름답다.[16]

이 설명이 아퀴나스가 제시한 비례, 색채, 완전성의 기준과 어떻게 비교되는지 살펴볼 필요는 없다. 이 이미지는 이러한 기준에 비추어 예수님에 대한 관점을 강화하여 우리를 그분의 삶으로 끌어들이고, 그분을 더 닮고 싶게 만들고, 그분을 더 닮기 위해 변화될 수 있는 습관을 다시 강요하고, 궁극적으로 은혜가 스스로 완전해지려는 자연, 즉 우리가 비판해온 완전의 아름다움을 완성하는 분으로 바라보도록 만들기 위해 만들어졌다.

그러나 루터에게 위의 설명에 잠재된 경건(이상하게도 현대의 크리스천 록밴드나 솔로 "아티스트"에게 듣는 "찬양 노래"의 가사와 크게 다르지 않다)은 루터가 문제를 발견하고 "영광의 신학"이라고 명명하게 된 바로 그 부분이다. 옛 아담과 이브는 그리스도의 아름다움을 분별하고 온 마음을 다해 그분을 따르도록 헌신적으로 이끌 것이라고 확신했을 것이다. 그리고 그들은 그러한 헌신에 수반되는 하늘의 상급을 간절히 바랐을 것이다. 그러나 루터가 바라보는 것은 그리스도의 잘생긴 모습이 아니다. 그 대신 (복음서가 긴 도입과 함께 "수난 이야기"인 경향이 있기 때문에),[17] 피할 수 없는 것은 인간의 거부, 구타, 경멸로 인해 변형된 예수님이다. (우리가 믿음으로 아름다움으로 인정하는)

---

16 Viladesau, *The Beauty of the Cross*, 57-58.

17 Martin Kähler, *The So-Called Historical Jesus and the Historical, Biblical Christ*, trans. Carl Bratten (Philadelphia: Fortress, 1964), 80, 특히 마가복음을 언급한다.

하나님은 그리스도 안에서만 "정반대의 표징", 즉 "사람들에게 멸시와 거부를 당하고 / 슬픔을 당하고 슬픔에 익숙한 사람"(사 53:3)으로 오셨다. 그리스도의 아름다움에는 고상하거나 예쁘거나 사랑스러운 것이 없다. 사랑은 이웃에 대한 인간의 폭력과 창조주에 대한 반역을 포함하여 "모든 것을 참으며, 모든 것을 믿으며, 모든 것을 바라며, 모든 것을 견디는"(고전 13:7) 것이기 때문이다. 이러한 아름다움은 회복력이 강하고 인내하며, 심지어 그것을 방해하거나 무너 뜨리려는 모든 것에 맞서서 승리하기도 한다.

따라서 인간이 스스로 주장할 수 있는 것은 인간의 욕망과 하나님 사이의 연속성이 아니라, 적어도 십자가 앞에서 인정해야 하는 죄의 죄책감과 수치심 이다. 십자가는 참으로 인간의 아름다움에 대한 개념을 산산조각 낸다. 스티븐 폴슨(Steven Paulson)이 말했듯이, 그것은 아름다움에 대한 "공격"과 다름 아니다.[18] 그러나 반대로, 많은 포스트모던 사상가들이 특히 아름다움을 환상 으로, 선함을 힘으로 포장하는 그들의 주장에 자만하기 때문에, 비난하는 율법 은 아름다움에 대한 포스트모던의 공격에 대한 공격이기도 하다. 포스트모던 이론가들은 부당한 권력을 유지하는 이데올로기를 해체하기 위해 "아름다움" 을 "충격"으로 대체하는 경향이 있다.[19] 목표로서 고귀하고 설득력 있고 가치 있지만, 포스트모던 예술은 복수심을 품은 도덕주의적인 경향이 있다. 반면, 글을 읽지 못하는 대다수 세계의 시골 마을 주민들도 장식 공예, 민속 음악, 춤의 중요성을 잘 알고 있는데, 이는 이러한 것들이 경제적 어려움에 처해 있고, 존엄성이 가려질 수 있는 사람들을 감동시키고, 힘을 주고, 활력을 주고,

---

[18] Paulson, *Lutheran Theology* (London: Th&T Clark. 2011), 1.

[19] Gene Edward Veith, *State of the Arts: From Bezalel to Maplesthorpe* (Wheaton: Crossway, 1991), 20-21.

단절시킬 수 있기 때문이다. 하지만 포스트모던과 현대 예술을 도덕주의로 축소해서는 안 된다. 연약함, 부조리, 추상화, 부조화, 비인격성, 키치(역주; 천박하고 감상적인 대중문화의 생산물)뿐만 아니라 부드러움과 연민에 대하여 기꺼이 참여하려는 포스트모던 예술은 루터교적 렌즈를 통해 두 가지 모두를 위해 숨어 계신 하나님(*deus absconditus*)과의 만남으로 읽을 수 있다. 이와 같은 예술가들과 후원자들의 만남은 그들의 취약성과 고통, 불의를 받아들이거나 가담할 수 있는 능력을 불안정하게 만들고 자각하게 만든다. 인간의 유한성과 취약성에 대한 포스트모던적 표현은 숨겨진 하나님을 나타낼 뿐만 아니라, 하나님의 아들이 성육신하신 자연과 사회 영역의 연약함과 죄로 인한 훼손을 보여준다. 현대 미술이 따뜻함과 부드러움을 표현하는 한, 예술가나 후원자가 그것을 인식하든 인식하지 못하든 물리적 수단을 통해 하나님의 자비를 증거할 수 있다.[20]

특히, 루터의 맥락에서 십자가는 주제넘은 죄인들이 예수님을 희게 만들고자 하는 비례, 명료성, 진실성의 기준을 깨뜨리는 상징이다. 그러나 그리스도 예수는 "우리를 위한, 그리고 우리의 구원을 위한" 사역이라는 점에서 진정으로 아름답다. 그분은 인간의 죄와 죽음, 하나님의 진노와 마귀의 조롱을 짊어지시고 이를 무효화하여 "그리스도 예수 안에 있는 자에게는 결코 정죄함이 없도록"(롬 8:1) 하셨다. 하나님은 해방하시는 하나님이시며, 그러한 해방은 아름답다. 죄인들은 그 해방에 만족하지 못하고 그 안에서 기뻐하며 춤을 춘다. 기다리는 아버지(눅 15장), 간음한 여인을 보호하는 예수님(요 8장), 마른 뼈가

---

20 현대미술의 가치에 대한 이 논의는 Daniel A. Siedell(2016년 10월 1일)과의 이메일 교신에서 많은 도움을 받았다. 포스트모던 예술에 대한 신학적 해석을 제공하는 루터교 신학자는 Klaus Schwarzwäller, *Cross and Resurrection: God's Wonder and Mystery*, trans. Ken Jones and Mark Mattes (Minneapolis: Fortress, 2012).

살아나는 모습(겔 37장), 군사적 위협에서 해방된 미리암의 승리의 춤(출 15장)은 하나님께 대한 감사뿐만 아니라 더 많은 약속에 대한 갈망을 불러일으키는 아름다운 모습이다. 감사하게도 종교개혁자는 다음과 같이 응답한다. "매일 이 기독교 교회에서 성령께서 나와 모든 신자들의 모든 죄를 풍성하게 용서해 주신다."[21]

▍ 창조적 아름다움, 재조명

하나님 앞에서(*coram deo*) 피조물의 아름다움은 영원한 형태에 참여하는 것이 아니라 예수 그리스도의 삶과 죽음, 부활에 참여하는 것이다. 여기서 우리는 제레미 베비(Jeremy Bebie)와 함께 "창조의 아름다움은 감각적인 것 너머, 물질적인 특수성 뒤나 표면 아래, 우리가 여행해야 하는 곳에 존재하는 어떤 것이 아니라고 단언할 수 있다. 창조의 아름다움은 바로 창조의 그 아름다움이다."[22] 분명히 이 말은 만물의 핵심인 매혹적인 우주에 대한 경이로움과 신비를 폄하하기 위해 쓴 것이 아니다. 그 대신에, 이 창조된 질서를 초월하는 영역에서는 하나님을 발견할 수 없다는 것을 반복적으로 강조하기 위한 것이다. 실제로, 하나님은 이 질서 속에서-비록 숨겨져 있지만(albeit *hidden*)-접근하실 수 있다. 하나님이 만드신 창조물은 참으로 아름답다. 중세의 전통적인 아름다움의 기준인 완전성(완벽함), 비례, 선명도 또는 빛은 하나님의 창조물이

21 The Small Catechism in BC 356 (BSELK 872:20).

22 William A Dyrnees, *Poetic Theology: God and The Poetics of Everyday Life* (Grand Rapids: Berdmans. 2011), 22.에서 인용.

이러한 기준을 뛰어넘기 때문에 너무 적은 것을 말한다. 그러나 이러한 기준은 다음과 같은 이유로 어느 정도 타당성이 있다. 우리는 하나님의 작품이 그것들을 뛰어넘는다는 것을 알 수 있다. 사려 깊은 사람들이 그 아름다움의 정도나 깊이 또는 부족함에 대해 동의하지 않을 수 있는 것은 피조물이 하나님이 만드신 형태를 가지고 있기 때문이다. 더 중요한 것은 하나님께서 예수 그리스도 안에서 시작하신 새로운 피조물은 원래의 것보다 훨씬 더 아름답다는 것을 유추할 수 있다. 죄로 인해 피조물의 능력과 미덕은 약해졌다. 그러므로 우리가 이 세상에서도 그들의 웅장함을 볼 때, 타락 이전의 에덴에서 그들의 능력이 얼마나 더 컸으며, 하나님이 일하시는 새 창조물에서는 얼마나 더 컸을까?

율법이 비난하는 것만큼 아름다운 것도 없고, 하나님의 감추어진 모습이 두려운 것도 없다. 사람이 그것을 겪는 동안, 하나님의 낯선 사역은 결코 아름답지 않다. 그러나 소급하여(ex post facto), 신자들은 그들의 손에서 권력이나 통제권을 빼앗고, 그들을 괴롭히거나 공포에 떨게 하고, 마침내 그리스도께로 인도한 그 모든 것들이 바로 하나님께서 우리를 믿음으로 인도하는 도구 또는 연장(tools)이라는 것을 긍정할 수 있다(롬 8:28). 그렇게 함으로써, 하나님은 우리를 하나님 안에 중심을 둔 피조물로 빚으시고, 장기적으로는 우리의 감각을 열어 하나님이 우주의 구조에 세우신 경이로움에 기뻐하게 하신다. 고(故) 에드나 홍(Edna Hong)보다 이 "하향 상승"을 더 잘 묘사한 사람은 거의 없다:

성령의 손가락은 신약성경의 모든 페이지에서 그리스도 안에서 완전해지고, 성도가 되고, 새로워지라는 부르심을 추적해 왔다. 그것은 십자가의 피로 기록되어 있다. 그 부르심을 피할 수는 없다! 그러나 하나님께 감사드리는 것은 성도의 친교는 인간의 완전성에 기초한 것이 아니라 결함과 불완전함을 전제로 하기 때문이다. 우리 하나님이 신성한 실패의 인류에 참여하기로 선택하셨으며, 우리 구주께서는 불완전한 인간으로서 겪는 고통과 형벌, 벌칙을 우리와 함께 나누기로 선택하셨다. 그리고 하나님의 개혁의 비밀 요원(secret agent)은 우리 불완전한 피조물이 그리스도 안에서 새로운 피조물이 되라는 끔찍한 부르심에 응답하도록 돕기로 선택하셨다. 그것은 끔찍한 부르심이며 길고 긴 고통스러운 여정이다. 성령께서 세우시기 전에 허물어야 할 것이 너무 많기 때문이다. 무너뜨려야 할 가짜 소품이 너무 많다. 그리고 그 고통스러운 여정의 끝은 완벽이 아니라 완전한 겸손이다. 자책과 자기혐오가 아니라 겸손하고 통회하는 마음이다.[23]

그러나 하나님 보시기에 그러한 겸손과 통회는 선할 뿐만 아니라 아름답다; 그것은 인간이 하나님의 일방적인 관대함과 자비를 받아들이는 곳이다. 예수 그리스도 안에서 주신 하나님의 약속을 전적으로 신뢰하며 믿음으로 행하는 남성과 여성은 새로운 창조의 핵심이며, 그들의 마음은 그들의 본성인 피조물과 일치한다. 이러한 남성과 여성은 머리와 마음, 지성과 감정, 책임과 우연이 지상의 순례라는 내러티브에 통합되어 있음을 발견하며, 플라톤과 달리, 인간 너머의 인간의 "신성한" 측면을 선호하지 않고 각자가 그 자리를 차지할 수 있도록 허용한다.

그럼에도 불구하고, 신자들은 자신의 삶이 "하나님 안에서 그리스도와 함께

---

[23] Hong, *The Downward Ascent* (Minneapolis: Augsburg, 1979), 50-51.

숨겨져 있다"(골 3:3)는 것을 알고 있으며, 은혜 안에서 자신의 진보를 측정할 경험적 기준이 없으므로 자기 의가 다시 강화된다는 것을 알고 있다. 루터는 그리스도인의 삶에는 일종의 진보가 있다고 확신했다("진보한다는 것은 항상 새롭게 시작하는 문제이다").24 우리가 하나님을 더 많이 얻는 것이 아니라 하나님이 우리를 더 많이 얻는다고 말할 수 있다. 그리스도를 신뢰하면서 우리는 그리스도와 그분의 용서와 사랑이 우리에게 얼마나 필요한지 매일매일 점점 더 많이 발견한다. 따라서 이 세상에서 성취되는 사랑의 진전이나 성장은 경험적 관찰(마치 더 오래 기도하는 것처럼, 매일 더 거룩하게 바뀌었다)이 아닌 믿음의 문제이다. 믿음은 여전히 마음의 문제이다. 실제로 믿음은 생명과 건강, 구원에 대한 모든 영광을 하나님께 돌리기 때문에 아름답다. 그렇게 인정할 때, 인간의 진리는 전적으로 하나님께 의존한다는 것이기 때문에 인간에게 잃는 것은 아무것도 없다. 인간은 그 사실을 인정하고 사랑과 자비로 말씀을 통해 무에서 유를 창조하신 분이 하나님이라는 사실을 인정하고 하나님께 감사를 표할 때 가장 현실과 조화를 이룬다.

이 모든 것이 예술에 어떤 영향을 미쳤는지 살펴볼 필요가 있다. 흔히 종교개혁이 예술의 "세속화"를 가져왔다고 주장한다.25 그러나 앞서 언급했듯이, 자연과의 단절은 루터의 신학 때문이 아니라 성경적 세계관이 이원론적이며 자기 칭의로서의 인간의 자유에 위협이 되는 것으로 인식되었기 때문에 초기 근대성이 성경적 세계관의 족쇄에서 벗어나려는 시도의 결과이다. 그러나 루터의 신학은 비세속성에 대한 기준으로 플라톤적 입장을 선호하는 그러한 기준에 의해서도 세속주의를 지지하지 않는다. 예를 들어, 앵거스 메누게(Angus

---

24 *Lectures on Romans*, in LW 25:478 (WA 56:486.7).
25 Veith, *State of the Arts*, 59.

Menuge)는 루터의 친구이자 비텐베르크 시장이었던 루카스 크라나흐(Lucas Cranach, 1472-1553)가 그의 주제를 "상징, 삽화 또는 모든 것을 초월하는 더 깊고 높은 실체의 발산"으로 그렸다고 지적한다.26 그러므로, 루터를 따라 그의 작품은 세속적인 매혹을 존중한다고 말한다. 그러나 동시에, 크라나흐는 "피조물을 통해서 피조물로" 보통의 사건 속에서 하나님의 사역을 긍정한다. 예를 들어, 엄마가 아기에게 젖을 먹일 때와 같이 일상적인 삶 속에서 특히 가족생활에 대한 긍정의 표현이다. 메누게는 추가적으로 다음과 같이 적고 있다:

> 그것은 교회와 사회 모두를 위한 기본 구성 요소로서 가정을 세우고, 평범한 삶의 소명을 고상하게 하며, 복음에 대한 우리의 필요성을 드러 냄으로써 교회를 지탱한다. 여기에는 나르시시즘적 자기애와 냉소적 비 하, 모든 경계를 넘나드는 현대 예술의 승리주의도 허무주의도 찾아볼 수 없다. 정직한 자기표현이 반드시 "진정성"이 있고 가치 있다는 생각 은 장님이 장님을 인도하는 죄악된 자기기만일 수 있기 때문에 거부된 다. 블레즈 파스칼(Blaise Pascal, 1623~62)처럼 루터교 예술가는 인간 을 현대와 포스트모던이 이해할 수 있는 것보다 훨씬 더 비참하면서도 훨씬 더 위대한 존재로 드러낸다.27

---

26 Menuge, "The Cultural and Aesthetic Impact of Lutheranism," in *Where Christ Is Present: A Theology for All Seasons one the 500th Anniversary of the Reformation*, ed. John Warwick Montgomery and Gene Edward Veith (Corona, CA: NRP Books. 2015), 215.

27 Menuge, "The Cultural and Aesthetic Impact of Lutheranism," 219.

▎아름다운 하나님, 재조명

하나님이 아름답다는 것은 오직 종말에서만(only in the eschaton) 그 충만함이 드러날 것이다. 현재 인간은 교만하고 자만심에 빠진 죄인을 뿌리 뽑는 하나님의 낯선 사역에서 먼저 하나님을 만나고, 그 다음에는 그들을 위로하고 안위하는 하나님의 적절한 사역을 받아 그들을 믿음의 남성과 여성으로 다시 만들 수 있다. 이것이 바로 죄인들이 약속을 집행하는 하나님의 적절한 사역을 그토록 기뻐하는 이유이다. 모든 것이 완성되면, 적어도 신자들에게는 하나님의 낯선 사역이 더 이상 필요하지 않게 될 것이며, 신자들은 타락하기 전의 아담이 하나님 안에 "취해(drunk)" 자신 밖에서 하나님과 이웃 안에서 이 아름다운 정원, 이 좋은 땅의 정원사로 살았던 것과 다르지 않게 하나님의 아름다움과 사랑을 자유롭게 즐기고 누리고 살게 될 것이다.

하나님의 종말론적 아름다움은 루터의 찬송가 "하나이고 모두인, 그리스도인 여러분(Dear Christians, One and All)"에 나타난 삼위일체 교리에 충분히 표현되어 있다.[28] 하나님은 자신의 가장 소중하고 아름다운 보물인 "사랑하는 아들"을 죄인들을 위해 "선"을 위해 고난을 받으시고 흘리신 "귀한 피"를 통해 인류를 대속해 주셨다.

> 하나님은 사랑하는 아들에게 말씀하셨다:
> 연민을 가져야 할 때이다.
> 그런 다음 가라, 내 왕관의 밝은 보석아,

---

[28] LBW, no. 299.

그리고 모든 구원을 가져 오라;

죄와 슬픔에서 그들을 자유롭게 하고;

그러한 그들을 위해 쓰라린 죽음을 죽여

주님과 영원히 살게 하소서.

여기서 아들이 "밝은 보석"으로 묘사될 때 아름다움이 확증된다. 그리고 이 구속 사역에는 전체 삼위일체가 관여하신다. 성부께서 시작하시고 성자께서 성취하시며 신자들을 위로하고 지혜를 주시기 위해 신자들에게 주신 성령께서 주관하신다:

이제 나는 아버지께로 떠납니다,

땅에서 하늘의 보내심으로,

그리고 하늘의 지혜를 나누어주기 위해,

성령을 보내주시므로;

곤경에 처했을 때 그분은 당신을 위로할 것입니다.

그리고 항상 진리를 가르치고

그리고 당신을 진리 안으로 인도하리라

이처럼 삼위일체의 세 위격은 모두 아름다움으로서 하나님의 선하심과 함께 하나님의 아름다움을 세상에 전하기 위해 함께 일하신다.

▌아름다움에 대한 현대적 관점과 대조되는 루터

새로운 피조물과 마찬가지로 옛 아담과 이브도 놀랍게도 믿음을 가진 사람이었다. 차이점은 그들은 자신의 형상인 우상을 믿는 반면, 새로운 피조물은 하나님을 믿는다는 점이다. 마찬가지로 옛 아담과 이브도 욕망을 가진 사람이지만 궁극적으로 그들이 원하는 것은 자신의 안전, 자신의 연속성, 자신의 완전성이다. 이러한 욕망은 우상 숭배와 마찬가지로 "소멸"되거나 죽임을 당해야 한다. 다시 말해서, 새로운 창조는 하나님 안에 있는 욕망을 재정립하고, 약속을 통해 사람들을 하나님의 선하심으로 채움으로써 갈망을 충족시킨다. 욕망에 대한 현대의 관점은 중세의 관점 못지않게 인간이 성취를 이룰 수 있는 방법으로 완벽을 향해(toward perfection) 인간을 압박한다. 현대 세계는 루터의 코람 데오(*coram deo*) 범주를 괄호로 묶고 인간을 순전히 세속적이고 비종교적인 공간에 위치시키려 하지만, 그것은 중세 세계 못지않게 법에 근거한 세계이다. 고대인과 중세인에게 욕망은 영원한 것에 대한 관심과 움직임을 촉발시켰다. 현대 세계의 예술은 개인에게 그다지 구원적이지 않은 것으로 인식되는 아름다움을 가리킨다. 존 밀뱅크(John Milbank)는 낭만주의 시대에 발전한 세속적 구원에 대한 찰스 테일러(Charles Taylor)의 해석에 호소하면서 개인의 진정한 정체성은 자기 창의성에서 발견되거나 이를 통해 표현될 수 있다고 주장한다. 그는 다음과 같이 지적한다.

> 이것의[구원으로서의 자기 창조성] 기초는... 종교개혁에서 비롯된 일상생활의 긍정에 있으며, 그것은 세계에 대한 탐험과 심지어 낭만주의에서도 창조적 옵션의 확장을 장려하는 데 많은 역할을 했다. 다양한 문화적, 역사적 이유로 종교적 배경은 더 이상 가정되지 않았지만, 인간에게

단순한 인간적 번영을 넘어 성취감을 가져다줄 수 있는 자신 밖의 무언가를 예술에서 발견하고 포착할 수 있다는 실질적인 윤리적 관념은 살아남았다. 이것이 예술과 미적 실천에 부여하는 새롭고 확대된 위치를 주목하지 않을 수 없다. 이 작가들은 "아름다움은 우리를 구원하고 우리를 완성하는 것"이라고 믿었다. 낭만주의의 개인적 창의성에 대한 탐구와 우리가 추적해 온 미학적 전환 사이의 연관성을 찾는 것은 어렵지 않다. 낭만주의자들은 (미적)실천과 사물이 인간을 더 높고 충만한 삶으로 이끌어 줄 수 있다고 생각했다.29

밀뱅크(Milbank)는 테일러(Taylor)를 따라, 이러한 경향을 종교개혁이 일상과 가정 생활을 중시한 의도치 않은 결과라고 보지만, 종교개혁에 충실하다고 보기는 어렵다. 오히려 종교개혁으로부터 분리되거나 거리를 두거나 심지어 종교개혁에 대한 반역이라고 볼 수 있다. 종교개혁은 세속 영역을 종교적으로 공허하고 중립적이거나 "벌거벗은" 공적 영역이라는 의미에서 세속적인 것이 아니라 하나님의 섭리적 기관의 복음 이외의 또 다른 지점(locus)으로 존중했다. 위에서 설명한 경향은 비록 세속적인 방식이기는 하지만 완전성의 미학으로 드러날 수 있는데, 여기서 하나님은 더 이상 객관적인 완전성의 기준이 아니라 자기실현적 자아의 성취 여부를 나타내는 개인 자신의 내적 나침반으로 작용한다. 루터에게 이 역시 하나님의 용서와 약속이 삶에 의미와 온전함을 가져다주기에 충분하다는 진리에 부합하지 않으므로 "소멸"되어야 할 부자연

---

29 Milbank, "Beauty and the Soul," in *Theological Perspectives on God and Beauty,* by John Milbank, Graham Ward, and Edith Wyschogrod (Harrisburg. PA: Trinity Press International, 2003), 19.

스러운 욕망이다.

▌ 숭고함

현대 세계, 특히 포스트모던 세계는 아름다운 것과 숭고한 것을 대립시켜 왔으며, 대개 아름다운 것의 가치를 희생시켜 왔다.[30] 보통 이 둘은 이런 식으로 구별된다. 아름다운 것은 작고 매끄럽고 선명한 것으로 간주되는 반면 숭고한 것은 헤아릴 수 없을 정도로 광대하고 어둡고 우울하며 투박한 것으로 간주된다. 스티븐 존 라이트(Stephen John Wright)는 이 둘에 대한 에드먼드 버크(Edmund Burke)의 정의를 다음과 같이 제시한다:

> 낭만주의가 등장하기 전에 글을 쓴 버크는 낭만주의자들에게 아름다움과 숭고함을 대립되는 개념으로 설정했다. 이 시기 이전에 숭고함이란 주로 형성된 아름다움에 대한 강렬한 경험을 의미했다. 버크는 아름다움은 비례와 적합성이 아니라 작음, 부드러움, 점진적인 변화, 섬세함이 특징이라고 주장했다. 또한 그는 아름다움을 여성적인 성격을 띤다고 생각했으며, 아름다움의 부드럽고 섬세한 "여성성"과는 대조적으로 숭고함의 강력하고 위대한 공포를 아름다움에 위치시켰다.... 버크(Burke)에게 아름다움은 쾌락의 각성과 동일시되고, 숭고함은 고통의 경험과

---

30 숭고 개념의 기원이 된 1세기 사상가 롱기누스에게 숭고는 아름다움과 대립하는 경향이 있었던 18세기 사상가들과는 달리 아름다움과 연속선상에 놓여 있었다. Longinus, "On the Sublime," in *Critical Theory since Plato*, ed. Hazard Adams (San Diego: Harcourt, 1971), 76-102.

동일시된다. 또한 아름다움은 선명함을 특징으로 하는 반면, 숭고는 압
도적이고 상상할 수 없는 것이다.[31]

의심할 여지가 없이 일부 사람들이 아름다움을 신학에 적합한 주제로 사소하
게 여기는 것은 버크가 아름다움을 "여성적인 것"으로 구성한 것을 삼켜버리
고, 그래서 관심을 끄는 어떤 미끼(bite)나 위협이 부족하다고 추측하기 때문이
다. 이 연구에서 볼 수 있듯이 아름다움으로 성별을 구분하는 것은 공정하지
않다. 아름다움에는 위안과 위로를 주는 부드러움이 있다는 것은 의심할 여지
가 없다. 그러나 자신을 십자가로 이끄신 그리스도의 신실함에서 볼 수 있듯이
아름다움에는 참으로 끈질기고 강인하며 강력한 힘이 있다.

숭고함의 개념은 포스트모던적 사고에 강력한 영향을 미쳤기 때문에 이 주제
에 대한 성찰이 필요하다. 루터와 관련하여 숭고함을 하나님의 숨어계심
(God's hiddenness)에 대한 그의 견해로 해석하고 싶은 유혹이 있다. 그러나
그러한 움직임은 서둘러서는 안 된다. 칸트에게 숭고란 당연히 신학적으로가
아니라 인간학적으로, 극복할 수 없는 위협에 직면하여 자신의 결연한 힘과
파괴할 수 없는 연속성을 확인하려는 인간의 욕망, 즉 인간은 그것 앞에 서서
그것에 매혹될 수 있지만 그것에 의해 파괴되지는 않는 것으로 구성된다. 버크
와 칸트가 제시한 "숭고한 것"은 다음과 같다. 통제할 수 없는 자연의 힘이나
칸트의 경우 전쟁과 같은 행동에[32] 의해 위협받고 잠재적으로 압도당하는 인간
은 그 위험에서 벗어나 그 안에서 나타나는 파악할 수 없는 힘과 황홀한 에너지

---

[31] Wright, *Dogmatic Aesthetics: A Theology of Beauty in Dialogue with Robert W. Jensen* (Minneapolis: Fortress, 2014), 32.

[32] Kant, *Critique of Judgement*, trans. J. H. Bernard (New York: Hafner, 1951), 102.

를 관조할 수 있다는 인간의 자율성을 되풀이 하여 말한다. 하지만 그렇다고 해서 루터의 숨어계신 하나님(*deus absconditus*)에 도전하려는 모든 사람의 권한을 박탈하는 것은 아니다. 아름다움과 숭고함을 연관 짓는 신플라톤주의적 방식은 데이비드 벤틀리 하트가 지적한 것처럼 숭고함을 아름다움과 양립 가능한 것으로 해석하려고 하는 것이다.[33] 스티븐 존 라이트는 버크 이전에 숭고란 "주로 형성된 아름다움에 대한 강렬한 경험을 의미했다"고 지적한다.[34] 그러나 만약 숭고함을 진정으로 인류를 위협하는 것으로 받아들이면, 인류가 궁극적으로 견뎌낼 수 있는 거대한 시험에 대한 반대로,[35] 그것은 신이 피조물을 통해 다른 피조물에게 말씀하시는 섭리로서의 신이 아니라 태풍, 지진, 화산 폭발 또는 쓰나미에서 볼 수 있는 것처럼 인간의 안전에 위협이 되는 신의 숨겨진 모습의 한 표현으로 정당하게 간주될 수 있다. 이는 숭고함이 현실에 대한 인간의 접근성을 강화하기 때문이 아니라, 인간이 위엄을 지닌 신의 현실을 견딜 수 없기 때문이다. (인간이 견디고 관조할 수 있다는 환상이 아니라 반대로 진정으로 인간의 죽음으로 이해되는) 숭고에 대한 유일한 대답은 약속(*promissio*)이다. 숨어계시는 하나님에 대한 유일한 대답은 계시된 하나님이다. 하나님의 낯선 사역에 대한 유일한 대답은 하나님의 본래의 사역이다. 그러므로 설교자의 필요성. 그런 무서운 문제를 아름다움으로 포장하거나 품위 있게 다뤄서는 안 된다. 아름다움은 참으로 풍요롭고 절망적인 상황에 처한

---

[33] Hart, *The Beauty of Infinity*, 47.

[34] Wright, *Dogmatic Aesthetics*, 31.

[35] "그러나 그것들[뇌우, 화산, 허리케인, 폭포, 바다]의 광경은 우리가 안전하다는 전제 하에 더 매력적이고 더 두려운 것이며, 우리는 기꺼이 이 대상들을 숭고하다고 부른다. 왜냐하면 그것들은 영혼의 에너지를 자신의 고유한 높이 이상으로 끌어올리고 우리 안에서 아주 다른 종류의 저항 능력을 발견하여 자연의 명백한 전능성에 맞서 우리 자신을 측정할 용기를 주기 때문이다."(Kant, *Critique of Judgement*, 100-101).

사람들에게 희망을 불러일으킨다. 그러나 그러한 아름다움은 자신의 꿈과 열망이 결코 성취될 수 없다는 것을 깨닫는 사람들에게 분노와 비통함을 불러일으킬 수도 있다. 다시 말하지만, 믿음은 약속에 집착하고, 필요하다면 그 약속에 하나님에게 달갑지 않은 과거 일을 상기시킨다.[36]

∎ 형태에 대한 재논의

이제 지난 60~70년 동안 신학적 미학에서 형태의 개념은 가장 중요한 개념이다. 특히 한스 우르스 폰 발타자르의 형태로서의 아름다움에 대한 관점에 대하여 다시 한 번 살펴보는 것이 도움이 된다:

> 아름다운 것은 무엇보다도 형태이며, 빛은 위와 외부에서 이 형태에 떨어지는 것이 아니라 오히려 형태의 내부에서 솟아난다.... 내용(*Gehalt*)은 형태(*Gestalt*) 뒤에 있는 것이 아니라 그 안에 있다.... 아름다운 것의 빛나는 형태에서 존재자의 존재는 다른 곳에서는 지각할 수 없게 되며, 이것이 미적 요소가 모든 영적 노력과 마찬가지로 모든 영적 지각과 연관되어야 하는 이유이다.[37]

---

[36] Oswald Bayer, "Luther as Interpreter of Holy Scripture," trans. Mark Mattes. in *The Cambridge Companion to Luther*. ed. Donald Mckim (Cambridge: Cambridge University Press, 2003), 77.

[37] Von Balthasar, *The Glory of the Lord: A Theological Aesthetics*. vol. 1, *Seeing the Form*, trans. Erasmo Leiva-Merikakis (Edinburgh: T&T Clark, 1982), 151, 153.

이 정의가 매력적이긴 하지만, "빛나는 형태"가 거짓되고 매혹적인 빛의 천사(고후 11:14)의 형태인지 아니면 세상에 들어오는 모든 사람을 밝히는 빛(요 1:9)의 형태인지에 대한 의문을 제기해야 하는 이유는, 특히 몸과 다른 정신이 존재한다는 환상을 만들어내는 데카르트의 "악한 천재(evil genius)"가 두려워서가 아니라, 단순히 책임 있는 그리스도인으로서 우리는 영을 식별하도록 부르심을 받았기 때문이다(요일 4:1). 그렇다고 해서 형태라는 개념 자체를 문제 삼아서는 안 된다. 그것은 사물을 식별하는 데 도움이 되는 개념이기 때문에 가치가 있다. 그리스도인이 그리스도의 형상을 가졌다는 것은 그리스도인의 정체성을 부여하는 것은 그들의 믿음 부족, 잘못, 심지어 선행이 아니라 그리스도라는 것을 나타낸다.

형태에 대한 폰 발타자르의 관점은 이 초기 정의가 나타내는 것보다 훨씬 더 복잡하다. 실제로, 폰 발타자르는 칼 바르트의 존재 유비(*analogia entis*)에 대한 기독론적 거부에 대한 반박으로서 그리스도 유비(*analogia Christi*)에 기초하여 십자가적 방식으로 형식의 본질을 다시 진술할 때, 로마 가톨릭 신자로서 루터에 가장 근접해 있다. 폰 발타자르는 이렇게 썼다:

우리의 임무. ... 그의 "끝까지 사랑하기"의 한 방식으로서 그의 영광의 한 방식인 (그리스도의) 무형성(無形性)을 보러 오는 것, 그의 기형성(*Ungestalt*)에서 초월적 형태(*Übergestalt*)의 신비를 발견하는 것이다. 우리 앞에 있는 것은 순수한 영광이며, 비록 그것이 실제로는 은폐되고 실제로는 어둠 속으로 들어가는 것이지만, 그것은 항상 그 반대의 기능에 불과하다. 더구나 그것을 보는 신자에게는 그 반대의 모습이다. ... 십자가가 모든 세상 미학을 근본적으로 종식시킨다면, 바로 이 종식이

신적 미학의 결정적인 출현을 의미한다.[38]

아퀴나스의 미의 기준(명확성, 완전성, 비례)이나 우리가 살펴본 다른 중세 사상가들의 미의 기준과 비교할 때, 폰 발타자르의 미학은 복음에 훨씬 더 영향을 받은 미의 이론으로 상당한 진전을 이루었다. 그러나 그의 미학은 에바다의 진짜 말씀(*verbum reale of epphatha*)에서 인간을 순수한 선물로서 창조에 개방하는 미학이 아니라, 영광을 추구하는 미학을 확증하는 미학이다. 폰 발타자르에게 십자가는 내면의 삼위일체적 삶을 비유한다. 존 웹스터(John Webster)는 이러한 내적 삼위일체 운동에 대한 폰 발타자르의 견해를 설명한다:

> 하나님의 삼위일체적 본성이 구체화되는 것은 바로 아들이 십자가에서 죽도록 버려진 사건, 즉 신성한 생명의 일치가 극도로 위태로워 보이는 그 사건에서이기 때문이다. 그리고 그것은 아버지와 아들이 가장 멀리 떨어져 있는 지점에도 남아 있기 때문이다. 신적인 생명이 허공으로 무너지지 않도록 성령 안에서 함께한다. 십자가에서 하나님은 "죽음 속에서도 자신의 생명을 정확하게 드러낼 수 있고, 버려짐 속에서도 삼위일체적 공동체를 드러낼 수 있을 만큼 살아 있고 움직이시는 분임을 증명하신다."[39]

---

38 Balthasar, *The Glory of the Lord*, 471.

39 Webster, "Hans Urs von Balthasar: The Paschal Mystery," *Evangel* 1/4(October 1983), 7. 인용문은 Hans Urs von Balthasa의 *Pneuma und Institution* (Einsiedeln: Johannes- Verlag, 1969), 142.에서 발췌.

따라서 그리스도의 죽음의 추함은 삼위일체, 특히 아버지와 아들 사이의 영원한 관계에 대한 유비이다. 웹스터는 이렇게 설명한다:

> 그리고 신성한 생명은 이 시점[십자가]에서 무너지지 않는다; 십자가에서 아버지와 아들 사이의 거리는 하나님께서 자신과 반대되는 거리가 아니다. 오히려 그것은 하나님 존재의 상호성의 현현이며, 여기에서도 "신성한 위격들이 서로에게 헌신"하여 "십자가의 신비가 삼위일체의 가장 높은 계시"가 되기 때문이다.[40]

계시의 구체적 사건으로서 십자가의 어둠은 역설적으로 그 자체의 광채를 지니는데, 그 이유는 웹스터가 지적했듯이 "신학자가 하나님이 자신을 계시하신 형태를 '뒤돌아보려는' 것은 용납될 수 없다: 하나님이 자신에 대해 보여주신 '진리'는 본질적으로 그 발생 방식과 분리될 수 없다."[41] 폰 발타자르에게 있어서 십자가에서 나타난 하나님의 자기 현시는 인간으로 하여금 예수의 십자가 처형이라는 역사적 사건을 지나 하나님의 사랑의 영원한 비전의 아름다움으로 올라갈 수 있게 한다.

그러나 십자가는 내면의 삼위일체적 삶에 대한 단순한 유비가 아니다. 인간의 상승을 위한 길도 아니다. 그것은 무엇보다도 하나님께서 죄인들에게 죄의 삶을 지불하시는 하나님의 낯선 사역(*opus alienum*)이다. 루터가 지적했듯이, 예수님은 십자가에서 자신의 의와 인간의 죄를 교환하셨기 때문에,[42] 그리

---

[40] Webster, "Hans Urs von Balthasar," 7. Hans Urs von Balthasar, *Mysterium Paschale Mystery*, in *Mysterium Salutis* III/2, ed. J. Feiner and M. Lohrer에서 인용

[41] Webster, "Hans Urs von Balthasar," 7.

[42] "이제 믿음이 그들 사이에 오면 죄와 죽음과 저주는 그리스도의 것이 되고 은혜와 생명과 구

스도 자신이 "가장 큰 죄인"이시다.[43] 우리가 십자가가 하나님의 사랑을 드러낸
다는 것을 알 수 있는 것은 십자가가 무엇을 비유하는 것인지를 통해 알기
때문이 아니라 하나님의 말씀이 십자가에 달리신 "형태 없는" 분이 하나님이시
며 그분의 처형은 정확하게 정반대로(*sub contratio*) 하나님의 사랑의 표현이
라는 반사실적 진리를 인간에게 알려주기 때문이다.[44] 그러므로 십자가는 무엇
보다도 하나님의 삼위일체적 사랑의 내적 삶으로 들어가는 통로가 아니라,
자신을 포함하여 지극히 작은 자와 잃어버린 자에게 베푸신 그리스도의 자비를
거부하는 죄인들에 대한 하나님의 고발이다. 십자가에는 다윗을 향한 나단의
고발, "네가 바로 그 사람이다!"라는 메아리가 울려 퍼진다(삼하 12:7a). 그
고발이 죄인을 단숨에 끊고 죽음의 무릎을 꿇게 할 때만 십자가는 버림받은
예수의 외침을 들으시고, 자신을 버리지 않으시고, 그리스도와 함께 죄인을
죽음에서 살리시는 하나님의 약속으로 들릴 수 있다.

참으로, 복음을 통해 반사된 빛은 "어둠 속에서" 빛난다. 그 어둠은 "(빛을)이
겨내지" 못했다(요한복음 1:5). 의심할 여지없이, 이 어둠은 종종 빛의 왜곡이
거나 빛에 대한 우리의 반역이다. 그러나 때때로 그것은 잘난 체하고 자기만족
에 빠진 죄인들의 힘을 약화시키기 위해 고안된 하나님의 낯선 사역의 어둠이
기도 하다. 인간은 그 어둠과 별개로 십자가를 떠나서 하나님의 생명에 투명하
게 접근할 수 있다고 생각한다. 그러나 분명히 그렇지 않다. 세상의 죄와 하나
님의 진노를 짊어지고 죄와 진노를 없애고 죄인들을 자신의 의와 피로 덮으신

원은 영혼의 것이 될 것이니, 그리스도가 신랑이라면 신부의 것을 떠맡고 그의 것을 그녀에게
주어야 한다. 그가 자기 몸과 자기 자신을 그녀에게 준다면 어찌 그의 모든 것을 그녀에게 주
지 않겠는가?"(*The Freedom of a Christian*, in LW 31:351 [WA 7:54.39-55.4]).

[43] *Lectures on Galatians* (1535), in LW 26:100 (WA 40/1:182.15).

[44] 이 통찰은 2016년 9월 25일의 이메일 서신을 한 Jack Kilcrease에게 빚을 졌다.

예수님의 죽음, 즉 끝까지 자신에게 충실하신 예수님의 죽음은 빛과 아름다움과 형상을 제대로 이해할 수 있는 렌즈가 되어야 한다. 따라서 폰 발타자르에게 도전하기 위해, 그리스도는 죄인들과 그렇게 동일시함으로써 그의 십자가는 인간에게 신성한 영광에 접근하는 단순한 비유가 아니라 죄인들의 죽음, 하나님의 낯선 사역, 즉 "모든 이에게 자비를 베푸시려고 모든 이의 불순종을 맡으신"(롬 11:32) 하나님의 일이다. 결국 하나님은 미리 정해진 질서에 얽매이지 않으신다. 하나님은 법을 초월하시고 법과 다른 분이시다. 그러므로 십자가에서 드러난 순수한 사랑과 자비이신 하나님이 바로 은혜가 자비가 될 수 있고 복음의 아름다움이 확립될 수 있는 근거가 되신다.

하나님은 율법의 장소와 시간을 주셨고, 그 장소와 시간은 죄인들을 그리스도께로 인도하는 것이다. 예수님을 위해 죄인에게 법적으로 아름다움이 부여된다. 하나님께서 그들의 삶 속에서, 그리고 하나님의 방식과 시간에 역사하실 때, 죄인들의 삶은 하나님의 선하심과 약속을 점점 더 신뢰하는 법을 배우기 때문에 십자가에 못 박힌 자의 형상으로 변화된다. 그들의 삶은 십자가에 못 박힌 자의 프리즘(prism)을 통해 주어진 아름다움으로 점점 더 뚜렷해진다. 그 결과 그들은 음악, 이미지, 자연 등 세상의 아름다움을 받아들이고 식별하는 데 개방적이다. 죄인의 경우, 아름다움을 분별하기 전에 먼저 선재하는 광채를 찾아야 하는 것은 아니다. 그 대신, 하나님은 아무것도 아닌 것을 취하여 자신이 원하는 피조물로 만드신다. 죽음은 부활의 삶을 향해 함께 일하시는 하나님의 능력을 넘어서는 것이 아니다. 그리스도께서 몸으로 죄를 지시고, 죽음을 맛보시고, 악한 자를 물리쳤기 때문이다. 그리스도의 승리는 비록 세상에는 숨겨져 있지만 신자들에게는 놀랍고 아름답다.

무결성, 명확성, 비례로 볼 때 창조물 안에 형태가 있다는 것은 아름다움의 본질에 대한 이성적인 탐구를 허용한다. 형태는 창조의 일부, 즉 창조된 존재의 구조로서 존재한다. 이러한 근거에서 미는 순전히 주관적인 것이 아니라(아름다움은 보는 사람의 눈이나 혀에만 있는 것이 아니다), 하나님이 세상을 형성하시는 하나님의 창조적 관대함에 속한다. 따라서 이성은 데이터를 수집하거나 일반 법칙을 도출하는 데에만 국한될 필요가 없다.[45] 사려 깊은 사람들이 창조 질서에서 질서와 비례를 분별할 수 있다는 것은, 심지어 선의를 가진 지적인 사람들이 어떤 것이 아름다운지 또는 어떤 것이 아름다운 정도나 깊이에 대해 항상 의견을 같이하는 것은 아니라는 사실에도 불구하고, 취향 문제에 대한 토론을 허용하게 한다.[46]

▎아름다움과 설교

마지막으로, 루터의 아름다움에 대한 관점의 핵심을 꿰뚫는 중요한 구절이 담긴 『노예 의지론』(*De servo arbitrio*, 1525)의 한 구절로 돌아가 보겠다:

> 이제, 그분의 본성과 위엄을 지닌 하나님은 홀로 두셔야만 한다. 이 점에서 우리는 그분과 아무 관련이 없으며, 그분은 우리가 그분을 대하는 것을 바라지도 않으신다. 우리는 그분이 우리에게 자신을 드러내시는 말씀으로 옷을 입고 나타내신 대로 그분과 관계를 맺어야 한다. 그것이

---

[45] Montague Brown, *The Restoration of Reason: The Eclipse and Recovery of Truth, Goodness, and Beauty* (Grand Rapids: Baker Academic, 2006), 27.

[46] Brown, *The Restoration of Reason*, 43.

바로 시편 기자가 그분이 옷을 입으셨다고 선포하는 그분의 영광과 아름다움(and beauty)이다(참조, 시 21:5). 나는 의로우신 하나님께서 그분 자신이 그분 백성 안에서 역사하시는 백성의 죽음을 개탄하시는 것이 아니라, 그분께서 그분 백성에게서 발견하시고 그들 안에서 제거하기를 원하시는 죽음을 개탄하신다고 말한다. 하나님은 죄와 죽음이 제거되고 우리가 구원받도록 하시는 사역들을 끝까지 전파하셨다.[47]

루터는 하나님이 항상 아름답게 경험되는 것은 아니라고 분명히 말한다. 아름다움을 갈망하여 하나님 안으로 올라가려는 시도는 순례자(*viator*)가 탐내는 평온, 안전, 기쁨이 아니라 좌절과 심지어 위험으로 이어진다. 그러나 그것은 하나님이 원하시는 방식이 아니다. 하나님은 대신 죄인들에게 그분의 아름다움과 의로 옷을 입히기를 원하신다. 이것이 하나님께서 교회에 설교자를 주신 이유이며 하나님께서 말씀과 복음으로 옷 입으신 그대로 하나님을 제공하신다. 그리고 하나님은 이 의의 옷을 죄인들과 나누기를 원하시지만, 이 선물은 오직 선포를 통해서만 받을 수 있다. 예수 그리스도의 십자가는 이상한 아름다움이지만, 하나님께서 죄인들을 그리스도 안에서 발견되는 자비로 인도하기 위해 모든 죄인의 삶에 부과하시는 십자가 또한 아름답다. 하나님은 죄인들이 쌓은 성을 고통스럽게 허물어 죄인들을 믿음의 사람, 하나님을 의지하고 하나님을 온전히 신뢰하는 사람으로 재건하신다. 그리고 그 재건 프로젝트는 자신의 노력이나 자신의 조건이 아닌 순수한 선물로 세워진 의로움의 아름다움으로 가득 찬 프로젝트이다. 하나님의 의는 하나님의 아름다움이며, 이 아름다움을

---

47 Luther, *The Bondage of the Will*, trans. J. I. Packer and O. R. Johnston (New York: Revell, 1957). 170 (이탤릭체 추가) (WA 18:685.14-24).

전하는 것이 설교 직분의 고유한 임무이다. 오직 믿음으로만 은혜로 의롭다 하심을 얻는다는 기사는 아름다움과 다른 것이 아니라, 아름다움이 무엇인지, 더 나아가 죄인을 해방시키고 아름답게 하며 이 좋은 땅을 아름답게 드러내는 핵심을 명료하게 설명해 준다. 따라서 하나님은 수고로운 세상뿐만 아니라 즐거움-즉 복음을 소중히 여기고 복음으로 인해 열린 노래와 같은 순수한 기쁨을 소중히 여기며 그것에 감사하는 것에 초점 맞추어진 즐거움의 세상을 제공하신다.

참고문헌

1. 일차 문헌

Aquinas, Thomas. *Summa Theologice*. Translated by the Fathers of the Dominican Province. Westminster, MD: Christian Classics, 1948.

Aristotle. *Basic Works*. Edited by Richard McKeon. New York: Random House, 1941.

Augustine. *The City of God*. translated by Gerald G. Walsh, SJ, Demetrius B. Zema, SJ, Grace Monaghan, OSU. and Daniel J. Honan, Abridged by Vernon J. Burke. New York: Doubleday, 1958.

_____. *Confessions*, Translated by R. S. Pine-Coffin, Harmondsworth, UK: Penguin, 1961.

_____. *Literal Commentary on Genesis*. Translated by John Hammon Taylor. ACW 41. New York: Newman, 1982.

Catechism of the Catholic Church. 2nd ed. Rome: Liberia Editrice Vaticana, 2000.

Decartes, René. *Meditations on First Philosophy.* In *Classics of Philosophy.* Vol. 2, *Modern and Contemporary*, edited by Louis P. Pojman, 465-90. New York: Oxford University Press, 1998.

Hamann, Johann Georg. *Writings on Philosophy and Language.* Translated and edited by Kenneth Haynes. Cambridge: Cambridge University Press, 2007.

Hegel, G. W. F. *The Science of Logic.* Translated by A. V. Miller. London: Allen & Unwin, 1969.

Heidelberg Catechism. Translated by a joint task force fromed by the Reformed Church in America, the Christian Reformed Church in North America, and the Presbyterian Church (USA.)2011.http://www.crcna.org/welcom/beliefs/confessions/heidelberg-catechism.

John of Damascus. *Apology against Those Who Decry Holy Images.* In St. *John Damascene: On Holy Images.* Translated by Mary H. Allies. London: Thomas Baker, 1898. http://legacy fordham.edu/Halsall/basis/johndamascus-images. asp.

Junghans, Helmar. "Die Probationes zu den philosophischen Thesen der Heidelberger Disputatin Luthers im Jahre 1518." *Lutherjahrbuch* 46 (1979). : 10-59.

Kant, Immanuel. *Critique of Judgement* Translated by J. H. Bernard Byrne. New York: Hafner, 1951.

_____. *Critique of Practical Reason*. Translated by Lewis White Beck. Indianapolis: Bobbs-Merrill, 1957.

_____. *Critique of Pure Reason*. Translated by Norman Kemp Smith. New York: St. Martin's Press, 1929.

Kolb, Robert and Timothy J. Wengert, eds. *The Book of Concord: Confessions of the Evangelical Lutheran Church*. Minneapolis: Fortress, 2000.

Longinus. *"On the Sublime."* In *Critical Theory since Plato*, edited by Hazard Adams, 76-102. San Diego: Harcourt, 1971.

Luther, Martin. trans. *Biblia, das ist die ganze heilige Schrifft Deudsch*. Wittenberg, 1534. Reprint, Cologne: Taschen , 2002.

_____. *The Bondage of the Will*. Translated by J. I. Packer and 0. R. Johnston. New York: Revell , 1957.

_____. "Disputation On the Divinity and Humanity of

Christ" Translated by Christopher Brown. "http:/www. leaderu.com/philosophy/luther-humanitychrist.html.

_____. *D. Martin Luther Werke: Kritische Gesamtausgabe: Schriften.* 73 vols. Wei-mar: H. Böhlau, 1883-2009.

_____. *The Theologia Germanica of Martin Luther.* Translated by Bengt R. Hoffman. New York: Paulist Press. 1980.

Nietzsche, Friedrich. *Basic Writings.* Translated by Walter Kaufmann. New York: Modern Library, 2000.

Pelican, Jaroslav, and Helmut T. Lehmann, eds. *Luther's Works* (American ed.). 55 vols . Philadelphia: Fortress; St. Louis: Concordia, 1955-86.

Plato. *The Collected Dialogues.* Edited by Edith Hamilton and Huntington Cairns. Princeton: Princeton University Press, 1961.

_____. *Plato: Lysis Symposium, Gorgias,* Translated by W. R. M. Lamb, LCL. Cambridge, MA: Harvard University Press, 1933.

Pseudo-Dionysius. *Pseudo-Dionysius : The Complete Works.* Translated by Colm Luibhéid. New York: Paulist Press, 1987.

Sontag, Holger, ed. and trans. *Solus Decalog est Aeternus: Martin*

Luther's Complete Antinomian Theses and Disputations.
Minneapolis: Lutheran Press, 2008.

Tappert, Theodore, ed. Luther: Letters of Spiritual Counsel.
Philadelphia: Westminster, 1955.

Zwingli, Ulrich. Commentary on True and False Religion. Edited
by Samuel McCauley Jackson and Clarence Nevin Helle.
Durham, NC: Labyrinth, 1981.

2. 이차 문헌

Aertsen, Jan. Medieval Philosophy as Transcendental Thought:
From Philip the Chancellor (ca. 1225) to Francisco Suárez.
Leiden: Brill, 2012.

Alfsvåg, Knut. "Luther as a Reader of Dionysius of Areopagus." ST
65 (2011): 101-14.

_____. What No Mind Has Conceived: On the Significance
of Christological Apophaticism. Leuven:Peeters, 2010.

Althaus, Paul. The Theology of Martin Luther. Translated by Robert
C. Schultz. Philadelphia: Fortress. 1966.

Antilla, Mikka E. "Die Ästhetik Luthers" KD 58 (2012): 244-55.

_____. Luther's Theology of Music: Spiritual Beauty and

Pleasure. Berlin: de Gruyter, 2013.

_____. "Music." In *Engaging Luther: A (New) Theological Assessment,* edited by Olli-Pekka Vainio, 210-22. Eugene, OR: Cascade, 2010.

Arland, Charles. "God's World of Daily Wonders." In *Donna Gratis Donata: Essays In Honor of Norman Nagel on the Occasion of His Ninetieth Birthday,* edited by Jon Vieker , Bart Day, and Albert Collver III, 197-215. Manchester, MO: The Nagel Festschrift Committee, 2015.

Balthasar, Hans Urs von. *The Glory of the Lord: A Theological Aesthetics.* 7vols. Edinburgh: T&T Clark, 1982-91

Barker, H. Gaylon. *The Cross of Reality: Luther's Theologia Crucis and Bonhoeffer's Christology.* Minneapolis: Fortress , 2015.

Barth, Karl. *Church Dogmatics.* Vol. 4/ 1. Translated by Geoffrey Bromiley Edinburgh: T&T Clark, 1956.

Bauer, Jörg. "Luther und die Philosophy." NZSTh 26 (1984): 13--28.

Bayer, Oswald. A Contemporary in Dissent: Johann Georg Hamann as Radical Enlightener. Translated by Roy A. Harrisville and Mark Mattes. Grand Rapids: Eerdmans. 2012.

_____."Luther as Interpreter of Holy Scripture," Translated

by Mark Mattes. In The Cambridge Companion to Luther. edited by Donald Mckim, 73-85. Cambridge: Cambridge University Press, 2003.

_____. Martin Luther's Theology: A Contemporary Interpretation. Translated by Thomas Trapp. Grand Rapids: Eerdmans. 2008.

_____. Theology the Lutheran Way. Translated by Jeffrey Silcock and Mark Mattes. Grand Rapids. Eerdmans, 2007.

Beardsley, Monroe C. *Aesthetics from Classical Greece to the Present: A Short History*. New York: Macmillan. 1966.

Becker, Siegbert. *The Foolishness of God: The Place of Reason in the Theology of Martin Luther*. Milwaukee: Northwestern, 2009.

Begbie, Jeremy. "Theology and Music." In The Modern Theologians, edited by David Ford, 719-35. Oxford: Blakewell, 2005.

Bielfeldt, Dennis. "Clarity with Respect to Realism" Disputation (blog). January 10,2009. http://disputationes.blogspot.com/ 2009/ 01/clarity-with-espet-to-realism. html.

_____. "Luther's Late Trinitarian Disputations." In The Substance of Faith: Luther's Doctrinal Theology for Today, by Dennis Bielfeldt, Mickey Mattox, and Paul Hinlicky, 59-130. Minneapolis: Fortress, 2008.

Bloom, Harold. *The American Religion: The Emergence of Post-Christian Nation.* New York: Touchstone, 1992.

Boersma Hans. *Heavenly Participation: The Weaving of a Sacramental Tapestry.* Grand Rapids: Eerdmans, 2011.

_____. Nouvelle Théologie *and Sacramental Ontology: A Return to Mystery.* Oxford: Oxfor University Press. 2009.

Bradbury, Rosalene. *Cross Theology: The classical theologia Crucis and Karl Barth's Modern Theology of the Cross.* Eugene, OR: Pickwick, 2010.

Brecht, Martin. *Martin Lutherr: His Road to Reformation, 1483-1521.* translated by James Schaap. Minneapolis: Fortress, 1993.

Brown, Christopher Boyd. *Singing the Gospel: Lutheran Hymns and the Success of the Reformation.* Cambridge, MA: Harvard University Press. 2005.

Brown, Frank Burch. *Good Taste, Bad Taste, and Christian Taste: The Aesthetics of Religious Life.* Oxford: Oxford University Press, 2000.

Brown, Howard Mayer, and Louise K. Stein. *Music of the Renaissance. Upper Saddle. River*, NJ: Prentice Hall, 1999.

Brown, Montague. *The Restoration of Reason: The Eclipse and Recovery of Truth, Goodness, and Beauty*. Grand Rapids: Baker Academic, 2006.

Burnham, Douglas. "Immanuel Kant: Aesthetics." Internet Encyclopedia of Philosophy Edited by James Fieser and Bradley Dowden. http:/lwww.iep. utm. edu/kantaest.

Buszin, Walter. "Luther on Music." MQ 32 (1947). pp: 80-97.

Bynum, Caroline Walker. *Christian Materiality: An Essays on Religion in Late Medieval Europe*. New York: Zone Books, 2011.

Caldwell, John. *Medieval Music*. Bloomington: Indiana University Press, 1978. Christensen, Carl. "Luther's Theology and the Use of Religious Art." LQ 22 (1970): 147-65.

Ciorra, Anthony J. *Beauty: The Path to God*. New York: Paulist Press. 2013.

Clarke, R. Scott. "*Iustitia imputata Christ* : Alien or Proper to Luther's doctrine of justification." CTQ 70 (2006): 269-310.

Congdon, David W. "*Nova Lingua Dei*: The Problem of

Chalcedonian Metaphysics and the Promise in the *Genus Teiphonoticon* in Luther's Late Theology." Unpublished student paper, Princeton Theological Seminary, 2011.

Crouse, Robert. "*Paucis mutatis verbis*: St. Augustine's Platonism." In *Augustine and His Critics,* edited by Robert Dodaro and George Lawless. London: Routledge, 2000.

Cunningham, Lawrence S. *The Catholic Heritage.* New York: Crossroad, 1983.

Dahlfuss, Ingolf. *Theology and Philosophy.* Oxford: Oxford University Press, 1988.

Dieter, Theodor. *Der junge Luther und Aristotles: Eine historisch-systematische Untersuchung zum Verhältnis von Theologie und Philosophie.* Berlin: de Gruyter, 2001.

_____. "Why Does Luther's Doctrine of Justification Matter Today?" In *Global Luther: A Theologian for the Modern Times,* edited by Christine Helmer, 189-209. Minneapolis: Fortress. 2009.

Dubay, Thomas. *The Evidential Power of Beauty.* San Francisco: Ignatius, 1999.

Dyrnees. William A. *Poetic Theology: God and The Poetics of*

Everyday Life. Grand Rapids: Berdmans. 2011

Eco, Umberto. *The Aesthetics of Thomas Aquinas.* Translated by Hugh Bredin. Cambridge, MA: Harvard University Press, 1988.

_____. *Art and Beauty in the Middle Ages.* Translated by Hugh Bredin. New Haven: Yale University Press. 1986.

Eggert, Kurt J. "Martin Luther, God's Music Man." Wisconsin Evangelical Lutheran Seminary Essay Files. Accessed July 1, 2015. http://www.wlsessays.net/bitstreamThandle/123456789/1274/EggertLuther. pdf.

Eire, Carlos M. N. *War Against Idols: The Reformation of Worship from Erasmus to Calvin.* Cambridge: Cambridge University Press, 1986.

Ellert, Werner. *The Christian Faith: An Outline of Lutheran Dogmatics.* translated by Martin H. Bertram and Walter Bouman. Columbus, OH: Lutheran Theological Seminary, 1974.

Fode, Gerhard. *A More Radical Gospel: Essays on Eschatology, Authority, Atonement, and Ecumenism.* Edited by Mark C. Mattes and Steven D. Paulson. Grand Rapids: Eerdmans,

2004.

_____. *On Being a Theologian of the Cross: Reflections on the Luther's Heidelberg Disputation*, 1518. Grand Rapids: Eerdmans, 1997.

_____. *Where God Meets Man: Luther's Down-to Earth Approach to the Gospel*. Minneapolis: Augsburg, 1972.

Fortescue, Adrian. "Veneration of Images." In The Catholic Encyclopedia. New York: Appleton, 1910. http://www.newadvent.org/cathen/07664a.htm.

Fredoso, Alfred J. "Ockham on Faith and Reason". In *The Cambridge Companion to Ockham*, edited by Paul Vincent Spade. 326-49. Cambridge: Cambridge University Press, 1999.

Gertz, Clifford. *The Interpretation of Cultures*. New York: Basic Books. 1973.

Gerhard, Johann. *On the Nature of God and the Trinity*. Translated by Richard Dinda. St. Louis: Concordia, 2007.

Gerrish, Brian. *The Old Protestantism and the New: Essays on the Reformation Heritage* . Edinburgh: T&T Clark, 1982.

Giakalis, Ambrosios. *Images of the Divine: The Theology of Icons at the Seventh Ecumenical Council*. Leiden: Brill, 2005.

Gillespie, Michael Allen. *The Theological Origins of Modernity.* Chicago: University of Chicago Press, 2008.

Grosshans, Hans-Peter. "Luther on Faith and Reason: A Light of Reason in the Twilight of the World." In *The Global Luther: A Theologian for the Modern Times*, edited by Christon Helmer, 173-85. Minneapolis: Fortress, 2009.

Hägglund, Bengt. "Was Luther a Nominalist?" *Theology* 59 (1956): 226-37. Hamm, Berndt, *The Early Luther: Stages in a Reformation Reorientation.* Translated by Martin J. Lohrmann. Grand Rapids: Eerdmans, 2014.

_____. "Martin Luther's Revolutionary Theology of Pure Gift Without Reciprocation." *LQ* 29 (2015): 125-61.

Härle, Wilfried. *Outline of Christian Doctrine: An Evangelical Dogmatics.* Translated by Ruth Yule and Nicholas Sagowsky, Grand Rapids: Eerdmans ,2015.

Hart, David Bentley. *The Beauty of Infinity: The Aesthetics of Christian Truth.* Grand Rapids: Eerdmans, 2003.

Helmer, Christine. *The Trinity and Martin Luther: A Study on the Relationship between Genre, Language and the Trinity in Luther's Works* (1S23-1546). Mainz: von Zabern, 1999.

Helmer, Paul. "The Catholic Luther and Worship Music." In *The Global Luther: A Theologian for the Modern Times*, edited by Christon Helmer, 151-72. Minneapolis: Fortress , 2009.

Hendel, Kurt K. "Finitum Carfax Infiniti: Luther's Radical Incarnational Perspective." *Cur* TM 35 (2008): 420-33.

Hoelyi-Nickel, Theodore. "Luther and Music." In *Luther and Culture*, edited by George Wolfgang Porel, Harold J. Grimm, and Theodore Hoelti-Nickel. Martin Luther Lectures 4. Decorah, IA: Luther College Press, 1960.

Hoffmann, Werner, ed. Luther und die Folgen für die Kunst. Munich: Prestel, 1983.

Hong, Edna. *The Downward Ascent.* Minneapolis: Augsburg, 1979.

Horan, Daniel. *Postmodernity and Univocity: A Critical Account of Radical Orthodoxy and John Duns Scotus.* Minneapolis: Fortress. 2014.

Janz, Denis. *Luther on Thomas Aquinas: The Angelic Doctor in the Thought of the Reformer.* Stuttgart: Steiner, 1989.

Jüngel, Eberhard. *The Freedom of a Christian : Luther's Significance for Contemporary Theology.* Translated by Roy A. Harrisville. Minneapolis: Augsburg, 1988.

_____. *God as Mystery of the World: On the Foundation of the Theology of the Crucified One in the Dispute between Theism and Atheism,* Translated by Darrell L. Guder. Grand Rapids: Eerdmans. 1983.

Junghans, Helmer. "Die Probationes zu den Philosophischen Thesen der Heidelberger Disputation Luthers im Jahre 1518: *Lutherjahrbuch* 46 (1979): 10-59.

Juntunen, Sameli. *"Luther and Metaphysics." In Union with Christ: A New Finnish Interpretation of Luther,* edited by Gal Bratten and Robert Jensen. 129-60. Grand Rapids: Eerdmans, 1998.

Kähler, Martin. *The So-Called Historical Jesus and the Historical, Biblical Christ.* Translated by Carl Bratten. Philadelphia: Fortress, 1964.

Klahn, Richard. "Human Claims to Freedom and God's Judgment." *CTQ* 54 (1990): 241-63.

Kolb, Robert. *Bound Choice, Election, Election, and the Wittenberg Theological Method.* Grand Rapids: Eerdmans, 2005.

_____. "God Kills to Make Alive: Romans 6 and Luther's Understanding of Justification (1535)." LQ12 (1998): 33-56.

_____. *Luther and the Stories of God: Biblical Narrative as*

the *Foundation for Christian Living*. Grand Rapids: Baker
Academic, 2012.

_____. Martin Luther: *The Confessor of the Faith*. Oxford:
Oxford University Press, 2009.

Kristeller, Paul Oscar. *Renaissance Thought II: Papers on
Humanism and the Arts*. New York: Harper & Row, 1965.

Lane, Belden C. *Ravished by Beauty: The Surprising Legacy of
Reformed Spirituality*. Oxford: Oxford University Press, 2011.

Leaver, Robin. "*Luther on Music.*" In *Pastoral Luther: Essays on
Martin Luther's Practical Theology*, edited by Timothy J.
Wengert, 271-91. Grand Rapids: Eerdmans, 2009.

_____. "Luther's Catechism Hymns"" LQ 11 (1997): 397-410;
12 (1998): 78-99. 161-80, 303-23.

_____. *Luther's Liturgical Music: Principles and Implications*.
Grand Rapids: Eerd- mans, 2007.

Lienhard, Marc. *Luther: A Witness to Jesus Christ; Stages and
Themes of the Reformer's Christology*, Translated by Edwin
H. Robertson. Minneapolis: Augsburg, 1982.

Lindbergh, Carter. *Beyond Charity: Reform Initiatives for the Poor*.
Minneapolis: Fortress, 1993.

Loewe, J. Andreas. "Why Do Lutherans Sing? Lutherans, Music, and the Gospel in the First Century of the Reformation." *CH* 82 (2013): 69-89.

Long, C. Stephen. *Saving Karl Barth: Hans Urs von Balthasar's Preoccupation* . Minneapolis: Fortress, 2014.

Lubac, Henri de. *A Brief Catechism on Nature and Grace*. Translated by Richard Arnandez. San Francisco: Ignatius, 1980.

Macey, Patrick, and Jeremy Noble. "Josquin des Prez." In *New Grove Dictionary of Music and Musicians*. edited by Stanley Sadie and John Tyrrell, 13:220-66. 2nd ed. Oxford: Oxford University Press, 2001.

MacSwain, Robert, and Taylor Worley, eds. *Theology, Aesthetics, and Culture: Rsponses to the work of David Brown*. Oxford: Oxford University Press. 2012.

Malysz, Piotr. "Luther and Dionysius.: Beyond Mere Negation." In Re-thinking Dionysius the Areopagite, edited by Sarah Coakley and Charles M. Stang, 149-62. Oxford: Wiley-Blackwell, 2009.

Manerma, Tuomo. *Christ Present in Faith: Luther's View of Justification.* Translated by Kirsi Stjerna. Minneapolis:

Fortress, 2005.

Marshall, Bruce. "*Faith and Reason Reconsidered: Aquinas and Luther on Deciding What Is True.*" *The Thomist* 63 (1999): 1-48.

Mathes, Mark. "A Contemporary View of Faith and Reason in Luther." In *Propter Christum: Christ at the Center: Essays in Honor of Daniel Preus*, edited by Scott Murray et al, 145-68. St. Louis: Lutheran Academy, 2013.

_____. "A Future for Lutheran Theology?" LQ 19 (2005): 439-57.

_____. "Luther on Justification as Forensic an Effective." In *The Oxford Handbook of Martin Luther's Theology*, edited by Robert Kolb, Irene Dingel, and L'ubomir Barka, 264-73. Oxford: Oxford University Press, 2014.

Mattes, Mark, and Ron Dodge. *Imaging the Journey*. Minneapolis: Lutheran University Press, 2006.

McGrath, Alister. *Luther's Theology of the Cross*. Oxford: Blackwell, 1985.

McGuckin, John A. "Art." In SCM Press A-Z of Patristic Theology, 32-34. London: SCM. 2005.

Menuge, Angus J. L. "The Cultural and Aesthetic Impact of Lutheranism." In *Where Christ Is Present: A Theology for All Seasons one the 500th Anniversary of the Reformation.* edited by John Warwick Montgomery and Gene Edward Veith, 209-31. Corona . CA: NRP Books . 2015.

Milbank, John. *Theology and Social Theory: Beyond Secular Reason.* Oxford: Blackwell. 1990.

Milbank, John, Graham Ward, and Edith Wyschogrod. *Theological Perspectives on God and Beauty.* Harrisburg. PA: Trinity Press International, 2003.

Miller. Joshua C. *Hanging by a Promise: The Hidden God in the Theology of Oswald Bayer.* Eugene. OR: Pickwick, 2015.

Negri, Enrico de. *Offenbarung und Diaketik: Luther's Realtheologie.* Darmstadt: Wissenschaftliche Buchgesellschaft, 1973.

Nettle, Paul. *Luther and Music.* Translated by Frieda Best and Ralph Wood. Philadelphia: Mullenburg, 1948.

Nygren, Anders. *Agape and Eros.* Translated by Philip S. Watson, Chicago: University of Chicago Press. 1982.

Ozment, Steven. *The Serpent and the Lamb: Cranach, Luther, and the Making of the Reformation.* New Haven: Yale University

Press, 2011.

Paolucci, Henry. *Introduction to The Enchiridion on Faith, Hope and Love.* by Augustine. Chicago: Regnery, 1961.

Pasework, Kyle. "Predestination as a Condition of Freedom." *LQ* 12 (1998): 57-78.

Paulson, Stevon. *Lutheran Theology.* London: Th&T Clark . 2011.

Pickstock, Catherine. *After Writing: On the Liturgical Consummation of Philosophy.* Oxford: Black. 1998.

Plas, Ewald. *What Luther Says: A Practical In-Home Auhology for the Active Christiantian.* St. Louis: Concordia, 1959.

Przywara. Erich. *Analogia Entis: Metaphysics: Original Structure and Universal Rhyhm.* Translated by John R. Betz and David Bentley Hart, Grand Rapids: Eercmans. 2014.

Rummel, Erika. *Biblical Humanism and Scholasticism in the Age of Erasmus.* Leiden: Brill, 2008.

Ryle, Gilber. *The Concept of Mind,* New ed. Chicago: University of Chicago Press, 2002.

Saarinen, Risto. "Finnish Lutheran Studies," in *Engaging Luthe: A (New) Theological Assessment.* edited by Olli Pekka Vainio, 1-26.Eugene, OR: Cascade, 2010.

_____. "The Word of God in Luthe'sr Theology." LQ 4 (1990): 31-44.

Sasse, Hermann. *This Is My Body: Luther's Contention for the Real Presence in the Sacrament of the Altar*. Rev. Australian ed. Adelaide: Lutheran Publishing House. 1977.

Schmid, Heinrich. *The Doctrinal Theology of the Evangelical Lutheran Church*. Translated by Charles Hay and Henry Jacobs, Minneapolis: Augsburg, 1961.

Schumacher, William. *Who Do I Say That You are? Anthropology and the Theology of Theosis in the Finish School of Tuomo Mannermaa*. Eugene, OR: Wipf & Stock. 2010.

Schwarz, Hans. "Creation." *In Dictionary of Luther and the Lutheran Traditions*, edited by Timothy Wengert, et al., 176-79. Grand Rapids: Baker Academic, 2017.

_____, *True Faith in the True God: An Introduction to Luther's Life and Thought*. Rev . and exp. ed. Minneapolis: Fortress , 2015.

Schwarzwäller, Klaus. *Cross and Resurrection: God's Wonder and Mystery*. Translated by Ken Jones and Mark Mattes. Minneapolis: Fortress, 2012.

Schwiebert, Ernest. *Luther and His Times*. St. Louis: Concordia, 1950.

Scruton, Roger. *Beauty*. Oxford: Oxford University Press, 2009.

Seay, Albert. *Music in the Medieval World*. Englewood Cliffs, NJ: Prentice Hall, 1965.

Steiger, Johann Anselm. "Luther on the Legend of St. Christopher." *LQ* 25 (2011): 125-44.

Stevenson, Robert M. *Patterns in Protestant Church Music*, Durham, NC: Duke University Press, 1953.

Stewart, Mattlhew. *Nature's God: The Heretical Origins of the American Republic*. New York: Norton , 2014.

Stolt, Birgit. "Joy, love, and trust-Basic ingredients in Luther's Theology of Faith of the Mind," SRR 4 (2002): 28-44.

_____. "Luther's Translation of the Bible." *LQ* 27 (2014): 373-400.

Strier, Richard. "Martin Luther and the Real Presence in Nature." JMEMS 37 (2007): 271-303.

Taylor, Charles. *The Secular Age*. Cambridge, MA: Belknap Press of Harvard University Press, 2007.

Thiemann, Ronald E. "Sacramental Realism: Martin Luther at the

Dawn of Modernity." In *Lutherrenaissance Past and Present*, edited by Christine Helmer and Bo Kristian Hulme, 156-73. Göttingen: Vantenhoek & Ruprecht, 2015.

Thijssen, Hans. *"The Condemnation of 1277."* The Stanford *Encyclopedia of Philosophy.* Edited by Edward N. Zalta. https:/plato.stanford.edw/entries/condemnation/.

Tonkin, John. "Words and Images: Luther and Art." *Colloqu* 17 (1985): 45-54.

Tyŏrinoja, Reijo. *"Nova Vocabula et Nova Lingua*: Luther's Conception of Doctrinal Formulas." In *Thesaurus Lutheri: Auf der Suche nach neuen Paradigmen der Luther-Forschung,* edited by Tuomo Manneramaa et al, 221-36. Helsinki: Luther-Agricola-Society, 1987.

Vanhoozer, Kevin J. *Biblical Authority after Babel: Retrieving the Solas in the Mere Protestant Christianity.* Grand Rapids: Brazos , 2016.

Veith, Gene Edward. *State of the Arts: From Bezalel to Maplesthorpe.* Wheaton: Crossway, 1991.

Viladesau, Richard. *The Beauty of the Cross: The Passion of Christ in Theology and the Arts, from the Catacombs to the Eve of the Renaissance.* Oxford: Oxford University Press, 2008.

_____. *Theological Aesthetics: God in Imagination, Beauty, and Art,* Oxford: Oxford University Press, 1999.

Webb, Steven H. "The End of the Analogy of Being: Przywara's Proportionality Problems." *First Things.* January 27, 2015. http://www.firstthings.com/web-exclusives/2015/01/the-end-of-the-analogy-of-being.

Weber, Max. *Essays in Sociology.* Translated and edited by H. H. Gerth. London: Routledge, 2009.

Webster, John. "Hans Urs von Balthasar: The Paschal Mystery," Evangel 1/4 (October 1983): 6-8.

Weimer, Christoph. "Luther and Cranach on the Justification in Word and Image." *LQ* 18 (2004): 387-405.

Westhelle, Vitor, *Scandalous God: The Use and Abuse of the Cross.* Minneapolis: Fortress, 2006.

White, Graham. *Luther as a Nominalist: A Study of the Logical Methods Used in Martin Luther's Disputations in the Light of the Medieval Background.* Helsinki: Luther-Agricola-Society, 1994.

Wilson-Kastner, Patricia. "On Participating of the Divine Nature:

Luther's Dependence on Augustine." *AUSS* 22 (1984): 113-24.

Wright, Stephen John. *Dogmatic Aesthetics: A Theology of Beauty in Dialogue with Robert W. Jensen*. Minneapolis: Fortress, 2014.

Zahl, Paul. *Grace in Practice: A Theology of Everyday Life*. Grand Rapids: Eerdmans. 2007.